Richard Emil Volkmann

Hermagoras oder Elemente der Rhetorik

Richard Emil Volkmann

Hermagoras oder Elemente der Rhetorik

ISBN/EAN: 9783743353978

Hergestellt in Europa, USA, Kanada, Australien, Japan

Cover: Foto ©ninafisch / pixelio.de

Manufactured and distributed by brebook publishing software (www.brebook.com)

Richard Emil Volkmann

Hermagoras oder Elemente der Rhetorik

HERMAGORAS

ODER

ELEMENTE DER RHETORIK

VON

RICHARD VOLKMANN.

STETTIN, 1865.

VERLAG VON TH. VON DER NAHMER.

„omnibus unum in locum coactis scriptoribus, quod
quisque commodissime praecipere videbatur, excerpsimus et
ex variis ingeniis excellentissima quaeque libavimus."

Cic. de inv. II, 2, 4.

Vorrede.

Vorliegende Schrift ist für den Gebrauch philologischer Anfänger bestimmt und will, wie der Titel besagt, die Elemente der Rhetorik, und zwar als eine Einleitung in das Studium dieser Wissenschaft geben. Zu dem Ende habe ich die Hauptlehren der alten Rhetoren in einer geordneten Uebersicht zusammengestellt, und zwar in der Ordnung, wie sie das im ganzen Alterthum von den Zeiten der älteren Sophistik bis auf Hermogenes und noch späterhin übliche, in seiner Grundlage stets unverändert gebliebene und nur im einzelnen allmälig mehr und mehr ausgebaute rhetorische System an die Hand gab. Meine Quellen waren die Griechischen Rhetoren in der Ausgabe von L. Spengel, dazu aus der Walzischen Sammlung Vol. I. II. IV. V. VII. VIII, d. h. die Progymnasmatiker und die wichtigsten Commentatoren des Hermogenes, die Rhetores latini minores, wie sie jetzt durch Halm's Bemühungen in kritisch berichtigter Gestalt vorliegen, die rhetorischen Schriften des Dionys von Halikarnas, Cornificius oder der sogenannte auctor ad Herennium, die rhetorischen Schriften Cicero's und Quintilians institutio oratoria. Dazu kamen der Rhetor Seneca und der Dialogus de oratoribus. Dass ich die übrigen Bände der Walzischen Sammlung, so weit sie nicht auch einen Bestandtheil der Spengelschen Rhetores bilden, bis auf ganz geringe Ausnahmen unberücksichtigt gelassen habe, wird mir Niemand verargen, der sie gelesen hat. Zum Hauptführer unter diesen Schriften habe ich, wie billig, den Quintilian genommen, der das gesammte Gebiet der Rhetorik am vollständigsten behandelt, und der nächst Cicero allein unter allen Rhetoren es verstanden hat, den immerhin etwas spröden und trocknen Stoff in einer wirklich klassischen

Form zu behandeln. Dabei schöpft der Mann überall aus dem reichen Schatze eigner praktischer Erfahrung und hat es mit bewunderungswürdigem Takt verstanden, das wesentliche von dem unwesentlichen zu scheiden. So weit es irgendwie thunlich war, habe ich jederzeit meine Quelle mit ihren eignen Worten reden lassen.

Wäre zu Quintilian ein guter Commentar vorhanden, der, wie man von einem solchen mit Fug und Recht zu verlangen hätte, das eigentlich rhetorische desselben eingehend erläuterte, etwa durch genaue Angabe der Quellen und einen Nachweis der nöthigen Parallel-Stellen aus den Schriften der Griechischen und Lateinischen Rhetoren, sowie Bezeichnung der Punkte in seinem System, an welchen sich entweder Lücken in seiner Darstellung finden, oder Regeln nur kurz angedeutet sind, welche andre Techniker ausführlicher behandelten, oder wie Hermogenes selbständig weiter ausbauten, so würde ich vorliegende Arbeit nicht unternommen haben. So aber glaubte ich mit meiner Schrift allen denen einen Dienst zu leisten, denen es zum Behuf eines eingehenderen Studiums der Rhetorik des Alterthums, mögen sie nun dasselbe den noch immer kritisch und exegetisch sehr im argen liegenden Rhetoren, oder den Rednern zuwenden wollen, um eine vorläufige Uebersicht über das ganze Kunstgebiet zu thun ist. Derartige Uebersichten sind zwar auch schon von anderen gegeben, aber, soweit sie mir bekannt sind, in zu dürftiger, skizzenhafter Form, als dass damit irgend Jemand wirklich gedient sein könnte. Diesem Umstande ist es vielleicht mit zuzuschreiben, dass heutzutage das Studium der alten Rhetorik mehr als billig vernachlässigt wird, eine von vielen Sachverständigen schon wiederholt ausgesprochene Klage. Und in der That verdient sie von Seiten aller derer, denen es um ein allseitiges, wirkliches Verständniss des Alterthums zu thun ist, volle Beachtung. Oder dürfte man eine Wissenschaft unbeachtet lassen, deren Inhalt acht Jahrhunderte hindurch den fast ausschliesslichen Gegenstand höherer Schulbildung ausgemacht hat, mit der jeder vertraut sein musste, der überhaupt zu den Gebildeten gerechnet sein wollte? Würde man also damit nicht vor einem wesentlichen Bestandtheil antiken Geistes geflissentlich seinen Blick verschliessen? Ausserdem gewährt die Kenntniss der Rhetorik ein kaum zu entbehrendes Hülfsmittel der Interpretation, indem sie, soweit sie es vermag, uns in das Formverständniss eines

jeden bedeutenderen Schriftwerks der Griechischen wie Römischen
Litteratur einführt, wenn wir etwa von den formlosen Schriften
einiger Philosophen, Historiker, Aerzte und der eigentlichen Techniker absehen. Denn die Griechische Litteratur stand nicht minder
als die Römische zu allen Zeiten nachweislich unter dem Einfluss
der Rhetorik, d. h. mit anderen Worten, zu keiner Zeit war es einem
alten Autor, der für ein grösseres Publikum schrieb, erlaubt, in
seiner Darstellung einem rohen Naturalismus zu huldigen, sondern
er musste sich den Gesetzen und Anforderungen unterwerfen, die
man an eine kunstmässige Darstellung richtete, er musste sich
in die Zucht der Rhetorik begeben. Selbstverständlich und vor
allen gilt dies von den eigentlichen Rednern, deren Werke ja
einen nicht kleinen Theil der aus dem Alterthum auf uns gekommenen Prosa-Litteratur ausmachen. Ohne gründliche Einsicht in
die Regeln der rhetorischen Technik ist Niemand im Stande,
irgend eine Rede des Lysias, Demosthenes, Cicero als Kunstwerk weder selbst zu verstehen, noch ihr Verständniss andern
erschliessen zu können. Aber diese Reden werden wohl auch von
gar manchem ihrer Leser nicht verstanden. Nur unter dieser
Voraussetzung wenigstens vermag ich mir die wunderlichen Urtheile zu erklären, die z. B. über die Beredsamkeit Cicero's in
neuster Zeit hie und da gefällt sind. Sehr richtig hat bereits
Schott in der Vorrede zu seiner Ausgabe der Rhetorik des Dionys
von Halikarnas p. IX bemerkt: „ipsa oratorum Graecorum Lati-
norumque lectio nonnisi ab iis recte et utiliter institui poterit,
quos Rhetorum commentarii praecipui edocuerint, quale esset
singulis aetatibus consilium, qualis indoles eloquentiae. Quod
non ita disputamus, quasi primarium huius notitiae fontem in
ipsa oratorum lectione assidua versari negemus. Verum aeque
patet, non facile integram posse et perfectam inde promanare
notitiam, nisi oratorum lectioni Rhetorum tractationem amice
iungas; cum oratoris quidem boni ac periti summa et praecipua
ars haud raro in eo versetur, quod artificia oratoria, nisi omnino
dissimulet, tamen levioribus quibusdam involucris obtegat neque,
velut merces, prae se ferat, Rhetorum vero studiis artificia illa
quasi in lucem protrahi soleant, eorumque rationes ususque varius
explanari."

Vom den Arbeiten Neuerer habe ich nur weniges benutzt.
Ich hatte nicht viel zu benutzen, und selbst von dem, was ich
zu benutzen hatte, war nur weniges brauchbar. Wesentliche

Dienste haben mir die inhaltreichen Commentare von Spengel
zu Anaximenes und von Kayser zu Cornificius geleistet, einiges
gaben die Spaldingschen Anmerkungen zu Quintilian, auch die
Halmsche Ausgabe von Cicero's Reden war mir hier und da von
Nutzen. Für die Geschichte der Rhetorik, so weit diese von
mir zu berücksichtigen war, gab mir die bekannte Schrift von
Westermann und Spengels τεχνῶν συναγωγή sive artium
scriptores, Stuttg. 1828, eine erwünschte Unterstützung. Die
kritiklose Compilation des Jesuiten Lud. Cresollius, Theatrum
Rhetorum im X. Bande des Gronovschen Thesaurus enthielt wenig
brauchbares. Von den rhetorischen Schriften des G. J. Vossius
standen mir zwei zu Gebote. Erstens sein Hauptwerk: Commen-
tariorum rhetoricorum sive oratoriarum institutionum libri sex
(4. Aufl. Lugd. Bat. ex off. Joh. Maire. 1643. 2 Thle. 4°), zweitens: de imitatione cum oratoria, tum praecipue poetica deque
recitatione veterum liber (Amst. Elzevir. 1647. 4°). Letztere
Schrift ist gegenwärtig ohne Werth und höchstens noch von
litterargeschichtlichem Interesse. Die Commentarii rhetorici dagegen sind noch immer brauchbar, und sie würden nach meinem
Ermessen noch um vieles brauchbarer sein, hätte Vossius sich darauf beschränkt, ohne Zuthat nunmehr veralteter und überhaupt
überflüssiger Schulweisheit, die Lehren der Alten einfach, aber
vollständig mitzutheilen. So dagegen ist das, was er aus den
alten Rhetoren mittheilt, weder vollständig, noch frei von allerlei
Irrthümern, ein Vorwurf, der namentlich seine Entwicklung der
Lehre von den status im ersten Buche trifft, obenein wird es
häufig von einer Fluth unnützen, meist litterarischen Beiwerks
erdrückt. Dahin gehört besonders, was in den ersten 14 Capi-
teln des zweiten Buches mit ermüdender Weitschweifigkeit über
die Affecte gesagt ist, nicht minder das meiste im zweiten Theile
des dritten Buches von c. 7—24 über die specielle Invention und
Disposition. Sorgfältig zog ich anfänglich I. Chr. Th. Ernesti
Lexicon technologiae Graecorum rhetoricae, Lips. 1795 zu Rathe.
Ich habe aus ihm einige brauchbare Citate entlehnt, die mir
sonst nicht gleich zugänglich waren, im übrigen aber vielfach
zu bemerken Gelegenheit gehabt, dass dies Buch weder vollständig, noch überall ganz zuverlässig ist, und den grossen Ruf, den
es noch immer geniesst, eigentlich so recht nicht mehr verdient.
Nur in einer sehr umgearbeiteten Gestalt und mit Ausmerzung
einer ganzen Reihe von Artikeln, welche beliebige Vokabeln

erläutern, die sich in den Schriften der alten Rhetoren finden, ohne im mindesten technische Ausdrücke zu sein, könnte es den Anforderungen einigermassen genügen, die man gegenwärtig mit Recht an derartige Bücher stellt. Ich habe es deshalb auch nicht sehr bedauert, dass mir die Benutzung des Lexicon technologiae Latinorum rhetoricae versagt war. Zu den genannten Schriften kommen noch einzelne Monographieen und Abhandlungen, die ich an den betreffenden Stellen namhaft gemacht habe. Das Programm von E. Bernhardt Begriff und Grundform der griechischen Periode, Wiesbaden 1854, das mir willkommene Hülfe zu S. 297 geboten hätte, ist mir erst nachträglich aus der Anzeige von L. Kayser in Jahn's Jahrb. 1854 S. 271 ff. bekannt geworden. Auch das Programm von G. Wichert de clausula rhetorica latina p. I, Königsb. 1857 habe ich bei der Abfassung von §. 48 f. übersehen. Es giebt eine reiche Beispielsammlung zu der S. 298 Z. 29 ff. aufgestellten Regel. Allein die in ihm zu Grunde gelegte Unterscheidung zwischen einer clausula grammatica, euphonica, rhetorica ist unlogisch. Spengel's sicherlich treffliche Abhandlung über die Definition und Eintheilung der Rhetorik bei den Alten im Rh. Mus. XVIII S. 481—526 habe ich zu meinem grossen Bedauern nicht benutzen können. Und so glaube ich wohl, dass bei dem grossen Mangel an litterarischen Hülfsmitteln, zu welchem ich durch meinen gegenwärtigen Wohnort verurtheilt bin, mir noch gar manches entgangen ist, was zur Erläuterung und Berichtigung des von mir gesammelten Materials von Nutzem gewesen wäre. Allein dieser Umstand konnte mich nicht von der Veröffentlichung einer Schrift abhalten, die als ihre Aufgabe zunächst quellenmässige Zusammenstellung der rhetorischen Lehren des Alterthums betrachtete, und deren Abfassung von der — hoffentlich nicht falschen Voraussetzung aus unternommen wurde, dass eine solche Zusammenstellung ein, wenn auch nur bescheidenes, Verdienst beanspruchen dürfe.

Vielleicht gelingt es mir, mit meiner Schrift zwei leider allgemein verbreiteten Vorurtheilen in etwas zu steuern. Davon ist das eine neueren Ursprungs. Man glaubt, die Rhetorik sei ein willkürliches Allerlei von geistlosen, pedantischen Regeln. Sie ist aber ein höchst einfach und zweckmässig angelegtes und von berufenen Meistern fein ausgebautes, übersichtliches und klares System. Das andere ist dagegen älteren Datums. Man klagt über die Trockenheit und Schwierigkeit der Rhetorik. Werden nicht schon bei Tacitus im Dial. de oratoribus c. 19 die aridissimi Hermagorae et Apollodori libri genannt? Zum Glück haben es die Römer verstanden, in die Behandlung der Rhetorik einen gewissen Fluss zu bringen, und wenn man es nicht versäumt, sich die Belege zu den rhetorischen Regeln aus einem eingehenden Studium der alten Redner selbst zu suchen, so wird mit dem wachsenden Verständniss der Vorwurf der Trockenheit sofort verschwinden. Was die Schwierigkeit anbetrifft, so ist es ein altes, wahres Wort, ὅτι χαλεπὰ τὰ καλά, und man sollte daher meinen, die angebliche Schwierigkeit müsste eher zur Beschäftigung mit der Rhetorik einladen, als von ihr zurückstossen. Oder will man etwa die naive Aeusserung des Isidorus unterschreiben, bei dem wir (Rhet. Latini ed. Halm p. 507) lesen: „rhetorica disciplina a Graecis inventa est, a Gorgia, Aristotele, Hermagora, et translata in Latinum a Tullio videlicet et Quintiliano, sed ita copiose, ita varie, ut eam lectori admirari in promptu sit, comprehendere impossibile. nam membranis retentis quasi adhaerescit memoriae series dictionis, ac mox repositis recordatio omnis elabitur." Dergleichen konnte eben nur an der Schwelle mittelalterlicher Barbarei und Unwissenschaftlichkeit geschrieben werden.

Der Name des Hermagoras, bekanntlich einer Hauptquelle für Cicero und den auf dessen Schultern stehenden Quintilian, ja selbst für die späteren Lateinischen Rhetoren, soweit diese neben Cicero und Quintilian noch anderweitige Quellen selbständig benutzt und nicht einer den andern ausgeschrieben haben, hat auf dem Titel meines Buches nur den Zweck, dasselbe als eine philologische Arbeit zu bezeichnen. Möge sie sich wohlwollender und fleissiger Leser zu erfreuen haben.

Pyritz, 3. August 1865.

Einleitung.

Definition der Rhetorik.

Die älteste der uns erhaltenen Definitionen der Rhetorik
ist die des Korax und Tisias. Sie bestimmten die von ihnen
gelehrte Kunst als $\pi\epsilon\iota\vartheta o\tilde{\upsilon}\varsigma$ $\delta\eta\mu\iota o\upsilon\rho\gamma\acute{o}\varsigma$, d. h. als Erzeugerin
der Ueberredung, und Gorgias wie Isokrates stimmten
ihnen hierin bei, s. L. Spengel Artium Scriptores p. 34.
155. Etwas vollständiger lautete des Gorgias Definition nach
Plutarch in seinem Commentar zum Platonischen Gorgias bei
Walz Rhet. Graeci T. VII. p. 33: $\dot{\varrho}\eta\tau o\varrho\iota\varkappa\acute{\eta}$ $\dot{\epsilon}\sigma\tau\iota$ $\tau\acute{\epsilon}\chi\nu\eta$ $\pi\epsilon\varrho\grave{\iota}$
$\lambda\acute{o}\gamma\omega\nu$ $\tau\grave{o}$ $\varkappa\tilde{\upsilon}\varrho o\varsigma$ $\check{\epsilon}\chi o\upsilon\sigma\alpha$ $\pi\epsilon\iota\vartheta o\tilde{\upsilon}\varsigma$ $\delta\eta\mu\iota o\upsilon\varrho\gamma\grave{o}\varsigma$ $\dot{\epsilon}\nu$ $\pi o\lambda\iota\tau\iota\varkappa o\tilde{\iota}\varsigma$ $\lambda\acute{o}\gamma o\iota\varsigma$
$\pi\epsilon\varrho\grave{\iota}$ $\pi\alpha\nu\tau\grave{o}\varsigma$ $\tau o\tilde{\upsilon}$ $\pi\varrho o\tau\epsilon\vartheta\acute{\epsilon}\nu\tau o\varsigma$, $\pi\iota\sigma\tau\epsilon\upsilon\tau\iota\varkappa\tilde{\eta}\varsigma$ $\varkappa\alpha\grave{\iota}$ $o\grave{\upsilon}$ $\delta\iota\delta\alpha\sigma\varkappa\alpha\lambda\iota\varkappa\tilde{\eta}\varsigma$,
$\epsilon\tilde{\iota}\nu\alpha\iota$ $\delta\grave{\epsilon}$ $\alpha\dot{\upsilon}\tau\tilde{\eta}\varsigma$ $\tau\grave{\eta}\nu$ $\pi\varrho\alpha\gamma\mu\alpha\tau\epsilon\acute{\iota}\alpha\nu$ $\dot{\iota}\delta\acute{\iota}\alpha\nu$ $\mu\acute{\alpha}\lambda\iota\sigma\tau\alpha$ $\pi\epsilon\varrho\grave{\iota}$ $\delta\acute{\iota}\varkappa\alpha\iota\alpha$ $\varkappa\alpha\grave{\iota}$
$\check{\alpha}\delta\iota\varkappa\alpha$, $\dot{\alpha}\gamma\alpha\vartheta\acute{\alpha}$ $\tau\epsilon$ $\varkappa\alpha\grave{\iota}$ $\varkappa\alpha\varkappa\acute{\alpha}$, $\varkappa\alpha\lambda\acute{\alpha}$ $\tau\epsilon$ $\varkappa\alpha\grave{\iota}$ $\alpha\dot{\iota}\sigma\chi\varrho\acute{\alpha}$. Allein diese De-
finition ist, wie L. Spengel über die Rhetorik des Aristoteles
S. 4 richtig bemerkt, wohl nicht aus den Schriften des Gorgias
genommen, sondern nur aus der consequenten Entwicklung des
Platonischen Dialogs zusammengestellt und dem Gorgias in den
Mund gelegt. In diesem Dialog nämlich hatte Gorgias die
Rhetorik für eine rein formale Kunst erklärt, die sich mit Reden
beschäftige und zum Reden geschickt mache, dann aber für die
Kunst, deren Thätigkeit sich auf die Erzeugung der Ueberredung
beziehe, und zwar der Ueberredung in Versammlungen und
Gerichtshöfen, die Recht oder Unrecht zum Gegenstand habe,
aber auch in anderen Fällen zur Anwendung komme. Sie sei
eine gewaltige Kunst, müsse aber wie jede andere Kunst auf
gerechte Weise geübt werden, und wenn sie Jemand missbrauche,
so könne daraus ihr selbst und dem, der sie lehre, kein Vorwurf
erwachsen. Hiergegen bemerkt nun Plato, die Rhetorik oder
Redekunst sei überhaupt gar keine Kunst, da es ihr an Ein-

1

sicht in die wirkliche Beschaffenheit des von ihr gebotenen fehle, und sie dasselbe auf keine Gründe zurückzuführen vermögte; sie sei eine blose auf Erfahrung beruhende Fertigkeit, ein Schattenbild der Staatskunst. Auch müsse ein wahrhafter Redner immer ein gerechter und rechtskundiger Mann sein; die Redekunst selbst dürfe nur zum Gerechten angewendet werden.

Schon die Alten sahen richtig, und wie konnte es bei dieser Schlussbemerkung anders sein? — dass man in dieser Auseinandersetzung Plato's keine unbedingte Verwerfung der Rhetorik überhaupt, sondern nur der schlechten sophistischen Rhetorik seiner Zeit zu suchen habe, s. Quintil. II, 15, 27. Diejenige Kunst, welche den Menschen wirklich in den Besitz der höchsten Güter, der Wahrheit und Erkenntniss setzt, ist für Plato freilich die Philosophie. Aber einer auf philosophischer Einsicht in das wahre Wesen von Recht und Unrecht gegründeten Redekunst, die in Folge dessen selbst nur gerecht sein könnte, würde er seine Anerkennung nicht versagt haben. Dass eine derartige Begründung der Redekunst schlechthin unmöglich sei, hat Plato nicht behauptet, vielmehr erachtete er sie für erreichbar und nothwendig, wie dies seine Auseinandersetzung über die Rhetorik im Phaedrus beweist. Auch in dieser Schrift wird es ganz besonders betont, dass der Redner vor allem eine wahre Erkenntniss von dem Gegenstande seiner Rede haben müsse, dass er überall der Wahrheit und nicht dem Scheine zu folgen habe. So lange sie der Philosophie ermangele, sei die Rhetorik keine Kunst, sondern nur kunstlose Fertigkeit, die es auf Täuschung des Zuhörers abgesehen habe, den Redner selbst aber nicht schütze, auch seinerseits getäuscht zu werden. Alle wissenschaftliche Methode, im Gegensatz zur blos empirischen Technik, beruhe auf Dialektik, welche aus der Idee des zu behandelnden Gegenstandes heraus die demselben innewohnende Theilung und Gliederung entwickele. Da nun der Redner auf die Seele zu wirken suche, um in dieser Ueberzeugung hervorzubringen, so müsse er vor allem das Wesen der Seele philosophisch ergründet haben. Aus psychologischer Erkenntniss also müsse die Anwendung der verschiedenen Arten der Beredsamkeit auf die verschiedenen Seelenzustände hervorgehen, sowie die Anwendung der einzelnen Regeln und der verschiedenen Arten des Vortrags. Somit erscheint nach Platonischer Ansicht dasjenige, was das Wesen und den gesammten Inhalt der damaligen

Rhetorik ausmachte, während sie sich auf eine Erörterung der allgemeinen zu Grunde liegenden theils ethischen, theils psychologischen Begriffe nicht einliess, diese vielmehr als bekannt voraussetzte, lediglich als Parergon der wahren Rhetorik und von zweifelhaftem Werthe. Plato ging hierin offenbar zu weit, immerhin aber bleibt es sein grosses Verdienst, die Rhetorik seiner Zeit auf die Nothwendigkeit einer grösseren sittlichen und somit wissenschaftlichen Vertiefung hingewiesen zu haben. Eine praktische Durchführung der Platonischen Ideen, zugleich aber auch eine weise Beschränkung derselben auf ihr richtiges Mass, gab Aristoteles in der auf uns gekommenen Rhetorik, dem wissenschaftlichsten Werke, das überhaupt über diesen Gegenstand geschrieben worden ist, wie es denn mehr eine Philosophie der Rhetorik, als eine eigentliche Rhetorik enthält. In dieser Schrift gab er den unwiderleglichen Beweis, dass die wahre Rhetorik eine wirkliche Kunst, τέχνη, sei, und stellte sie so in die ihr gebührende richtige Mitte zwischen die eigentliche ἐπιστήμη und die blosse ἐμπειρία, über deren Unterschied uns die Rhetoren belehren. So sagt der Anonymus Seguerianus bei Spengel Rhet. Gr. T. I. p. 431: διαφέρει δὲ ἐπιστήμη τῆς τέχνης, καθὸ ἡ μὲν ἀδιαπτώτων ἐστὶ θεωρημάτων καὶ μίαν ἐχόντων τὴν φύσιν, τέχνη δὲ ἐκ κινουμένων καὶ ἄλλοτε ἄλλην ἀναλαμβανόντων φύσιν. Ebenso Sopater zu Hermogenes bei Walz Rhet. Gr. T. V. p. 4: διενήνοχε δὲ ἡ τέχνη τῆς ἐπιστήμης, τῷ μὴ ἀδιαπτώτῳ κεχρῆσθαι τῷ σκοπῷ, ἀλλὰ μεθαρμόζεσθαι πρὸς πρόσωπα καὶ καιρούς. Die τέχνη definirt er als σύστημα ἐκ καταλήψεως συγγεγυμνασμένον πρός τι τέλος εὔχρηστον τῶν ἐν τῷ βίῳ, die ἐμπειρία aber als ἕξις τις τοῦ πραχθέντος ἀπομιμητική, ἤτοι ἄλογος τῶν προκειμένων τριβή, ἤτοι ἐκμίμησις τοῦ πραχθέντος ἐξ ἀδιακρίτου κρίσεως. Der Begriff ars oder τέχνη begreift nun aber bei den Alten auch das mit in sich, was wir Wissenschaft nennen, einerseits, wie O. Jahn zu Cic. Brut. 41, 152 bemerkt, wohl deshalb, weil im Alterthum die schöne Form auch in der Darstellung wissenschaftlicher Gegenstände für ein nothwendiges Erforderniss galt, andrerseits, weil man mehr Gewicht darauf legte, dass in der Ausübung der Wissenschaft selbst, in jedem Gebrauch der wissenschaftlich gebildeten Geisteskräfte ein technisches, künstlerisches Element hervortritt. Man vergleiche übrigens Cic. de orat. I, 23, 107 ff. II, 8, 32.

1*

Aristoteles (Rhet. I, 2) definirt nun die Rhetorik als *δύνα-μις περὶ ἕκαστον τοῦ θεωρῆσαι τὸ ἐνδεχόμενον πιθανόν*, also als Vermögen, an jedem Dinge das, was Glauben erwecken kann, wahrzunehmen, und zwar an jedem beliebig gegebenen Dinge, daher das Kunstgebiet der Rhetorik keine abgesonderte, eigenthümliche Klasse von Gegenständen umfasst. Der eigentlich wissenschaftliche Gegenstand der Rhetorik sind nach Aristoteles die Ueberzeugungsmittel. Ihr Geschäft (*ἔργον*) ist nicht das Ueberreden, sondern zu erkennen was in jeder Sache zur Gewinnung des Glaubens tauglich und vorhanden sei. — Gewöhnlich aber wird die Aristotelische Definition von den Rhetoren in einer etwas anderen Fassung citirt, nämlich so: *ῥητορική ἐστι δύναμις τοῦ περὶ ἑκάστου ἐνδεχομένου πιθανοῦ λόγου τέλος ἔχουσα τὸ εὖ λέγειν*, Doxopater Proleg. in Aphthon. bei Walz T. II. p. 102. Warf man dieser Definition auch vor, sie sei zu weit, indem sie auch die Dialektik mit umfasse, was andre jedoch wieder dahin berichtigten, dass es die Dialektik nicht mit den *πιθανοὶ λόγοι περὶ τὰ πολιτικά* zu thun habe, so lehnten sich doch die späteren Definitionen mehr oder weniger an diese an, nur dass sie die praktischen Zwecke der Rhetorik, vornehmlich den Zweck der Ueberredung, wieder mit hervorhoben. So definirte, um einige derselben anzuführen, Dionysius der Thraker: *ῥητορική ἐστι δύναμις τεχνικὴ διὰ λόγου ἐν πράγματι πολιτικῷ τέλος ἔχουσα τὸ εὖ λέγειν*. Man wandte dagegen ein, es sei hier ein *τέλος* der Rhetorik aufgestellt, das sie mit vielen anderen Künsten und Wissenschaften theile (Doxop. l. l. p. 104). Hermagoras begnügte sich, die Rhetorik als *δύναμις τοῦ εὖ λέγειν τὰ πολιτικὰ ζητήματα* zu definiren (Walz Rh. Gr. T. V. p. 15). Aber wo bleibt da das *γένος πανηγυρικόν*? Daher definirten seine Anhänger, die nach ihm benannten Hermagoreer, die Rhetorik als *δύναμις περὶ λόγον, τέλος ἔχουσα τὸ πείθειν, ὅσον ἐφ᾽ ἑαυτῇ* (Max. Planud. ib. p. 213). Dionysius von Halikarnass sagte: *ῥητορική ἐστι δύναμις τεχνικὴ πιθανοῦ λόγου ἐν πράγματι πολιτικῷ τέλος ἔχουσα τὸ πιθανῶς εἰπεῖν κατὰ τὸ ἐνδεχόμενον* (Max. Planud. l. l.).

Im sophistischen Zeitalter definirte Lollianus im Anschluss an Dionysius: *ῥητ. ἐστι δύναμις τεχνικὴ πιθανοῦ λόγου ἐν πράγματι πολιτικῷ τέλος ἔχουσα τὸ εὖ λέγειν* (Sopat. T. V p. 17). Diodorus aus Alexandria, der Sohn des Valerius Pollio, in derselben Zeit, lehrte: *ῥητ. ἐστι δύναμις εὑρετικὴ καὶ ἑρμηνευτικὴ*

μετὰ κόσμου τῶν ἐνδεχομένων πιϑανῶν ἐν παντὶ λόγῳ. Der Scholiast zu Aphthonius, Rh. Gr. T. II p. 7, der uns diese Definition
erhalten hat, fügt hinzu: δύναμις μὲν οὖν ἐστι πρᾶγμα ἐν μεσό-
τητι, ᾧ ἔξεστι καὶ καλῶς καὶ κακῶς χρήσασϑαι, οἷον πλοῦτος,
ἰσχύς, μάχαιρα. τούτοις γὰρ χρήσαιτ᾽ ἄν τις καὶ καλῶς καὶ πρὸς
τἀναντία. καὶ τοίνυν καὶ τὴν ῥητορικὴν διὰ τοῦτο ἐκάλεσε δύναμιν,
ἐπειδὴ χρήσαιτ᾽ ἄν τις αὐτῇ καὶ πρὸς τὰ μὴ καλὰ καὶ τὰ μὴ
ὄντα τοιαῦτα, eine Bemerkung, die sich auch sonst nicht selten
bei den Rhetoren findet. Von Hermogenes, dem Stimmführer
der späteren Technik, gab es keine eigentliche Definition, doch
hat man aus den Einleitungsworten seiner Rhetorik (Walz T. III
p. 1. Spengel T. II p. 133) eine solche, wenngleich mit Unrecht,
herausgelesen: ῥητ. ἐστι τέχνη τις λυσιτελοῦσα κἂν ταῖς βουλαῖς
κἂν τοῖς δικαστηρίοις καὶ πανταχοῦ (Doxop. p. 104). Durch ihre
Einfachheit empfiehlt sich die Definition des Rufus aus unbe-
stimmter Zeit (T. I p. 463 Sp.): ἡ ῥητορική ἐστιν ἐπιστήμη τοῦ
καλῶς καὶ πειστικῶς πάντα τὸν προκείμενον διαϑέσϑαι λόγον.
Aus ganz später Zeit endlich möge die Definition des Geometres
aus seinem Commentar zu Aphthonius hier Platz finden: ῥητορική ἐστι λόγος περὶ τὸν λόγον — so wie die des Doxopater
(T. II p. 74. 93. 105 Walz), welche von Maximus Planudes l. l.
p. 214 als die beste empfohlen wird: τέχνη περὶ λόγου δύναμιν
ἐν πράγματι πολιτικῷ τέλος ἔχουσα τὸ πιϑανῶς εἰπεῖν κατὰ τὸ
ἐνδεχόμενον.

Wenden wir uns zu den Römischen Lehrern der Rhetorik,
so giebt Cornificius keine eigentliche Definition. Er nennt die
Rhetorik nur eine sehr nützliche Wissenschaft, und stellt es I,
2, 2 als Aufgabe (officium) des Redners hin, *de iis rebus posse*
dicere, quae res ad usum civilem moribus ac legibus constitutae
sunt, cum assensione auditorum, quoad eius fieri poterit: Dass
dies auch des Hermagoras Ansicht war, lehrt Sext. Empir. adv.
Math. II, 62 p. 687 Bekk. Nach Cicero de inv. I, 6 ist Rhetorik
artificiosa eloquentia, als solche ein Theil der *ratio civilis*. Ihre
Aufgabe ist *dicere apposite ad persuasionem*, ihr Ziel *persuadere*
dictione. Quintilian endlich II, (14.) 5 definirt die Rhetorik
am einfachsten und verständigsten, nach dem Vorgange der
Stoiker, oder vielmehr des Xenokrates (vgl. Diog. Laert.
VII, 42. Sext. Empir. adv. Math. II, 6 p. 675) als *bene*
dicendi scientia, als Wissenschaft gut zu reden. Als solche
ist sie eine Kunst. Der Künstler, der diese Kunst erlernt

hat, der also gut reden kann, ist der Redner. Das von ihm geschaffene Kunstwerk ist eine gute Rede. Gut zu reden ist das Ziel, der Zweck der Rhetorik.

Quintilian betont in dieser Definition das Wort g u t. Wenn Cicero im Brut. 6, 23 gesagt hatte: *dicere enim bene nemo potest, nisi qui prudenter intellegit,* so kann nach Quintilian gut reden nur ein sittlich guter Mensch. Damit sollen die Angriffe abgeschnitten werden, die man möglicherweise gegen die Rhetorik erheben könnte, als sei sie eine Kunst der Täuschung und des Betrugs, und eben keine wirkliche Kunst, sondern blos eine Afterkunst, wobei man sich verkehrter Weise auf Plato berief. Der Nutzen dieser Kunst ist unbestreitbar, auch ist sie eine edle Kunst. Vor allen Geschöpfen hat allein der Mensch die Rede voraus; gerade sie muss er deshalb in Ehren halten und möglichst ausbilden, ein Gedanke, den auch Cicero de inv. I, 4, 5 ausspricht: *ac mihi quidem videntur homines, cum multis humiliores et infirmiores sint, hac re maxime bestiis praestare, quod loqui possunt. Quare praeclarum mihi quiddam videtur adeptus is, qui, qua re homines bestiis praestent, ea in re hominibus ipsis antecellat. Hoc si forte non natura modo neque exercitatione conficitur, verum etiam artificio quodam comparatur, non alienum est videre, quae dicant ii, qui quaedam eius rei praecepta nobis reliquerunt.*

Was man aber sonst noch alles vorgebracht hat, um zu zeigen, dass die Rhetorik keine Kunst sei, das, meint Quintilian, lässt sich leicht widerlegen. Und zwar ist sie eine praktische Kunst, wenngleich sie auch als eine theoretische Kunst getrieben werden kann, oder endlich als solche, die sich mit der Abfassung geschriebener Kunstwerke begnügt. — Als ihren Stoff betrachtet diese Kunst alle Gegenstände, über welche zu reden von ihr verlangt wird. Schon Gorgias hatte dies gelehrt, s. Cic. de inv. I, 5, 7. Daraus folgt aber nicht, dass der Redner in unbeschränkter Polyhistorie alle Dinge kennen müsse. Er wird nur über die sprechen, die er kennt. Ueber diese aber wird er besser sprechen als jeder Nicht-Redner, Cic. de orat. I, 12, 51. Die Rhetorik ist eben, wie dies auch Aristoteles den Sophisten eingeräumt hat, eine rein formale Kunst. In der That aber wird sich der Redner auf die drei zuerst von Aristoteles aufgestellten Arten der Beredsamkeit beschränken.

§. 2.

Eintheilung der Rhetorik.

Es zerfällt nämlich dem Stoffe nach die Beredsamkeit in drei
Arten, oder *genera causarum*, in die gerichtliche, berathende
und epideiktische Beredsamkeit. Cornif. I, 2, 2: *tria sunt genera causarum, quae recipere debet orator: demonstrativum, deliberativum, iudiciale.* Die Griechen sprechen von einem *γένος δικανικόν,
συμβουλευτικόν* und *ἐπιδεικτικόν.* Die gerichtliche Beredsamkeit
(sie galt, allerdings gegen Aristoteles Meinung, der dies von der
berathenden Beredsamkeit behauptete, für die wichtigste und
schwierigste Art) will anklagen oder vertheidigen, die berathende will zu etwas antreiben oder von etwas abrathen,
die epideiktische hat zu loben oder zu tadeln, Quint. III, 5.
Man versuchte es auch wohl, die drei Arten nach der ihnen
eigenthümlichen Art der Untersuchung zu unterscheiden. So sagt
Cic. de inv. II, 4, 12: *in iudiciis quid aequum sit quaeritur, in
demonstrationibus quid honestum, in deliberationibus, ut nos arbitramur, quid honestum sit et quid utile.* Andere hatten nämlich
für das genus deliberativum blos das *utile* aufgestellt. Allein
Quint. III, 4, 16 bemerkt dagegen: *ne his quidem accesserim, qui
laudativam materiam honestorum, deliberativam utilium, iudicialem
iustorum quaestione contineri putant, celeri magis ac rotunda usi
distributione quam vera. Stant enim quodammodo mutuis auxiliis
omnia. Nam et in laude iustitia utilitasque tractatur et in consiliis
honestas, et raro iudicialem inveneris causam, in cuius non parte
aliquid eorum, quae supra diximus, reperiatur.*

Diese drei Arten der Beredsamkeit sind nun nach dem
übereinstimmenden Zeugniss des Alterthums zuerst aufgestellt
von Aristoteles. Noch Anaximenes, für uns der einzige erhaltene
Vertreter der vor-Aristotelischen Rhetorik, kennt blos zwei Arten,
die berathende und gerichtliche, Lob und Tadel ist ihm über
beide vertheilt. Erst Aristoteles führte das *γένος ἐπιδεικτικόν*
ein. Cic. de inv. I, 5, 7: *Aristoteles autem, qui huic arti plurima
adiumenta atque ornamenta subministravit, tribus in generibus versari
rhetoris officium putavit, demonstrativo, deliberativo, iudiciali. Demonstrativum est, quod tribuitur in alicuius certae personae laudem
aut vituperationem: deliberativum, quod positum in disceptatione civili
habet in se sententiae dictionem: iudiciale, quod positum in iudicio
habet in se accusationem et defensionem, aut petitionem et recusatio-*

nem. Et quemadmodum nostra quidem fert opinio, oratoris ars et facultas in hac materia tripertita versari existimanda est. Aristoteles (Rhet. I, 3 p. 14 Sp.) gewinnt die drei Arten der Beredsamkeit aus den drei Arten von Zuhörern. Zur Rede, sagt er, gehört dreierlei, der Redner, der Stoff, über den er spricht, und der Zuhörer, auf den der Zweck seiner Rede gerichtet ist. Der Zuhörer ist entweder reiner Zuhörer (θεωρός), d. h. Beurtheiler der Kunstleistung, oder Richter, und zwar als Mitglied der Volksversammlung Richter über zukünftiges, als Mitglied eines Gerichtshofes Richter über geschehenes. So giebt es denn drei Arten von Reden, die berathende, richterliche und epideiktische. Die Berathung hat es mit zureden oder abreden zu thun, das Gericht mit Anklage oder Vertheidigung, das epideiktische Geschlecht mit Lob oder Tadel. Dann hat es der berathende Redner mit der Zukunft zu thun, der Redner vor Gericht mit der Vergangenheit, der epideiktische Redner überwiegend mit der Gegenwart, wenn er auch häufig vergangenes in der Erinnerung heranzieht und zukünftiges im voraus berührt. Endlich haben die drei Arten verschiedene Zwecke (τέλος); die berathende nützliches und schädliches; Recht oder Unrecht dagegen, löbliches oder verwerfliches berührt sie nur beiläufig; die gerichtliche Recht oder Unrecht; die epideiktische löbliches oder verwerfliches.

Am bündigsten werden die Unterschiede der drei Arten der Beredsamkeit zusammengefasst in dem Fragmente aus Alexander bei Spengel Rh. Gr. T. III p. 1: τῶν πολιτικῶν λόγων τρεῖς εἰσιν ὑποθέσεις, ἐγκώμιον (dient öfter zur Bezeichnung des γένος ἐπιδεικτικόν, vgl. Nikolaus Progymn. p. 482 Sp.), συμβουλή, δίκη. διαφέρουσι δ᾽αὗται ἀλλήλων τοῖς χρόνοις, τοῖς πράγμασι, τοῖς τέλεσι, τοῖς ἀκροαταῖς, ἐφ᾽ ὧν οἱ λόγοι γίγνονται. τοῖς μὲν δὴ χρόνοις διαφέρουσιν, ὅτι αἱ μέν εἰσιν αἱ δίκαι περὶ τῶν ἤδη γεγονότων, αἱ δὲ συμβουλαὶ περὶ τῶν μελλόντων, οἱ δὲ ἔπαινοι περὶ τῶν ὄντων καὶ τῶν ἐσομένων. ἐπαινοῦμεν γὰρ οὐ μόνον εἴ τίς ἐστιν ἀγαθός, ἀλλὰ καὶ προσδοκῶντες ἔσεσθαι. τῇ δὲ τῶν χρόνων διαφορᾷ ἕπεται καὶ ἡ τῶν πραγμάτων. τὰ μὲν γὰρ γέγονε πράγματα, τὰ δὲ μέλλει, τὰ δ᾽ἐνέστηκεν. ἔτι δ᾽ἐστὶ τοῦ μὲν ἐγκωμίου ἔπαινος καὶ ψόγος, τῆς δὲ δίκης ἀπολογία καὶ κατηγορία, τῆς δὲ συμβουλῆς προτροπὴ καὶ ἀποτροπή. τοῖς δὲ ἀκροαταῖς, ὅτι ἐν μὲν ταῖς συμβουλαῖς αὐθένται εἰσὶν οἱ ἀκροώμενοι· βουλεύονται γάρ, τί αὐτοῖς πρακτέον ἐκείνοις καὶ τί μὴ πρακτέον.

ἐν ταῖς δὲ δίκαις οἱ κριταὶ ὡς περὶ ἰδίων σκεπτόμενοι, εἰ πέπρακται τὰ ὑπ' ἄλλων γενόμενα, κρίνουσιν, ἢ εἰ δικαίως ἢ οὔ· τὸ
δὲ τῶν ἐγκωμίων εἶδος οὔτε αὐθέντας ἔχει οὔτε κριτάς, ἀλλὰ
μόνον ἀκροατάς, ὅθεν καὶ ἐπιδεικτικὸν τὸ τοιοῦτον κέκληται.

Hinsichtlich der drei Arten der Beredsamkeit bleiben aber
noch zwei Punkte zu erledigen übrig. Quintilian III, 4, 12 bemerkt nämlich die lateinische Bezeichnung des γένος ἐπιδεικτικόν mache einige Schwierigkeit. Er selbst nennt sie, da sie
Lob und Tadel umfasst, a potiori das *genus laudativum*. Andre
nannten sie *genus demonstrativum*, wie man im Griechischen von
einem γένος ἐγκωμιαστικόν oder ἐπιδεικτικόν sprach. Der Ausdruck *demonstrativum* entspreche aber dem ἐπιδεικτικόν nicht,
bei dem es weniger auf den Begriff der demonstratio, als
der ostentatio hinauskomme und das auch von dem ἐγκωμιαστικόν sehr verschieden sei; es befasse zwar das genus laudativum in sich, aber beschränke sich nicht darauf. So seien
auch die Panegyrici unzweifelhaft epideiktischer Art, sie hätten
aber die Form der Ueberredung und sprächen überwiegend über
das, was Griechenland Nutzen bringe. So gäbe es allerdings
drei genera causarum, aber diese seien *tum in negotiis tum in
ostentatione posita*. Mit anderen Worten, alle Reden sind entweder auf die Wirklichkeit berechnete Geschäftsreden, oder
blose Prunkreden. Beide Classen zerfallen in die drei Unterarten der gerichtlichen, berathenden und der sich mit Lob oder
Tadel befassenden Rede. Man sieht, dass Quintilian mit richti-
gem Blick das unzulängliche und unlogische der Aristotelischen
Eintheilung herausgefühlt, und· sie durch eine richtigere ersetzt
hat. Doch blieb er selbst im weiteren Verlaufe seines Werkes
der herkömmlichen Eintheilung getreu.

Zweitens fehlt es auch nicht an Spuren einer Eintheilung
der Beredsamkeit in mehrere Arten. So stellt Rufus p. 463 Sp.
vier Arten der Beredsamkeit auf, nämlich das εἶδος δικανικόν,
συμβουλευτικόν, ἐγκωμιαστικόν und ἱστορικόν und definirt die
letztere: ἱστορικὸν δέ, ἐν ᾧ διηγούμεθα πράξεις τινὰς μετὰ
κόσμου ὡς γεγενημένας. Diese Eintheilung wird gewiss jeder mit
Westermann Gesch. der Griech. Beredsamkeit S. 252 als eine
unlogische bezeichnen. Indes geht auch sie gewissermassen auf
Aristoteles zurück, s. Anon. Proleg. Rhet. bei Spengel Art.
Script. p. 225. Befremdlich ist aber die Definition, welche Rufus

Historiographie denken. Und allerdings rechnet Cic. orat. 11,
37. 66, 207, vgl. de orat. II, 9, 36 — die rhetorische Darstellungsweise der Geschichte, wie sie durch die Schule des
Isokrates namentlich bei Theopompus herrschend geworden war,
offenbar nach Griechischem Vorgange, mit zur epideiktischen
Gattung der Beredsamkeit, während er freilich orat. 20, 68 die
Beredsamkeit der Geschichtschreiber von derjenigen der Redner
ausdrücklich trennt. Allein Niemand kann behaupten, Theopomp habe πράξεις τινὰς μετὰ κόσμου ὡς γεγενημένας erzählt,
vielmehr erzählte auch er, wie alle andern Historiker πράξεις
γεγενημένας, höchstens als rhetorisirender Historiker πράξεις
γεγενημένας ἢ ὡς γεγενημένας. Rufus verstand daher unter dem
εἶδος ἱστορικόν seiner Definition, wenn nicht etwa hinter κόσμου
bei ihm die Worte γεγενημένας ἢ ausgefallen sind, vielleicht die
mit allerlei rhetorischem Putz verbrämten fingirten Erzählungen
der späteren Sophistik, wie sie uns in den erotischen λόγοι
ποιμενικοί eines Longus und anderer vorliegen. Mit demselben
Rechte liesse sich dann aber auch ein εἶδος ἐπιστολικόν aufstellen, um noch andrer zu geschweigen. In der That zählten
einige Rhetoren des Alterthums an die dreissig Arten der Beredsamkeit auf. Man könnte ja überhaupt der Poetik als der
Lehre von den Gesetzen und Formen der Dichtkunst nach ihren
drei Hauptgattungen Epos, Lyrik und Drama, eine Rhetorik als
die a potiori benannte Lehre von den Gesetzen und Formen der
prosaischen Darstellung nach den drei Hauptgattungen der
historischen, philosophischen und rednerischen Prosa*) an die
Seite stellen, allein es ist dies im Alterthume, so viel wir wissen,
nicht geschehen**). — Uebrigens gelangten die Versuche einer
anderen erweiterten Eintheilung (man sehe, was Quint. III, 4
unter Verweisung auf Cic. de or, II, 10 ff. erwähnt) zu keinem
durchgreifenden Ansehn, und sind mehr für eine Geschichte der
Rhetorik als für diese selbst von Interesse. Als spielender
Einfall Späterer mag noch die Ansicht erwähnt werden, wonach

---

*) Dass den Alten auch der Begriff der poetischen Prosa nicht un-
bekannt war, und was sie darunter verstanden, zeigt Arist. Poet.
I, 7. vgl. Hermann z. d. St. p. 92. Cic. orat. 20, 67.
**) Wie fern eine solche Gegenüberstellung wenigstens dem Cicero
lag, zeigt deutlich der Anfang seiner Schrift de optimo genere
oratorum.

die drei Arten der Beredsamkeit den drei Seelenvermögen entsprechen sollten, und zwar das *γένος συμβουλευτικόν* dem *λογικόν*, das *δικανικόν* dem *θυμικόν*, das *πανηγυρικόν* dem *ἐπιθυμη-
τικόν*. Vgl. Doxop. Proleg. in Aphth. T. II p. 80. 121 Walz.
Innerhalb dieser drei Arten der Beredsamkeit nun kömmt
die Rhetorik selbst in ihren fünf Theilen zur Anwendung, Quint.
III, 3. Cic. de inv. I, 7, 9. Oder, wie Cornif. I, 2, 2 sich
ausdrückt, es sind fünf Dinge, welche der Redner haben muss
(*res quas oratorem habere oportet*), und zwar: Erstens die Erfindung, *inventio*, *εὕρεσις*, seit Aristoteles (vgl. Rhet. I, 1) als
der bei weitem wichtigste Theil angesehen, daher von manchen
Rhetoren ausschliesslich behandelt. Zweitens die Anordnung,
dispositio, *τάξις*. Drittens der Ausdruck, *elocutio*, *λέξις*. Viertens das Gedächtniss, *memoria*, *μνήμη*. Fünftens der Vortrag, *pronuntiatio* oder *actio*, *ὑπόκρισις*. Mit der Betrachtung
der materia artis und den fünf Theilen ihrer Behandlung hat
die Rhetorik als Theorie der Beredsamkeit ihre Aufgabe erschöpft. Und zwar muss diese Betrachtung immer überwiegend
auf das Praktische gerichtet sein, denn eine streng wissenschaftliche Behandlung lässt die Rhetorik, eben weil sie eine
Kunst im antiken Sinne dieses Begriffes ist, nicht zu. Dies sah
schon Aristoteles, dem doch vor allen das Lob einer wissenschaftlichen Behandlung zu spenden ist, wenn er Rhet. I, 4
bemerkt: *ὅσῳ δ᾽ ἄν τις ᾖ τὴν διαλεκτικὴν ἢ τὴν ῥητορικὴν μὴ
καθάπερ ἂν δυνάμεις ἀλλ᾽ ἐπιστήμας πειρᾶται κατασκευάζειν,
λήσεται τὴν φύσιν αὐτῶν ἀφανίσας τῷ μεταβαίνειν ἐπισκευάζων
εἰς ἐπιστήμας ὑποκειμένων τινῶν πραγμάτων, ἀλλὰ μὴ μόνον
λόγων.*
    Versuchen wir es demnächst im Folgenden die Hauptlehren
der Rhetoren über diese fünf Theile ihrer Kunst, zumeist im
Anschluss an Quintilians institutio oratoria kurz und übersichtlich
darzustellen.

Erster Theil.
Die Lehre von der Erfindung.

Erster Abschnitt. Die gerichtliche Beredsamkeit.

§. 3.

Allgemeines zur Einleitung. Quaestio, causa. Θέσις **und** ὑπόθεσις.

Es zerfällt jegliche Rede in Inhalt und Form. Quint. III, 5, 1: *omnis oratio constat aut ex his, quae significantur, aut ex his, quae significant, id est rebus et verbis.* Die Redefähigkeit, also die Herrschaft über die fünf Theile der Rhetorik, kömmt durch dreierlei zu Stande, durch natürliche Anlage, durch Kunst oder theoretische Anleitung, und durch Uebung. Cornif. I, 2, 3: *haec omnia tribus rebus assequi poterimus: arte imitatione exercitatione.* Ausführlich handelt hierüber Cic. de orat. I, 25 ff. Den Grad allgemeiner Bildung sowie den Umfang specieller Fachkenntnisse anzugeben, welche für den Redner erforderlich sind, um sich mit Erfolg seiner Aufgabe zu widmen, ist natürlich nicht Sache der Rhetorik im engeren Sinne. Auf drei Punkte aber erstreckt sich die Aufgabe des Redners. Er soll belehren, ergreifen, ergetzen, Quint. l. l.: *tria sunt, quae praestare debeat orator, ut doceat, moveat, delectet.* Daher sagt Cic. de opt. gen. 1, 3 sehr schön: *optimus est enim orator, qui dicendo animos audientium et docet et delectat et permovet: docere debitum est, delectare honorarium, permovere necessarium.* Aehnlich im Brut. 49, 185: *tria sunt enim, quae sint efficienda dicendo: ut doceatur is, apud quem dicetur, ut delectetur, ut moveatur vehementius —* und orat. 21, 69: *erit igitur eloquens is, qui in foro causisque civilibus ita dicet, ut probet, ut delectet, ut flectat: probare necessitatis est, delectare suavitatis, flectere victoriae; nam id unum ex omnibus ad obtinendas causas potest plurimum.* Vgl. orat. 29, 101. de orat. II, 27, 115. Die Quelle dieser Aussprüche ist unschwer in Aristoteles Rhet. 1, 2 zu suchen: τῶν δὲ διὰ τοῦ λόγου ποριζομένων πίστεων τρία εἴδη ἐστίν· αἱ μὲν γάρ εἰσιν ἐν τῷ ἤθει τοῦ λέγοντος, αἱ δὲ ἐν τῷ τὸν ἀκροατὴν διαθεῖναί πως,

αἱ δὲ ἐν αὐτῷ τῷ λόγῳ διὰ τοῦ δεικνύναι ἢ φαίνεσθαι δεικνύναι,
auf welche Stelle unsre Darstellung noch weiter unten zurückkommen wird. Die dem Redner nöthige Herrschaft über die
besagten fünf Theile ist aber ausgesprochen in der Definition
des Redners bei Cic. de orat. I, 15, 64: *is orator erit mea sententia hoc tam gravi dignus nomine, qui, quaecunque res inciderit,
quae sit dictione explicanda, prudenter et composite et ornate et
memoriter dicet cum quadam actionis etiam dignitate,* in welcher
Definition zugleich das officium des Redners viel besser angegeben ist, als in der bereits angeführten Stelle des Cornif. I,
2, 2: „oratoris officium est, de iis rebus posse dicere, quae res
ad usum civilem moribus ac legibus constitutae sunt, cum assensione auditorum, quoad eius fieri poterit", der eben auch nichts
weiter sagt, als das gewöhnliche „oratoris officium esse dicere
ad persuadendum accommodate", Cic. de orat. I, 31, 138. vgl.
49, 213.

Jeder Redner muss nun aber in einer Rede über ein bestimmtes Thema sprechen, eine besondere Frage muss den Aus-
gangs- und Mittelpunkt seiner ganzen Rede abgeben. Die Fragen aber sind entweder Fragen allgemeiner Art, „quaestiones
infinitae", oder Fragen, die sich auf bestimmte Fälle beziehen,
„quaestiones finitae", Quint. III, 5, 5. Bei den allgemeinen Fragen
wird von bestimmten Personen, Zeiten, Oertlichkeiten u. dgl.
abgesehen. Der Griechische Ausdruck für sie ist *θέσις*, Cic.
orat. 14, 46: „quaestio a propriis personis et temporibus ad uni-
versi generis orationem traducta appellatur *θέσις*." Sonst nannte
sie Cicero „propositum", Top. 21, 79, oder „consultatio", de orat.
III, 28, 109, andre, wie Quintilian berichtet, „quaestiones uni-
versales" oder „quaestiones philosopho convenientes". Sie zerfallen
ihrem Inhalte nach in theoretische Thesen (quaestiones cogni-
tionis) d. h. solche, die es mit wissenschaftlichen Fragen zu
thun haben, z. B. ob die Welt von der Vorsehung regiert wird,
ob sie kugelförmig ist, ob es viele Welten giebt, ob die Sonne
ein Feuerkörper ist — und praktische (quaestiones actionis)
d. h. solche, welche mehr allgemeine Gegenstände des öffentlichen Lebens behandeln, wie sie etwa vor Gericht oder in den
Volksversammlungen vorkommen können, daher auch *θέσεις πο-
λιτικαί* genannt, z. B. ob man sich mit der Staatsverfassung zu
befassen habe, ob man Handel und Schifffahrt treiben solle.
Bei den theoretischen Thesen kommen drei Fragen in Betracht,

etwas ist, was es ist, wie beschaffen es ist*), bei den praktischen Thesen zwei Fragen, wie wir etwas erlangen sollen, und wie wir etwas gebrauchen sollen. Manche waren der Ansicht, dass die allgemeinen Fragen, also die Thesen, für den Redner ganz unnütz seien. Cicero überweist sie den Philosophen. Jedenfalls waren sie als rhetorische Vorübungen von grossem Werth, daher denn auch Aristoteles und die Peripatetiker ihre Schüler vorzugsweise gerade in der Anfertigung von Thesen übten (Cic. or. 46. Diog. Laert. V, 3. Quint. XII, 2, 25, Theo Progymn. II, 8). Specielle Anleitung zu ihrer Bearbeitung ertheilten die Rhetoren nicht, dies war vielmehr den Progymnasmatikern überlassen, bei denen man das weitere finden kann**).

Bei den bestimmten, speciellen Fragen findet ein Complex von Begebenheiten, Personen, Zeiten u. s. w. statt. Sie heissen Griechisch ὑποθέσεις, Lateinisch causae. Jede specielle Frage schliesst natürlich eine allgemeine Frage mit in sich. Hermagoras theilte den ganzen vom Redner zu behandelnden Stoff in θέσις und ὑποθέσεις ein, eine Ansicht, die Cicero indes de inv. 1, 6, 8 zu Gunsten der Vertheilung des Stoffes nach den drei Arten der Beredsamkeit verwirft. Der Ausdruck ὑπόθεσις ist aber synonym mit dem Ausdruck πολιτικὸν ζήτημα der späteren Rhetorik, welche von Hermogenes Rhet. I, T. III p. 2 Wlz., T. II p. 133 Sp. definirt wird als ἀμφισβήτησις λογικὴ ἐπὶ μέρους ἐκ τῶν παρ' ἑκάστοις κειμένων νόμων ἢ ἐθῶν περὶ τοῦ νομισθέντος δικαίου ἢ τοῦ καλοῦ ἢ τοῦ συμφέροντος ἢ καὶ πάντων ἅμα ἤ τινων. Der Ausdruck ἐπὶ μέρους wird erläutert durch den Zusatz: τὸ γὰρ ὡς ἀληθῶς τε καὶ καθόλου καλὸν ἢ συμφέρον ἢ τὰ τοιαῦτα ζητεῖν οὐ ῥητορικῆς, das Ganze aber durch die Bemerkung: τὴν δὲ ἀμφισβήτησιν ταύτην ἀνάγκη περί τε πρόσωπα γίνεσθαι καὶ πράγματα.

Alle streitigen Fragen sind aber entweder „in scripto, de iure" oder „in non scripto, de re" (in ratione, Cic. de inv. I, 12, 17),

---

*) mit anderen Worten, auch bei den theoretischen Thesen kommen die drei στάσεις der Conjectur, Definition und Qualität in Betracht.

**) Ueber die Progymnasmata verweise ich zur vorläufigen Orientirung auf meine 1861 in Stettin in gleichem Verlage erschienene Schrift „über Progymnasmen und ihre Verwendbarkeit für den deutschen Unterricht auf Gymnasien." Ueber die Thesen vgl. daselbst S. 95 ff.

also Rechts- oder Sach-Fragen, Cic. orat. 34, 121. Quint. III, 5, 4. Demgemäss sprach Hermagoras von einem γένος νομιχόν und einem γένος λογιχόν.

Um nun an die Ausarbeitung einer Rede auf Grund eines speciell vorliegenden Falles zu gehen, bedarf es zuvörderst der Meditation. Nachdem man sich möglichst vollständig über das Sachliche des betreffenden Falles orientirt hat (Cic. de orat. II, 24, 99), muss man darauf sehen, „quod sit genus causae", wonach dabei gefragt wird, was uns schadet, was uns nützt, was zu beweisen, was zu widerlegen, auf welche Art zu erzählen sei. Zuletzt muss man darauf sehen, wie man den Richter gewinnen kann. Jede Sache aber, die zwischen Kläger und Verklagtem oder in der Volksversammlung verhandelt wird, enthält eine Controverse über einen, oder über mehrere Punkte. Sie ist entweder einfach, „simplex" (z. B. Corinthiis bellum indicamus an non?), oder zusammengesetzt, „iuncta", und in letzterem Falle entweder „iuncta ex pluribus quaestionibus" (z. B. utrum Karthago diruatur an Karthaginiensibus reddatur an eo colonia deducatur?) oder „ex aliqua comparatione", das „comparativum", z. B. utrum exercitus in Macedoniam contra Philippum mittatur, qui sociis sit auxilio, an teneatur in Italia, ut quam maximae contra Hannibalem copiae sint? Oder, wenn unter anderem gefragt wird, wer von zweien eine Erbschaft mehr als der andere verdient. Ferner bei der Divination, wo es sich darum handelt, den Ankläger aufzustellen, oder bei Delatoren, wer von zweien eine betreffende Belohnung verdient hat. Zu diesem genus comparativum gehört auch die ἀντιχατηγορία oder gegenseitige Anklage, sei es nun, dass sich die streitenden Parteien gegenseitig dasselbe, oder der eine dem andern dies, der andere jenes Vergehen vorwirft. Vgl. Cic. de inv. I, 12, 17. Quint. III, 10.

Ist nun der meditirende Redner mit dem genus causae im Reinen, so hat er weiter auf die στάσις, oder den Stand der Frage zu sehen.

§. 4.

Constitutio causae. Στάσις.

Es giebt nämlich bei jeder speciellen Frage einen eigentlichen Streitpunkt, auf dessen Feststellung alles ankommt, vgl. Cic. de inv. I, 8, 10, Quint. III, 6 ff. Die Griechen hatten

dafür den Ausdruck στάσις, den jedoch nicht alle beibehielten, wie
denn z. B. Theodorus statt στάσις — κεφάλαιον γενικώτατον sagte.
Die Lateiner sprachen von einem „status", oder einer „constitutio
causae". Der Ausdruck στάσις selbst ging weit über Hermagoras
hinaus, man leitete ihn von Naukrates, einem Schüler des Isokrates, oder von Zopyrus aus Klazomenä, einem Rhetor des
dritten Jahrhunderts vor Christo her. Was er indes so recht
eigentlich auf sich habe, wusste man nicht bestimmt zu sagen,
wie man aus Hermog. p. 137 ersieht: ὅθεν μὲν γὰρ εἴρηται
στάσις, εἴτε ἀπὸ τοῦ στασιάζειν τοὺς ἀγωνιζομένους, εἴτε ὁθενοῦν
ἐξετάζειν παρίημι. Sopater T. V p. 77 bemerkt dazu, es sei
dies gegen Minucianus gesagt: ὁ γὰρ Μινουκιανὸς εἶπεν, ὅτι
εἴρηται στάσις ἢ παρὰ τὸ στασιάζειν ἐν ἑαυτοῖς τοὺς στασιαζο-
μένους (l. τοὺς ἀγωνιζομένους), ἢ παρὰ τὸ ἵστασθαι εἰς τὸ βῆμα,
ἢ παρὰ τὸ ἐνίστασθαι τοῖς δικαίοις ἑαυτοῦ ἕκαστον, ἢ παρὰ τὸ
τοὺς δικαστὰς ἐν ἑαυτοῖς ἀμφιβάλλειν, οὐδέποτε γὰρ ἅμα πάντες
ὁμογνώμονες γίνονται οἱ δικασταί· ἐπεὶ προειλημμένον ἐστὶ τὸ ζήτημα,
ἢ ἄλλως ἀσύστατον· ἢ στάσις εἴρηται παρὰ τὸ σταθηρὰς ἔχειν τὰς
ἀποδείξεις πρὸς ἀντιδιαστολὴν τῶν ἀσυστάτων· καὶ γὰρ ἐκεῖνα οὐκ
ἔχουσι σταθηράς. Von diesen Etymologien ist freilich eine immer
schlechter als die andere. Quint. III, 6, 4 sagt: „appellatio
dicitur ducta vel ex eo, quod ibi sit primus causae congressus, vel
quod in hoc causa consistat". Es ist gleichsam die Fechterpositur
(vgl. Aesch. in Ktesiph. §. 206*), von welcher aus die streitenden Parteien ihre Sache führen. Sehen wir ab von der Wort-
bedeutung des Ausdrucks, so versteht man unter στάσις die
Art der Frage, die sich aus dem ersten Zusammenstoss von speciellen Fragen ergiebt. Sagt also der
Kläger ‚du hast es gethan‘, der Verklagte ‚ich habe es nicht
gethan‘, so ist die hieraus resultirende Frage ‚ob er es gethan
hat‘ die στάσις des vorliegenden Falles. Danach wird man
Definitionen verstehen, wie bei Cornif. I, 11, 18: „constitutio est
prima deprecatio defensoris cum accusatoris insimulatione con-
iuncta", oder bei Cic. de inv. I, 8, 10: „constitutio est prima
conflictio causarum ex depulsione intentionis profecta". Vgl.

---

*) Unmöglich kann Quintilian an dieser III, 6, 3 auch von ihm
citirten Stelle des Aeschines etwas andres als περὶ τῆς στάσεως
αὐτῷ τοῦ λόγου μάχεσθε gelesen haben, wie bereits von
Gesner bemerkt ist.

Top. 25, 93, wo Cicero darauf aufmerksam macht, dass die status nicht blos beim genus iudiciale, sondern auch beim genus deliberativum, sowie bei Lob und Tadel vorkommen.

Man muss sich nun aber vor dem Irrthum hüten, sagt Quint. III. 6, 7, weil in der Definition vom ersten Zusammenstoss die Rede ist, den Status gleich aus der ersten Frage herzuleiten. Allerdings hat jede Frage ihren Status, denn sie besteht aus Angriff und Abwehr, allein die einen Fragen stehen in wesentlichem Bezug zu der gerade vorliegenden Hypothesis, andre in unwesentlichem. Gerade die unwesentlichen aber pflegt man voranzunehmen, um sie hinterher fallen zu lassen, und zu etwas wichtigerem fortzuschreiten. Der Status ist vielmehr aus dem zu entnehmen, wovon der Redner einsieht, dass er gerade dies hauptsächlich durchzuführen, der Richter, dass er dies hauptsächlich zu beachten hat; darin wird eben die specielle Frage bestehen. Wenn ferner mehrere zur Sache gehörige Fragen vorkommen, so liegt der Status in der wichtigern. Wenn also der Angeklagte sagt: „wenn ich es auch gethan habe, so habe ich dabei Recht gethan,“ so ist dies, wie wir gleich sehen werden, ein *status qualitatis*, und wenn er fortfährt „aber ich habe es nicht gethan,“ so regt er damit einen *status coniecturalis* an. Nun ist aber das nicht-gethan-haben immer das wichtigere, deshalb wird also hier der Status zu suchen sein. Der Angeklagte sagt zweierlei; dürfte er blos eins sagen, so würde er eben das letztere, als das wichtigere, sagen. Daher muss der Redner vor allen Dingen bei sich überlegen, wenn er auch mehreres für seine Sache sagen will, was dem Richter am meisten klar gemacht werden soll. Wenn er dies zuerst zu überlegen hat, so hat er deshalb nicht auch zuerst davon zu sprechen.

Von wem geht der Status aus? Er entsteht dadurch, dass eine Behauptung zurückgewiesen wird, was nun je nach der Beschaffenheit des vorliegenden Falls durch den Redner, oder durch den Gegner veranlasst werden kann. Wenn also der Redner behauptet „du hast einen Menschen getödtet,“ dagegen der Gegner dies leugnet, so veranlasst letzterer den Status. Wenn er es aber zwar zugesteht, jedoch fortfährt „ich habe mit Recht einen Ehebrecher getödtet,“ was ja gesetzlich erlaubt ist, so muss der Redner diese Behauptung zurückweisen und zeigen „der Getödtete war kein Ehebrecher,“ dann aber veranlasst er den Status. S. Quint. III. 6, 13.

Die Lehre von den στάσεις, von der die ältere Rhetorik noch nichts weiss, war einigermassen durch Hermagoras zum Abschluss gediehen, nicht ohne gleichzeitig und noch später allerlei Schwankungen im einzelnen unterworfen zu sein, deren Darlegung einer Geschichte der Rhetorik angehört. Mit grosser Sorgfalt wurde sie auf der von Hermagoras geschaffenen Grundlage späterhin noch von Hermogenes behandelt, von dem wir ja eine ausführliche Schrift über dieselbe besitzen. In der Hauptsache ist vorläufig etwa folgendes zu merken: Gegen eine erhobene Anschuldigung (genus rationale) kann man sich auf vierfache Art vertheidigen. Man kann sie erstens leugnen. Man kann zweitens sagen, es sei nicht das geschehen, was behauptet wird. Drittens sagt man, es sei mit Recht geschehen. Kann der Angeschuldigte die That weder leugnen, noch ihre Bezeichnung durch den Kläger verwerfen, noch sie vertheidigen, so bleibt ihm viertens die Behauptung übrig, die Klage werde nicht auf die richtige Weise erhoben, oder, was auf dasselbe hinauskommt, er muss versuchen die Entscheidung über die Klage aus irgend einem Grunde hinauszuschieben. So erhalten wir vier Status, den *status coniecturalis*, den *status definitivus*, den *status qualitatis* und endlich die *translatio*. Zum Qualitäts-Status gehören aber auch noch vier (oder fünf) Status vom genus legale, Cic. de orat. II. 26, 112.

Beim status coniecturalis (στοχασμός) wird gefragt nach dem *an sit*, d. h. der Thatbestand steht nicht fest, und ist aus dem vorhandenen Material durch Conjectur zu ermitteln. Es findet hier eine *controversia de facto* statt, Cic. de inv. I, 8, 10. Cornif. I, 11, 18. Hermog. p. 138: ἔστι γὰρ στοχασμὸς ἀδήλου πράγματος ἔλεγχος οὐσιώδης ἀπό τινος φανεροῦ σημείου ἢ ἀπὸ τῆς περὶ τὸ πρόσωπον ὑποψίας, οἷον πεφώραταί τις θάπτων νεοσφαγὲς σῶμα ἐπ' ἐρημίας, καὶ φόνου φεύγει. ἀπὸ γὰρ τοῦ θάπτειν φανεροῦ ὄντος ἀφανές τι πρᾶγμα ζητοῦμεν οὐσιωδῶς τὸ τίς ὁ φονεύσας. Cornificius giebt folgendes Beispiel: Ajax stürzt sich, nachdem er zum Bewusstsein dessen gekommen, was er im Wahnsinn gethan, in einem Walde ins Schwerdt. Ulysses kommt dazu, erblickt den Getödteten, und zieht die blutige Waffe aus dem Leichnam heraus. Teucer kommt auch dazu, sieht den getödteten Bruder, zugleich seines Bruders Feind mit des Getödteten Waffe und klagt ihn des Mordes an. Hier wird durch Conjectur die Wahrheit ermittelt. Ein ganz ähnliches Beispiel giebt Cic. de inv. II, 4, 14.

Beim status definitivus (ὁρισμός) wird gefragt nach dem *quid sit* d. h. es wird nicht die Thatsache selbst, sondern nur die Bezeichnung derselben bestritten, es kommt also auf den Nachweis an, ob die Thatsache wirklich durch diese Bezeichnung zu bestimmen ist. Es findet hier eine *controversia nominis* statt. Cic. l. l. Cornificius, der überhaupt nur drei Status annimmt, nämlich *coniecturalis, legitimus, iuridicialis* (d. h. status qualitatis), rechnet die *definitio* mit der *translatio* zum *status legitimus*. Hermog. l. l. ἔστι γὰρ στάσις ὁρικὴ ὀνόματος ζήτησις περὶ πράγματος, οὗ τὸ μὲν πέπρακται, τὸ δὲ λείπει πρὸς αὐτοτέλειαν τοῦ ὀνόματος, οἷον ἐξ ἱεροῦ ἰδιωτικά τις ὑφείλετο χρήματα. νόμου κελεύοντος τὸν μὲν ἱερόσυλον τεθνάναι, τὸν δὲ κλέπτην διπλᾶ διδόναι, ὡς ἱερόσυλος ὑπάγεται, ὁ δὲ κλέπτης εἶναι λέγει. ἐὰν γὰρ προστεθῇ τὸ καὶ ἱερὰ εἶναι τὰ χρήματα, σαφής γε οὗτος ἱερόσυλος, καὶ οὐκέτι ἔχει τὸ πρᾶγμα ζήτησιν. Cic. de inv. II. 17, 52 giebt folgendes Beispiel: Der durch seine Niederlage im zweiten Punischen Kriege bekannte Consul C. Flaminius, brachte als Volkstribun gegen den Willen des Senats und überhaupt aller Optimaten in einem Aufstande beim Volke ein Ackergesetz in Vorschlag. Als er eine Volksversammlung abhielt, führte ihn sein Vater aus dem Tempel weg. Er wird wegen Majestäts-Verletzung angeklagt. Behauptung: du hast die Majestät verletzt, weil du einen Volkstribun aus einem Tempel weggeführt hast. Antwort: ich habe die Majestät nicht verletzt. Frage: ob er die Majestät verletzt hat?, Begründung: Ich habe gegen meinen Sohn von der mir zustehenden väterlichen Gewalt Gebrauch gemacht. Entgegnung: wer auf Grund der väterlichen Gewalt, also einer Privat-Gewalt, die Tribunicische Gewalt, also eine Volks-Gewalt, angreift, der verletzt die Majestät. Gegenstand der Beurtheilung: ob derjenige die Majestät verletzt, der gegen die Tribunicische Gewalt von seiner väterlichen Gewalt Gebrauch macht? Ein ähnliches Beispiel aus dem Streite zwischen Q. Caepio und L. Saturninus giebt Cornif. I, 12, 21.

Beim status qualitatis (ποιότης) wird gefragt nach dem *quale sit*, d. h. es handelt sich um die Beschaffenheit der That, ob sie zulässig oder ungesetzlich, gerecht oder ungerecht, nützlich oder unnütz sei; die That selbst und ihre Bezeichnung stehen fest. Statt *constitutio qualitatis* gebraucht Cic. de inv. I, 8, 10 den Ausdruck *constitutio generalis*, Cornificius nennt sie, wie wir sahen, *constitutio iuridicialis*. Hermog. p. 139: ἂν μέντοι φανερὸν ᾖ καὶ

2*

*τέλειον τὸ κρινόμενον, ἡ ζήτησις περὶ τὴν ποιότητα τοῦ πράγματος
ἵσταται, οἶον εἰ δίκαιον, εἰ συμφέρον, εἰ ἔννομον ἤ τι τῶν τούτοις ἐναντίων, καὶ ὄνομα μὲν γενικὸν τούτῳ ποιότης, ἤτοι δὲ
περί τι πρᾶγμα ἔχει τὴν ζήτησιν ἢ περὶ ῥητόν, κᾶν μὲν περὶ ῥητόν, νομικὴν ποιεῖ τὴν στάσιν, ἐὰν δὲ περὶ πρᾶγμα λογικήν.*
Die speciellen Unterarten der *ποιότης λογική* werden Th. II, §.
36 durchgenommen werden.   Ein Beispiel einer einfachen constitutio qualitatis giebt Cic. de inv. II, 23, 69: Als die Thebaner
die Lacedämonier im Kriege überwunden hatten, so errichteten
sie, nach der allgemeinen Griechischen Sitte, dass die Sieger
nach einem gegenseitigen Kriege, irgend eine Trophäe auf ihrem
Gebiete errichteten, nur um für den Augenblick den Sieg zu
kennzeichnen, nicht aber, damit für alle Zeiten das Andenken
an den Krieg bleiben sollte, — eine eherne Trophäe.   Sie werden deshalb vor dem Amphiktyonen-Gerichte verklagt.   Behauptung: es durfte nicht geschehen.   Antwort: es durfte geschehen.
Frage: ob es geschehen durfte?   Begründung: wir haben durch
unsere Tapferkeit im Kriege einen solchen Ruhm gewonnen, dass
wir ewige Abzeichen desselben unsern Nachkommen hinterlassen
wollten.   Entgegnung: Griechen dürfen über Griechen kein ewiges
Denkmal ihrer Feindseligkeiten aufrichten.   Gegenstand der Beurtheilung: Wenn Griechen über Griechen zur Feier ihrer ausser-
ordentlichen Tapferkeit ein ewiges Denkmal ihrer Feindseligkeiten errichten, ob sie darin Recht oder Unrecht handeln?

Neuerdings hat man in Abrede stellen wollen, dass in der
Sache des Demosthenes gegen Midias eine constitutio definitiva
vorliege, und in ihr vielmehr eine constitutio qualitatis erblicken
wollen, wozu allerdings Injurien-Klagen meist gehören.   Indes,
wie es scheint, mit Unrecht.   Es konnte ja dem Midias offenbar
nicht in den Sinn kommen, eine That, die vor aller Augen geschehen war, zu leugnen, auch findet sich davon, dass er dies
dennoch beabsichtigt hätte, in der Rede selbst keine Spur.   Daher
brauchte auch Demosthenes keinen Beweis des Thatbestandes zu
führen.   Es war eben keine constitutio coniecturalis.   Ebenso
wenig konnte Midias in der Frecheit so weit gehen zu behaupten,
er habe mit seiner That recht gehandelt, daher war es auch
keine constitutio qualitatis.   Er konnte also nur gegen die Bezeichnung seiner That durch Demosthenes als *ὕβρις* und zwar
ὕβρις δημοσία, oder gar *ἀσέβεια* polemisiren, etwa dadurch, dass
er sie als rein privaten Charakters, unter anderem als blose That

der Uebereilung darstellte. Auf alle Fälle gab dies also eine
constitutio causae definitiva, wie dies nach Hermog. de inv.
III, 2 p. 103 auch ausdrücklich von Libanius in seiner ὑπόθεσις,
und dem Verfasser der zweiten ὑπόθεσις angegeben wird. Wenn
Beide demnächst zwar darin auseinander gehen, dass Libanius
meint, Midias habe seine That als ὕβρις bezeichnet — ἐπεὶ τετύ-
πτηκεν ἄνδρα ἐλεύθερον — Demosthenes dagegen als ἀσέβεια,
während der Verfasser der zweiten ὑπόθεσις richtiger sagt, Midias habe das Vergehen als ein ἰδιωτικόν, Demosthenes dagegen
als δημόσιον bezeichnet, so stimmen sie doch wieder darin überein, dass in diesem Falle ein ὅρος διπλοῦς κατὰ σύλλη,ψιν vorliege, ὅταν μὴ ἐκβάλλοντες τὸ ὑπὸ τῶν ἀντιδίκων εἰσαγόμενον
ὄνομα, καὶ ἕτερον αὐτῷ προστιθ῾῾μεν, ὥσπερ ἐνταῦθα ὁ Δημοσθένης,
τοῦ Μειδίου λέγοντος ὑβρικέναι, οὐκ ἐκβάλλει μὲν οὐδὲ τὴν ὕβριν,
προστίθησι δὲ αὐτῇ καὶ τὴν ἀσέβειαν (Vgl. Tzetz. in Cram. An.
Oxon. T. IV. p. 67). Demnach ergab sich für Demosthenes die
Aufgabe, in der Rede zu zeigen, dass die That des Midias ὕβρις
und zwar ὕβρις der schlimmsten Art, nicht blos gegen eine Pri-
vatperson, sondern gegen den Staat und die Götter, also ἀσέβεια
sei, die unter allen Umständen die härteste Strafe verdiene, was
er denn auch mit nicht geringer Kraft gethan hat. Wenn demnach K. Fr. Hermann in der comment. de probole p. 8 *) auch
richtig bemerkt hat, es sei die Absicht gewesen „nt cives, rem
publicam, deos immortales, omnia pariter secum laesa demonstrando
nullum adversario exitum, nullum refugium relinquat" — so ist
doch seine Polemik gegen des Libanius Behauptung, dass die
vorliegende Rede der constitutio nach eine definitiva sei —
Hermann mag eben in ihr eine constitutio qualitatis erblicken —
unbegründet. Eine constitutio definitiva bleibt sie, auch wenn des
Libanius Behauptung, Midias habe sein Vergehen als ὕβρις bezeichnet, falsch sein sollte, und würde als solche unter allen
Umständen auch von Hermagoras und dessen Vorgängern betrachtet worden sein. Daraus nämlich, dass Demosthenes sich
offenbar bemüht, im Verlauf der Rede die That des Midias ihrer
Qualität nach in einem möglichst ungünstigen Lichte darzustellen, folgt nicht im mindesten, dass die constitutio causae eine

---

*) angeführt von A. Buttmann in den Prolegomenen zur dritten Auflage
der von seinem Vater veranstalteten Ausgabe der Midiana, p. XX.

constitutio qualitatis sei. Von einer solchen könnte wie gesagt erst dann die Rede sein, wenn Midias seine Handlungsweise als zu entschuldigen, oder berechtigt, oder wohl gar als verdienstlich hingestellt, und wenn in Folge dessen die Frage nach der Berechtigung zur That das *κρινόμενον* (s. unten) gebildet hätte, ersteres ist ihm aber, wie bereits bemerkt, auch nicht entfernt in den Sinn gekommen. Demnach können wir auch nicht mit A. Schäfer Demosthenes und seine Zeit Th. 2 S. 101 übereinstimmen, welcher behauptet, Hermann habe die Meinung des Libanius widerlegt, soweit sie die Subsumption des Vergehens betrifft. Von einer „Subsumption des Vergehens" ist bei Libanius überhaupt gar keine Rede. Mit seiner Polemik gegen des Libanius Behauptung dass die constitutio causae der Midiana eine definitiva sei, scheint mir Hermann Unrecht zu haben; vielleicht hat er jedoch in dem untergeordnetem Nebenpunkte Recht, dass Midias gar nicht zugab, die Bezeichnung seiner That als *ὕβρις* sei richtig.

Zur constitutio qualitatis gehören aber auch Status vom genus legale, deren man gewöhnlich vier zählte: 1) constitutio *scripti et voluntatis* (sententiae), *στάσις κατὰ ῥητὸν καὶ ὑπεξαίρετον*, oder *ῥητὸν καὶ διάνοια*, 2) constitutio *ratiocinativa*, *συλλογισμός*, 3) *ambiguitas*, *ἀμφιβολία*, 4) *leges contrariae*, *ἀντινομία*. Eine fünfte Art, die der constitutio definitiva beim genus rationale entspricht, bei welcher es sich um die Definition und die Bedeutung eines im Gesetze vorkommenden Ausdrucks handelt, giebt Cic. de inv. I, 13, 17. II, 51 an. In der Topik 25, 96 begnügt er sich blos mit drei Arten, *ambiguum, discrepantia scripti et voluntatis, scripta contraria.*

Diese vier Status vom genus legale zerfallen nun wieder in zwei Gruppen, je nachdem es sich dabei um einen schriftlichen Gegenstand, Gesetz, Urkunde, Testament, Brief u. s. w. handelt, — *ῥητὰ δὲ λέγω*, sagt Hermog. p. 140, *οἷον νόμους, διαθήκας, ψηφίσματα, ἐπιστολάς, κηρύγματα ὡρισμένα, πάντα ἁπλῶς τὰ ἐν ῥητοῖς* — oder um mehrere, oder wenigstens einen in zwei Theile zerfallenden. Bei der constitutio scripti et voluntatis stehen sich, oder scheinen sich Buchstabe und beabsichtigter Sinn der schriftlichen Urkunde entgegenzustehen. Hermog. l. l.: *γίνεται ῥητὸν καὶ διάνοια, ὅταν τοῦ ἑτέρου τὸ ῥητὸν προβαλλομένου καὶ ὡς ἐπὶ τὸ πλεῖστόν γε τοῦ διώκοντος, θάτερον μέρος χρῆται ταῖς διανοίαις, οἷον ξένος ἐπὶ τὸ τεῖχος εἰ ἀνέλθοι,* τεθνάτω· πολιορκίας οὔσης ἀνελθών τις ἠρίστευσε, καὶ ὑπάγεται τῷ νόμῳ. Cornif. I, 11, 19 giebt folgendes Beispiel: es ist ein Gesetz, wonach diejenigen, die wegen eines Sturmes ein Schiff verlassen, alles darauf verlieren, so dass Schiff und Ladung, falls das Schiff gerettet wird, denjenigen gehören, die auf dem Schiffe geblieben sind. Durch die Grösse eines Sturmes erschreckt verlassen alle das Schiff und besteigen ein Boot bis auf einen Kranken, der wegen seiner Krankheit nicht mitkommen und fliehen kann. Zufällig läuft das Schiff in einen Hafen ein, der Kranke nimmt es in Besitz, der frühere Besitzer aber verlangt es zurück. Man vergleiche die Erweiterung desselben Falles als Beispiel für eine constitutio definitiva bei Cic. de inv. II, 51. Ein sehr berühmter Fall scripti et voluntatis war die causa Curiana v. J. 92, Cic. Brut. 52, 195. de inv. II, 42, 122. O. Iahn schreibt darüber zu ersterer Stelle folgendes: „Boeth. in Cic. Top. IV. p. 341: *causa Curiana fuit huius modi. quidam praegnantem uxorem relinquens scripsit heredem postumum eique alium substituit secundum, qui Curius vocabatur, ea conditione, ut, si postumus qui intra menses decem proximos nasceretur, quam in suam tutelam venisset, id est ante obiret diem, quam testamentum facere posset, secundus heres succederet.* Die Voraussetzung, dass die Frau schwanger sei, war irrig gewesen, und kein postumus geboren. M'. Curius nahm die Erbschaft für sich in Anspruch, als durch das Testament ihm zugesprochen. M. Coponius, dem Erblasser verwandt, behauptete, das Testament komme nicht in Betracht, da die darin festgestellte Bedingung nicht eingetreten sei, und verlangte den Nachlass als Intestaterbe. Cicero giebt de orat. II, 32, 141 di quaestio so an: *cum scriptum ita sit „si mihi filius genitur isque prius moritur" et cetera „tum mihi ille sit heres": si natus filius non sit, videaturne is, qui filio mortuo institutus heres sit, heres esse.*"

Beim συλλογισμός oder der constitutio ratiocinativa ergiebt sich aus einer positiven Bestimmung der schriftlichen Urkunde eine andere nicht ausdrücklich vermerkte als Consequenz. Hermog. p. 141: ἔστι συλλογισμὸς ἀγράφου πράγματος πρὸς ἔγγραφον παράθεσις εἰς ταὐτὸν συνάγοντός τινος τὸ ἄγραφον τῷ ἐγγράφῳ, οἷον τὸν ἐξ ἑταίρας μὴ λέγειν, ἐκ πόρνου τινὰ γεγονότα λέγειν κωλύει τις. Cornif. I, 13, 23: *ex ratiocinatione controversia constat, cum res sine propria lege venit in iudicium, quae tamen ab aliis legibus similitudine quadam occupatur.* Er giebt dazu folgendes

Beispiel: Es liegen drei Gesetze vor. Erstens, über einen Wahnsinnigen und sein Geld verfügen die Agnaten und Gentilen. Zweitens, ein pater familias hat das Recht über seine Familie und sein Geld testamentarisch zu verfügen. Drittens, wenn ein pater familias ohne Testament stirbt, so gehört seine Familie und sein Geld den Agnaten und Gentilen. Malleolus (s. Freinsheim. Suppl. Liv. LXVIII, 83) wird des Muttermordes angeklagt, und nach seiner Verurtheilung zur Hinrichtung ins Gefängniss geschafft. Seine Beschützer lassen ihn hier unter Beobachtung der gesetzlichen Formen ein Testament machen. Darauf wird er hingerichtet. Die Testaments-Erben treten die Erbschaft an. Der jüngere Bruder des Malleolus beansprucht aber die Erbschaft nach dem Gesetz der Agnation für sich. Hier ist nun zu ermitteln, ob er mit Recht ein Testament machen konnte, oder nicht.

Bei der ἀμφιβολία oder ambiguitas enthält das Gesetz eine Zweideutigkeit. Hermog. l. l.: ἔστιν ἀμφιβολία ἀμφισβήτησις περὶ ῥητὸν ἐκ προσῳδίας ἢ διαστάσεως συλλαβῶν γινομένη, ἐκ μὲν προσῳδίας, οἷον ἑταίρα χρυσία εἰ φοροίη, ΔΗΜΟΣΙΑ ἔστω. πεφώραταί τις φοροῦσα, καὶ ἡ μὲν τὰ χρυσία φησὶν εἶναι δημόσια, προπαροξυτόνως ἀναγινώσκουσα τὸν νόμον, οἱ δὲ οὐ τὰ χρυσία, ἀλλ᾽αὐτὴν δημοσίαν εἶναι, παροξυτόνως ἀναγινώσκοντες. περὶ δὲ διάστασιν συλλαβῶν, οἷον δύο ἦσάν τῳ παῖδες Λέων καὶ Πανταλέων. τελευτῶν ὁ πατὴρ διέθετο οὕτως, ἐχέτω τὰ ἐμὰ ΠΑΝΤΑΛΕΩΝ, καὶ ἑκάτερος ἀντιποιεῖται πάντων, ὁ μὲν ὑφ᾽ ἓν ἀναγινώσκων Πανταλέων, ὁ δὲ διστὰς πάντα, εἶτα Λέων. Cornif. I, 12, 20 giebt folgendes Beispiel: ein Vater setzt seinen Sohn zum Erben ein und vermacht im Testament das Silbergeschirr seiner Frau mit den Worten: mein Erbe soll meiner Frau dreissig Pfund Silbergeschirr geben, quae volet. Nach dem Tode des Mannes verlangt die Frau kostbares Geräth, das sie sich aussucht. Der Sohn sagt, er sei ihr dreissig Pfund schuldig, die er aussuchen werde.

Bei der ἀντινομία, den leges contrariae findet zwischen zwei oder mehreren Gesetzesstellen ein Widerspruch statt. Das eine Gesetz also befiehlt oder erlaubt etwas, während ein anderes es verbietet. Es findet hier im Grunde ein doppelter Status scripti et voluntatis statt. Hermog. l. l.: ἔστιν ἀντινομία δύο ἢ καὶ πλειόνων ῥητῶν ἢ καὶ ἑνὸς διαιρουμένου μὴ φύσει ἐναντίων, κατὰ περίστασιν δὲ μάχη, καὶ ὅλως διπλῆ τίς ἐστι ζήτησις ῥητοῦ καὶ διανοίας, οἷον ὁ ἀποκήρυκτος μὴ μετεχέτω τῶν πατρῴων, καὶ ὁ ἐπιμείνας χειμαζομένη νηὶ δεσπότης ἔστω τῆς νεώς. ἀποκήρυκτος ἐπέμεινε χειμαζομένη νηί, καὶ εἴργεται αὐτῆς ὡς πατρῴας. τοῦ δὲ κατὰ διαίρεσιν ῥητοῦ ποιοῦντος ἀντινομίαν παράδειγμα τόδε· ἡ βιασθεῖσα ἢ γάμον ἢ θάνατον αἱρείσθω τοῦ βιασαμένου· δύο τις κατὰ ταὐτὸν ἐβιάσατο κόρας, καὶ ἡ μὲν θάνατον αὐτοῦ, ἡ δὲ γάμον αἱρεῖται. Cornif. I, 11, 20 giebt folgendes Beispiel: *lex vetat eum, qui de pecuniis repetundis damnatus sit, in contione orationem habere; altera lex iubet augurem, in demortui locum qui petat, in contione nominare. augur quidam damnatus de pecuniis repetundis in demortui locum nominavit: petitur ab eo multa.*

Die letzte στάσις ist die translatio, μετάληψις oder παραγραφή. Der Verklagte behauptet also, die Klage werde nicht auf die richtige Art und Weise erhoben, oder er sucht die Entscheidung über dieselbe aus irgend einem Grunde hinauszuschieben. Hier findet eine ζήτησις statt, περὶ τοῦ εἰ δεῖ τὸν ἀγῶνα εἰσελθεῖν, Hermog. p. 142. Cornif. I, 12, 22: *ex translatione controversia nascitur, cum aut tempus differendum, aut accusatorem mutandum, aut iudices reus dicit.* Sie kam in der Römischen Gerichts-Praxis selten vor. Weshalb, setzt Cic. de inv. II, 19, 57 auseinander, woselbst auch ein Beispiel eines solchen status, und die dabei zur Anwendung kommende allgemeine Topik angegeben wird *). Vgl. W. Rein Das Privatrecht und der Civilprocess der Römer, Leipz. 1858 S. 912. 923. Im Attischen Process dagegen war die παραγραφή, also die Exception des Beklagten gegen eine eingereichte Klage nicht selten. Vgl. Meier u. Schömann, der Attische Process, S. 644. 647. 697. Man unterschied eine παραγραφὴ ἔγγραφος, ἀπὸ ῥητοῦ τινος λαμβάνουσα τὴν ἀρχήν und eine παραγραφὴ ἄγραφος, Hermog. l. l. Uebrigens war diese Art der Constitution erst von Hermagoras in die rhetorische Theorie mit aufgenommen worden, Cic. de inv. I, 8, 10. 11, 16. Andre liessen sie wieder fallen, Quint. III, 6, 68.

Bei einfachen Fällen kann es nun immer nur einen Stand der Frage geben, jedoch mehrere Fragen von untergeordneter und

---

*) Wenn Cicero daselbst als locus communis *contra eum, qui translationem inducit*, bezeichnet: *fugere iudicium ac poenam, quia causae diffidat*, so vergleiche man dazu Apsin. Rhet. 3 p. 345, 16 ff. Sp. und Demosth. Mid. p. 523 E: φεύγοντος μὲν γάρ, οἶμαι, καὶ ἠδικηκότος ἐστί, τὸ τὸν παρόντα τρόπον τοῦ δοῦναι δίκην διακρουόμενον, τὸν οὐκ ὄνθ' ὡς ἔδει γενέσθαι λέγειν.

mehr nebensächlicher Bedeutung. Mitunter lässt sich auch zweifeln, was man als Stand der Frage nehmen soll, sobald nämlich
einem Angriff mehreres entgegengesetzt wird, und da gilt der
praktische Rath, dasjenige, bei dessen Durchführung man glaubt
am meisten Kraft anwenden zu können, zum Stand der Frage zu
erheben. Bei zusammengesetzten Fällen dagegen können zwei,
drei, selbst auch mehr Constitutionen vorkommen, Quint. III, 6, 91 ff.

§. 5.

Speciellere Begriffsbestimmungen im Anschluss an die στάσεις.

Hat man bei der Meditation die constitutio causae gefunden,
so soll man nach Hermagoras die weiteren Begriffe der *quaestio*, *ratio*, *iudicatio*, des *continens* oder *firmamentum* ins Auge
fassen.

Unter quaestio oder ζήτημα im engeren Sinne versteht
man in der materia iudicialis die Hauptfrage, auf die alles ankommt, aus welcher sich die constitutio causae ergiebt.

Ratio oder αἴτιον im engeren Sinne ist der Vertheidigungs-
grund der eingestandenen That, nach dessen Beseitigung der
Streit selbst aufhört. Quintilian nimmt das Beispiel, dessen sich,
wie er sagt, hierbei fast alle bedienten und das auch Cic. de
inv. I, 13, 18 als althergebracht anführt: „Orestes hat seine
Mutter getödtet" — das ist die eingestanden feststehende Thatsache. Zu seiner Vertheidigung sagt Orestes, er habe die
Mutter mit Recht getödtet, also haben wir hier einen status qualitatis. Die *quaestio* ist nun „ob er es mit Recht gethan hat" —
die *ratio* „weil Clytaemnestra ihren Gemahl, meinen Vater, getödtet hat."

Jetzt kommt die iudicatio, τὸ κρινόμενον, d. h. die Kritik des vom Angeschuldigten vorgebrachten Vertheidigungs-Grun-
des, also im vorliegenden Falle die Frage „ob selbst eine schuldige
Mutter von ihrem Sohne getödtet werden durfte?" Der Gegner
wird sagen „die Mutter durfte nicht von dir, dem Sohne, getödtet werden, ihre That liess sich auch auf andere Weise, ohne
ein Verbrechen von deiner Seite, bestrafen. — Wie es bei einer
Hypothesis verschiedne Status geben kann, von denen aber einer
den Haupt-Status, also das eigentliche ζήτημα abgiebt, so können
auch in einer Hypothesis mehrere κρινόμενα stattfinden, von denen
aber wieder eins als das Haupt-κρινόμενον zu betrachten ist.

Unter συνέχον endlich, Lateinisch continens oder firmamentum, nach Cic. de inv. I, 14, 19: *firmissima argumentatio
defensoris et appositissima ad iudicationem* — verstehen einige
das, wonach nichts mehr gefragt wird, andre das, was als stärk-
ster Vertheidigungs-Beweis angeführt wird. In dem angeführten
Beispiele würde also das firmamentum Orestes Behauptung sein,
die Gesinnung seiner Mutter sei von der Art gegen seinen Vater,
gegen ihn selbst und seine Schwester, gegen die Königswürde,
gegen den Ruhm seines Geschlechts und seiner Familie gewesen,
dass gerade ihre Kinder sie hätten bestrafen müssen.

Wird die That geleugnet, also bei der constitutio coniecturalis, so kann es in diesem Falle natürlich keine ratio und kein
firmamentum geben. Hier entsteht das κρινόμενον einfach aus
der Behauptung und deren Zurückweisung. Behauptung „du
hast den Ajax getödtet,“ Zurückweisung „ich habe ihn nicht getödtet.“ κρινόμενον „ob er ihn getödtet hat?“ Cornif. 1, 17, 27.
Hier fallen κρινόμενον und ζήτημα zusammen, Cic. de inv. I, 14, 19.

Uebrigens ist sich Cicero, wie schon Quintilian bemerkt, in
der Definition der in Rede stehenden Begriffe nicht gleich geblieben. In der Rhetorik (den Büchern de inventione) folgt er
dem Hermagoras. In der Topik 25, 95 versteht er unter κρινόμενον den aus der στάσις sich ergebenden Streitpunkt, (quae ex
statu contentio efficitur), und nennt es mit einem der Jurispru-
denz entlehntem Ausdrucke qua de re agitur. vgl. Brut. 79, 275
orat. 36, 126. Das, worin dies enthalten ist, nennt er die „continentia, quasi firmamenta defensionis, quibus sublatis defensio
nulla sit.“ In den Partitiones Oratoriae endlich ist firmamentum
dasjenige, was der Vertheidigung entgegen gesetzt wird; weil
das continens, als das erste, vom Ankläger gesagt wird, die ratio vom Angeklagten, so ergiebt sich aus der Frage nach der
ratio und dem firmamentum die „disceptatio iudicationum.“
Auch bei Cornif. 1, 16, 26 ist firmamentum dasjenige, was vom
Ankläger gegen die ratio defensionis vorgebracht wird. Wenn
also Orestes sich der ratio bedient „ich habe die Mutter mit
Recht getödtet, denn sie hatte meinen Vater getödtet,“ so ist das
firmamentum „aber sie durfte nicht von dir getödtet und nicht
ohne Urtheil bestraft werden.“ Aus der ratio defensionis und
dem firmamentum accusationis ergiebt sich nun für den Richter
das κρινόμενον, iudicatio „da Orestes sagt, er habe um den Vater zu rächen, die Mutter getödtet, ob es Recht gewesen, dass

Clytaemnestra ohne Gericht von ihrem Sohne getödtet wurde?" Auf das *κρινόμενον* muss sich nun der eigentliche Gehalt der Rede beziehen.

Quintilian bleibt im Ganzen gleichfalls bei Hermagoras stehen, erklärt aber, dass ein spitzfindiges Feststellen und Eingehen auf die in Rede stehenden Begriffe für die Praxis gar keinen Werth habe. Wer, wie gesagt, sich den Stand der Controverse klar gemacht habe, was dabei die Gegenpartei und wodurch sie es beweisen wolle, was er selbst beweisen wolle, für den ergeben sich die obigen Begriffe von allein.

So viel es übrigens Arten von Constitutionen giebt, so viel muss es auch Arten von quaestiones, rationes, iudicationes und firmamenta geben, Cic. l. l.

§. 6.

Das *ἀσύστατον.*

Es giebt aber auch Fragen, welche ihrer Natur nach zu keiner *στάσις* kommen können, weil sie bei jedem Versuch eine solche zu gewinnen, einem gleichsam unter der Hand zerfliessen. Solche Fragen sind natürlich für eine weitere rhetorische Behandlung vollständig ungeeignet. Es sind *ζητήματα ἀσύστατα.* Hermogenes kennt acht Arten derselben und sagt darüber p. 135 folgendes: *πρῶτον ἀσυστάτων εἶδος τὸ μονομερές, ᾧ τ' τῶν λόγων μὴ ἑκατέρωθεν ἰσχυρά, οἷον πορνοβοσκὸς δέκα νέους κωμάζοντας ἐπὶ τὴν οἰκίαν αὐτοῦ, ὄρυγμα ποιήσας, ὑποδεξάμενος ἀπέκτεινε καὶ φεύγει φόνου. δεύτερον τὸ ἰσάζον διόλου, οἷον δύο νέοι πλούσιοι ὡραίας ἔχοντες γυναῖκας κατὰ ταυτὸν ἄμφω πεφωράκασιν ἀλλήλους ἐξιόντας ἐκ τῶν ἀλλήλων οἰκιῶν καὶ μοιχείας ἀλλήλοις ἀντεγκαλοῦσι. τρίτον κατὰ τὸ ἀντιστρέφον, οἷον ἀπῄτει τις δάνειον καὶ τόκους, ὁ δὲ παρακαταθήκην φάσκων ἔχειν οὐκ ὀφείλειν ἔλεγε τόκους. μεταξὺ πεποίηται χρεῶν ἀποκοπὰς ὁ δῆμος, καὶ ὁ μὲν ὡς παρακαταθήκην ἀπῄτει, ὁ δὲ ὡς χρέος οὐκ ὀφείλειν ἔλεγεν. ἐνταῦθα γὰρ οὔτε διάφορα οὔτε ἰσχυρὰ τὰ τῶν πίστεων αὐτοῖς. περιπετεῖς γὰρ ἄμφω τοῖς ἑαυτῶν γίνονται λόγοις. τέταρτον κατὰ τὸ ἄπορον, οὗ μὴ ἔστι λύσιν λαβεῖν μηδὲ πέρας, οἷον Ἀλέξανδρος ὄναρ εἶδεν ὀνείροις μὴ πιστεύειν, καὶ βουλεύεται. ὅτι γὰρ ἂν συμβουλεύῃ τις ἐνταῦθα, τὸ ἐναντίον περανεῖ. πέμπτον κατὰ τὸ ἀπίθανον, οἷον εἰ Σωκράτην τις πλάττοι πορνοβό-*

σκοῦντα ἢ Ἀριστείδην ἀδικοῦντα. ἕκτον κατὰ τὸ ἀδίνατον, οἶον εἰ Σιφνίους ἢ Μαρωνείτας λέγοι τις περὶ ἀρχῆς τῶν Ἑλλήνων βουλεύεσθαι, ἢ τὸν Πύθιον ψεύδεσθαι. ἕβδομον κατὰ τὸ ἄδοξον, οἶον ἐκμισθώσας τις τὴν ἑαυτοῦ γυναῖκα, τὸν μισθὸν οὐκ ἀπολαμβάνων δικάζεται τῷ μισθωσαμένῳ· ὄγδοον κατὰ τὸ ἀπερίστατον, οἶον ἀποκηρύσσει τις τὸν υἱὸν ἐπ᾽ οὐδεμιᾷ αἰτίᾳ. ταῦτα γὰρ οὐκ ἂν εἴη ζητήματα. Vier dieser Arten, nämlich die erste, zweite, vierte und achte hatte bereits Hermagoras aufgestellt, s. Fortunat. p. 82 ff.

Ueber den dritten Fall schreibt Gellius N. A. V, 10: *inter vitia argumentorum longe maximum esse vitium videtur, quae ἀντιστρέφοντα Graeci dicunt. ea quidam ex nostris non hercle nimis absurde ,reciproca' appellarunt. id autem vitium accidit hoc modo: cum argumentum propositum referri contra convertique in eum potest, a quo dictum est, et utrimque pariter valet* — und erzählt darauf die bekannte Geschichte zwischen dem Sophisten Protagoras und seinem Schüler Euathlus, die andere freilich von Tisias und Korax erzählen, s. Walz Rhet. Gr. T. V p. 6. 215. Hermias ad Plat. Phaedr. p. 191, und in veränderter Fassung bei Spengel Art. Script. p. 26. Euathlus nämlich will von Protagoras die Redekunst erlernen. Die eine Hälfte des ausbedungenen Honorars bezahlt er gleich, bevor der Unterricht beginnt, die andre Hälfte verspricht er an dem Tage zu entrichten, wo er zum ersten Male vor Gericht auftreten und einen Prozess gewinnen würde. Er lernt, tritt vor Gericht aber nicht auf. Protagoras, um zu seinem Gelde zu kommen, wird klagbar und spricht: Du musst mir auf alle Fälle mein Geld geben, mag nun gegen dich, oder für dich entschieden werden. Denn verlierst du den Prozess, so hast du laut richterlichen Erkenntnisses mich zu befriedigen, gewinnst du, dann kraft unsres Vertrages. Allein Euathlus erwiderte: Ich werde auf keinen Fall zahlen, mag nun gegen mich, oder für mich entschieden werden. Denn, gewinne ich den Prozess, so bin ich dir nichts schuldig laut richterlichen Erkenntnisses, verliere ich ihn, dann kraft meines Vertrages. Die Richter wussten sich in diesem Falle nicht zu helfen, und schoben die Entscheidung auf die lange Bank. Einige glauben, erzählt Gellius weiter im folgenden Capitel, dass auch eine berühmte Antwort des Bias zum ἀντιστρέφον gehöre. Als Bias von Jemand gefragt wurde, ob er heirathen solle, oder nicht, so gab er zur Antwort: ἤτοι καλὴν ἄξεις ἢ αἰσχράν· καὶ εἰ καλήν, ἕξεις κοινήν, εἰ δὲ αἰσχϱὰν, ἕξεις ποινήν. ἑκάτεϱον δὲ οὐ ληπτέον. οὐ γαμητέον ἄϱα. Man kehrte nun um, und sagte εἰ μὲν καλὴν ἄξω οὐχ ἕξω ποινήν· εἰ δὲ αἰσχϱὰν, οὐχ ἕξω κοινήν. γαμητέον ἄϱα. Allein es sei dies kein richtiges ἀντιστϱέφον, denn die Umkehr sei frostig und schwächer. Bias nämlich behauptete, man dürfe nicht heirathen, weil man sich dabei nothwendig einem von zwei Uebeln aussetze. Der umkehrende aber schützt sich nicht gegen das Uebel, welches vorhanden ist, sondern sagt nur, er sei frei von dem Uebel, welches nicht vorhanden ist. Uebrigens bemerkte der Rhetor Favorinus sehr richtig, dass die Disjunction im Obersatz des Bias falsch sei. Wer heirathet, aber keine schöne Frau heirathet, braucht deshalb noch keine hässliche zu nehmen.

Das Beispiel, welches Hermogenes für das ἀσύστατον κατὰ τὸ ἄποϱον anführt, erwähnt auch Lactanz, der ja selbst lange Zeit Rhetor gewesen war, da wo er gegen die Erkenntnisstheorie des Arcesilas polemisirt, Inst. div. III, 6, 10: *Arcesilas veritate non cognita introduxit genus philosophiae* ἀσύστατον, *quod latine instabile, sive inconstans possumus dicere. ut enim nihil sciri posse sciendum sit, aliquid sciri necesse est. nam si omnino nihil scias, id ipsum, nihil sciri posse, tolletur. itaque qui velut sententiae loco pronuntiat nihil sciri, tamquam perceptum profitetur et cognitum, ergo aliquid sciri potest. Huic simile est illud, quod in scholis proponi solet in asystati generis exemplum: somniasse quendam, ne somniis crederet. si enim crediderit, tum sequitur, ut credendum non sit, si autem non crediderit, tunc sequitur, ud credendum sit.* Aehnliches, was hierher gehört, findet man in Cresoll. Theatr. Rhet. II, 6 (Gronov. Thes. Gr. Antiqq. T. X p. 74 ff).

Eine Betrachtung der drei weiteren Fälle, welche Hermog. p. 136 im Anschluss an die ἀσύστατα behandelt, das ἑτεϱοϱϱεπές, κακόπλαστον und πϱοειλημμένον τῇ κϱίσει ist überflüssig. Sie gehören zu den Spitzfindigkeiten, an denen die spätere Rhetorik so reich ist. Weiteres über die ἀσύστατα findet man bei den Lateinischen Rhetoren, Fortunat. l. l. August. p. 146. Sulp. Vict. p. 315. Jul. Vict. p. 374.

§. 7.

Die Theile der Gerichts-Rede.

Nach Vollendung der vorbereitenden Meditation über das genus causae, die constitutio und was damit zusammenhängt,

schreitet man zur Ausarbeitung der eigentlichen Rede. Wir erinnern uns, dass es die gerichtliche Beredsamkeit mit Angriff
und Vertheidigung zu thun hat. Anaxim. 4 p. 188: ἔστι δὲ
τὸ μὲν κατηγορικὸν συλλήβδην εἰπεῖν ἀδικημάτων καὶ ἁμαρτημάτων
ἐξάγγελσις, τὸ δ'ἀπολογητικὸν ἁμαρτημάτων καὶ ἀδικημάτων κατη-
γορηθέντων ἢ καθυποπτευθέντων διάλυσις.
    Nach Aristoteles Rhet. III, 13 hat nun jede Rede zwei
Theile, πρόθεσις Darlegung des Gegenstandes, und
πίστις Beweis. Wer etwas beweist, hat einen Gegenstand, den
er beweist, und wer etwas vorlegt, legt es vor, um es zu beweisen. Dies sind die nothwendigen Theile. Mann stellte indes
schon zu seiner Zeit gewöhnlich als Theile auf: προοίμιον, πρόθεσις, πίστις, ἐπίλογος. Die Widerlegung des Gegners rechnet
Aristoteles mit zur Beglaubigung. Er sagt darüber III, 17 p.
158: τὰ δὲ πρὸς τὸν ἀντίδικον οὐχ ἕτερόν τι εἶδος, ἀλλὰ τῶν πίστεων ἔστι τὰ μὲν λῦσαι ἐνστάσει τὰ δὲ συλλογισμῷ. δεῖ δὲ καὶ
ἐν συμβουλῇ καὶ ἐν δίκῃ ἀρχόμενον μὲν λέγειν τὰς ἑαυτοῦ πίστεις
πρότερον, ὕστερον δὲ πρὸς τἀναντία ἀπαντᾶν λύοντα καὶ προδια-
σύροντα. Die Erzählung aber gehöre nur der Gerichts-Rede an.
Bei dem λόγος ἐπιδεικτικός und συμβουλευτικός könne sie ihrem
eigentlichen Wesen nach so wenig vorkommen, als eine Widerlegung der Gegner. Späterhin theilte man die Rede durchgehends
in fünf Theile: prooemium προοίμιον, narratio διήγησις, probatio
πίστις oder ἀπόδειξις, refutatio λύσις, peroratio ἐπίλογος. Doch
fehlte es zu keiner Zeit an Rhetoren, welche probatio und refutatio als blos einen Theil betrachteten. Ausserdem hat die Rede
noch drei Bestandtheile, partitio, propositio, excessus oder egressio,
die von einigen gleichfalls, aber fälschlich, als Theile der Rede
bezeichnet wurden. Davon schliessen sich zunächst partitio und
propositio an die probatio an, und können eben deshalb nicht als
selbständige Theile der Rede angesehen werden. Was aber die
egressio, oder den excessus anbetrifft, so liegt er entweder extra
causam, dann ist er kein Theil derselben, oder aber er liegt in
causa, dann ist er ein Zusatz, eine Zuthat zu den Theilen, von
denen er abschweift. Quint. III, 9.
    Eine kurze Uebersicht über den Zweck der Theile giebt
Cic. orat. 35, 122: „quid iam sequitur, quod quidem artis sit,
nisi ordiri orationem, in quo aut concilietur auditor aut eriga-
tur aut paret se ad discendum; rem breviter exponere et probabiliter et aperte, ut quid agatur intellegi possit; sua confirmare,

adversaria evertere, eaque efficere non perturbate, sed singulis argumentationibus ita concludendis, ut efficiatur quod sit consequens eis, quae sumentur ad quamque rem confirmandam; post omnia perorationem inflammantem restinguentemve concludere?" Noch bündiger äusserte sich über den Zweck der Theile schon in alter Zeit Theodektes, dessen Worte uns Lollianus erhalten hat, bei Walz Rhet. Gr. T. VII. p. 33: ἔργον ῥήτορος, ὥς φησι Θεοδέκτης, προοιμιάσασθαι πρὸς εὔνοιαν, διηγήσασθαι πρὸς πιθανότητα, πιστώσασθαι πρὸς πειθώ, ἐπιλογίσασθαι πρὸς ὀργὴν ἢ ἔλεον. Einer andern Quelle folgt Joh. Sicel. VI. p. 19, wenn er die beiden letzten Theile so bezeichnet: ἀγωνίσασθαι πρὸς ἀπόδειξιν, ἀνακεφαλαιώσασθαι πρὸς ἀνάμνησιν. Die Reihenfolge und der Zweck der Theile standen in alter Schul-Tradition fest. Cornif. I, 3, 4: „inventio in sex partes orationis consumitur: in exordium narrationem divisionem confirmationem confutationem conclusionem: exordium est principium orationis, per quod animus auditoris constituitur ad audiendum; narratio est rerum gestarum aut proinde ut gestarum expositio; divisio est, per quam aperimus, quid conveniat, quid in controversia sit, et per quam exponimus, quibus de rebus simus dicturi; confirmatio est nostrorum argumentorum expositio cum adseveratione; confutatio est contrariorum locorum dissolutio, conclusio est artificiosus terminus orationis." Dieselben sechs Theile der Rede (nur „partitio" statt „divisio") giebt auch Cic. de inv. I, 14, 19 an. In den partit. orat. 1, 3 werden blos vier Theile der Rede angegeben, und zwar mit der Bemerkung: „earum duae valent ad rem docendam, narratio et confirmatio, ad pellendos animos duae, principium et peroratio." Der Redner will also nicht blos belehren und beweisen, sondern auch überzeugen und für seine Ansicht gewinnen. Aehnlich bemerkt Apsin. Rhet. 12 p. 304: εἰς δύο εἴδη ὁ πᾶς λόγος διαιρεῖται (λέγω δὲ νῦν λόγον τὸν δικανικόν) τό τε πραγματικὸν καὶ τὸ παθητικόν· ὑποτάσσεται δὲ τῷ πραγματικῷ μὲν ἥ τε διήγησις καὶ ἡ ἀπόδειξις· τῷ δὲ παθητικῷ τὸ προοίμιον καὶ ὁ ἐπίλογος, in welchem letzteren freilich die ἀνακεφαλαίωσις wieder zum πραγματικὸν εἶδος gehört.

Dass mit der Reihenfolge, in welcher die Theile der Rede aufzuschreiben sind, die Reihenfolge der vorangehenden Meditation nichts zu thun habe, versteht sich nach der Auseinandersetzung der vorigen Paragraphen von selbst. Quint. III, 9, 8 tadelt es als etwas Natur-widriges bei der Ausarbeitung das

Prooemium zuletzt aufzuschreiben. Man könne überdies durch diese Angewohnheit leicht einmal in Verlegenheit kommen, wo es sich darum handle ex tempore zu sprechen. Andre arbeiteten Prooemien für kommende Fälle im Voraus, um sie jederzeit bereit zu haben. Dies that selbst Cicero, vgl. ad Att. XVI, 6. Spengel Art. Script. p. 110. Auch unter Demosthenes Namen sind uns 56 Prooemien zu Volksreden erhalten, deren Aechtheit aber angezweifelt wird, vgl. Westermann Gesch. der Gr. Beredsamkeit S. 306. A. Schäfer Demosth. III, 2 S. 129.

Für die einzelnen Theile der Gerichts-Rede werden uns nun mehr oder minder ausführliche Vorschriften gegeben.

§. 8.

Die Einleitung. ℶ

Die Einleitung heisst Griechisch προοίμιον. Dieser Ausdruck ist entweder von οἴμη, Gesang herzuleiten, dann ist προοίμιον wie bei den Citharöden ein einleitendes Vorspiel, oder von οἶμος, also das was den Weg bahnt. vgl. Quint. IV, 1, 2. Arist.Rhet. III, 14: τὸ μὲν οὖν προοίμιόν ἐστιν ἀρχὴ λόγου, ὅπερ ἐν ποιήσει πρόλογος καὶ ἐν αὐλήσει προαύλιον. Anon. Seguer. p. 427: ἰστέον ὅτι κυρίως προοίμια ἔλεγον οἱ παλαιοὶ τὰ τῶν κιθαρῳδῶν· οἴμας γὰρ ἐκάλουν οὗτοι τὰς ᾠδάς. τὸ οὖν ἀνάκρουμα τὸ πρὸ τῆς ᾠδῆς τῆς κιθάρας προοίμιον ἐκάλουν, ἀπὸ τούτων καὶ ἐπὶ τὸν ῥητορικὸν μετενήνεκται λόγον τὸ ὄνομα. Er ist bezeichnender als der Lateinische principium oder exordium, der nichts weiter als Anfang besagt. Prooemium ist alles das, was sich vor dem Richter sagen lässt, bevor er die Sache selbst kennen lernt. Denn nur durch einen Misbrauch bei den Declamationen hatte sich zu Quintilians Zeiten die Unsitte eingeschlichen, beim exordium die Sache selbst als bekannt vorauszusetzen. Vielmehr soll sie dem Richter gerade durch das Prooemium bekannt gemacht werden. Anaxim. 29 p. 214: ἔστι δὲ προοίμιον καθόλου μὲν εἰπεῖν ἀκροατῶν παρασκευή, καὶ τοῦ πράγματος ἐν κεφαλαίῳ μὴ εἰδόσι δήλωσις, ἵνα γιγνώσκωσι περὶ ὧν ὁ λόγος, παρακολουθῶσί τε τῇ ἱποθέσει, καὶ ἐπὶ τὸ προσέχειν παρακαλέσαι, καὶ καθ᾽ὅσον τῷ λόγῳ δυνατόν, εὔνους ἡμῖν αὐτοὺς ποιῆσαι. Arist. Rhet. III, 14 p. 150: τὸ μὲν οὖν ἀναγκαιότατον ἔργον τοῦ προοιμίου καὶ ἴδιον τοῦτο, δηλῶσαι, τί ἐστι τὸ τέλος, οὗ ἕνεκα ὁ λόγος. — τὰ δὲ ἄλλα εἴδη, οἷς χρῶνται, ἰατρεύματα καὶ κοινά.

3

Durch das Prooemium also wollen wir den Zuhörer vorbereiten, damit er uns bei den übrigen Theilen der Rede um so geneigter sei. Diese Vorbereitung geschieht durch dreierlei. Wir müssen ihn wohlwollend, aufmerksam, und gelehrig machen. Quintil. IV, 1, 5: „id fieri tribus maxime rebus inter auctores plurimos constat, si benivolum, attentum, docilem fecerimus." vgl. Cornif. I, 4, 6. Cic. de inv. I, 15, 20. Top. 26, 97. ἔργον προοιμίων εὔνοια πρόσεξις εὐμάθεια, Anon. bei Spengel T. I p. 321. An. Seguer. p. 428. Man entnimmt das Prooemium von der Person, von der Sache, oder von beiden. Apsin. I p. 331: λαμβάνεται προοίμιον ἐκ προσώπου ἢ ἐκ πράγματος ἢ ἐξ ἀμφοῖν. Die Person ist nach Quintilian eine vierfache: Redner (actor causae, ihm entspricht im Attischen Prozess der συνήγορος), Kläger, Gegner, Richter. Meistentheils wird indes der Redner mit dem Kläger oder Verklagten zusammenfallen. Daher denn gewöhnlich die Person nur als eine dreifache bezeichnet wird. Arist. l. l. λέγεται δὲ ταῦτα (τὰ προοίμια) ἔκ τε τοῦ λέγοντος καὶ τοῦ ἀκροατοῦ καὶ τοῦ πράγματος καὶ τοῦ ἐναντίου. vgl. Cornif. I, 5, 8. III, 6, 11. Cic. de inv. I, 16, 22. Nicol. Progymn. p. 473.

Sich das Wohlwollen der Richter zu gewinnen, ist bei der Gerichtsrede, anders als bei der Suasoria, von der grössten Wichtigkeit. Gell. N. A. VI, 3, 19: „recte et utiliter in disciplinis rhetorum praecipitur, iudices de capite alieno deque causa ad sese non pertinenti cognituros, ex qua praeter officium iudicandi nihil ad eos vel periculi vel emolumenti redundaturum est, conciliandos esse ac propitiandos placabiliter et leniter existimationi salutique eius, qui apud eos accusatus est." Um nun das Wohlwollen zu erlangen, spricht der Redner von sich wenig und mit Maass. Es kömmt darauf an, dass er für einen *vir bonus* gehalten wird, damit er dadurch die Glaubwürdigkeit eines Zeugen gewinne, seine Parteilichkeit aber als Anwalt zurücktrete. Glaubwürdigkeit findet der Redner überhaupt, abgesehen von den Beweisen, die er für seine Sache vorbringt, durch dreierlei, durch Einsicht, Tugend und Wohlwollen, vgl. Arist. Rhet. II, 1. Er wird also sagen, dass er zum Auftreten vermocht sei durch die Pflicht der Verwandschaft, Quint. IV, 1, 7. Anon. Seguer. p. 428: ἂν δὲ ὑπὲρ ἑτέρου λέγῃς, καὶ τοῦτο ἐπισημαίνεσθαι δεῖ, ὥσπερ πεποίηκε Λυσίας λέγων· ἐπιτήδειος μοί ἐστιν Ἄρχιππος οὑτοσί, ὦ δικασταί, — oder der Freundschaft

(Apsin. 2 p. 343), womöglich durch das Interesse des Staats, das er suchen muss, mit seinem eignen Interesse geschickt zu verbinden (Apsin. 2 p. 342), oder durch den Vorgang eines grossen Beispiels. Dadurch werden zugleich etwaige Vorwürfe, welche der Zuhörer dem Redner machen könnte, im voraus ab- gewendet, Anaxim. 18 p. 204. Der Redner gewinnt an Ansehn, wenn er von seinem Auftreten den Verdacht von schmutzigem Gewinn, Gehässigkeit oder Ehrgeiz fern zu halten weiss, vgl. Hermog. p. 179. Doch kann ihn auch gerechte Entrüstung über das begangene Unrecht zum Auftreten vermocht haben, Apsin. 3 p. 347. „Fast immer finden wir" heisst es bei Meier u. Schö- mann Att. Proz. S. 708 „dass die συνήγοροι sich bemühen, den Richtern ihr Auftreten gleichsam zu rechtfertigen, indem sie ent- weder ihre Freundschaft mit dem, für welchen sie sprechen, oder ihren Hass gegen den Gegner, oder irgend einen andern triftigen Beweggrund angeben, um dem Verdacht zu begegnen, als hätten sie sich für Geld dazu dingen lassen, welches nicht nur gehässig, sondern auch durch die Gesetze ausdrücklich verboten und ver- pönt war." Eine stillschweigende Empfehlung des Redners liegt darin, dass er sich als schwach, oder unvorbereitet, dem Talent des gegnerischen Redners nicht gewachsen erklärt, wie dies nach Quint. IV, 1, 8 meistentheils Messalla zu thun pflegte. Man hat überhaupt, nach dem Vorgang der Alten, seine Beredsamkeit sorgfältig zu verbergen. Artis est, artem tegere. So hat man es auch zu vermeiden, gegen irgend wen beschimpfend, boshaft, stolz, verleumderisch zu erscheinen. Auch der Anwalt der Gegenpartei kann Stoff zum Prooemium geben, bisweilen mit ehrenvoller Erwähnung. Man thut, als fürchtete man sich vor seiner Beredsamkeit, seinem persönlichen Einfluss, und macht ihn dadurch dem Richter verdächtig. Selten erwähnt man seiner „per contumeliam", wie nach Quintilian Asinius Pollio in der Rede für die Erben der Urbinia den Labienus, als Anwalt des Gegners Clusinius Figulus, der sich für einen Sohn der Erb- lasserin ausgab, eigentlich aber ein Sclave Namens Sosipater war, unter den Beweisen für die schlechte Sache desselben an- führte, vgl. Spalding z. d. St.

Gewöhnlich aber fallen Kläger und Redner zusammen. Für diesen Fall giebt Cornif. I, 5, 8 die Regel: „ab nostra persona benivolentiam contrahimus, si nostrum officium sine arrogantia laudabimus, atque in rem publicam quales fuerimus aut in amicos aut in eos ipsos, qui audient, aliquid referemus, dum haec omnia ad eam ipsam rem, qua de agitur, sint accommodata. item, si nostra incommoda proferemus: inopiam, solitudinem, calamitatem; et si orabimus, ut nobis sint auxilio; et simul ostendemus, nos in aliis spem noluisse habere." vgl. Cic. de inv. I, 16, 22. Man verweist also auf seine Würde und empfiehlt seine Schwäche, und zählt seine Verdienste auf, aber mit Zurückhaltung. Von diesem Gesichtspunkte aus kann auch der actor causae die Person des Klägers berühren, Quint. IV, 1, 13. Er erwähnt sein Geschlecht, sein Alter, seine Lage, und sucht von vorn herein das Mitleid der Richter rege zu machen. — Die Person des Anklägers wird durch die Umkehr aller dieser Punkte angegriffen. Gegen den Mächtigen erregen wir Gehässigkeit, gegen den Niedrigen Verachtung, gegen den Gemeinen und Gefährlichen Hass, und entfremden durch dieses dreies die Gegner der Theilnahme des Richters. Corn. I, 5, 8: „ab adversariorum persona benivolentia captabitur, si eos in odium in invidiam in contemptionem adducemus. in odium rapiemus, si quod eorum spurce, superbe, perfidiose, crudeliter, confidenter, malitiose, flagitiose factum proferemus. in invidiam trahemus, si vim, si potentiam, factionem, divitias, eloquentiam, nobilitatem, clientelas, hospitium, sodalitatem, affinitates adversariorum proferemus, et his adiumentis magis quam veritate eos confidere aperiemus. in contemptionem adducemus, si inertiam, ignaviam, desidiam, luxuriam adversariorum proferemus." vgl. Cic. de inv. I, 16, 22. Alles natürlich, was der Redner zu seinem Gunsten und zu Ungunsten des Gegners vorbringt, darf er nicht blos einfach vorbringen — das kann jeder — sondern er muss es nach Umständen vergrössern oder verkleinern, Quint. IV, 1, 15.

Den Richter gewinnen wir für uns, nicht blos dadurch, dass wir ihn loben, was mit Maass geschehen muss, etwa wegen schon getroffener Entscheidungen, bei denen es uns schon gelungen ist, ihn zu überreden (Apsin. 1 p. 331 mit Berufung auf Demosthenes: πρῶτον μὲν ἄξιον ὑμᾶς ἐπαινέσαι, ὦ ἄνδρες, ἀνθ'ὧν τοῖς τὰ βέλτιστα λέγουσιν ἡμῖν τὸν νοῦν προσέσχετε ἀρτίως, καὶ τῶν τἀναντία λεγόντων καὶ ἐξαπατώντων ὑπερείδετε.), sondern wenn wir sein Lob mit dem Nutzen unsrer Sache in Verbindung bringen. Wir appelliren an seine Würde bei ehrenwerthen Männern, an seine Gerechtigkeit bei niedrigen, sein Mitleid bei unglücklichen, seine Strenge bei verletzten, u. s. w. Auch muss man womöglich den Charakter des Richters kennen, um denselben für unsere Sache zu benutzen. Ebenso muss man es benutzen, wenn der Richter unser Feind, aber ein Freund des Gegners ist, oder umgekehrt. Denn bisweilen setzt der Richter einen verkehrten Ehrgeiz darein, gegen seine Freunde, oder zu Gunsten seiner Feinde einen ungerechten Spruch zu fällen, um nur den Schein der Parteilichkeit zu vermeiden. Ferner muss man etwaige vorgefasste Meinungen, die der Richter von zu Hause mitbringt, beseitigen, oder ihn in denselben bestärken. Auch muss man bisweilen Furcht beseitigen, wie Cicero in der Einleitung zur Miloniana darauf hinarbeitet, die Richter sollten nicht glauben, die bewaffneten Schaaren seien vom Pompejus gegen sie aufgestellt, sondern lediglich zu ihrem Schutze *), wie man auch wohl umgekehrt Furcht erregen kann, wie dies Cicero in der ersten Verrinischen Rede gethan, indem er durch die Furcht vor der beschimpfenden öffentlichen Meinung, falls Verres freigesprochen würde, auf die Richter zu wirken sucht. Doch liegt die Anwendung dieses Mittels fern, so lange es sich blos darum handelt, sich das Wohlwollen der Richter zu erwerben. Drohungen gegen bestochne Richter sind nur in seltenen Fällen, und immer nur bei einer grösseren Anzahl von Richtern anzuwenden. Quint. IV, 1, 16—22. Im allgemeinen sagt Cic. de inv. I, 16, 22: „ab auditorum persona benivolentia captabitur, si res ab his fortiter, sapienter, mansuete gestae proferentur, ut ne qua assentatio nimia significetur, et si de his, quam honesta existimatio quantaque eorum iudicii et auctoritatis expectatio sit, ostendetur."

Schliesslich kann uns die S a c h e Stoff geben, den Richter für uns zu gewinnen. Hier giebt Cornif. I, 5, 8 die Regel: „ab rebus ipsis benivolum efficiemus auditorem, si nostram causam laudando tollemus, adversariorum per contemptionem deprimemus." vgl. Cic. de inv. I, 16, 22. Man muss aus der Sache, sagt Quintilian, zum exordium das günstigste herausnehmen; was daran verletzen könnte, hat man dagegen abzuweisen, oder doch zu vermindern (s. unten in der Lehre von den Affecten). Auch kann,

---

*) Cic. pro Mil. 1, 3: „quamobrem illa arma, centuriones, cohortes non periculum nobis, sed praesidium denuntiant, neque solum ut quieto, sed etiam ut magno animo simus, hortantur, neque auxilium modo defensioni meae, verum etiam silentium pollicentur."

wie bereits gesagt, schon im Prooemium das Mitleid rege gemacht werden. Man weist hin auf sein trauriges Loos für den
Fall, dass man unterliegt, auf den Stolz des Gegners, für den
Fall, dass er siegt. Ausser von den Sachen und Personen lässt
sich der Stoff der Prooemien aber auch von dem entnehmen, was
mit den Sachen und Personen in Verbindung steht.
An die Personen schliessen sich an Kinder, Verwandte, Freunde,
ganze Gegenden und Staaten, und was sonst noch zugleich mit
unsern Clienten in Gefahr kommt. An die Sache schliesst sich
an die Zeit (Cic. pro Cael. 1, 1), der Ort (pro Deiot. 2, 3), die
besondere Art des Gerichtsverfahrens (pro Mil. 1, 1), die öffentliche Meinung, die Erwartung des Volks u. dgl. Es sind dies
die προοίμια περιστατικά oder τοπικά, wie Hapokration sie nannte
(Anon. Seguer. p. 428), welche auf die besonderen Umstände des
betreffenden Falles Rücksicht nehmen. Theophrast fügte noch
dazu ein prooemium von der Form der Rede, wie bei Demosthenes vom Kranze, es möge dem Redner erlaubt sein, lieber
auf seine Weise zu sprechen, als auf die vom Ankläger durch
seine Klage vorgeschriebene. Vgl. Cic. pro Arch. 2, 3.

Ueber die zweite Aufgabe der Einleitung, den Richter
aufmerksam zu machen, schreibt Cornif. I, 4, 7: „attentos habebimus, si pollicemur nos de rebus magnis novis inusitatis verba
facturos, aut de iis rebus, quae ad rem publicam pertineant, aut
ad eos ipsos, qui audiant, aut ad deorum immortalium religionem; et si rogabimus, ut attente audiant; et si numero expo-
nemus res, quibus de rebus dicturi sumus." vgl. Cic. de inv. I, 16,
23. Wir erklären also, dass es sich um etwas neues, grosses,
ausserordentliches handeln wird, um etwas, das mit dem Interesse
des Richters und des Staates aufs engste verknüpft ist, ferner
aber, dass wir uns weder lange aufhalten, noch von der Sache
abschweifen werden, Quint. IV, 1, 33. Spricht man nach mehreren Vorgängern, so knüpt man ergänzend an das von ihnen gesagte an, sie hätten noch wichtige Punkte unberücksichtigt gelassen, Apsin. 3 p. 344, oder man erklärt, gerade einen Hauptpunkt besonders ins Auge fassen zu wollen, wie Cic. pro Sest.
2, 3. Am meisten wird die Glaubwürdigkeit des Redners dazu
beitragen, ihm Aufmerksamkeit zu verschaffen. Daher sagt der
Anon. Seguer. p. 429: προσοχὴν δ'ἀπεργάσῃ ἔκ τε τῶν προειρημένων (aus dem, wodurch der Zuhörer gelehrig gemacht wird)
καὶ πρὸς τούτοις εἰ ἀξιόπιστος φαίνοιο, ἢ πολλῶν ἔμπειρος εἶναι

πραγμάτων προσποιοῖο, ἢ αὐτὸς πειραθεὶς ἢ καὶ παρ'ἄλλων πει
ραθέντων μαθὼν καὶ συμβουλεύσας (Hom. Il. A 264). καὶ τὸ ἐπι
τιμᾶν δὲ τοῖς ἄλλοις δοκεῖ προσοχὴν καὶ φόβον κινεῖν, καὶ εἰ νόμιμα
λέγειν προυποιοῖο, καὶ εἰ ἢ αὐτὸς ἔνδοξος φαίνοιο, ἢ τοῖς τῶν
ἐνδόξων προσχρώμενος καλοῖς, (l. καλῶς), περὶ μεγάλων δὲ ἢ κα
λῶν ἢ συμφερόντων λέγοις ἐληλυθέναι, καὶ εἰ προσυπισχνοῖο, ὅτι
καινὰ καὶ ὅτι διὰ βραχέων καὶ σαφῶν καὶ περὶ ἀναγκαίων ἐρεῖς.

Ein aufmerksamer Zuhörer ist auch von selbst ein gelehrriger. Noch besonders aber wird der Zuhörer gelehrig gemacht
durch eine kurze und bündige Angabe der Hauptsache, über die
er entscheiden soll, Cornif. I, 4, 7. Cic. de inv. I, 16, 23. Homer und Virgil eröffnen beide ihre Epen durch eine kurze Angabe des Gegenstandes ihrer Muse. Für Einleitung und Schluss
gilt die Regel des Anon. Seguer. p. 428: εὐμάθειαν δέ ποιεῖ
προέκθεσις, ἀνανέωσις, μερισμός. προέκθεσις μέν ἐστιν, ὅταν ἃ
μέλλει τις λέγειν, ὡς ἐν κεφαλαίῳ προεκθῆται (Aesch. c. Timarch.
§. 116, was freilich ein Specialprooemium ist), μερισμὸς δέ ἐστιν
εἰς μέρη περιγραφὴ τῶν ὅλων πράξεων (Demosth. de fals. leg. 4,
p. 342). ἀνανέωσις kann beim Eingange der Rede natürlich nicht
angewandt werden. Als klassisches Beispiel führt Quint. IV, 1,
36 die Eingangsworte aus Ciceros Rede pro Cluentio an: „Animadverti, iudices, omnem accusatoris orationem in duas divisam
esse partes: quarum altera mihi inniti ac magnopere confidere
videbatur invidia iam inveterata iudicii Iuniani, altera tantummodo
consuetudinis causa timide et diffidenter attingere rationem veneficii criminum, qua de re lege est haec quaestio constituta."

Einige behaupteten, man dürfe den Richter nicht immer
aufmerksam und gelehrig machen. Es liege im Interesse einer
schlechten Sache, dass er ihre Beschaffenheit nicht merke. Gewiss; allein das geschieht nicht durch Nachlässigkeit von Seiten
des Richters, d. h. durch Mangel an Aufmerksamkeit, sondern
dadurch, dass er von uns über die wahre Beschaffenheit der Sache irre
geführt wird. Immer muss der Richter auf das achten, was wir
sagen. Allerdings müssen wir einiges verkleinern, es als gering
und verächtlich darstellen, um die Aufmerksamkeit des Richters,
die er dem Gegner geschenkt hat, zu schwächen. Dies that
Cicero in der Einleitung zur Ligariana mittelst der Ironie, Cäsar
sollte die Sache, als nicht mehr neu, weniger beachten, ebenso
in der Rede pro Caelio, damit die Sache wider Erwarten kleiner
erscheine.

Die Anwendung des gesagten richtet sich nun aber nach dem *genus causae**). Cic. de inv. 1, 15, 20: qui bene exordiri causam volet, eum necesse est genus suae causae diligenter ante cognoscere." Deren nahmen die Rhetoren gewöhnlich fünf an: ἔνδοξον honestum, ἄδοξον humile, ἀμφίδοξον dubium vel anceps, παράδοξον admirabile, δυσπαρακολούϑητον obscurum. Einige fügten noch als besondere Art das turpe hinzu, was andre mit unter dem ἄδοξον, andre unter dem παράδοξον befassten. Quint. IV, 1, 40. Cornif. I, 3, 5 kennt blos vier Arten: „genera causarum sunt quattuor: honestum, turpe, dubium, humile. honestum causae genus putatur, cum aut id defendimus, quod ab omnibus defendendum videtur, aut id oppugnamus, quod ab omnibus videtur oppugnari debere, ut pro viro forti, contra parricidam; turpe genus intellegitur, cum aut honesta res oppugnatur, aut defenditur turpis; dubium genus est, cum habet in se causa et honestatis et turpitudinis partem; humile genus est, cum contempta res affertur." vgl. Cic. de inv. I, 15, 20. Beim genus ἀμφίδοξον muss man den Richter hauptsächlich wohlwollend machen. Cornif. I, 4, 6: „si genus causae dubium habebimus, a benivolentia principium constituemus, ne quid illa turpitudinis pars nobis obesse possit." Beim δυσπαρακολούϑητον ist der Richter vor allem gelehrig, beim ἄδοξον aufmerksam zu machen. Das ἔνδοξον genügt schon an sich, den Richter zu gewinnen, daher bei ihm ein exordium oft gar nicht nöthig ist.

Dagegen muss man gegen das παράδοξον und turpe besondere Mittel anwenden. Deshalb theilten einige das exordium in zwei Arten, das eigentliche exordium, *principium* und die *insinuatio* (ἔφοδος), über deren Unterschied Corn. I, 7, 11, Cic. de inv. I, 15, 20, Fortun. p. 109 zu vergleichen sind. Beim principium verlangt man geradezu Wohlwollen und Aufmerksamkeit, was bei einer schlechten Sache nicht stattfinden kann. Die *insinuatio*, gleichsam ein sich einschleichen in den Geist des Zuhörers, sucht hier nun auf einem Umwege zum Ziele zu gelangen. Cornificius der, wie wir sahen, vom παράδοξον nichts weiss, sagt man müsse statt des principium die insinuatio in drei Fällen gebrauchen, wenn man

---

*) Für *genus causae* sagen die Griechen γένος ὑποϑέσεως, s. Ernesti Lex. techn. Rhet. Gr. p. 341. Danach *figurae materiarum* bei Fortun. p. 109, *figurae controversiarum* bei August. p. 147. Exc. rhet. p. 586, *modi causarum* bei Sulp. Vict. p. 316.

eine schlechte Sache habe, die einem schon an sich das Gemüth
des Zuhörers entfremde, oder wenn der Richter schon von denen,
die vorher dagegen gesprochen haben, überzeugt zu sein scheine,
oder wenn er durch das Anhören der bisherigen Reden ermüdet
sei. „Si causa turpitudinem habebit, exordiri poterimus his rationibus: rem, non hominem spectari oportere; non placere nobis
ipsis, quae facta dicantur ab adversariis, et esse indigna aut
nefaria: deinde cum diu rem auxerimus, nihil simile a nobis
factum ostendemus; aut aliquorum iudicium de simili causa aut
de eadem proferemus, deinde ad nostram causam pedetemptim
accedemus et similitudinem conferemus; aut negabimus nos de
adversariis aliqua re dicturos, et tamen occulte dicemus interie-
ctione verborum.“ Ausführlich setzt Cic. de inv. I, 17, 24 auseinander, wie beschaffen die insinuatio in den besagten drei
Fällen sein müsse. Ueberhaupt geben hier die Rhetoren eine
unendliche Menge von Vorschriften, mit ängstlicher Spaltung der
möglichen Fälle bis ins kleinste Detail, ohne doch dadurch die
Zahl der wirklich vorkommenden Fälle zu erschöpfen, so dass
der Redner doch schliesslich auf sich selbst angewiesen
war. Quintilian giebt daher im allgemeinen die Vorschrift,
von dem, was an der Sache verletze, solle man seine Zuflucht
zu dem nehmen, was an derselben nütze. Wenn die Sache
schlecht ist, soll ihr die Person zu Hülfe kommen und umgekehrt.
Wenn wir für uns keine Hülfe haben, so suchen wir das hervor,
was dem Gegner schadet. Denn wenn es zuvörderst am wün-
schenswerthesten ist, sich möglichst viel Gunst zu erwerben, so
demnächst sich weniger Hass zuzuziehen. Bei dem, was sich
nicht leugnen lässt, muss man darauf hinarbeiten, dass es kleiner
erscheint, als gesagt ist, oder in anderer Absicht geschehen,
oder dass es zur vorliegenden Frage in keiner Beziehung stehe,
oder dass es durch Reue wieder gut gemacht werden könne,
oder endlich, dass es bereits hinlänglich bestraft sei. Hierbei hat
es der Anwalt leichter als der Kläger, denn er lobt ohne den
Vorwurf der Anmassung fürchten zu brauchen, er kann auch
manchmal mit Nutzen tadeln. Bisweilen wird er sich auch durch
dasjenige, was seinem Clienten vorgeworfen wird, bewegt stellen,
wie dies Cic. pro Rabirio 1, 2 gethan hat, bis er sich Gehör verschafft, und den Eindruck macht, dass er richtig urtheilt. Deshalb muss man zuerst darauf sehen, ob man die Person des
Klägers oder des Anwalts gebrauchen will, so oft beides zulässig

ist. So ist denn auch, wie Quintilian übereinstimmend mit Cor-
uificius lehrt, die insinuatio nöthig, wenn die Darstellung des
Gegners den Richter eingenommen hat, ferner wenn man vor
bereits ermüdeten Richtern zu sprechen hat. Im ersten Falle
werden wir sofort unsere Beweise in Aussicht stellen und auf
die kommende Widerlegung des Gegners hinweisen. Im letzteren
werden wir die Hoffnung auf Kürze erregen und alle die Mittel
in Anwendung bringen, durch welche die Aufmerksamkeit erworben wird. „De eo, quod adversarii firmissimum sibi adiu-
mentum putaverint, primum nos dicturos pollicebimur; ab adversarii dicto exordiemur, et ab eo maxime, quod ille nuperrime
dixerit; dubitatione utemur, quid potissimum dicamus, aut cui
loco primum respondeamus, cum affirmatione,“ Cornif. I, 6, 10.
Man erklärt ferner, dass man anders sprechen werde, als man
sich vorbereitet, dass man anders sprechen werde, als dies von
andern geschehen sei, oder zu geschehen pflege. Auch ein Witz
zur rechten Zeit ist oft von erfrischender Wirkung, und ein Amüse-
ment des Richters beseitigt seinen Ueberdruss. Hierher gehört
auch die von Cicero und namentlich von Demosthenes angewandte
πρόληψις, durch die man das, was im Wege zu stehen scheint,
also etwaige Einwürfe und Ausflüchte des Gegners, vorweg nimmt
und im voraus entkräftet. Cic. div. in Caec. 1, 1: „Si quis vestrum, iudices, aut eorum, qui adsunt, forte miratur me, qui tot
annos in causis indiciisque publicis ita sim versatus, ut defen-
derim multos, laeserim neminem, subito nunc mutata voluntate
ad accusandum descendere, is si mei consilii causam rationemque
cognoverit, una et id quod facio, probabit et in hac causa pro-
fecto neminem praeponendum mihi esse actorem putabit.“ — eine
Form, die von den Declamatoren zu Quintilians Zeit fast ausschliesslich angewandt wurde. Ueber die πρόληψις oder προκατάληψις vgl. man besonders Anaxim. c. 18 p. 204, sowie c.
29, wo er über den Stoff des Prooemiums spricht.

Zwar behaupteten die Anhänger des Apollodor, die drei
Punkte, auf die es beim exordium ankomme, den Zuhörer wohlwollend, aufmerksam und gelehrig zu machen, reichten nicht aus,
es gebe noch vielerlei andere Punkte, durch welche der Richter
vorzubereiten sei, z. B. von dem Charakter des Richters, von den
Vorstellungen aus, die äusserlich mit der Sache in Verbindung
stehen, von den Vorstellungen aus über die Sache selbst. Quintilian giebt dies zwar zu, aber man könne sie alle unter jene

drei Punkte subsumiren, d. h. sie lassen sich alle in die Topik
von den drei Personen und der Sache einreihen, von denen aus
zur Erreichung jener drei Hauptpunkte der Stoff für die Proömien
entnommen zu werden pflegt. Noch späterhin erklärte Hermogenes, vielleicht im Anschluss an Apollodor, die Erfindung der
Proömien ἐκ τῶν ὑπολήψεων τῶν τε προσώπων καὶ τῶν πραγμάτων für die erste und schönste Art.

Für die Praxis hat nun der Redner, bevor er anfängt,
darauf zu sehen, was, bei wem, für wen, gegen wen, zu welcher
Zeit, an welchem Ort, unter welchem Umstande, bei welcher
öffentlichen Meinung und Stimmung er zu sprechen hat, welches
die muthmassliche Meinung des Richters sei, was wir wünschen,
um was wir bitten. Dann wird ihn die Natur der Sache selbst
auf das führen, wovon er zuerst zu sprechen hat. Ueberhaupt
bemerkt Cic. Brut. 57, 209 mit Recht: „omnium enim causarum
unum est naturale principium, una peroratio: reliquae partes, quasi
membra suo quoque loco locata, suam et vim et dignitatem tenent.“
Einen guten Eindruck macht ein Proömium, das seinen Stoff von
der Darlegung der Gegenpartei entnimmt. Weil ein solches
nicht zu Hause sich ausarbeiten lässt, sondern an Ort und Stelle
gebildet werden muss, so vermehrt es durch seine Leichtigkeit
den Ruf vom Talente des Redners, und verschafft durch den Anstrich der Einfachheit und Unmittelbarkeit der ganzen Rede
Glaubwürdigkeit. Der Zuhörer fühlt sich ferner veranlasst, auch
die ganze Rede für extemporirt, also für unstudirt und ungekün-
stelt zu halten, wenn es offenbar ist, dass der Eingang ohne
Vorbereitung gesprochen wurde. Fast immer wird dem Prooemium
eine gewisse Bescheidenheit in Inhalt, Composition, Stimme und
Geberde des Redenden wohl anstehen, denn selbst bei einem
unzweifelhaften Falle darf allzugrosses Selbstvertrauen nie hervortreten. Der Richter hasst die Sicherheit des Klägers, er
denkt an das ihm zustehende Recht freier Entscheidung und verlangt im Stillen Achtung vor demselben. Sorgfältig müssen wir
vermeiden, irgendwie verdächtig zu erscheinen. Daher darf gerade in den Proömien die Sorgfalt des Redenden nicht hervortreten, aber dies zu vermeiden, erfordert eben die höchste Kunst,
denn andrerseits wollen sich die Richter nicht langweilen und
keine nachlässige Rede mit anhören. Wir müssen also den
Schein erwecken, zwar sorgfältig, aber nicht listig zu sprechen.
Cornif. I, 7, 11: „in exordienda causa servandum est, ut lenis

sit sermo, ut usitata verborum consuetudo, ut non apparata oratio videatur esse." vgl. Cic. de inv. I, 18, 25. Die Form anlangend, darf im Exordium kein ungewöhnlicher Ausdruck, keine zu kühne Metapher, nichts veraltetes, keine poetische Licenz vorkommen. Beim weiteren Verlaufe der Rede, wenn wir die Zuhörer bereits gewonnen haben, können wir uns das eher erlauben. Auch darf die Darstellung und der Ausdruck im Prooemium weder den Beweisen, noch den Gemeinplätzen, noch der Erzählung ähnlich sein, sondern möglichst schlicht und einfach. Steckenbleiben und im Ausdruck stolpern ist im Prooemium besonders schimpflich. Denn ein im Aeussern fehlerhaft gehaltenes Prooemium gleicht einem durch Narben entstelltem Gesichte, auch ist das der‚ schlechteste Steuermann, der sein Schiff gleich beim Auslaufen aus dem Hafen auffahren lässt.

Der Umfang des Prooemium muss sich immer nach der Sache richten. Indes stellten einige das lächerliche Gesetz auf, ein Prooemium müsse sich auf vier Sätze (sensus) beschränken; allzulang ist jedenfalls ermüdend. Dass man bei diesen vier Sätzen nicht an Hermogenes zu denken habe, welcher p. 187 lehrt σύγκειται πᾶν προοίμιον πρῶτον ἐκ προτάσεως, δεύτερον ἐκ κατασκευῆς, τρίτον ἐξ ἀποδόσεως, ἥτις ἐστὶν ἀξίωσις, τέταρτον ἐκ βάσεως, ἢ συνάγει τὴν πρότασιν καὶ τὴν ἀπόδοσιν, hat bereits Spalding zu der betreffenden Stelle Quintilians (§. 62) bemerkt. Wenn es nützt, so ist es auch erlaubt, im Prooemium die ἀποστροφή anzuwenden, d. h. die Rede nicht an die Person des Richters, sondern an eine andre Person zu richten. Als Musterbeispiel der Apostrophe mag Cicero's Anrede an Tubero in der Einleitung zur Ligariana gelten.

Fehler, die wie bei der ganzen Rede, so auch besonders beim Prooemium zu vermeiden sind, sind folgende: Es darf nicht „vulgare" *) sein, d. h. nicht zu mehreren Fällen passen, und doch haben selbst grosse Redner diesen Fehler nicht immer vermieden. Es darf nicht „commune" sein, d. h. der Gegner darf

---

*) Dies ist nach Kaysers Bemerkung zu Cornif. S. 222 das εὐτελές, von welchem Philostratus spricht, vit. Soph. p. 253: κατηγοροῦσι δὲ τοῦ Ἀριστείδου τινὲς ὡς εὐτελὲς εἰπόντος προοίμιον ἐπὶ τῶν μισθοφόρων τῶν ἀπαιτουμένων τὴν γῆν, ἄρξασθαι γὰρ αὐτὸν τῆς ὑποθέσεως ταύτης ὧδε· „οὐ παύσονται οὗτοι οἱ ἄνθρωποι παρέχοντες ἡμῖν πράγματα;"

sich desselben nicht auch bedienen können. Es darf nicht „comutabile" sein, d. h. der Gegner darf es nicht zu seinem Nutzen ausbeuten können. Es darf nicht „separatum" sein, d. h. mit der Sache in keinem Zusammenhange stehen. Nicht „translatum", von anderswo hergeholt, d. h. es darf nichts anderes zu Wege bringen, als was die Sache verlangt, es darf also den Zuhörer nicht gelehrig machen, während die Sache verlangt, sein Wohlwollen zu gewinnen, es darf kein principium sein, wenn die Sache eine insinuatio verlangt. Endlich darf es nicht lang sein, was gegen die Grundregeln über das Prooemium verstösst. Quint. §. 71. Cornif. I, 7, 11. Cic. de inv. I, 18, 26. de orat. II, 78, 315.

Mitunter ist das Prooemium entbehrlich, wenn der Richter Eile hat, die Zeit beschränkt ist, oder wenn die Sache keiner Vorbereitung bedarf. In diesen Fällen, oder wenn die grössere Wichtigkeit uns zwingt mit der Sache selbst anzufangen, dann dürfen wir das Prooemium nicht anwenden, auch wenn wir möchten. Anon. Seg. p. 430: ἰστέον, ὅτι πολλάκις δεῖ παραιτεῖσθαι τὰ προοίμια· οὐ γὰρ ἀεὶ προοιμιαστέον· ὅταν γὰρ μὴ πάθος ἔχῃ τὰ πράγματα, οὐ προοιμιαστέον. δεύτερον, ὅταν πάθος μὲν ἔχῃ, ὁ δὲ ἀκροατὴς μὴ προσίηται τὸν ἔξω τῶν πραγμάτων λόγον ἤτοι σπεύδων ἢ ὀργιζόμενος. τρίτον, ὅταν οἰκεῖοι ὦσιν οἱ ἀκούοντες· περιττὸν γὰρ τὸ πειρᾶσθαι εὔνους ἡμῖν ποιεῖν τοὺς ἀκούοντας οἰκείους ὄντας. τέταρτον, ὅταν ὀλίγον λαμβάνωμεν ὕδωρ *), πρὸς ὃ δεῖ λέγειν τὸν λόγον. ἐνταῦθα γὰρ ἡ τῶν ὠφελιμωτέρων διήγησις ἀναγκαιοτέρα. Die Apollodoreer freilich lehrten, ein Prooemium dürfe nie fehlen, aber ihre Vorschrift wurzelte zuletzt in einer pedantischen Ansicht von einer Unfehlbarkeit der rhetorischen Regeln, die ihnen in Wirklichkeit nicht zukam. Alexander der Sohn des Numenius hatte sie mit lesenswerthen Gründen widerlegt. — Umgekehrt aber, sagt Quintilian, lässt sich auch wohl bei andern Theilen der Rede das anbringen, was der eigentliche Zweck des Prooemiums ist. Auch bei der Erzählung und den Beweisen bitten wir manchmal um Aufmerksamkeit. Wenn die Sache verwickelt ist, so muss ohnehin jeder einzelne Theil seine Vorrede haben, und sollte sie auch nur in einer kurzen Uebergangsformel bestehen, wie „vernehmt jetzt das weitere," „ich gehe jetzt dazu über". Dies ist die sogenannte transitio, von welcher noch in §. 11 die Rede sein wird.

---

*) Meier u. Schömann Att. Proz. S. 713 ff.

Dasjenige muss den Schluss der Einleitung bilden, woraus sich ein ungezwungener Uebergang zum Folgenden ergiebt, Cic. de orat. II, 80, 325: „connexum autem ita sit principium orationi, ut non tamquam citharoedi prooemium adfictum aliquod, sed cohaerens cum omni corpore membrum esse videatur." Der Uebergang kann auch durch eine Sentenz gebildet werden. So erzählt Seneca Controv. I, 1, 25: „Hermagoras in hac controversia transiit a prooemio in narrationem eleganter, rarissimo quidem genere, ut in eadem re transitus esset, sententia esset, schema esset. ex altera parte transiit a prooemio in narrationem Gallio et ipse per sententiam." Aber dies zum Gesetz zu erheben wird von Quintilian mit Recht als frostige und kindische Affectation bezeichnet. Folgt aber auf das Prooemium eine etwas längere und verwickelte Auseinandersetzung, so kann der Richter noch besonders darauf vorbereitet werden, wie dies Cicero öfter thut, unter andern pro Cluent. 4, 11: „paullo longius exordium rei demonstrandae petam, quod quaeso, indices, ne moleste patiamini. principiis enim cognitis multo facilius extrema intellegetis."

Die Erzählung.

Ist der Richter durch das Obige hinlänglich vorbereitet, so muss ihm die Sache im Zusammenhange mitgetheilt werden, über die er sein Urtheil fällen soll. Dies geschieht durch die Erzählung, *narratio*, διήγησις. Cic. part. orat. 9, 31: „narratio est rerum explicatio et quaedam quasi sedes ac fundamentum constituendae fidei."

Es braucht nicht immer erzählt zu werden. So lehrten Alexander und Neokles gegen die Anhänger des Apollodor, Anon. Seguer. p. 441, vgl. Quint. IV, 2, 4. Denn manche Sachen sind so kurz, dass in ihnen nur eine propositio, keine narratio statt finden kann. Auch fällt die narratio weg, wo es sich um keine Begebenheit, sondern lediglich um eine Rechtsfrage handelt, also bei der constitutio qualitatis vom genus legale. Ferner, wenn bereits alles dem Richter bekannt, oder schon in einer früheren Rede richtig auseinandergesetzt ist. In diesem Falle tritt wohl statt der Erzählung die κατάστασις ein, d. h. eine ψιλὴ ἔκθεσις πραγμάτων. Anon. Seguer. p. 441: διαφέρει δὲ διήγησις κατ ωστάσεως, ὅτι ἐν μὲν τῇ καταστάσει περὶ ὧν ἴσασιν οἱ δικασταὶ καθιστάμεθα, ἐν δὲ τῇ διηγήσει ἃ ἀγνοοῦσι διηγούμεθα. So sollte denn auch in der Midiana des Demosthenes die Auseinandersetzung in c. 6 p. 518 D: ἐπειδὴ γὰρ οὐ καθεστηκότος χορηγοῦ κτλ. Keine διήγησις, sondern eine κατάστασις sein, vgl. Ulpian z. d. St. Andre gaben auch das nicht zu, sondern erblickten in dieser Partie blos eine προβολὴ τοῦ ἀδικήματος διηγηματικῶς εἰσηγμένη und beriefen sich deshalb auf Demosthenes eigne Worte p. 521 C: τὰ μὲν εἰς ἐμὲ καὶ τοὺς φυλέτας ἠσελγημένα, ἐφ᾽ οἷς αὐτὸν προὐβαλόμην, ταῦτ᾽ ἔστιν. — Oftmals wird sich der Kläger absichtlich mit der *propositio* begnügen, wenn Verlauf und Veraulassung der Begebenheit mehr für den Gegner ist. Der Angeklagte wird sich oftmals mit der reinen Rechtsfrage begnügen, wenn sich die ihm vorgeworfene Thatsache weder leugnen, noch entschuldigen lässt.

Es giebt aber in der Gerichtsrede zwei Arten von Erzählung, nämlich die Erzählung des vorliegenden Falles selbst, dann die Auseinandersetzung von Dingen, die mit dem vorliegenden Falle in Verbindung stehen. Wo die angeschuldigte That geleugnet wird, ist die zweite Art der Erzählung am Platze. Auch kann mitunter eine Erzählung angebracht werden, die eigentlich mit der Sache selbst in keiner Verbindung steht*), theils um die Richter zu erregen (Erzählung von Chrysogonus in Cicero's Rede pro Roscio), theils um sie durch irgend eine witzige Wendung heiter zu stimmen (Erzählung von den fratres Cepasii in der Rede pro Cluentio c. 20, 21), bisweilen blos um eine angenehme Digression zu machen (Cic. in Verr. IV, 48 über die Proserpina). Dies ist dann die παραδιήγησις, Anon. Seguer. p. 435, ὅταν πρὸ αὐτοῦ τοῦ πράγματος ἔξωθεν ἕτερόν τι διηγησώμεθα (Demosth. Timocr. p. 701: ἐγὼ γὰρ ὦ ἄνδρες Ἀθηναῖοι, προσέκρουσα ἀνθρώπῳ πονηρῷ κτλ). Man theilte sie wieder ein in die προδιήγησις, die eigentliche παραδιήγησις und die ἐπιδιήγησις. Letztere, eine *repetita narratio*, findet nach dem Beweis, oder auch nach dem Epilog ihren Platz, wovon weiter unten. Die ἀντιδιήγησις ist diejenige Art der Erzählung, welche gegen die Erzählung der Gegner im ganzen, oder im einzelnen gerichtet ist. Einige hiel-

---

*) Quint. IV, 2, 19: *ficta interim narratio introduci solet*, offenbar verdorben, s. Spalding z. d. St. Man verlangt den lateinischen Kunstausdruck für παραδιήγησις.

ten übrigens die παραδιήγησις für identisch mit der παρέκβασις, also für eine einfache Digression, während andre die παραδιήγησις doch immer als mit dem thatsächlichen des jedesmaligen Falles noch irgend wie in Verbindung stehend betrachteten. Die ὑποδιήγησις ist diejenige Art der Erzählung, welche mit den Thatsachen, zugleich auch die Absichten, Pläne und Veranlassungen der Thäter angiebt. Im übrigen vergleiche man über die verschiedenen Arten der Erzählung Cic. de inv. I, 19, 27. Anon. Seguer. p. 435. Fortun. p. 112. In der späteren Rhetorik wurde die προδιήγησις auch προκατάστασις genannt. Hermogenes hielt sie überhaupt für unerlässlich, denner sagt p. 189: πάσης διηγήσεως ἐν παντὶ προβλήματι ζητητέον τὰ πρεσβύτερα μέν, χρήσιμα δὲ τῇ ὑποκειμένῃ ἀξιώσει ἢ κρίσει, κἀκεῖθεν λαμβάνειν ἄξιον, καὶ προκαταστήσαντας, ὡς προσήκει, τὴν προδιήγησιν οὕτως εἰς αὐτὴν χωρῆσαι τὴν ἐμφαινομένην ἐν αὐτῷ τῷ προβλήματι διήγησιν· ἄτεχνον γὰρ καὶ ἰδιωτικὸν τὸ τῆς διηγήσεως αὐτόθεν ἄρχεσθαι, ὅθεν καὶ τὸ πρόβλημα λέγει. Sie ist ihm also die kunstmässige Einleitung in die Erzählung. Etwas anders wird sie von Apsin. 4 p. 348 ff. behandelt, der sie als ἔφοδος πρὸς τὰς ἐπιδείξεις ἢ κατασκευὴ τῶν ἀποδείξεων definirt und sie zwischen Exordium und Erzählung einschiebt. Sie geht aus von einer ἐξέτασις διανοίας und kann, je nachdem man die eigne διάνοια, oder die der Zuhörer, also in specie der Richter, oder die der Gegner zu Grunde legt, eine dreifache sein. Ueber die verschiedenen Einleitungen, mit denen in einzelnen Fällen zur eigentlichen Erzählung überzugehen ist, handelt derselbe ausführlich p. 354 ff., doch verlohnt es sich nicht, auf das daselbst gesagte hier näher einzugehen. — Wenn oben gesagt wurde, die Erzählung einer dem Richter schon bekannten Sache sei überflüssig, so ist dies nach Quint. IV, 2, 20 genauer dahin zu erklären, dass der Richter nicht blos wisse, was geschehen sei, sondern auch von dem Vorgange die Vorstellung haben muss, die uns nützt. Denn der Zweck der Erzählung ist ja nicht blos die Unterweisung des Richters, sondern dass er auch unsrer Darstellung des Sachverhalts beistimme. Hat also der Richter eine der unsrigen widerstreitende Vorstellung von der Sache, so wird man sie ihm dennoch erzählen, auch wenn er sonst mit ihr bekannt ist, aber mit einer gewissen Vorbereitung. „Der Richter wisse zwar im Ganzen, was geschehen sei, doch möge er auch gefälligst die Art und Weise der einzelnen Vorfälle kennen lernen." Und so wird man mit diesen und anderen ähnlichen Figuren das, was bereits bekannt ist, doch noch vortragen.

Muss sich die Erzählung allemal an das Prooemium anschliessen? Die Apollodorcer verlangten es, Anon. Seguer. p. 442, Alexander und Neokles gestatteten indes auch hier je nach Bedürfniss dem Redner grössere Freiheit, nur meinte Alexander, die Erzählung dürfe nicht erst auf den Beweis folgen, denn dann sei sie überflüssig. Und dennoch berief man sich auch hierfür auf Aeschines gegen Timarch und Demosthenes Midiana. Ja Demetrius der Phalereer sollte die Erzählung in, ja selbst nach dem Epiloge angebracht haben. Auch Quintilian meint, im Ganzen müsse zwar die Erzählung sich immer an das Exordium anschliessen, doch seien je nach Beschaffenheit der Fälle auch Ausnahmen zulässig. So gehen ja auch in der Miloniana der narratio erst noch drei Fragen, oder vielmehr die Widerlegung dreier irrthümlicher Meinungen vorher, die sich gleichsam an das Prooemium anschliessen und den Richter gleichfalls vorbereiten, c. 3—8. Denn es wäre unnütz gewesen auseinanderzusetzen, dass Clodius dem Milo Nachstellungen gelegt habe, wenn es überhaupt gegen alles Recht verstossen hätte, einen eines Mordes geständigen Angeklagten zu vertheidigen, oder wenn Milo bereits durch praeiudicium des Senats wäre verurtheilt gewesen, oder wenn Pompeius, der aus einem bestimmten Grunde das Gericht mit Bewaffneten umringt hatte, als entschiedener Gegner Milo's wäre zu fürchten gewesen. Auch wird bei manchen Sachen zwar das Verbrechen, um das es sich handelt, leicht zu widerlegen sein, aber es wird vielleicht erschwert durch viele und schwere Schandthaten des vergangenen Lebens. Dann müssen diese zuvörderst beseitigt werden, ehe die Sache selbst, die in Frage steht, mitgetheilt wird, weil der Richter sonst gar nicht geneigt ist, ihre Vertheidigung anzuhören.

Wir kommen nunmehr zur Art der Erzählung. Man definirte die Erzählung (in specie die Erzählung der Gerichtsrede) verschieden. Neokles nannte sie δικανικὴ ἔκθεσις πραγμάτων εἴς τινα προκειμένην ζήτησιν ἀνηκόντων, oder περιστάσεως ἔκθεσιν εἴς τινα ζήτησιν ἀνηκούσης (für gegenwärtiges gebe es eine ἔνδειξις, für zukünftiges eine πρόρρησις). Zeno definirte: τῶν ἐν τῇ ὑποθέσει πραγμάτων ἔκθεσις εἰς τὸ ὑπὲρ τοῦ λέγοντος πρόσωπον ῥέουσα. Theodorus: πράγματος αὐτοτελοῦς κατὰ ψιλὴν ἀπόδοσιν ἔκθεσις περὶ τῶν ἤδη γεγονότων. Apollodor zu allgemein

4

und weit περιστάσεως ἔχθεσις. Alexander ἔχθεσις καὶ παράδοσις τῷ ἀκροατῇ τοῦ πράγματος οὗ κοινούμεθα αὐτῷ, Anon. Seguer. p. 434. Die Progymnasmatiker definirten die Art der Erzählung, die sie im Auge hatten*) als ἔκθεσις πράγματος γεγονότος ἢ ὡς γεγονότος. Ferner lehrten sie, bei jeder Erzählung kommen sechs nothwendige Punkte oder Umstände in Betracht, die παρεπόμενα der Erzählung, τὰ καλούμενα ἓξ περιστατικά, Matth. Camar. bei Walz Rh. Gr. T. I. p. 122, 18 — nämlich: wer, was, wo, wann, wie, weshalb d. h. die handelnde Person, die That welche sie vollbringt, der Ort wo, die Zeit wann, die Art wie, die Ursache weshalb sie dieselbe vollbringt. Die spätere Schulpraxis hat dafür bekanntlich den Memorialvers gebildet *quis, quid, ubi, quibus auxiliis, cur, quomodo, quando*. Mit den Progymnasmatikern übereinstimmend lehrt Cic. de inv. I, 19, 27: *narratio est gestarum rerum, aut ut gestarum expositio*. Aehnlich Quint. §. 31: *narratio est rei factae aut ut factae utilis ad persuadendum expositio, vel (ut Apollodorus finit) oratio docens auditorem, quid in controversia sit*. Das ist allerdings eine ziemlich freie Uebersetzung des Griechischen περιστάσεως ἔκθεσις.

Im Anschluss an Isokrates verlangen nun die meisten Schriftsteller von der Erzählung drei Eigenschaften, sie soll deutlich (σαφής, lucida, perspicua) kurz (σύντομος brevis) und wahrscheinlich (πιθανή, verisimilis, probabilis, credibilis) sein. Dion. Halic. de Dem. 34: καὶ τῆς σαφηνείας καὶ τῆς συντομίας καὶ τοῦ πιθανοῦ χωρίον ἀποφαίνουσιν οἱ τεχνογράφοι τὴν διήγησιν. Cornif. I, 9, 14. Cic. de inv. I, 20, 28. Quint. §. 31. Kayser zu Cornif. S. 222 ff. Die Vorschrift der Kürze misfiel dem Aristoteles. Er bezeichnet nämlich Rhet. III, 16 p. 154 das Verlangen, die Erzählung solle „schnell" d. h. kurz sein (s. Spalding zu Quint. IV, 2, 107) als lächerlich. Das Gute beruhe nicht auf der Schnelligkeit oder Kürze, sondern auf dem mittleren Maasse, d. h. man müsse gerade so viel sagen, als zur Aufhellung der Sache oder zur Erreichung der bestimmten Absicht des Redenden

---

*) nämlich das διήγημα. Die Erzählung der Gerichtsrede ist dagegen eine διήγησις. Beide sind von einander verschieden wie ποίημα von ποίησις. Die ganze Ilias ist ποίησις, die Bereitung der Waffen in Il. Σ ist ποίημα. So Aphthonius. Sein anonymer Scholiast sagt p. 128: διαφέρει δὲ διηγήσεως, τῷ ταύτην μὲν εἶναι καθολικωτέραν, ἐκεῖνο δὲ μερικώτερον.

diene. Anon. Seguer. p. 439: περὶ μέντοι συντομίας Ἀριστοτέλης
ἀρίστησιν. εἰ γάρ ἐστι, φησίν, ἡ συντομία συμμετρία τῆς μήτε
παραλιπούσης τι τῶν ἀναγκαίων, μήτε πλεοναζούσης, ἀρετὴ γενή-
σεται· εἰ δέ ἐστιν ὥσπερ ἔνδεια τῆς ὑπερβαινούσης τι τῶν χρησί-
μων, ἐν ταῖς κακίαις μᾶλλον ταχθήσεται. Die Theodoreer liessen
nur die dritte Eigenschaft der Erzählung bestehen; es sei nicht
immer nützlich, kurz oder deutlich auseinanderzusetzen: auch sei
diese nur der Erzählung eigenthümlich, während sie die beiden
anderen mit jeglicher Rede theile, Anon. Seguer. p. 440. Das
Letztere ist nicht richtig. Die drei Eigenschaften sind für die
Rede in ihrem ganzen Verlaufe erforderlich, sie darf nie undeutlich,
weitschweifig, unwahrscheinlich sein, aber vornämlich sind diese
drei Eigenschaften doch in dem Theile zu beachten, der zuerst den Richter belehrt, denn wenn er uns hierbei nicht versteht,
sich nicht erinnert, nicht glaubt, so ist unsre weitere Mühe ver-
geblich.

Deutlich wird eine Erzählung entweder durch ihren Inhalt, oder ihre Form. Hinsichtlich des Inhaltes ist vor allem
auf die oben erwähnten περιστατικά zu achten, vgl. August. p.
141. Auch ist die natürliche Reihenfolge der Begebenheiten und
Zeiten zu beachten. Ferner darf nichts wichtiges weggelassen
werden. Cornif. I, 9, 15. Cic. de inv. I, 20, 26. Anaxim. 30.
p. 219. Wenn der Gegenstand dem Kreise der gewöhnlichen
Bildung fern liegt, z. B. von Dialektik und Geometrie handelt,
wenn die Ordnung der Ereignisse untereinander gewirrt wird,
wenn man ein und dasselbe oft erwähnt, wen man etwas auslässt,
wenn man nicht zur Sache gehöriges heranzieht, so wird die
Erzählung undeutlich, Anon. Seguer. p. 438. Die Form anlangend, muss die Erzählung, um deutlich zu werden, in geeigneten und bezeichnenden, weder schmutzigen, noch gesuchten und
ungewöhnlichen Ausdrücken abgefasst sein. Fremde, tropische,
zweideutige und glossematische Ausdrücke, eine unnatürliche
Composition, Hyperbata, Länge der Perioden, versteckte Allegorie
machen die Erzählung undeutlich, Anon. l. l. Quint. §. 27 ff. Der
Vortrag endlich muss so eingerichtet sein, dass der Richter das,
was gesagt wird, möglichst leicht versteht. Alles Schreien,
unnütze Gesticulation, aller Prunk ist zu vermeiden.

Kurz wird die Erzählung, wenn wir anfangen die Sache
von dem Punkte an auseinanderzusetzen, von dem an sie für
den Richter von Belang ist, wenn wir nichts sagen, was nicht

zur Sache gehört, wenn wir alles wegschneiden, was unbeschadet des Verständnisses und unsres Nutzens fortbleiben kann. Corn. I, 9, 14: „rem breviter narrare poterimus, si inde incipiemus narrare, unde necesse erit, et si non ab ultimo initio repetere volemus, et si summatim, non particulatim narrabimus (nam saepe satis est, quid factum sit, dicere, non ut enarres, quem admodum sit factum — fügt Cicero hinzu —) et si non ad extremum, sed usque eo, quo opus erit, persequemur, et si transitionibus nullis utemur, et si non deerrabimus ab eo, quod coeperimus exponere, et si exitus rerum ita ponemus, ut ante quoque, quae facta sunt, sciri possint, tametsi nos reticuerimus — et omnino non modo id, quod obest, sed etiam id, quod neque obest neque adiuvat, satius est praeterire, et ne bis aut saepius idem dicamus." Durch Kürze wird die Deutlichkeit unterstützt — „quo brevior, eo dilucidior et cognitu facilior narratio fiet" vgl. Cic. de inv. I, 20, 28. Anaxim. l. l. Man kann aber oft im einzelnen kurz, aber doch in der Summe lang sein: z. B. „da ich Kinder wünschte, heirathete ich, es wurde mir ein Sohn geboren, ich zog ihn auf, ich führte ihn ins Jünglingsalter." Dafür kurz: „ich habe einen erwachsenen Sohn." Es darf eben nicht mehr gesagt werden, als nöthig ist. Cicero sagt daher: „ac multos imitatio brevitatis decipit, ut, cum se breves putent esse, longissimi sint, cum dent operam, ut res multas brevi dicant, non ut omnino paucas res dicant et non plures, quam necesse sit. nam plerisque breviter videtur dicere, qui ita dicit: accessi ad aedes, puerum evocavi, respondit, quaesivi dominum, domi negavit esse. hic, tametsi tot res brevius non potuit dicere, tamen, quia satis fuit dixisse ‚domi negavit esse‘, fit rerum multitudine longus." Die Kürze des Ausdrucks wird erreicht, wenn man keine Synonyma braucht, von den Synonymen, die man anwenden könnte, die kurzsilbigen auswählt, wenn man die Epitheta weglässt, keine ἀναδιπλώσεις verstattet, die Umschreibungen vermeidet, tropische Ausdrücke bisweilen als eigentliche gebraucht (ἀνεχαίτισε bei Demosth. Olynth. II, 9 p. 20), ferner durch Anwendung der Ellipse, der Figur des ἐπεζευγμένον, des Asyndeton, der Emphasis. Anon. Seguer. p. 436. Ueber diese Begriffe im einzelnen giebt der dritte Theil Auskunft. — Umgekehrt ist aber auch Dunkelheit als Folge allzugrosser Kürze zu vermeiden, ein Fehler, von welchem Tacitus nicht immer frei zu sprechen ist. Es ist immer besser die Erzählung hat etwas zu viel, als zu wenig. Nie darf dem Streben nach Kürze etwas nothwendiges geopfert werden. Für Leser mag die Kürze eines Sallust ihr angenehmes haben, für Hörer passt sie nicht (Quint. IV, 2, 45). Auch darf die Kürze nicht steril und schmucklos sein, und nie · darf ihr etwas geopfert werden, wodurch die Erzählung wahrscheinlicher wird.

Erfordert aber der betreffende Fall eine lange Erzählung, so hat man, wie bereits gesagt, am Schlusse des Prooemiums den Richter zur Aufmerksamkeit vorzubereiten. Demnächst muss auf künstliche Weise die Länge der Erzählung gemildert werden. Wir verschieben das, was sich verschieben lässt, jedoch nicht, ohne zu erwähnen, dass wir es thun. Einiges wird in derselben Weise aus der Aufeinanderfolge der Ereignisse weggelassen. Eine Eintheilung macht die Sache angenehmer: „ich werde das sagen, was vor der Sache, was bei der Sache, was nach der Sache geschehen ist." So sieht es aus, als hätte man statt einer langen drei Erzählungen von verschiedenem Umfange. Auch eine kleine Zwischenrede „ihr habt gehört, was vorher geschehen ist, vernehmt jetzt, was darauf folgt" ist von Nutzen. Bleibt die Erzählung trotz alledem lang, so fügt man am Schlusse eine Art Resumé (commonitio) an, was Cicero in der Ligariana 2, 4 selbst bei einer kurzen Erzählung gethan hat: „adhuc, Caesar, Q. Ligarius culpa vacat; domo est egressus non modo nullum ad bellum, sed ne ad minimam quidem belli suspitionem rell."

Ueber die Wahrscheinlichkeit der Erzählung sagt Cornif. I, 9, 16 kurz: „verisimilis narratio erit, si, ut mos, ut opinio, ut natura postulat, dicemus." Anon. Seguer. p. 438: πιθανὴ δὲ διήγησις γίνεται, εἰ πάντα, ὅσα λέγει τις, ἐξομοιοῦν πειρῷτο τοῖς ἀληθέσιν. Dazu gehört denn, dass man keinen von den Theilen (μόρια, gemeint sind die περιστατικά) der Erzählung weglässt, Person, Sache, Ort, Zeit, Ursache, dass die Erzählung innerlich zusammenstimmt und frei von Widersprüchen ist. Ausführlicher Cic. de inv. I, 21, 29. Quint. §. 52 ff. Wahrscheinlich wird also die Erzählung vor allem, wenn wir uns in Acht nehmen, etwas zu sagen, was gegen die Natur der Sache verstösst. In dieser Hinsicht ist gleich Livius XXII, 17 in der bekannten Erzählung von der List, welche Hannibal gegen Fabius anwandte, zu tadeln. Unwahrscheinlich ist hier einmal der Umstand, dass die Ochsen sich den Berg hinantreiben liessen, statt sich voller Wuth umzukehren und sich auf ihre Peiniger zu stürzen, noch mehr aber, dass sie nicht brüllten. Letzteren Umstand fühlte bereits Sil. Ital. VII, 356, half ihm aber sehr schlecht ab. Ferner muss man die hauptsächlichen Ereignisse aus ihren Gründen hervorgehen lassen, also pragmatisch erzählen. Man muss die Personen übereinstimmend mit den Thaten, die geglaubt werden sollen, darstellen, einen Dieb als habsüchtig, einen Ehebrecher als wollüstig, einen Mörder als verwegen, oder umgekehrt bei der Vertheidigung. Ebenso müssen Ort und Zeit zu der erzählten Begebenheit stimmen, sowie der natürliche Zusammenhang der Ereignisse unter sich. Auch sind kurze Andeutungen zu geben, die gleichsam den Beweis vorbereiten, doch müssen alle solche Vorbereitungen versteckt angebracht sein. Mit wunderbarer Kunst hat dies Cicero in der Miloniana gethan, wo er, um im voraus zu zeigen, dass Clodius dem Milo, aber nicht umgekehrt Milo dem Clodius Nachstellungen bereitet habe, den Milo ganz einfach und unverfänglich aus dem Senate nach Hause gehen und sich zur Abreise umkleiden lässt (Cic. pro Mil. 10, 28). Dass in der Erzählung keine Widersprüche vorkommen dürfen, versteht sich ganz von selbst.

Ausser den besagten drei Eigenschaften einer guten Erzählung führten andre noch auf $\mu\epsilon\gamma\alpha\lambda o\pi\rho\epsilon\pi\epsilon\iota\alpha$, $a\ddot{v}\xi\eta\sigma\iota\varsigma$, $\eta\delta ov\eta$, $\pi\rho o\sigma\eta v\epsilon\iota\alpha$ oder $\epsilon\pi\iota\epsilon\iota\kappa\epsilon\iota\alpha$, Anon. Seguer. p. 439. Einige davon berührt auch Quint. §. 61 ff. Die $\mu\epsilon\gamma\alpha\lambda o\pi\rho\epsilon\pi\epsilon\iota\alpha$, *magnificentia*, als vierte Eigenschaft aufzustellen, sei verkehrt, da sich die Form der Rede immer nach dem vorliegenden Falle zu richten habe. Dasselbe gelte von dem Angenehmen, was Theodektes als besondere Eigenschaft der Erzählung aufgestellt hatte. Sie wird von der ganzen Rede gleichmässig verlangt. Andre fügten die $\epsilon v\alpha\rho\gamma\epsilon\iota\alpha$, *evidentia* hinzu. Richtig erscheint sie beim Anon. Seguer. als der $\pi\iota\vartheta\alpha v\acute o\tau\eta\varsigma$ untergeordnet. So verlangt auch Cic. Top. 26, 97 die Erzählung solle zunächst jenen drei Eigenschaften noch *evidens*, *morata*, *cum dignitate* sein. Das *moratum* fällt aber *cum dignitate* zusammen, und von der *dignitas* gilt dasselbe wie von der *magnificentia*. Die Progymnasmatiker stellten, ihrem besonderen Standpunkte gemäss, als vierte Eigenschaft den $\epsilon\lambda\lambda\eta v\iota\sigma\mu\grave o\varsigma$ $\tau\tilde\omega v$ $\acute o vo\mu\acute\alpha\tau\omega v$ auf. Der Scholiast zu Aphthonius bei Walz Rh. Gr. T. II p. 14 bemerkt dazu: $\tau\iota v\grave\epsilon\varsigma$ $\grave\alpha v\tau\grave\iota$ $\tau o\tilde v$ $\epsilon\lambda\lambda\eta v\iota\sigma\mu o\tilde v$ $\eta\delta ov\grave\eta v$ $\varkappa\alpha\grave\iota$ $\mu\epsilon\gamma\alpha\lambda o\pi\rho\epsilon\pi\epsilon\iota\alpha v$ $\epsilon\vartheta\eta\varkappa\alpha v$. $\epsilon\tau\epsilon\rho o\iota$ $\delta\grave\epsilon$ $\grave\alpha\rho\epsilon\tau\grave\eta v$ $\delta\iota\eta\gamma\eta\mu\alpha\tau o\varsigma$ $\mu\acute o v\eta v$ $\epsilon\tilde\iota\pi o v$ $\tau\grave\eta v$ $\pi\iota\vartheta\alpha v\acute o\tau\eta\tau\alpha$ $\tau\grave\alpha\varsigma$ $\gamma\grave\alpha\rho$ $\grave\alpha\lambda\lambda\alpha\varsigma$ $\tau\acute\epsilon\sigma\sigma\alpha\rho\alpha\varsigma$ $\varkappa o\iota v\grave\alpha\varsigma$ $\pi\alpha v\tau\grave o\varsigma$ $\lambda\acute o\gamma o\upsilon$ $\epsilon\tilde\iota v\alpha\iota$ $\grave\epsilon v\acute o\mu\iota\sigma\alpha v$.

Es kann nun aber die Erzählung der Sache nach entweder ganz für uns, oder ganz für den Gegner, oder aus beidem gemischt sein. Ist sie ganz für uns, so können wir uns mit ihren besagten drei Eigenschaften begnügen, durch welche wir erreichen, dass der Richter einsieht, sich erinnert, glaubt. Quint. §. 33. Dabei darf nicht übersehen werden, dass manches wahr und deshalb doch nicht wahrscheinlich ist, wie auch, dass das falsche häufig wahrscheinlich ist (vgl. Plat. Phaedr. p. 273 B). Es ist eben darauf zu sehen, und zwar durch Anwendung der betreffenden Kunstmittel, dass der Richter ebenso gut das glaubt, was wir der Wahrheit gemäss sagen, als was wir erdichten. Im zweiten Falle, wenn die Sache gegen uns ist, wollten einige die Erzählung ganz weglassen, was allerdings das leichteste ist. Allein in Wirklichkeit lässt sich das nicht immer ohne weiteres ohne grosse Nachtheile durchführen. Man muss nur das verschweigen, was zu verschweigen nützt, und was verschwiegen werden kann. Es kommt also auf das genus causae an. Bei Fällen, in denen es sich nicht um die Schuld, sondern um die Art der Handlung handelt, beim status definitivus, kann man die That eingestehen, aber gleich mit der nötbigen Beschränkung. Die gehässige Darstellung, welche der Gegner der Sache giebt, ist zu mildern. Frägt es sich, ob die That, oder wie sie geschehen ist, also beim status coniecturalis und qualitatis, so kann man die Erzählung auf keinen Fall umgehen, denn dann muss der Richter glauben, dass wir die gewiss gehässige und übertriebene Darstellung des Klägers als wahr einräumen. Wir werden also dasselbe auseinandersetzen, wie der Kläger, aber in andrer Weise, wir werden andre Ursachen, andre Absichten, einen andern Zusammenhang angeben. Einiges kann lediglich durch den Ausdruck gemildert werden, Verschwendung wird als Freigebigkeit, Geiz als Sparsamkeit, Nachlässigkeit als Einfalt bezeichnet (vgl. Longin. frgm. 8 bei Spengel T. I, p. 326). Durch unsere Miene, Stimme, Haltung können wir Gunst und Mitleid erwecken. Ja das blose Geständniss kann bisweilen bis zu Thränen rühren. Auch muss man bei der Erzählung auf den eigentlichen Beweis verweisen, durch welchen das einzelne erst in sein rechtes Licht treten werde. Bei der causa coniecturalis hat man oft nicht die Sache selbst auseinanderzusetzen, sondern die Umstände, aus denen man die Sache folgert. Der Ankläger macht sie verdächtig, der Vertheidiger muss diesen Verdacht zu beseitigen suchen.

Es kommen in diesem Falle auch erdichtete Auseinandersetzungen vor.*) Die eine Art wird durch äussere Beweismittel
unterstützt. So behauptete Clodius i. J. 61 de incesto angeklagt,
weil er sich in weiblicher Kleidung beim Fest der Bona·Dea in
das Haus des C. Julius Caesar eingeschlichen hatte, er sei in
dieser Nacht zu Interamna gewesen und stützte sich´ dafür auf
das Zeugniss seines Genossen C. Cassinius Schola aus dieser
Stadt, bei welchem er sich aufgehalten haben wollte. Bekanntlich entkräftete aber Cicero dies Zeugniss durch seine Aussage,
dass Clodius an diesem Tage noch in seinem Hause gewesen
sei, eine Aussage, die ihm des Clodius tödliche Feindschaft zu-
zog. Die andre Art stützt sich lediglich auf das Talent des
Redners. Sie giebt entweder eine verschönernde Darstellung des
Sachverhalts, **) oder bringt wirklich Thatsachen vor, durch
welche die ganze Sache eine andre Wendung erhält. Immer
muss das, was wir erdichten, möglich, ferner nach Person, Ort,
Zeit, Veranlassung und Verlauf glaublich sein, womöglich mit
etwas wirklichem zusammenhängen, oder sich auf einen Beweis
stützen. Gerade bei einer erdichteten Erzählung muss man mit
der grössten Sorgfalt auf ihre Wahrscheinlichkeit sehen, Cornif.
I, 9, 16. Vor allen Dingen dürfen keine Widersprüche in ihr
vorkommen, auch darf sie dem, was als wahr feststeht, nicht
widersprechen. Und was man einmal erdichtet hat, muss dann
im ganzen Verlauf der Rede streng aufrecht erhalten werden,
man darf es nicht wieder vergessen. Auch dürfen wir nur das

---

*) *concessum est rhetoribus ementiri in historiis, ut aliquid dicere
possint argutius,* sagt Atticus im Scherz bei Cic. Brut. 11, 42. Aber
im Ernst sagt Titus Castricius bei Gell. N. A. I, 6, 4: *rhetori concessum est, sententiis uti falsis audacibus versutis subdolis captiosis,
si vero modo similes sint et possint movendos hominum animos qua-
licunque astu irrepere.* Lesen wir doch selbst bei Longin. fr. 24:
ὅτι ῥητορικῆς ἔργον τὰ μὲν σμικρὰ μεγάλως λέγειν, τὰ δὲ
μεγάλα σμικρῶς, καὶ τὰ μὲν καινὰ παλαιῶς, τὰ δε παλαιὰ
καινῶς — dies heisst eben nur τὸν ἥττω λόγον κρείττω ποιεῖν.

**) Quint. IV, 2, 88: *id interim ad solam verecundiam pertinet, unde
etiam mihi videtur dici* color. Spalding bemerkt dazu: *cum dicat
inde, quod ad verecundiam pertineat, dici colorem, videtur a rubore
verecundi oris petisse vocabuli etiam etymon, quod rectius tamen pro-
fecto agnoscitur in pigmento, quo illinitur quidquid natura non satis
est speciosum* — und verweist im übrigen auf Ernesti's Lex. technol.

erdichten, was sich der Zeugenschaft entzieht. Also von unsrer
Absicht aus, deren wir allein uns bewusst sind, von Verstorbenen
aus, denn das kann keiner in Abrede stellen, von dem aus,
dem dasselbe nützt, denn er wird es nicht in Abrede stellen,
auch vom Gegner aus, denn er wird, wenn er es leugnet, keinen
Glauben finden. Colores von Träumen und abergläubischen Vorstellungen aus, werden von Quintilian als bereits zu abgenutzt
bezeichnet.

Beim dritten Falle endlich, wenn ein Theil der Auseinandersetzung für uns, ein Theil gegen uns ist, müssen wir je nach
der Beschaffenheit desselben überlegen, ob wir beides untereinan-
dermischen, oder die Theile trennen sollen. Denn wenn mehr vorhanden ist, was schadet, so wird das, was nützt, erdrückt. Dann
muss man theilen; das, was unsre Sache unterstützt, erzählen und
verstärken, gegen das andre aber die oben gesagten Mittel anwenden.
Wenn dagegen mehr vorhanden ist, was nützt, so kann man es
mit dem andern vermischen, und zwar so, dass das, was uns
entgegensteht, mitten unter das gestellt, was uns unterstützt, an
Kraft verliert. Aber wir dürfen beides nicht nackt hinstellen,
sondern müssen das, was für uns spricht, durch irgend eine
Argumentation verstärken, das entgegenstehende als minder
glaublich bezeichnen. Quint. §. 101 ff.

Weitere Vorschriften für die Erzählung sind, es soll kein
Excurs stattfinden, die Rede soll sich vom Richter nicht abwen-
den, man soll keiner fremden Person Sprache verleihen, also
sich der Prosopopoiie nicht bedienen, sich nicht mit der Beweisführung beschäftigen (ausser in dem oben bezeichneten Falle andeu-
tungsweise), keine Affecte anwenden. Von diesen Vorschriften
sind Ausnahmen gestattet, aber nur in den seltensten Fällen.
Ein Excurs darf höchstens ganz kurz sein und so gehalten, dass
es scheint, als seien wir durch die Gewalt der Leidenschaft vom
rechten Wege abgekommen, wie bei Cic. pro Cluent. 6, 15: *o
mulieris scelus incredibile et praeter hanc unam in omni vita inau-
ditum! o libidinem effrenatam et indomitam! o audaciam singularem!
nonne timuisse, si minus vim deorum hominumque famam, at illam
ipsam noctem facesque illas nuptiales? non limen cubiculi? non cu-
bile filiae? non parietes denique ipsos, superiorum testes nuptiarum?
perfregit ac prostravit omnia cupiditate ac furore: vicit pudorem
libido, timorem audacia, rationem amentia.* — Eine vom Richter
abgewandte Rede ist bisweilen der Kürze und Bündigkeit halber

zuzulassen. In der Rede pro Cluentio c. 26 wird durch das
Gespräch zwischen Staienus und·Bulbus die Kürze und Glaubwürdigkeit sehr vermehrt, und dass dies keine Regellosigkeit ist,
beweist eine Stelle in den part. orat. 9, 32, wo es heisst: *suavis
autem narratio est, quae habet admirationes, expectationes, exitus
inopinatos, interpositos motus animorum, colloquia personarum, do-
lores, iracundias, metus, laetitias, cupiditates.* — Wir dürfen uns
in der Erzählung nicht mit der Beweisführung beschäftigen, doch
kann mitunter ein Beweisgrund angewandt werden, wie es Cic.
pro Ligar. 2, 4 gethan: *in provincia pacatissima ita se gessit, ut ei pacem
esse expediret,* was eben bei Leuten, die sich durch Verbrechen
befleckt haben, nicht der Fall ist. Ueberhaupt kann in der Erzählung unter Umständen eine kurze Vertheidigung und Begründung der Thatsachen eingeschoben werden. Die Affecte von der
Erzählung unbedingt auszuschliessen, ist verkehrt. Man soll sie
nur nicht lange und in der Art und dem Umfange wie im Epilog
anwenden, sonst sind sie von grossem Nutzen und grosser Wirkung. Quint. §. 106 — 115.

Die Erzählung muss mehr als jeder andere Theil der Rede
anmuthig geschmückt sein. Natürlich kömmt es darauf an,
welcher Art die Sache ist, die wir auseinandersetzen wollen.
Apsin. p. 358 stellt demgemäss verschiedne Arten der Erzählung
auf: τῶν διηγήσεων αἱ μὲν εἰσι παθητικαί, αἱ δὲ ἠθικαί, αἱ δὲ
σφοδραί, αἱ δὲ πάνυ ἔν βαρύτητι, αἱ δὲ ἐγκωμιαστικαί, αἱ δὲ μέσαι.
τῶν δὲ μέσων αἱ μὲν δημόσιαι, αἱ δὲ ἰδιωτικαί, ohne dass diese
Eintheilung von grossem praktischen Belang wäre. Bei gewöhnlichen Privatsachen ist eine gedrängte Darstellung am Platze
mit sehr sorgfältiger Wahl der Worte, damit alles klar und
deutlich sei, alles gleichförmige, monotone aber vermieden werde.
Bei grösseren Sachen muss das Furchtbare gehässig, das Traurige mitleidig gesagt werden, auch müssen die Affecte angebahnt
und von vorn herein angedeutet werden. Von grosser Wichtigkeit ist die Schilderung, *credibilis rerum imago, quae velut in rem
praesentem perducere audientes videtur,* διατύπωσις oder ὑποτύπωσις
von welcher noch im dritten Theile bei den Figuren die
Rede sein wird. Weitere Vorschriften über die Darstellung und
den Vortrag der Erzählung giebt Auon. Seguer. p. 444. Die
Glaubwürdigkeit der Erzählung wird ganz besonders erhöht durch
die Autorität des Erzählers. Diese müssen wir verdienen vor
allem durch unsern Lebenswandel, dann aber auch·durch den

Ernst und die Lauterkeit der Rede selbst. Daher muss alles subjective, alles berechnet auffällige vermieden werden. Quint. §. 116—127.

Eine Wiederholung der Erzählung heisst ἐπιδιήγησις, dazu erfunden, um, weil die Erzählung kurz sein muss, die Sache nochmals des Affects halber weitläufiger und geschmückter darzustellen. Man will dadurch theils Hass, theils Mitleid erregen. Aber sie darf nur selten angewandt werden, nie so, dass der ganze Verlauf wiederholt wird. Wer sie anwenden will, der muss bei der Erzählung die Sache möglichst zusammenfassen, sich mit Andeutungen begnügen über das, was geschehen sei, und die Erklärung hinzufügen, wie es geschehen sei, vollständiger zu seiner Zeit auseinandersetzen zu wollen. Quint. §. 125.

Den Anfang der Erzählung, glauben einige, müsse man durchaus von der Person machen, und zwar die Person unsres Clienten gleich herausstreichen, die des Gegners herabziehen. Dies ist allerdings das gewöhnlichste. Wenn es von Nutzen ist, lassen sich bei der Person gleich die Nebenumstände mit anbringen, wie dies Cicero gethan pro Cluent. 5, 11: *A. Cluentius Avitus fuit, pater huiusce, iudices, homo non solum municipii Larinatis, ex quo erat, sed etiam regionis illius et vicinitatis virtute, existimatione, nobilitate facile princeps.* Man kann indes auch von der Sache ausgehen, wie Demosth. pro cor. τοῦ γὰρ Φωκικοῦ συστάντος πολέμου. Die Erzählung soll bis zu dem Punkte geführt werden, bei welchem die eigentliche quaestio beginnt. Cic. pro Caec. 8, 23: *his rebus ita gestis P. Dolabella praetor inter dicit, ut est consuetudo, de vi hominibus armatis sine ulla exceptione, tantum ut unde deiecisset restitueret. restituisse se dixit. sponsio facta est. hac de sponsione vobis iudicandum est.* Dies kann der Kläger wenigstens immer thun, nicht aber immer der Vertheidiger. Quint. §. 129 ff.

§. 10.

Die Egression. παρέκβασις.

An die Erzählung schliesst sich die *confirmatio* an. Was wir zu dem Zwecke auseinandergesetzt haben, muss nun bewiesen werden. Indes pflegten die meisten Redner zuvor noch einen angenehmen Excurs zu machen. Ein solcher Excurs ist aber nur

dann statthaft, wenn er gleichsam das Ende der Erzählung, oder
der Anfang des Beweises ist, also sich gleichsam von selbst ergiebt. Wenn also die Erzählung gegen den Schluss hin heftig
wird, so können wir nun unsern Unwillen ausbrechen lassen,
natürlich nur, wenn die Sache unzweifelhaft ist. Ebenso kann
man, wenn man allerlei Verdienste angegeben, die man sich um
den Gegner erworben hatte, nun gegen ihn als einen Undank-
baren losfahren; oder wenn man in der Erzählung eine Mannigfaltigkeit von Verbrechen aufgezählt hat, dann nachweisen, eine
wie grosse Gefahr in Folge dessen uns droht. Aber dies alles
darf nur kurz geschehen. Denn der Richter ist auf den Beweis
gespannt und will möglichst bald mit seinem Urtheil ins Reine
kommen. Auch muss man sich in Acht nehmen gerade durch
eine Ablenkung der Gemüther auf etwas andres den Eindruck
der Erzählung zu verwischen. Wie nun ein solcher Excurs nach
der Erzählung nicht immer nothwendig ist, so ist er häufig als
Vorbereitung vor der Untersuchung oder Beweisführung von
Nutzen, gleichsam um den Richter noch besonders für unsre folgende Auseinandersetzung zu gewinnen. Dabei muss man jedoch
die Natur des Richters kennen, ob er mehr auf das stricte Recht,
oder auf Billigkeit giebt.

Dies ist also die παρέκβασις Quint. IV, 3. Allein man kann
sie, wie schon Cicero lehrte, nicht als besondern Theil der Rede
aufstellen, da sie sich in der ganzen Rede überall anbringen
lässt. Denn sie ist die ausser der Reihe gelegene abschweifende
Behandlung einer Sache, die für den vorliegenden Fall von
Nutzen ist, alicuius rei sed ad utilitatem causae pertinentis extra
ordinem excurrens tractatio. Hierhin gehört also das Lob von
Menschen und Orten, die Beschreibung von Gegenden, die Erzählung einiger Ereignisse, Mittheilung interessanter Fabeln
u. dgl. *) wie das Lob Siciliens, oder die Erzählung vom Raube
der Proserpina in den Verrinen. Bereitet man vor der Untersuchung
etwas vor, oder fügt man nach beendigtem Beweis gleichsam
eine Art Empfehlung hinzu, so kann man etwas mehr in die

---

*) Man wird hier an das Urtheil des Granius Licinianus über Sallust
erinnert: *nam Sallustium non ut historici sunt, sed ut oratorem
legendum: nam et tempora reprehendit sua et delicta carpit, et con-
vitia ingerit, et dat in censum loca montes flumina et hoc genus
amoena, et culpat et comparat disserendo.*

Breite gehen. Wer aber mitten in der Rede einen Abstecher macht, muss rasch wieder zur Sache zurückkehren.

Alexander, der Sohn des Numenius, verwarf überhaupt den Begriff der παρέκβασις als unstatthaft. εἰ μὲν γὰρ ἐξ αὐτοῦ τοῦ πράγματός ἐστι τὸ λεγόμενον, πῶς ἐστι παρέκβασις; εἰ δὲ ἔξωθεν, πῶς ἐροῦμεν τὰ ἔξωθεν τῆς ὑποθέσεως; Anon. Seguer. p. 436. s. oben S. 31. Hermagoras setzte die digressio vor den Schluss (allgemein Cic. de orat. II, 19, 80: *alii iubent antequam peroratur, ornandi aut augendi causa degredi*), und war der Ansicht: *in digressione oportere quandam inferri orationem a causa atque a iudicatione ipsa remotam, quae aut sui laudem aut adversarii vituperationem contineat, aut in aliam causam deducat, ex qua conficiat aliquid confirmationis aut reprehensionis, non argumentando, sed augendo per quandam amplificationem.* Cic. de inv. I, 51, 97.

§. 11.
Die Propositio und Partitio.

Die Propositio πρόθεσις giebt das ζήτημα (s. oben S. 26), also das eigentliche Thema der Rede. Sie schliesst sich an die Erzählung an, doch kann sie ihr auch vorhergehen (Hermog. p. 203. Demosth. de falsa legat c. 4, 8). Dass sie nicht als besonderer Theil der Rede zu betrachten sei, sahen wir oben, wo von den Theilen der Rede gehandelt wurde. Propositio ist überhaupt Anfang oder Einleitungssatz jeglicher Beweisführung (vgl. Anon. Seguer. p. 737) und kann nicht blos beim Nachweis der Hauptfrage, sondern auch bei einzelnen Beweisgründen angebracht werden. Die erstere Art der Propositio ist aber nicht immer nöthig. Sie kann wegfallen, wo es schon an sich klar ist, um was es sich handelt, namentlich also da, wo die Erzählung gerade bis zu dem Punkte geführt ist, bei welchem die Untersuchung der eigentlichen Frage anfängt. Sehr nützlich ist sie dagegen beim status finitivus, damit der Richter einsieht, seine Aufgabe sei ganz allein, zu untersuchen, welche Bezeichnung der That die richtige sei. Dass sie bei dunklen und verwickelten Fällen von Nutzen sei, leuchtet von selbst ein.

Propositionen können je nach der Natur der Anklage einfach, doppelt, oder vielfach sein. Es können dem Angeklagten ein, zwei, oder mehrere Punkte zur Last gelegt werden. Auch kann der Redner einen Punkt in verschiedne Theile zerlegen, zum Zwecke der Anklage oder Vertheidigung verschiedene Punkte berücksichtigen. Man kann sie vorbringen im eignen Namen „ich behaupte das" oder im Namen des Gegners „ich werde dessentwegen angeklagt" oder natürlich auch in beider Namen. Manchmal genügt es schon an die Erzählung einfach anzufügen „hierüber habt ihr zu entscheiden." Das ist dann keine eigentliche Propositio, aber vertritt doch die Stelle einer solchen, und der Richter kann daraus entnehmen, dass ein neuer Theil der Rede beginnt. Quint. IV, 4. Diesem Zwecke dient sonst bei den einzelnen Theilen die *transitio*, μετάβασις, die Quintilian und zwar an einer andern Stelle, (s. oben S. 45.) nur im vorübergehen erwähnt, und die Cornif. IV, 26, 35 und Rutil. Lup. p. 12 unter den Redefiguren behandeln. Der Redner giebt kurz an, wovon er so eben gesprochen hat, und fügt daran nicht minder kurz die Angabe dessen, wozu er überzugehen gedenkt. In Cicero's Rede de imperio Cn. Pompei fehlt die transitio an keiner Stelle, wo sie füglich angebracht werden konnte*).

Die geordnete Aufzählung unsrer Propositionen, oder der des Gegners, oder beider, heisst *partitio*. Es ist die Eintheilung der Rede. Propositio und Partitio fasst Hermogenes unter dem gemeinschaftlichen Begriff der προκατασκευή zusammen, als deren Aufgabe er p. 202 angiebt: ἔργον δὲ αὐτῆς προεκθέσθαι τὰ κεφάλαια καὶ τὰ ζητήματα. οἷς περιπλακεὶς ὁ λόγος συμπληρώσει τὴν ὑπόθεσιν, und weiter heisst es von ihr ἐπὶ κεφαλαίου τὴν τομὴν σημαίνει τοῦ λόγου. Als Beispiel wird angeführt Demosth. Aristocr. p. 126: δίκαιον δ'ἐστὶν ἴσως ἐμὲ τρία ὑμῖν ὑπεσχημένον, ἓν μὲν ὡς παρὰ τοὺς νόμους τὸ ψήφισμα εἴρηται, δεύτερον δὲ ὡς ἀσύμφορόν ἐστι τοῦτο τῇ πόλει, τρίτον δὲ ὡς ἀνάξιός ἐστι τούτων τυχεῖν, ἁπάντων ὑμῖν τούτων αἵρεσιν δοῦναι, τί πρῶτον ἢ τί δεύτερον ἢ τί τελευταῖον βουλομένοις ὑμῖν ἐστιν ἀκοῦσαι. Einige Rhetoren hielten die Partitio für unerlässlich, weil durch sie erstens die Sache klarer, dann aber der Richter aufmerksamer und gelehriger werde, wenn er weiss, worüber wir jetzt, worüber nachher sprechen werden. Andre dagegen hielten sie für gefährlich. Der Redner könne weiterhin vergessen, was er versprochen habe, auch könne ihm etwas neues einfallen,

---

*) Eine kurze Zusammenfassung des Bisherigen, um zu etwas anderem überzugehen, heisst auch παραγραφή, Schol. Hom. Il. Π, 1. Ernesti Lex. techn. Gr. S. 242.

woran er bei der Eintheilung nicht gedacht habe. Beide Einwürfe sind lächerlich. Grössere Beachtung verdienen die Gründe
derer, welche sagten man dürfe nicht immer die Partitio anwenden, weil manches einen angenehmeren Eindruck mache, wenn
es nicht von Hause mitgebracht, sondern erst während des
Sprechens selbst entstanden erscheine, daher die gefälligen Figuren: „ich hätte beinah vergessen", „zur rechten Zeit erinnerst
du mich". Sind nun die Beweisgründe schon angegeben, so verliert das Folgende jeglichen Reiz der Neuheit. Manchmal muss
auch der Richter getäuscht, und in ihm der Glaube erweckt
werden, es handle sich um etwas anderes, als worauf wir eigentlich hinauswollen. Mitunter ist eine Propositio hart. Sieht das
nun der Richter in Folge der Ankündigung voraus, so wird er
sich davor fürchten, wie Jemand, der das Messer des Arztes vor
der Operation erblickt; ueberrascht ihn dagegen die Rede ohne
vorangegangene Ankündigung, so wird sie auf diesem Wege das
erreichen, was ihr auf dem andern nicht so gelungen wäre. Es
giebt wohl auch Fälle, bei denen nicht blos die Unterscheidung
der Fragen, sondern überhaupt die tractatio zu vermeiden ist,
bei denen der Hörer lediglich durch Affecte in Bewegung gesetzt und mit fortgerissen werden muss. Was soll also dann
eine minutiöse Eintheilung, wo es eben nicht darauf ankommt,
auf das Urtheil des Richters zu wirken? Ferner kann auch das,
was an sich schwach und unbedeutend ist, gerade durch die
Menge wirken; dann muss es zusammengehäuft werden, man
muss wie mit einem Ausfalle kämpfen. Alles dies aber sind
doch immer nur Ausnahmefälle. Quint. IV, 5, 1—7.

Manche waren pedantisch genug, jede Partitio auf blos
drei Sätze oder Punkte zu beschränken, was in der That das
Gewöhnliche war. Auch Cornif. I, 10, 17 sagt: *enumerationem
plus quam trium partium numero esse non oportet.* Cic. de inv. I,
22, 32 verlangt keine bestimmte Zahl, wohl aber geringe Anzahl
verbunden mit Kürze und Vollständigkeit. Hinsichtlich der Kürze
dürfen nur die absolut nothwendigen Worte genommen werden.
Hinsichtlich der Vollständigkeit dürfen wir keinen zur Sache
gehörigen Theil auslassen. Nichts ist fehlerhafter als mit einem
in der Partitio ausgelassenem Theile später nachgeschleppt zu
kommen. Hinsichtlich der geringen Anzahl der Theile endlich
dürfen neben den genera nicht auch die species als auf gleicher
Linie mit ihnen stehend aufgezählt werden. Daher tadelt Cic.

de inv. I, 23 die Eintheilung: *ostendam propter cupiditatem et audaciam et avaritiam adversariorum omnia incommoda ad rem publicam pervenisse*, weil daselbst nach Angabe des „genus‘ cupiditas
noch die „species‘ oder „pars‘ avaritia hinzugefügt sei. Sehen
wir uns in Betreff der Zahl der Theile nach Beispielen um, so
haben wir eine dreifache Eintheilung in der Rede Cicero's pro
Murena 5, 11: *intellego, iudices, tres totius accusationis partes
fuisse, et earum unam in reprehensione vitae, alteram in contentione
dignitatis, tertiam in criminibus ambitus esse versatam*. Desgleichen
pro Cluent. 4, 9. de imp. Cn. Pomp. 2, 6. Demosth. Mid. 21
p. 521. Aristocr. 18 p. 625. Eine fünffache dagegen de fals.
legat. 4—8.

Bei jeder Eintheilung ist ausserdem immer ein Punkt der
wichtigste. Wenn der Richter diesen hört, so pflegt er die andern für überflüssig zu halten. Wenn wir also m e h r e r e s vor-
zuwerfen oder zu widerlegen haben, so ist eine Partitio nützlich
und angenehm, damit das, was wir über jede Sache sagen werden, der Reihe nach erhellt, wenn wir aber e i n Vergehen auf
verschiedene Weise vertheidigen, so ist sie überflüssig. Wenn
man also eintheilt: „Ich werde sagen, dass mein Client nicht
der Mann sei, bei dem ein Mord glaublich scheinen könnte; ich
werde sagen, dass er keine Veranlassung zum tödten gehabt hat;
ich werde zeigen, dass er zu der Zeit als der Mensch getödtet
wurde, über See war" — so muss alles überflüssig erscheinen,
was man vor dem letzten Punkte berührt, denn der Richter eilt
ungeduldig zu dem hin, was die Hauptsache ist. Daher haben
denn auch einige die Partitio in der Rede pro Cluent. 4, 9 getadelt: „ostendam primum neminem maioribus criminibus, gravi-
oribus testibus in iudicium vocatum quam Oppianicum; deinde
praeiudicia esse facta ab ipsis indicibus, a quibus condemnatus
sit; postremo, iudicium pecunia temptatum non pro Cluentio sed
contra Cluentium*)" — weil, wenn Cicero das beweisen könnte,
was er als drittes hingestellt hat, es überflüssig sei, das vorhergehende zu sagen. Ein handgreifliches Beispiel einer schlechten
Eintheilung giebt Cic. de inv. I, 23, 33: „ostendam adversarios,

---

*) So giebt Quintilian §. 11 die Partitio an. In der Rede selbst ist
sie ausführlicher und schliesst mit den Worten: „faciamque, ut
intellegatis in tota illa causa quid res ipsa tulerit, quid error ad-
finxerit, quid invidia conflarit." Fasst man diesen Schluss in's
Auge, so zerfällt der im obigen ausgesprochene Tadel von selbst.

quod arguimus, et potuisse facere et voluisse et fecisse: nam fecisse satis est ostendere."

Viele verwerfen überhaupt, sagt Quintilian, eine solche Art der Vertheidigung: „wenn ich getödtet habe, so habe ich recht gehandelt, aber ich habe nicht getödtet." Denn wozu das Erste, wenn das Zweite sicher ist? Allerdings, wenn das zweite unzweifelhaft sicher ist. Allein, wo das nicht so ganz fest steht, wird es gut sein, wenn der Redner beides benutzt, das eine als „pars absoluta," das andre „extra causam" als „pars assumptiva." Denn auf den einen Zuhörer macht dies, auf den andern jenes Eindruck. Wer an die That glaubt, kann sie für gerecht halten, auf wen die Darlegung ihrer Gerechtigkeit keinen Eindruck macht, der glaubt vielleicht an die That nicht. Eine sichere Hand kann sich mit einem Stosse begnügen, eine unsichere muss mehrere versetzen, um auch dem Glückszufall eine Stätte zu bereiten. Vortrefflich hat daher Cicero in seiner Miloniana gezeigt, dass Clodius dem Milo Nachstellungen bereitet hat, dann aber noch zum Ueberfluss hinzugefügt, auch wenn er dies nicht gethan, so gereiche es doch seinem Mörder zum Ruhme und sei ein Zeichen seiner Tapferkeit, einen solchen Bürger getödtet zu haben. Noch ist zu bemerken, dass, wenn wir vermuthen, der Richter erwarte einen andern Beweis, als den wir gerade geben, wir ihm versprechen müssen, ihn alsbald auch über jenen Punkt zufrieden zu stellen.

Eine zur rechten Zeit angewandte Partition wirkt für die Rede lichtvoll und angenehm. Cic. de inv. I, 22, 31: „recte habita in causa partitio illustrem et perspicuam totam efficit orationem." Durch sie kann der Richter merken, wenn ein Theil zu Ende ist. Dies wirkt auf ihn wie die Inschrift auf den Meilenzeigern, wenn man eine lange Reise macht. Nichts erscheint zu lang, bei dem man gewiss weiss, was das letzte ist. Grosses Lob wurde dem Hortensius wegen der Sorgfalt seiner Eintheilungen zu Theil, wenn auch Cicero bisweilen das allzu pedantische derselben verspottete. So, wenn er div. in Caec. 14, 45 von ihm sagt: „quid? cum accusationis tuae membra dividere coeperit et in digitis suis singulas partes causae constituere." vgl. pro Quinct. 10, 35. frgm. bei Nonius voc. „pressum." Brut. 88, 302. Unstreitig kann ein zuviel auch hier lästig fallen und selbst wieder Dunkelheit veranlassen, die man doch gerade durch die Eintheilung vermeiden wollte. Eine eigentliche Partitio giebt Cicero nur iu den Reden pro Quinctio, pro Roscio Amerino, in Verr. II, 1, 3, de imperio Cn. Pompei, pro Cluentio, pro Murena und in der siebenten Philippischen. „Im Ganzeu weiss Cicero die Spuren des eigentlich Technischen geschickt in der Continuität der Darstellung zu verwischen." Westermann Gesch. d. Röm. Beredsamkeit S. 176.

Man theilt ein zuerst in das, worüber man einig ist, dann in das, worüber man streitig ist. In dem, worüber man einig ist, in das, was der Gegner gesteht, und das, was wir gestehen. In dem, was streitig ist, in das, was unsre Behauptungen, und was die des Gegners sind. Quint. §. 28. Cornif. I, 10, 17. Cic. de inv. I, 22, 31 mit der Bemerkung: „quae partitio, quid conveniat aut quid non conveniat, ostendit, haec debet illud, quod convenit, inclinare ad suae causae commodum, hoc modo: interfectam matrem esse a filio convenit mihi cum adversariis. item contra: interfectum esse a Clytaemnestra Agamemnonem convenit. nam hic uterque et id posuit, quod conveniebat, et tamen suae causae commodo consuluit." Die einmal gegebene Eintheilung muss dann in ihrer Anordnung streng durchgeführt werden. „Pessimum, non eodem ordine exequi, quo quidque proposueris." Als einfaches Beispiel einer gut durchgeführten Partition führt Cicero aus Terenz Andria die Worte des greisen Simo an Sosia an, v. 49:

eo pacto et gnati vitam et consilium meum
cognosces, et quid facere in hac re te velim.

Von v. 51 an kommt nun der Partition entsprechend zuerst das Leben des Sohnes. In v. 157 theilt er seine Absicht mit. Von v. 168 an kömmt zum Schluss das, was Sosia thun soll.

Noch ist zu bemerken, dass Hermogenes auch eine andere Bedeutung des Wortes προκατασκευή kennt. Er sagt nämlich p. 204: εὗρον καὶ ἄλλο προκατασκευῆς εἶδος παρευρεθὲν τοῖς ἀρχαίοις, ὃ κεφαλαίων μὲν ἐπαγγελίαν οὐκ ἔχει, ἀπόδειξιν δὲ παρίστησι τοῦ κατὰ τοὺς νόμους δοκεῖν εἰσέρχεσθαι τὴν κρίσιν, προκατασκευὴ δ' ἂν καὶ τοῦτο καλοῖτο εἰκότως, ὅτι λόγος ἐστὶ πρὸ τῶν κεφαλαίων λεγόμενος εἰκόσι λογισμοῖς πᾶσαν τὴν κατασκευὴν προκαλούμενος. Er meint darunter Partien, wie in der Midiana, wo Demosthenes nach dem Prooemium durch Anführung von Gesetzesstellen seine Berechtigung nachweist, gegen Leute wie Midias überhaupt die προβολή einzureichen, d. h. sich mit einer vorläufigen Beschwerde an die Volksversammlung zu wenden, nach deren Annahme oder

Ablehnung man sich dann entschloss, die Sache entweder weiter
vor Gericht anhängig zu machen, oder auf sich beruhen zu lassen.
Oder in der Rede des Aeschines gegen Timarch, wo der Redner
zuerst den Nachweis führt, dass es gesetzlich erlaubt sei, gegen
Leute, die ein ausschweifendes Leben führen, mit einer Anklage
aufzutreten. Man vergleiche übrigens Ulpian zu Demosth. Mid.
8. p. 516 E (p. 18 ed. Meier). Vgl. ausserdem Fortunat. p. 110.

§. 12.

Der Beweis.

Auf die Erzählung folgt als dritter Theil der Rede der Beweis, *argumentatio* auch *probatio*, Griechisch gewöhnlich πίστεις
genannt. Es ist der wichtigste Theil der Rede, der natürlich
nie fehlen darf, mag man auch über Zweck und Aufgabe des
Redners noch so verschieden denken, am allerwenigsten in der
Gerichtsrede. Anaxim. 5 p. 191, 32: πίστεις, αἷς ἀνάγκη μὲν
πρὸς πάντα τὰ μέρη τῶν λόγων χρῆσθαι, χρησιμώταται δέ εἰσιν
ἐν ταῖς κατηγορίαις καὶ ταῖς ἀπολογίαις· ταῦτα γὰρ πλείστης ἀν-
τιλογίας δέονται, wo unter μέρη nicht Theile, sondern Arten der
Rede zu verstehen sind, vgl. Spengel z. d. St. p. 152. Erst durch
den Beweis erlangt unsere Rede Kraft und Ansehn. Daher sagt
Cic. de inv. I, 24, 34: „confirmatio est, per quam argumentando nostrae causae fidem et auctoritatem et firmamentum ad-
iungit oratio“, und Alexander definirte kurzweg πίστις ἐστι
λόγος ἄγων εἰς συγκατάθεσιν, Anon. Seguer. p. 445. Auf die Lehre
vom Beweise fällt daher auch in der Rhetorik des Aristoteles das
Hauptgewicht. Sie ist von ihm am ausführlichsten behandelt,
und besonders diesen Theil seiner Untersuchungen liess die spätere Rhetorik nicht unbeachtet.

So theilte man denn nach Aristoteles Vorgange die Beweise
allgemein in πίστεις ἄτεχνοι und πίστεις ἔντεχνοι, d. h. in Beweise,
die der Redner ausserhalb seiner Sache vorfindet und blos rhetorisch gestaltet, und zweitens solche, die er selbst aus der
Sache zieht und gleichsam hervorbringt. Bei Anaxim. 7 p. 192
ist dieser Unterschied noch nicht zur Klarheit gediehen, vgl.
L. Spengel über die Rhet. des Arist. S. 27. Er sagt nämlich:
εἰσὶ δὲ δύο τρόποι τῶν πίστεων· γίνονται γὰρ αἱ μὲν ἐξ αὐτῶν
τῶν λόγων καὶ τῶν πράξεων καὶ τῶν ἀνθρώπων, αἱ δὲ ἐπίθετοι
τοῖς λεγομένοις καὶ τοῖς πραττομένοις. τὰ μὲν γὰρ εἰκότα καὶ

5*

παραδείγματα καὶ τεκμήρια καὶ ἐνθυμήματα καὶ αἱ γνῶμαι καὶ τὰ σημεῖα καὶ οἱ ἔλεγχοι πίστεις ἐξ αὐτῶν τῶν λόγων καὶ τῶν πραγμάτων εἰσίν, ἐπίθετοι δὲ δόξα τοῖ λέγοντος, μαρτυρίαι, βάσανοι, ὅρκοι. Hier werden zwar Beweise aus Reden und Handlungen den äusseren gegenübergestellt, allein nicht blos der Name ἐπίθετοι für die letzteren, sondern noch mehr der Umstand, dass die δόξα τοῦ λέγοντος zu ihnen gerechnet wird, ist gegen den Geist der Aristotelischen Eintheilung. Aristoteles sagt nämlich Rhet. I, 2: τῶν δὲ πίστεων αἱ μὲν ἄτεχνοί εἰσιν αἱ δ'ἔντεχνοι· ἄτεχνα δὲ λέγω, ὅσα μὴ δι' ἡμῶν πεπόρισται, ἀλλὰ προϋπῆρχεν, οἷον μάρτυρες, βάσανοι, συγγραφαὶ καὶ ὅσα τοιαῦτα, ἔντεχνα δὲ ὅσα διὰ τῆς μεθόδου καὶ δι' ἡμῶν κατασκευασθῆναι δυνατόν· ὥστε δεῖν τούτων τοῖς μὲν χρήσασθαι, τὰ δὲ εὑρεῖν. Die ausserhalb der Kunst liegenden Beweise also werden nicht vom Redner herbeigeschafft, sondern liegen ihm vor, sie sind blos anzuwenden, die innerhalb der Kunst liegenden dagegen können durch Theorie und den Redner selbst geschaffen werden, er hat sie aufzufinden. Nun sind die πίστεις ἔντεχνοι entweder ἠθικαί, oder παθητικαί, oder λογικαί auch πραγματικαί genannt (πίστεις διὰ τοῦ δεικνύναι ἢ φαίνεσθαι δεικνύναι). Von dieser Dreitheilung weiss auch die nach-aristotelische Rhetorik zu berichten, vgl. Dion. Halic. de Lys. c. 19. Minucian. bei Walz Rh. Gr. T. IX, p. 601, weitere Stellen bei Spengel S. 28. Um sie zu verstehen, müssen wir bedenken, dass πίστις zunächst alles das ist, was unserer Rede Glauben verschafft. Dies ist erstens das eigne ἦθος, durch welches wir die Zuhörer gewinnen, s. oben S. 34, dann das πάθος, d. h. der Affect, durch welchen wir den Zuhörer fortreissen, dass er unwillkürlich uns beistimmt, drittens aber die wirkliche Belehrung über Wahrheit und Wahrscheinlichkeit. Im Grunde sind nur die letzteren πίστεις als wirkliche Beweise anzusehen. Mit den πίστεις λογικαί befasst sich ausschliesslich der uns gerade vorliegende Abschnitt der Rhetorik. Die πίστεις ἠθικαί haben ihren Sitz im Prooemium, die παθητικαί im Epilog, die λογικαί in der argumentatio, bei welcher das *docere* die Absicht des Redenden ist. Als rhetorische Sätze betrachtet, heissen die πίστεις ἔντεχνοι auch ἐπιχειρήματα, welchen Ausdruck die spätere Rhetorik aber fast nur von den πίστεις λογικαί oder πραγματικαί gebrauchte. Man theilte die ἐπιχειρήματα ein in παραδείγματα und ἐνθυμήματα. Ueber die etwas andere Eintheilung des Neokles vgl. Anon. Seguer. p. 445. Ganz auf Aristoteles beruht natürlich Cic. de orat. II, 27, 116: *ad probandum autem duplex est oratori subiecta materies; una rerum earum, quae non excogitantur ab oratore, sed in re positae, ratione tractantur, ut tabulae, testimonia, pacta, conventa, quaestiones, leges, senatus consulta, res indicatae, decreta, responsa, reliqua, si quae sunt, quae non ab oratore pariuntur, sed ad oratorem a causa atque a reis deferuntur: altera est, quae tota in disputatione et in argumentatione oratoris collocata est. ita in superiore genere de tractandis argumentis, in hoc autem etiam de inveniendis cogitandum est.*

§. 13.

Der unkünstliche Beweis.

Aristoteles nennt Rhet. I, 15 fünf Arten von πίστεις ἄτεχνοι, Gesetze, Zeugen, Verträge, Foltergeständnisse, Eidschwüre. Zu diesen fünf fügt Minucianus bei Walz a. a. O., bei Spengel T. I. p. 417 noch die προκλήσεις, die sogenannten Provocationen. Man versteht darunter die Aufforderung der einen Partei an die andere, irgend eine Handlung zu leisten, oder geschehen zu lassen, um durch diese einen streitigen Punkt auch wohl den ganzen Rechtsstreit selbst zu erledigen, also das Verlangen einen sonstigen Umstand auf das Zeugniss eines Dritten ankommen zu lassen, die Aufforderung zu einem Compromiss, zur Herausgabe eines Documents, die Sclaven zur Tortur zur stellen, einen Eid zu leisten. Die Annahme oder Verweigerung einer solchen Provocation ward actenmässig festgestellt, und der Gegner versäumte natürlich nicht dies letztere als einen moralischen Beweis für die Schlechtigkeit der Sache auszubeuten. Vgl. Meier u. Schömann der Att. Proc. S. 375. 678 ff. Westermann in Pauly's Realenc. T. VI. S. 155. Man erinnere sich dabei, wie gravirend es für Milo war, dass er die beim Morde des Clodius zugegen gewesenen Sclaven unmittelbar nach der That freigelassen hatte, wodurch denn das an Pompejus von den Anklägern gestellte Ansinnen, die Dienerschaft des Milo und seiner Gemahlin Fausta zum peinlichen Verhör durch die Folter auszuliefern, vom Redner Q. Hortensius als gegen freie Leute unzulässig zurückgewiesen werden konnte, Ascon. in Cic. pro Mil. §. 10 sq. — Was Cicero zu den πίστεις ἄτεχνοι rechnete, ist bereits angeführt. Quintilian hebt V, 1, 2 „praeiudicia, rumores, tormenta, tabulas, insiurandum, testes" hervor, und behandelt sie demnächst ausführlicher, ohne jedoch die dabei möglichen loci communes vollständig mitzutheilen. Dabei erfahren wir, dass manche Theoretiker die πίστεις ἄτεχνοι ganz und gar von der Bearbeitung der Rhetorik ausschlossen. Von den Gesetzen handelt Arist. Rhet. I, 15. Wo das geschriebene Gesetz der Sache des Redners entgegen ist, da muss er das allgemeine Gesetz und die Grundsätze der Billigkeit als gerechter in Anwendung bringen. Er muss sagen, dass schon die Worte in der Eidesformel der Richter „nach bestem Wissen und Gewissen" (τὸ γνώμη τῇ ἀρίστη) ausdrückten, nicht ohne Unterschied durchaus nur das geschriebene Recht zur Anwendung zu bringen. Dass die Billigkeit und das allgemeine Gesetz, als in der Natur begründet, ewig bleibt und sich nie verändert, wohl aber das geschriebene Gesetz. Dass zwar das Gerechte wahr und nützlich sei, aber nicht das als solches geltende, also auch nicht das geschriebene Gesetz, da es nicht mit dem Gesetz als solchem zusammenfällt. Dass der Richter wie eine Art Münzwart sei, um das unächte Gerechte vom wahren zu unterscheiden. Dass es dem besseren Manne gezieme, mehr die ungeschriebenen, als die geschriebenen Gesetze in Anwendung zu bringen und sich nach ihnen zu richten. Ferner hat der Redner zuzusehen, ob das Gesetz vielleicht mit einem andern gültigen Gesetze, oder auch mit sich selbst in Widerspruch steht, ob es zweideutig ist und eine andere Wendung zu seinem Gunsten zulässt, ob endlich die Verhältnisse, unter denen das Gesetz gegeben wurde, weggefallen sind, und daher das Gesetz selbst wegfallen muss. — Spricht dagegen das geschriebene Gesetz für den Redner, so muss er sagen, der Ausdruck „nach bestem Wissen und Gewissen" besage nicht, dass der Richter gegen das Gesetz entscheiden solle, sondern sei nur dazu da, damit der Richter, falls er nicht wisse, was das Gesetz besage, keinen Meineid begehe. Niemand erstrebe das schlechthin Gute, sondern nur das für ihn Gute. Wenn man ein Gesetz nicht anwende, so sei das ebensogut, als wenn das Gesetz gar nicht vorhanden sei. So sei es, um ein Beispiel von einem andern Gebiete zu entnehmen, auch verderblich, es besser wissen zu wollen als der Arzt. Ein Fehlgriff des Arztes sei lange nicht so schlimm, als die daraus hervorgehende Gewöhnung, dem Oberen nicht zu gehorchen, und klüger sein wollen als die Gesetze, das werde gerade in den anerkannt guten Gesetzen verboten.

Von den Praeindicien handelt Quint. V, 2. Es giebt deren drei Arten. Erstens Gegenstände, die bereits sonst aus gleichen Ursachen abgeurtheilt sind, richtiger müssen sie Beispiele genannt werden, z. B. für ungültig erklärte Testamente von Vätern, Bestätigung derselben gegen Söhne. Zweitens schon gefällte Urtheile, die auf die Sache selbst Bezug haben, woher eben der Name, z. B. gegen Oppianicus (Cic. pro Cluent. 17), Praejudiz des Senates gegen Milo (Cic. pro Mil. 5). Drittens Urtheile, die in einer niedrigern Instanz bereits über die vorliegende Sache selbst in ihrer Gesammtheit gefällt sind. Bestätigt werden die Praejudicien durch die Autorität derer, welche gesprochen haben, und die Aehnlichkeit der Fälle, die in Frage kommen. Widerlegt werden sie selten durch Verunglimpfung der praejudicirenden Richter, ihre Schuld müsste denn offenbar sein, vielmehr muss man in den beiden ersten Fällen zur Unähnlichkeit seine Zuflucht nehmen. Es werden sich so leicht nicht zwei Fälle finden, die einander vollkommen ähnlich wären. Geht dies aber nicht, so muss man wie im dritten Falle, gegen die Nachlässigkeit der Verhandlungen sprechen, über die Schwäche der Personen klagen, gegen welche geurtheilt, oder die Gunst, welche die Zeugen bestochen hat, über Missgunst und Unwissenheit, die dabei obgewaltet, oder man muss ein Moment auffinden, das nachträglich zur Sache hinzugekommen ist. Geht das alles nicht, so lässt sich doch wenigstens sagen, dass gar mancherlei Gründe auf Abfassung eines ungünstigen Urtheils von nachtheiligem Einfluss sind, dass deshalb z. B. Rutilius unschuldig verurtheilt, Clodius dagegen und Catilina freigesprochen seien. Auch muss man die Richter bitten mehr auf die Sache selbst zu sehen, als ihren Spruch nach einem fremden zu richten. Gegen Senatsbeschlüsse, Decrete der Kaiser oder Magistrate lässt sich nur aufkommen, wenn man irgend eine Verschiedenheit der Fälle nachweist, oder eine spätere Bestimmung derselben, oder anderer eben so mächtiger, hochgestellter Leute, die der ersteren widerspricht.

Gerüchte bezeichnet die eine Partei als einen übereinstimmenden Ausdruck der öffentlichen Meinung, gleichsam als ein öffentliches Zeugniss; die andere als grundloses Gerede, das Bosheit veranlasst, Leichtgläubigkeit vergrössert habe. Durch Hinterlist der Feinde, die Falsches in Umlauf setzen, könne ein solches Gerücht auch den Unschuldigsten treffen. Beide Parteien werden ihre Ansicht leicht mit Beispielen belegen können.

Ein sehr gewöhnlicher locus communis war über Folter-Geständnisse. Schon Anaxim. 16 p. 202 giebt Gesichtspunkte für und wider dieselben an die Hand. Liege es in unserem Interesse ihnen Nachdruck zu verleihen, so müssen wir sagen, dass Einzelne wie ganze Staaten aus Foltergeständnissen Beweise für die grössten und wichtigsten Dinge entnehmen, und dass Foltergeständnisse zuverlässiger sind als Zeugen, denn Zeugen nützt es oftmals die Unwahrheit zu sagen, den gefolterten dagegen die Wahrheit zu sagen, um so bald als möglich ihre Pein los zu werden. Will man dagegen die Wirkung der Foltergeständnisse abschwächen, so sagt man zuerst, dass die gefolterten denen, die sie zur Folter auslieferten, feindlich gesinnt werden, und daher viel falsches gegen ihre Herren lügen. Dann, dass sie oft nach dem Willen derer, von denen sie gefoltert werden, ihre Aussagen richten, nicht nach der Wahrheit, um sobald als möglich loszukommen. Man zeigt, dass selbst Freie auf der Folter aus diesem Grunde vielfach gegen sich selbst falsche Aussagen gemacht haben, wie vielmehr müsse man sich dessen bei Sclaven gewärtigen. Unter den von Spengel S. 173 aus Rednern hierzu beigebrachten Belegen ist als locus gegen Foltergeständnisse besonders Antiph. V, 31 ff. hervorzuheben, wo es heisst: προσέχετε δὲ τὸν νοῦν αὐτῇ τῇ βασάνῳ οἷα γεγένηται. ὁ μὲν γὰρ δοῦλος, ᾧ ἴσως οὗτοι τοῦτο μὲν ἐλευθερίαν ὑπέσχοντο, τοῦτο δ᾽ ἐπὶ τούτοις ἦν παύσασθαι κακούμενον αὐτόν, ἴσως ὑπ᾽ ἀμφοῖν πεισθεὶς κατεψεύσατό μου, τὴν μὲν ἐλευθερίαν ἐλπίσας οἴσεσθαι, τῆς δὲ βασάνου εἰς τὸ παραχρῆμα βουλόμενος ἀπηλλάχθαι. οἶμαι δ᾽ ὑμᾶς ἐπίστασθαι τοῦτο, ὅτι ἐφ᾽ οἷς ἂν τὸ πλεῖστον μέρος τῆς βασάνου, πρὸς τούτων εἰσὶν οἱ βασανιζόμενοι λέγειν, ὅτι ἂν ἐκείνοις μέλλωσι χαριεῖσθαι· ἐν τούτοις γὰρ αὐτοῖς ἐστιν ἡ ὠφέλεια, ἄλλως τε κἂν μὴ παρόντες τυγχάνωσιν ὧν ἂν καταψεύδωνται. Auch Cicero behandelt den *locus communis contra quaestiones* in der Rede pro Sulla c. 28, 78: *quaestiones nobis sociorum accusator et tormenta minitatur: in quibus quamquam nihil periculi suspicamur, tamen illa tormenta gubernat dolor, moderatur natura cuiusque cum animi tum corporis, regit quaesitor, flectit libido, corrumpit spes, infirmat metus, ut in his rerum angustiis nihil veritati loci relinquatur. vita P. Sullae torqueatur; ex ea quaeratur, num quae occultetur libido, num quod lateat facinus, num quae crudelitas, num quae audacia.* Man vgl. noch über die rhetorische Behandlung der Foltergeständnisse Arist. Rhet. I, 15 p. 58 z. E. Anon. Seguer. p. 451. Cornif. II, 7, 10. Cic. part. orat. §. 50. 117.*). Soll zur Untersuchung durch die Folter geschritten werden, sagt Quintilian, so kömmt es sehr darauf an, wer zur Untersuchung zieht oder darbietet und wen, gegen wen und weshalb; ist die Untersuchung schon vor sich gegangen, wer sie geleitet hat, wer und wie der betreffende gefoltert ist, ob er unglaubliches, oder in sich übereinstimmendes gesagt hat, ob er bei seinen anfänglichen Aussagen geblieben ist, oder sie im Verlauf der Untersuchung geändert hat. Vgl. Cic. pro Mil. 22, 59 ff.

Auch gegen Urkunden wird oft gesprochen, indem man die Richtigkeit ihres Inhaltes widerlegt, oder ihre Glaubwürdigkeit verdächtigt. Dabei kann absichtliche Fälschung oder Unwissenheit von Seiten der Aussteller vorkommen. Das letztere anzunehmen ist sicherer und leichter. Gründe dafür werden aus der Sache genommen; es ist unglaublich, dass das, was in der Urkunde steht, geschehen sei; oder was häufiger ist, der Inhalt der Urkunde wird durch andre gleichfalls unkünstliche Beweismittel widerlegt, wenn z. B. der, gegen den die Urkunde ausgestellt ist, oder einer von den Ausstellern als abwesend oder zuvor gestorben nachgewiesen wird, wenn die Zeiten nicht stimmen, wenn vorhergehendes oder nachfolgendes gegen die Urkunde streitet. Auch kann oft das blose Einsehen derselben die Fälschung darthun. Quint. V, 5. Cicero bestreitet in der Rede pro Archia c. 4, 8, da sein Client das in Heraclea erlangte Bürgerrecht nicht urkundlich nachweisen konnte, weil das Archiv dieser Stadt. im Bundesgenossenkriege verbrannt war, die Wichtigkeit der Urkunden als Beweismittel durch Gegenüberstellung andrer unkünstlicher Beweise: *est ridiculum ad ea, quae habemus, nihil dicere, quaerere, quae habere non possumus, et de hominum memoria tacere, litterarum memoriam flagitare; et cum habeas amplissimi viri religionem, integerrimi municipii ius iurandum fidemque, ea,*

---

*) Einige noch sonst bemerkenswerthe Stellen aus dem Alterthume über die Folter bietet Spalding zu Quint. V, 4, 1. Ammian. Marc. XXI, 16, 10 sagt vom Kaiser Constantius: *hic etiam facta vel dubia adigebat videri certissima vi nimia tormentorum.* Est ist, wie A. Stahr bemerkt, ein schönes Zeugniss für den edlen und aufgeklärten Sinn des Aristoteles, dass er das ganze Folterwesen überhaupt verwirft.

quae depravari nullo modo possunt, repudiare, tabulas, quas idem dicis solere corrumpi, desiderare. Interessant ist der Beweis den Cicero von der Fälschung einer Urkunde führt, in Verr. Act. II, 2, 76 ff.

Ueber V e r t r ä g e handelt Aristoteles gleichfalls am angeführten Orte. Sprechen sie für uns, so erhöht man ihre Wichtigkeit und stellt sie als glaubwürdig dar, zunächst von der Person des Mitunterzeichners oder der Bürgen aus; dann betrachtet man den Vertrag als ein specielles Gesetz, von gleicher Wichtigkeit und Bedeutung wie das Gesetz überhaupt und spricht zuletzt von der Nothwendigkeit Verträge aufrecht zu erhalten für das ganze praktische Leben und den menschlichen Verkehr, bei dem ja die meisten Geschäfte auf Verträgen beruhen. Sprechen die Verträge aber gegen uns, so setzt man ihre Wichtigkeit herab und stellt sie als unglaubwürdig dar. Man polemisirt gegen sie wie gegen ein feindliches Gesetz. Glaubt man einem schlechten, oder auf einem Irrthum beruhenden Gesetze den Gehorsam verweigern zu müssen, so sei es ungereimt, sich mit unbedingter Nothwendigkeit an Verträge für gebunden zu erachten. Auch käme es nicht sowohl darauf an, zu sehen, was Recht sei, sondern was mehr Recht sei. Wenn das Recht an und für sich nicht verfälscht werden könne, so doch Verträge, bei denen es möglich ist, dass die sie eingehenden Personen betrogen, oder dazu gezwungen werden. Ferner ist darauf zu sehen, ob der Vertrag mit irgend einem geschriebenen oder allgemeinem Gesetze in Widerspruch steht, desgleichen mit anderen früheren oder späteren Verträgen. Auch hat der Redner auf den Nutzen der Verträge zu sehen, ob sie etwa dem Nutzen der Richter zuwider laufen u. dgl. m.

Es folgen die E i d s c h w ü r e. Liegt es in unserem Interesse, sagt Anaxim. 17 p. 203 einem Eidschwur Gewicht beizulegen, so muss man sagen, Niemand wird leicht einen Meineid schwören aus Furcht vor der Strafe der Götter und der Schande bei den Menschen. Man kann wohl einen Meineid vor Menschen verbergen, nicht aber vor den Göttern. Nehmen die Gegner ihre Zuflucht zum Eide und wollen wir seine Bedeutung herabsetzen, so zeigen wir, dass Menschen, die schlechtes thun, sich auch aus einem Meineid nichts machen. Denn wer mit einer schlechten That vor den Menschen glaubt verborgen bleiben zu können, der glaubt auch nicht, im Falle er falsch schwört, von den Göttern bestraft zu werden. Für die Hervorhebung der Wichtigkeit eines

Eidschwurs führt Spengel S. 174 als Beispiel an Lycurg. adv.
Leocr. §. 79. Demosth. in Con. p. 1269 §. 40. Für das Gegentheil Demosth. pro Timoth. p. 1203 §. 65, wo es sich um eine
gegenseitige πρόκλησις τοῦ ὅρκου handelt. Gerade diese letztere
Stelle ist besonders lehrreich. Gegen Eidschwüre ist es auch
von Nutzen sich auf Beispiele von geschehenen Meineiden zu
berufen, Anon. Seguer. p. 452. Nun bieten die Kläger entweder
ihren Eid an, oder weisen einen vom Gegner angebotenen zurück, oder umgekehrt, sie verlangen einen Eid vom Gegner, oder
weisen ihn zurück, wenn er von ihnen verlangt wird. Seinen
Eid ohne irgend welche Bedingung, dass wenigstens auch der
Gegner schwören solle, anbieten, gilt fast für gottlos. Wer es
dennoch thut, wird sich mit einem Hinweis auf sein Leben stützen, es sei nicht glaublich, dass er falsch schwören werde, oder
mit der religiösen Bedeutung der Handlung selbst, wobei er mehr
Glauben erlangen wird, wenn es weder scheint, dass er begierig
zum Eide schreitet, noch auch, dass er ihn verweigert, oder
auch mit der Art des Streites, dessentwegen er sich nicht selbst
verfluchen würde, oder endlich er führt ausser andern Hülfsmitteln
seiner Sache noch zum Ueberfluss das Vertrauen auf sein gutes
Gewissen an. Wer einen angebotenen Eid zurückweist, wird auf
die ungleiche Lage hinweisen, dass er selbst mit einem Aufwand von
Beweismitteln so mühevoll seine Sache führt, während der Gegner
so leichten Kaufs davon zu kommen gedenkt, und sagen, dass
von vielen die Furcht vor einem Eide verachtet wird, zumal es
auch Philosophen giebt, welche behaupten, die Götter kümmern
sich gar nicht um die menschlichen Angelegenheiten. Derjenige,
der ohne dass es ihm Jemand zumuthet, bereit sei zu schwören,
der wolle selbst in seiner eignen Sache einen Spruch fällen, und
zeigen, für wie gleichgültig und geringfügig er das hält, was er
anbietet. Wer den Eid der Gegenpartei überlässt, scheint sehr
anständig zu handeln, wenn er den Gegner im Streite zum
Richter macht, und zugleich den wirklichen Richter von der
Last der Untersuchung befreit, der es doch gewiss lieber auf
einen fremden Eid, als auf seinen wird ankommen lassen. Um
so schwieriger ist es, eine zugeschobene Eidesleistung zu verweigern, es müsste denn eine Sache sein, von der es glaublich
ist, dass sie der betreffende nicht weiss. Fehlt diese Entschuldigung, so bleibt blos übrig zu sagen, der Gegner wolle uns
Gehässigkeit bereiten, er wolle bei einer Sache, mit der er nicht

durchkommen könne, sich beklagen können. Ein schlechter Mensch würde daher diese Bedingung annehmen, er aber wolle lieber beweisen, was er behaupte, als Jemandem einen Zweifel darüber lassen, ob er falsch geschworen. So erscheint das Nichtschwören als Folge tugendhafter Gewissenhaftigkeit, und nicht als Folge der Furcht vor Meineid. Quint. V, 6. vgl. Arist. Rhet. l. l. p. 59 ff.

Für die Praxis, bemerkt Quintilian, galt der Grundsatz, nie einen Eid zuzuschieben, eben so wenig, wie dem Gegner die Wahl des Richters zu überlassen, oder aus den Advocaten der Gegenpartei einen Richter zu wählen, *nam si dicere contraria turpe advocato videretur, certe turpius habendum, facere, quod noceat.*

§. 14.

Fortsetzung. Die Zeugenaussagen.

Das letzte wären die Zeugenaussagen. Eine Zeugenaussage, sagt Anaxim. 15 p. 201, ist das Geständniss eines Mitwissenden, zu dem er nicht gezwungen wird. Das Zeugniss ist entweder glaublich, oder unglaublich, oder von zweifelhafter Glaubwürdigkeit. Ebenso der Zeuge. Ist der Zeuge verdächtig, so muss man zeigen, dass er weder aus Gunst, noch aus Rache, noch um Gewinnes halber ein falsches Zeugniss ablegen würde, auch dass es ihm keinen Vortheil bringe, falsches Zeugniss abzulegen, wegen des grossen Schadens nicht blos an Geld*), sondern auch an Ehre und gutem Ruf, für den Fall, dass er des falschen Zeugnisses überführt wird. Wollen wir einem Zeugniss entgegensprechen, so müssen wir den Charakter des Zeugen, wenn er schlecht ist, angreifen, oder sein Zeugniss, wenn es nicht glaubwürdig ist, zu widerlegen suchen, oder ihnen beiden widersprechen, indem wir ihre schwächsten Seiten zusammennehmen. Ferner hat man darauf zu sehen, ob der Zeuge ein Freund dessen ist, für den er Zeugniss ablegt, ob er bei der

---

*) Wer durch Hülfe falscher Zeugnisse einen Process verloren zu haben glaubte, der konnte die falschen Zeugen durch eine δίκη ψευδομαρτυριῶν belangen. Siegte er in diesem Processe, so wurden unter anderem die falschen Zeugen zu einer Geldbusse verurtheilt, deren Grösse durch die gewöhnliche Schätzung des Klägers, Gegenschätzung des Beklagten und richterliches Ermessen ausgemacht wurde. Meier u. Schömann Att. Proz. S. 883.

Sache irgendwie betheiligt ist, ob er ein Feind dessen ist, gegen
den er als Zeuge auftritt; ob er arm ist; denn man besorgt,
dass die einen aus Gunst, die andern aus Rache, die dritten
aus Gewinnsucht falsches Zeugniss ablegen. Damit vergleiche
man Arist. Rhet. I, 15 p. 56. Anon. Seguer. p. 451: τὰς δὲ
μαρτυρίας αἰτιασόμεθα ἤτοι φίλους εἶναι λέγοντες τοῖς ἀντιδίκοις
τοὺς μάρτυρας, ἢ ἡμῖν ἐχθρούς, ἢ δῶρα εἰληφότας, ἢ παρακεκλη-
μένους, ἢ ἔργον τὸ καταψευδομαρτυρεῖν ποιουμένους. ἀντιτάξομεν
δὲ τοῖς μάρτυσι καὶ τὰ εἰκότα, λέγοντες, ὅτι ταῦτα μὲν οὐδέποτε
ψεύδεται, ἄνθρωποι δὲ πολλοὶ ψευδομάρτυρες ἑαλώκασι. Cornif.
II, 9 und die weiteren Stellen bei Spengel zu Anaxim. S. 168.
Mit besonderer Sorgfalt und Ausführlichkeit hat Quint. V, 7 die
Zeugenaussagen behandelt. Um dies zu begreifen, ist besonders
der Umstand zu beachten, dass wie Anklage und Vertheidigung
selbst, so auch die Untersuchung durch Zeugenstellung und Ver-
nehmung von Zeugen lediglich den Parteien überlassen blieb,
nicht aber dem Vorsitzenden des Gerichtshofs, oder den Richtern
oblag, und dass es dabei üblich war, durch allerlei Kreuz- und
Querfragen die gegnerischen Zeugen ad absurdum zu führen und
in Widersprüche zu verwickeln.

Daher beginnt Quintilian seine Auseinandersetzung mit der
Klage, dass die Zeugenaussagen den Anwälten grosse Mühe
machen. Sie werden entweder urkundlich zu den Acten gegeben,
oder von den Zeugen persönlich vorgebracht. Dies war auch
im Attischen Process der Fall. Gegen die urkundlichen lässt
sich nun leichter ankämpfen. Im Beisein von wenigen Mitunter-
zeichnern wird sich der Zeuge weniger geschämt haben, eine
falsche Aussage zu machen, als dies vor einem zahlreichen Ge-
richtshofe der Fall sein würde. Seine Abwesenheit kann als
Mangel an Zutrauen zu sich selbst ausgelegt werden. Lässt die
Person keinen Tadel zu, so kann man die Mitunterzeichner ver-
unglimpfen. Ausserdem giebt man nur aus eignem Antriebe ein
schriftliches Zeugniss ab, somit gesteht man durch die Handlung
selbst schon ein, dass man dem, gegen welchen man aussagt,
nicht Freund sei. Allerdings ist dieser Umstand allein nicht ausreichend, das Zeugniss zu entkräften, denn immerhin kann auch
ein Freund für einen Freund, selbst ein Feind für einen Feind,
wenn er nur sonst glaubwürdig ist, die Wahrheit sagen.

Schwieriger ist die Sache gegen anwesende Zeugen. Man
verfährt gegen sie oder für sie, auf zwiefache Weise, durch *actio*

und *interrogatio*. vgl. Rein das Privatrecht der Römer S. 921 f.
Bei der *actio* wird erst allgemein für oder gegen die Zeugen gesprochen. Dies ist ein locus communis. Die eine Partei sagt,
es gäbe keinen sicherern Beweis, als den, der auf das Wissen
eines Menschen sich stütze. Die andre Partei leugnet das (Cornif.
II, 9, 11: *plus oportere signis et argumentis credi quam testibus:
haec enim eo modo exponi, quo re vera sint gesta, testes corrumpi
posse vel pretio vel gratia vel metu vel simultate*. vgl. Isaeus IV,
12), und zählt, um den Zeugen die Glaubwürdigkeit zu entziehen, alles auf, wodurch falsche Zeugnisse zu entstehen pflegen.
Demnächst pflegen die Anwälte im einzelnen, aber doch gegen
viele gleichmässig loszuziehen. Es werden von den Rednern die
Zeugnisse ganzer Völker und ganze Arten von Zeugnissen entkräftet, z. B. Zeugnisse über das, was der Zeuge blos gehört habe
(vgl. Plaut. Truc. II, 6, 8. Sen. Quaestt. natur. IV, 3). Solche
Zeugen seien nicht selbst Zeugen, sondern brächten blos Aussprüche von Leuten, die nicht vereidigt seien. In einem Processe
wegen Erpressung seien alle diejenigen, welche schwören, dem
Angeklagten Geld gezahlt zu haben, als Kläger, nicht als Zeugen
zu betrachten. Mitunter wird die actio gegen einzelne gerichtet,
in vielen Reden unter die Vertheidigung gemischt, aber auch
besonders herausgegeben, wie Cicero's actio gegen Vatinius. Für
Quintilian lagen zwei über diesen Gegenstand geschriebene
Bücher von Domitius Afer (s. Westermann Gesch. der Röm.
Beredsamkeit S. 281), seinem Lehrer vor.

Nun giebt es bekanntlich zwei Arten von Zeugen, freiwillige, *testes voluntarii*, und unfreiwillige, d. h. solche,
denen in öffentlichen Processen die Verpflichtung Zeugniss abzulegen durch ein Gesetz auferlegt wird. Letztere kamen als *testes
necessarii* anfänglich nur in Criminalsachen vor. Später auch im
Civilprocess, indes hatte hier nur der Ankläger das Recht Zeugen
zu requiriren, gegen welche dann *lege testimonium denuntiatum est*,
während eine Requisition von Entlastungszeugen dem Verklagten
nicht gestattet war. Daher erwähnt es noch Plin. ep. V, 20 als
etwas ganz besonderes, dass der Proconsul Varenus Rufus, den
die Bithynier wegen Erpressung angeklagt hatten, auch für sich
die Rechtswohlthat, Zeugen gegen ihren Willen aufzurufen, in
Anspruch nahm. Er erlangte sie, obwohl viele dagegen waren,
denn es war entschieden dem Gebrauch zuwider. Wer nun einen
freiwilligen Zeugen vorführt, sagt Quintilian, nachdem er auf den

Unterschied von *testes voluntarii* und solchen, *quibus in indiciis publicis lege denuntiatur*, hingewiesen hat — der kann wissen, was der Zeuge sagen wird, und scheint es deshalb beim Fragen stellen leichter zu haben. Aber selbst in diesem Falle muss man aufpassen, dass der Zeuge nicht furchtsam, inconsequent und unvorsichtig sei. Denn die Zeugen lassen sich verwirren und von den Anwälten der Gegenpartei verstricken, so dass sie alsdann mehr schaden, als sie, selbst wenn sie fest und unerschrocken gewesen wären, genützt hätten. Man muss sie also zu Hause tüchtig vornehmen und durch mancherlei Fragen, wie sie der Gegner an sie richten könnte, im voraus einüben. So werden sie in ihren Aussagen consequent bleiben, oder wenn sie ja wanken, durch eine zeitgemässe Frage dessen, der sie vorführt, wieder ins richtige Geleis gebracht werden. Auch muss man sich, selbst wenn die Zeugen sich gleich bleiben, vor einem etwa gelegten Hinterhalt hüten; denn oftmals werden Zeugen von den Gegnern angestiftet, die uns lauter nützliche Aussagen versprechen, aber nachher gerade das Gegentheil davon aussagen, und somit nicht als Entlastungs-, sondern als Belastungszeugen auftreten. Man muss also zusehen, was sie für Gründe angeben, weshalb sie dem Gegner durch ihre Aussage schaden wollen. Es genügt nicht, dass sie ihre Feinde gewesen sind, es kömmt darauf an, ob ihre Feindschaft aufgehört hat, ob sie sich mit ihnen gerade durch ihr gegenwärtiges Verhalten wieder aussöhnen wollen, ob sie nicht bestochen sind, dass sie nicht etwa aus Reue ihren Vorsatz ändern. Muss man sich so schon bei denen in Acht nehmen, die das, was sie sagen wollen, wirklich wissen, so noch mehr bei denen, welche versprechen, dass sie falsches sagen wollen*), bei denen noch viel eher Reue eintritt, deren Versprechen an sich verdächtiger ist, und die auch leichter aus der Fassung zu bringen sind.

Von den requirirten Zeugen (*eorum, quibus denuntiatur*) will ein Theil dem Angeklagten schaden, ein andrer nicht, und dies weiss der Ankläger mitunter, mitunter auch nicht. Nehmen

---

*) Spalding bemerkt hierzu: vereor ut recte hoc loco Rollinus defendat Quintilianum a crimine toleratae, immo laudatae improbitatis et fraudis; quamquam cf. §. 32 quo Rollinus ablegat [„*quorum mentionem habui, non ut fierent, sed ut vitarentur*"]. in omni, quam patrono suadet, testium tractatione probitatis non multa vestigia.

wir an, dass wir es wissen, so bedarf es doch in beiden Fällen
der höchsten Kunst des Fragens. Denn hat man einen Zeugen,
der schaden will, so muss man darauf sehen, dass seine Absicht
nicht ans Licht tritt. Man muss ihn daher nicht gleich nach dem
fragen, worüber entschieden wird, sondern durch einen Umweg
dazu gelangen, dass ihm sein Hauptgeständniss gleichsam wie
abgepresst erscheint. Auch muss man nicht allzusehr auf seiner
Frage beharren, damit der Zeuge, wenn er alles beantwortet,
nicht dadurch seine Glaubwürdigkeit schwächt. Bei dem, der die
Wahrheit wider seinen Willen sagen wird, muss der Fragende
das, was er nicht sagen will, glücklich aus ihm herauslocken.
Dies geschieht nur dadurch, dass man mit der Frage weit aus-
holt. Auf scheinbar unverfängliches wird er zuerst antworten,
durch mehrere Geständnisse muss er dann dahin gebracht werden,
dass er das, was er nicht sagen will, doch auch nicht leugnen
kann. Gelingt dies nicht, so muss man deutlich zeigen, dass er
eben nicht reden will. Man muss ihn dahin bringen, dass er
sich bei etwas, was vielleicht ausserhalb der Sache liegt, und
ihm deshalb unverdächtig scheint, ertappen lässt. Auch muss
man ihn längere Zeit festhalten, dass er sich, wenn er alles und
mehr, als die Sache verlangt, für den Beklagten sagt, dem Richter
dadurch verdächtig macht, wodurch er nicht weniger schaden
wird, als wenn er gegen den Angeklagten die Wahrheit gesagt
hätte. — Wenn aber der Anwalt nicht weiss, was für eine Absicht der Zeuge hat, so muss er schrittweise seine Gesinnung
sondiren, und ihn stufenweise zu der Antwort führen, die er aus
ihm herauslocken will. Aber manchmal ist es ein bloser Kniff
des Zeugen, erst wie man es wünscht zu antworten, um dann
mit um so grösserer Glaubwürdigkeit das Gegentheil davon zu
sagen. Deshalb muss der Redner einen verdächtigen Zeugen, so
lange es noch nützt, entlassen.

Die Vertheidiger haben es bei der *interrogatio* theils leichter,
theils schwieriger. Schwieriger, weil sie selten vorher wissen
können, was der Zeuge sagen wird. Leichter, weil sie, wenn
der Zeuge zu fragen ist, wissen, was er gesagt hat. Sie müssen
also sorgfältig vorher erforschen, wer für den Clienten als Be-
lastungszeuge auftreten wird, was für Feindschaften er hat, und
aus welchen Veranlassungen, und dies müssen sie in ihrer Rede
vorher anbringen und entkräften, mögen sie nun darthun wollen,
dass die Zeugen von Hass, Neid, Gunst aufgestachelt, oder dass

sie bestochen sind. Wenn es bei der Gegenpartei an einer grösseren Menge von Zeugen fehlt, so wird der Vertheidiger gegen ihre geringe Zahl, wenn es dagegen viele sind, gegen ihre gemeinsame Verabredung, wenn die Gegenpartei niedrige Zeugen vorführt, gegen ihre Verächtlichkeit, wenn mächtige, gegen ihren Einfluss losziehen. Noch nützlicher ist es, die Gründe anzuführen, derentwegen die Zeugen dem Angeklagten schaden, denn gegen das obige lässt sich gleichfalls mit Gemeinplätzen antworten. Bei wenigen und niedrigen Zeugen kann sich der Ankläger seiner Aufrichtigkeit rühmen, dass er nur solche gesucht hat, welche die fragliche That wissen können. Viele und angesehene zu empfehlen, ist noch um vieles leichter. Bisweilen lassen sich auch aus Gesichtspunkten, die den Personen selbst entnommen sind, einzelne Zeugen angreifen, oder als besonders gewichtig hinstellen.

Folgt das Geschäft des Fragens, bei dem man vor allen Dingen den Zeugen und seinen Charakter kennen muss. Ein feiger lässt sich schrecken, ein jähzorniger aufbringen, ein ehrgeiziger anstacheln u. s. w. Ein kluger, consequenter Zeuge muss als trotzig und feindlich entweder gleich entlassen werden, oder durch keine Frage, sondern eine kurze Zwischenrede des Vertheidigers widerlegt, oder durch irgend einen Witz dem Gelächter preisgegeben, oder wenn sich etwas gegen sein Leben sagen lässt, durch die Infamie seiner Vergehungen herabgesetzt werden. Gute und anständige Zeugen muss man bisweilen sehr glimpflich behandeln, indem ein heftiger Angriff auf sie gerade durch ihre Bescheidenheit seine Spitze verliert. Nun liegt alle Befragung entweder innerhalb, oder ausserhalb der Sache. Liegt sie innerhalb der Sache, so wird auch hier der Vertheidiger, wie der Ankläger, oft den Leuten durch weites Ausholen der Frage von ganz unverfänglichem her, und schrittweises Weitergehen, wider ihren Willen ein Geständniss abnöthigen können. Dafür lassen sich aber im einzelnen keine Regeln geben, es ist Sache des eigenen Scharfsinnes und der Uebung hier das richtige zu treffen. Als Beispiele können die geschickten Fragestellungen in den Gesprächen der Sokratiker, namentlich des Plato, betrachtet werden. Mitunter fügt es der Zufall, dass der Zeuge mit sich selbst in Widerspruch geräth, oder noch öfter, dass ein Zeuge dem andern widerspricht. Auch hier kann eine scharfsinnige Fragestellung auf methodischem Wege zu dem führen, was zufällig zu geschehen pflegt.

6

Aber auch ausserhalb der Sache kann man die Zeugen nach vielem nützlichen fragen, über das Leben der andern Zeugen, den einzelnen über das seinige, ob irgend ein Makel oder ein Vorwurf der Niedrigkeit daran haftet, ob eine Freundschaft mit dem Ankläger, Feindschaft mit dem Angeklagten vorhanden ist. Bei einer derartigen Befragung können sie entweder allerlei nützliches sagen, das sich verwerthen lässt, oder sie können bei einer Lüge, auch wohl der Absicht zu schaden, ertappt werden. Aber die Frage muss stets sehr umsichtig gehalten sein, denn oftmals antwortet der Zeuge in feiner Weise gegen den Vertheidiger, und er hat in diesem Falle die Gunst des Publicums für sich. Die Worte der Frage müssen möglichst dem alltäglichen Leben entnommen sein, damit sie der Gefragte (häufig ein ungebildeter Mensch) versteht, und nicht etwa sagt, dass er sie nicht versteht, was für den Fragesteller sehr unangenehm ist. Ein ganz schlechtes Mittel ist es, einen bearbeiteten Zeugen auf die Bank des Gegners zu schicken, damit er von da aus gegen den Angeklagten spreche, oder wenn er durch seine Aussage scheinbar den Angeklagten unterstützt hat, absichtlich allerlei unbescheidenes und anmassendes thue, um dadurch nicht blos seiner Aussage die Glaubwürdigkeit zu entziehen, sondern auch die übrigen nützlichen Zeugen um ihre Autorität zu bringen.

Oft werden von den streitenden Parteien schriftliche und mündliche Zeugenaussagen einander gegenüber gestellt. Dann führt die eine Seite zu ihrem Gunsten den Eidschwur, die andere die Uebereinstimmung der Unterzeichner an. Die eine Seite sagt, bei Zeugen finde sich Wissen und Gewissen, Beweise beruhten auf einer listigen Verstandes-Operation. Die andre Seite sagt, zum Zeugen werde man durch Gunst, Furcht, Geld, Zorn, Hass, Freundschaft, Ehrgeiz; Beweise dagegen würden der Sache entlehnt, bei ihnen glaube der Richter sich selbst, bei jenen einem anderen. Mitunter finden sich auf beiden Seiten Zeugen, und es entsteht die Frage, welches die besseren Menschen sind, wer von beiden glaubwürdigeres gesagt habe, wessen von den streitenden Theilen Ansehen von grösserem Einfluss gewesen sei. Dazu kann man die sogenannten göttlichen Zeugnisse fügen, Weissagungen, Orakel, Omina. Man kann sie im allgemeinen behandeln, in Form einer These, wobei zwischen Stoikern und Epicureern ein fortwährender Streit stattfindet, ob die Welt durch eine Vorsehung regiert wird (man vgl. Theo Progymn. c. 12 bei

Spengel Rhet. Gr. T. II p. 126.), oder im besonderen je nach
den Arten der Divination, in Form der ἀνασκευή und κατασκευή,
denn die Glaubwürdigkeit von Orakeln, Haruspices, Augurn,
Zeichendeutern, Astrologen wird auf verschiedene Weise erhärtet
und widerlegt. Dazu kommen ferner zufällige, in der Trunkenheit, im Schlaf, im Wahnsinn gethane Aeusserungen, oder An-
zeigen kleiner Kinder, von denen die eine Seite sagt, dass sie
nicht lügen, die andere, dass sie nichts beurtheilen können. —
Endlich ist die Unzulänglichkeit der Zeugenaussagen ins Auge
zu fassen. „Du hast Geld gegeben, wer hat es ausgezahlt?
wo? wovon? Du sprichst von Gift, wo habe ich es gekauft?
von wem? wie theuer? durch wen habe ich es gegeben? wer
weiss darum?“ Für das letztere vergl. Cic. pro Cluent. 60,
166 ff.

§. 15.

Von den Indicien.

Den Uebergang von den natürlichen oder unkünstlichen
Beweismitteln zu den künstlichen machen die Indicien, *signa*,
σημεῖα. Viele betrachteten sie als einen Theil der *argumenta*,
unter denen man alles das verstand, worauf der künstliche Beweis
beruht. So noch Cic. de inv. I, 30, 47: *Omne autem probabile,
quod sumitur ad argumentationem, aut signum est aut credibile aut
indicatum aut comparabile. Signum est, quod sub sensum aliquem
cadit et quiddam significat, quod ex ipso profectum videtur, quod
aut ante fuerit aut in ipso negocio aut post consecutum, et tamen
indiget testimonii et gravioris confirmationis, ut cruor, fuga, pallor,
pulvis, et quae his sunt similia.* vgl. Top. 12, 52. Allein Quint.
V, 9 hat sie mit Recht davon getrennt. Denn erstens stehen die
Indicien mehr auf der Stufe der natürlichen oder unkünstlichen
Beweismittel, sie werden nicht vom Richter erfunden, sondern ihm
zugleich mit der Sache selbst gegeben. Zweitens, wenn Indicien
ganz unzweifelhaft sind, hört überhaupt der Streit auf; deshalb
kann man sie aber nicht zu den Beweisgründen im engeren
Sinne, den Argumenten, rechnen, denn diese kommen nur bei
einer streitigen Sache vor. Sind sie aber zweifelhaft, so bedürfen
sie selbst erst eines Beweises.

Die Indicien sind entweder noth wendige, d. h. zwingende,
oder nicht noth wendige d. h. mehr oder minder wahrschein-

liche. Die nothwendigen Indicien, *signa necessaria*, ἄλυτα σημεῖα oder τεκμήρια, haben streng beweisende Kraft und sind unwiderleglich. vgl. Arist. Rhet. I, 2 p. 12. II, 25 p. 120. Anon. Seguer. p. 446: τεκμήριόν ἐστιν εἰκὸς ἄλυτον, οὗ γεγονότος πάντῃ τε καὶ πάντως ἐκείνου τεκμήριον ὑπάρχει. Wo sie vorhanden sind, hört der Streit, wie bereits gesagt, auf (man ist dann am Ende der Darlegung angelangt, daher τεκμήριον von τέκμαρ nach Aristoteles), deshalb liegen sie so gut wie ausserhalb des Bereichs der Kunst. Sie erstrecken sich übrigens über alle Zeiten, und beweisen entweder die Nothwendigkeit einer Sache oder ihre absolute Unmöglichkeit. Nothwendiges Indicium für Vergangenes: ein Weib, das geboren hat, muss nothwendig mit einem Manne Umgang gehabt haben. Für Gleichzeitiges: wenn ein grosser Sturm auf das Meer fällt, so müssen sich Fluthen erheben. Für Zukünftiges: wer ins Herz verwundet ist, muss sterben. Für Unmögliches: wo nicht gesät ist, kann nicht geerndtet werden; wer in Athen ist, kann unmöglich in Rom sein; wer keine Narbe hat, kann unmöglich mit einem Schwerdte verwundet sein. Von den Schlüssen, die auf nothwendigen Indicien beruhen, lassen sich einige umkehren: ein Mensch, der athmet, lebt — ein Mensch, der lebt, athmet. Andre nicht, weil z. B. Jemand, der · geht, sich bewegt, braucht deshalb nicht jeder, der sich bewegt, zu gehen. Ein Weib kann mit einem Manne Umgang gehabt haben, auch wenn sie nicht gebiert; es braucht kein Sturm auf dem Meere zu sein, wenn die Fluth geht; es braucht nicht jeder, der stirbt, ins Herz verwundet zu sein; desgleichen kann gesät sein, auch wenn es keine Erndte giebt; wer nicht in Rom war, braucht nicht in Athen gewesen zu sein; wer eine Narbe hat, braucht nicht mit dem Schwerdte verwundet worden zu sein.

Andre Indicien sind n i c h t n o t h w e n d i g, blos *probabilia*, εἰκότα, σημεῖα schlechthin. Man sagte hier wohl auch statt signum - *indicium* oder *vestigium*. Sie reichen allein nicht aus, einen Zweifel zu beseitigen, vermögen aber viel im Verein mit dem übrigen. Blut kann von einem Opfer aufs Kleid gespritzt sein, man kann aus der Nase geblutet haben, es braucht also nicht jeder, der ein blutiges Kleid hat, auch einen Menschen getödtet zu haben. Aber wenn der betreffende mit dem getödteten verfeindet war, wenn er ihm gedroht hat, sich mit ihm an demselben Orte befand, so macht das neu hinzutretende Indicium des blutigen Kleides, dass das, was bisher verdächtig war, nun-

mehr als gewiss erscheint. Uebrigens lassen sich manche Indicien verschiedentlich deuten. So kann die bleiche Farbe und
der geschwollene Körper von Gift herrühren, aber auch eine
Folge schlechter Verdauung sein, eine Wunde auf der Brust
kann von eigner, auch von fremder Hand beigebracht sein.

Zu den nicht nothwendigen Indicien rechnete Hermagoras
auch Schlüsse, wie folgende: „Atalante*) ist keine Jungfrau,
weil sie mit Jünglingen die Wälder durchstreift". Dann kann
man aber alles, was aus einer That abgeleitet wird, zum Indicium machen. Als die Areopagiten einen Knaben verurtheilten,
der Wachteln die Augen ausgestochen hatte, so beruhte ihr Urtheil wohl darauf, dass sie seine Handlungsweise für das Indicium einer sehr gefährlichen Sinnesweise hielten, die, wenn der
Knabe herangewachsen wäre, vielen zum Schaden gereichen
könnte. Die Popularität eines Sp. Maelius und M. Manlius wurde
für ein Indicium gehalten, dass diese Männer nach der Königswürde gestrebt hätten. Aber auf diesem Wege kann man zu
weit gehen. Wenn es bei einer Frau als indicium des Ehebruchs
gelten soll, dass sie sich mit Männern badet, so kann das Zu-
sammenspeisen mit Jünglingen, überhaupt ein inniges Freund-
schaftsverhältniss mit Jemandem ebenso gut dafür angesehen
werden.

Nothwendige Indicien sind natürlich dann zu widerlegen,
wenn sich zeigen lässt, dass sie auf einer falschen Angabe des
Thatbestandes beruhen. So des Clodius angebliches Alibi in
Interamna. Die nicht nothwendigen Indicien lassen sich leicht
widerlegen, insbesondere durch andere Deutung, wenn man eine
Erklärung für sie angiebt, in Folge deren das verdächtige und
gravirende derselben wegfällt**).

---

*) Atalante ist Gegenstand einer ausführlichen ἀνασκευή und
κατασκευή des Nicephorus bei Walz. Rh. Gr. T. I. p. 449 ff.

**) Arist. Rhet. II, 23 p. 113, 4: τὸ λέγειν τὴν αἰτίαν τοῦ παρα-
δόξου. ἔστι γάρ τι δι᾽ ὃ φαίνεται. οἷον ὑποβεβλημένης
τινὸς τὸν αὐτῆς υἱὸν διὰ τὸ ἀσπάζεσθαι ἐδόκει συνεῖναι
τῷ μειρακίῳ, λεχθέντος δὲ τοῦ αἰτίου ἐλύθη ἡ διαβολή.
Plut. de sera num. vind. c. 21 p. 563 A: γυνή τις Ἑλληνὶς
τεκοῦσα βρέφος μέλαν, εἶτα κρινομένη μοιχείας, ἐξανεῦρεν
αὐτὴν Αἰθίοπος οὖσαν γενεὰν τετάρτην.

§. 16.
Der künstliche Beweis. Epicheirem und Enthymem.

Quintilian V, 8 schickt seiner Darstellung des künstlichen
Beweises erst einige allgemeine Bemerkungen vorauf. Bei jeder
Frage nämlich handelt es sich entweder um eine Sache, oder
eine Person. Daher können die Fundstätten der Beweise nur
in dem gesucht werden, was sich mit den Sachen, oder Personen
zuträgt, und dies lässt sich entweder an und für sich betrachten,
oder in Beziehung auf etwas anderes gesetzt werden. Jeder
Beweis wird ferner aus dem genommen, was aus einer Sache
folgt, oder aus dem, was ihr widerspricht, und dies kann man
entweder aus dem vergangenen, oder dem gleichzeitigen, oder
dem, was darauf folgt, herholen. Jede Sache kann immer nur
aus einer andern bewiesen werden, die entweder grösser, oder
gleich, oder kleiner sein muss. Beweisgründe lassen sich entweder in Fragen finden, die auch getrennt vom Complex der
Dinge und Personen für sich betrachtet werden können, oder in
der Sache selbst, wenn man in ihr Momente auffindet, die für
den Gegenstand der Untersuchung von Belang sind. Alle Beweise
sind ferner entweder zwingende *(argumenta necessaria)*, oder
wahrscheinliche *(probabilia.* εἰκός ἐστιν οὖ λεγομένου παραδείγματα ἐν ταῖς διανοίαις ἔχουσιν οἱ ἀκούοντες, Anaxim. 7,
p. 192), oder blos mögliche *(non repugnantia)*. Und bei allen
Beweisen findet ein vierfaches logisches Verhältniss statt. Erstens,
weil etwas ist, ist etwas anderes nicht — es ist Tag, folglich
ist es nicht Nacht. Zweitens, weil etwas ist, ist auch etwas
anderes — die Sonne steht über der Erde, es ist Tag. Drittens,
weil etwas nicht ist, so ist etwas anderes — es ist nicht Nacht,
folglich ist es Tag. Viertens, weil etwas nicht ist, so ist auch
etwas anderes nicht — er ist nicht mit Vernunft begabt, und
ist folglich kein Mensch.

Bei der Lehre vom Beweise kam eine etwas schwankende
Terminologie zur Anwendung. Der allgemeine Ausdruck für den
einzelnen Beweis ist zunächst πίστις d. h. eine Vernunftoperation,
die mittelst des Gewissen dem Ungewissen eine nicht leicht zu
bezweifelnde Glaubwürdigkeit verschafft. Die πίστεις sollten nun
ἐνθυμήματα, ἐπιχειρήματα und ἀποδείξεις unter sich befassen.
Davon ist ἀπόδειξις ein wirklich evidenter Beweis mit mathe-
matischer Sicherheit, ganz abgesehen davon, wie weit er sich
in seiner Form an den logischen Syllogismus anschliesst. Anon.

Seguer. p. 445: διαφέρει δὲ πίστις ἀποδείξεως, ὅτι ἡ μὲν ἀπόδειξις ἀληϑῆ ἔχει τὰ λήμματα καὶ τὴν συναγωγὴν ὑγιῆ, ἡ δὲ πίστις οὔτε ἀληϑὴς οὔτε πιϑανὴ καὶ φαίνεται μὲν συνάγειν, οὐ συνάγει δέ, καὶ ἡ μὲν τοῖς φιλοσόφοις ἁρμόζουσα μᾶλλον, ἡ δὲ τοῖς
ῥήτορσι. Diese Stelle sei wegen der Begriffsbestimmung von
ἀπόδειξις angeführt, nicht wegen des in ihr über πίστις gesagten.
Vgl. Gell. N. A. XVII, 5, 5. Als allgemeiner Ausdruck wird
πίστις von Aristoteles gebraucht. Die Lateiner sagen dafür
argumentum oder *argumentatio* und definiren dasselbe wie folgt:
Cic. Top. II, 8: *argumentum est oratio, quae rei dubiae faciat
fidem.* de inv. I, 29, 44: *argumentatio videtur esse inventum
aliquo ex genere rem aliquam aut probabiliter ostendens aut ne-
cessarie demonstrans.* Quint. V, 10, 11: *argumentum est ratio
probationem praestans, qua colligitur aliud per aliud, et quae, quod
est dubium, per id, quod dubium non est, confirmat.* Der bei Fortun.
p. 115 aufgestellte Unterschied: „argumenta ea sunt, quibus causa
approbatur, argumentatio vero est oratio, qua argumenta ipsa
verbis explicantur," wird keineswegs durchgängig beachtet.

Nun wird nach Aristoteles jeder Beweis, der subjective
Ueberzeugung hervorbringt, entweder durch Induction, oder
durch Syllogismus, durch Beispiele oder durch Schlüsse her
vorgebracht. So auch in der Rhetorik. Hier zerfallen die πίστεις in ἐνϑυμήματα und παραδείγματα, und zwar ist ἐνϑύμημα der
rhetorische Schluss, παράδειγμα die rhetorische Induction. Rhet. I,
2 p. 9: καλῶ δ᾽ ἐνϑύμημα μὲν ῥητορικὸν συλλογισμόν, παράδειγμα δὲ
ῥητορικὴν ἐπαγωγήν. Weiter setzt Aristoteles II, 22 auseinander,
dass die Enthymeme in zwei Klassen zerfallen, in solche, die
beweisen, dass etwas sei oder nicht sei, und in widerlegende.
Sie verhalten sich zu einander, wie in der Dialektik der συλλογισμός zum ἔλεγχος. Das beweisende Enthymem ist Deduction
aus zugegebenem, das widerlegende legt das nicht zugestandene
durch Schlüsse dar. Die widerlegenden Enthymeme, sagt er c.
23 p. 114, machen mehr Glück als die beweisenden, weil bei
ihnen die Gegensätze schärfer hervortreten und durch ihre Nebeneinanderstellung dem Zuhörer klarer werden. vgl. III, 17 p. 158:
τῶν δὲ ἐνϑυμημάτων τὰ ἐλεγκτικὰ μᾶλλον εὐδοκιμεῖ τῶν δεικτικῶν,
ὅτι ὅσα ἔλεγχον ποιεῖ, μᾶλλον δῆλον ὅτι συλλελόγισται· παράλληλα
γὰρ μᾶλλον τἀναντία γνωρίζεται.

Aus Aristoteles schöpfte Cic. de inv. I, 31, 51, wenn er sagt,
jeder Beweis müsse seiner Form nach entweder auf dem Wege

der Induction, oder nach Art eines Schlusses (*per ratiocinationem*) behandelt werden. Darauf spricht er ausführlich über die Induction. Er definirt sie als *oratio, quae rebus non dubiis captat assensionem eius, quicum instituta est; quibus assensionibus facit, ut illi dubia quaedam res propter similitudinem earum rerum, quibus assensit, probetur* — und giebt dafür ein herrliches Beispiel aus einem Dialoge des Sokratiker Aeschines. Bei diesem führt Sokrates die Aspasia in einem Gespräch mit Xenophons Gemahlin und mit Xenophon selber ein: Sage mir gefälligst, o Frau des Xenophon, wenn deine Nachbarin besseres Geld hätte, als du hast, würdest du lieber ihres oder deines wollen? Ihres, sagte sie. Oder wenn sie ein Kleid und den sonstigen weiblichen Putz von grösserem Werthe hätte, als du hast, würdest du lieber ihren oder deinen mögen? Sie antwortete, sicherlich ihren. Nun gut, sprach sie, wenn sie einen besseren Mann hätte, als du hast, würdest du lieber deinen Mann oder ihren haben wollen? Hier erröthete die Frau*). Aspasia wandte sich aber in ihrer Rede an Xenophon selbst. Sage mir, lieber Xenophon, wenn dein Nachbar ein besseres Pferd hätte, als das deinige ist, würdest du lieber dein Pferd oder seines wollen? Seines, antwortete er. Und wenn er ein besseres Grundstück hätte, als du hast, welches Grundstück würdest du vorziehen? Jenes bessere natürlich, sprach er. Nun, und wenn er eine bessere Frau hätte, als du hast, würdest du seine vorziehen? Hier schwieg auch Xenophon. Darauf fuhr Aspasia fort, weil ihr mir beide gerade auf das nicht antwortet, was ich allein hören wollte, so will ich jetzt sagen, was ihr beide denkt. Du, Frau, willst den besten Mann haben, und du, Xenophon, die ausgezeichnetste Frau. Wenn ihr es also nicht dahin bringt, dass es weder einen besseren Mann, noch eine ausgezeichnetere Frau auf Erden giebt, so werdet ihr auch wahrlich immer dasjenige, was ihr für das beste halten werdet, sehnlich herbei wünschen, dass du der Mann der besten Frau und du die Frau des besten Mannes seist. An dieses Beispiel knüpft Cicero folgende Vorschriften. Erstens das, was wir induciren, muss derartig sein, dass es nothwendig zugegeben

---

*) Quint. V, 11, 29 sagt mit Bezug hierauf: *hic mulier erubuit, merito; male enim responderat, se malle alienum aurum quam suum; nam est id improbum. At si respondisset, malle se aurum suum tale esse, quale illud esset, potuisset pudice respondere, malle se virum suum talem esse, qualis melior esset.* Man müsse eben bei derartigen Fragen mit der Antwort vorsichtig sein.

werden muss. Zweitens muss das, was durch Induction bewiesen werden soll, den vorher als unzweifelhaft eingeführten Dingen ähnlich sein. Drittens darf man nicht merken lassen, wohinaus man mit seinen Inductionen will, damit nicht der Gegner alsbald durch nicht-antworten oder schlecht-antworten die ganze Sache verdirbt. Zuletzt wird er entweder zugeben, oder leugnen, oder schweigen. Giebt er zu, so ist die Sache erledigt, und die Schlussfolgerung einfach zu vollziehen; leugnet er, so muss entweder die Aehnlichkeit mit den vorher zugestandenen Dingen aufgezeigt, oder eine andere Induction angewandt werden; schweigt er, so muss man entweder eine Antwort aus ihm herauslocken, oder sein Schweigen für eine Zustimmung nehmen und die Schlussfolgerung vollziehen. So zerfällt also die ganze Beweisführung durch Induction in drei Theile; der erste besteht aus einer oder mehreren Aehnlichkeiten; der zweite aus dem, was wir zugestanden haben wollen, dessentwegen die Aehnlichkeiten vorgebracht sind; der dritte aus der Schlussfolgerung, welche entweder das Zugeständniss bestätigt, oder zeigt, was sich daraus ergiebt. Cicero veranschaulicht dann auch an einem praktischen Beispiele die rhetorische Behandlung der Induction, und nimmt dazu den bekannten Vorfall mit Epaminondas, welcher seinem gesetzlichen Amtsnachfolger das Heer nicht übergab und während der wenigen Tage, dass er den Oberbefehl ohne gesetzliche Befugniss behalten hatte, die Lacedaemonier aufs Haupt schlug. Hier kann der Ankläger, indem er dem Buchstaben des Gesetzes gegenüber die Absicht hervorhebt, sich folgender Induction bedienen: „Wenn Epaminondas, ihr Richter, das, was nach seiner Behauptung die Absicht des Gesetzgebers war, zum Gesetz hinzuschreiben und folgende Ausnahme daran knüpfen wollte, ,ausser wenn Jemand im Interesse des Staates sein Heer nicht übergiebt,' würdet ihr das dulden? Ich glaube nicht. Wenn ihr nun selbst, was freilich bei eurer Gewissenhaftigkeit und Einsicht nicht leicht möglich ist, zu seiner Ehre eben diese Ausnahme ohne vom Volke autorisirt zu sein, dem Gesetze wolltet hinzufügen lassen, würde dies das Thebanische ¡Volk‟¡ geschehen lassen? Keineswegs. Sich also nach dem, was zum Gesetze nicht hinzugefügt werden darf, so richten, als ob es hinzugefügt sei, das wolltet ihr gut heissen? Ich kenne eure Einsicht, ihr Richter, es kann dies eure Meinung nicht sein. Wenn nun aber weder von euch, noch von jenem die Absicht des Gesetz-

gebers schriftlich· verbessert werden kann, so sehet zu, ob es
nicht viel unwürdiger ist, thatsächlich und durch euren Urtheilsspruch das zu ändern, was nicht einmal mit einem Worte geändert werden kann." Derartige Inductionen werden aber in
den wirklichen Reden nur selten vorkommen, da sie leicht den
Anstrich einer gewissen absichtlichen Künstlichkeit verrathen
würden. Man begnügt sich in der That mit der Anführung von
Beispielen, aus denen dann Schlüsse gezogen werden.

Wenn in der Rhetorik des Aristoteles die πίστεις in ἐνθυμήματα und παραδείγματα zerfallen, so ist dies dieselbe Eintheilung, in welche bei späteren Rhetoren die ἐπιχειρήματα zerfallen, vgl. Apsin. 10 p. 376. Minucian. p. 418. Demnach erscheinen πίστεις und ἐπιχειρήματα synonym, was denn auch die
Definition des Minucianus bestätigt: ἐπιχειρήματά ἐστι τὰ πρὸς
πίστιν τοῦ ὑποκειμένου ζητήματος λαμβανόμενα. Im Grunde ist
ja ἐπιχείρημα das, was man in die Hand nimmt, also gleichsam
die Handhabe, deren man sich bedient um etwas zu beweisen.
Dies ist aber offenbar ein zu Hülfe genommener Gedanke. Daher
hatte Celsus ganz Recht, wenn er, wie uns Quint. V, 10, 4 berichtet, unter Epicheirem *non nostram administrationem, sed ipsam
rem quam aggredimur, id est argumentum, quo aliquid probaturi
sumus, etiamsi nondum verbis explanatum iam tamen mente conce-
ptum* — verstand. Wann und durch wen der Ausdruck ἐπιχείρημα
zuerst in die Rhetorik aufgenommen ist, lässt sich, wie es scheint,
nicht mehr ermitteln. Corn. II, 2, 2 kennt ihn bereits in dem
eben angeführten allgemeineren Sinne von πίστις, denn er übersetzt ἐπιχειρήματα durch *argumentationes* (*argumentationes, quas
Graeci ἐπιχειρήματα appellant*). Gewöhnlich aber verstand man
unter Epicheirem eine vollständig ausgeführte Art des
Beweises mit mindestens drei Sätzen, Obersatz, Untersatz und Schlusssatz, also einen vollständigen rhetorischen Syllogismus, und in diesem Sinne ist der Ausdruck auch in die neueren
Lehrbücher der Rhetorik übergegangen. Quint. l. l.: *propria eius
appellatio et maxime in usu est posita, qua significatur certa quaedam sententiae comprehensio, quae ex tribus minimum partibus constat.* Vgl. Ernesti init. rhet. c. 10 §. 121. Der Unterschied
zwischen Epicheirem und Syllogismus beruht also darauf, dass
beim Syllogismus die Reihenfolge der drei Sätze eine bestimmte,
beim Epicheirem dagegen eine freie ist, demnächst dass beim
Syllogismus nur wahres aus wahrem, beim Epicheirem dagegen

oft nur glaubliches gefolgert wird, dass endlich die verschiedenen Unterarten des Syllogismus beim Epicheirem wegfallen. Quint. V, 14, 14.

Wie nun das Epicheirem der vollständige rhetorische Syllogismus ist, so Enthymem der unvollständige. Der Name hat eine doppelte Bedeutung, wenigstens gab man eine doppelte Erklärung desselben. Entweder leitete man ihn davon ab, dass der Redner ihn erdenkt, erfindet, oder davon, dass der Zuhörer das, was bei ihm zu einem vollständigen, logischen Schlusse fehlt, dazuzudenken hat. Minue. p. 419: τὰ δὲ ἐνθυμήματα ὠνόμασται ἢ ὅτι ὁ ῥήτωρ αὐτὸς αὐτὰ εὔρηκε καὶ ἐνθυμεῖται, ἢ ὅτι προσενθυμεῖσθαι τοῖς δικασταῖς, εἴ τι ἐλλείποι, καταλείπει. ἔχουσι δὲ ἐλλείματα οἱ ῥητορικοὶ συλλογισμοί, καὶ ταύτῃ διαφέρουσι τῶν ἐν φιλοσοφίᾳ συλλογισμῶν, ὅτι οἱ μὲν τὰ συμπεράσματα ἐπάγουσιν, οἱ δὲ τὸ συμπεραινόμενον ἐκ τῶν προτάσεων καὶ κατασκευῶν τῷ δικαστῇ προσενθυμηθῆναι καταλείπουσιν. Dieser doppelten Namensdeutung gemäss verstand man nun unter Enthymem theils das Beweismittel selbst, d. h. den Gedanken, der angewandt wird, um etwas anderes zu beweisen, theils die Darstellung des Beweises. Letzteres war das gewöhnliche. In diesem Sinne giebt es zwei Arten von Enthymemen, wie schon oben aus Aristoteles mitgetheilt wurde. Die eine Art ist das Enthymem *ex consequentibus*, aus folgendem. Man giebt einen Satz und schliesst daran sofort seine Begründung. So bei Cic. pro Lig. 6, 19: *causa tum dubia, quod erat aliquid in utraque parte, quod probari posset: nunc melior ea iudicanda est, quam etiam dii adiuverunt.* Hier ist Vordersatz und Grund, ohne Schluss, also ein unvollständiger Syllogismus. Oder Cic. pro. Mil. 6, 15: *mihi vero Cn. Pompeius non modo nihil gravius contra Milonem iudicasse, sed etiam statuisse videtur, quid vos in iudicando spectare oporteret. nam qui non poenam confessioni, sed defensionem dedit, is causam interitus quaerendam, non interitum putavi.* Die zweite Art ist das Enthymema *ex pugnantibus*, aus widersteitendem, ein viel stärkerer und wirksamerer Beweis. Ein Beispiel giebt gleichfalls die Miloniana c. 29, 79: *eius igitur mortis sedetis ultores, cuius vitam, si putetis per vos restitui posse, nolitis.* Diese Art des Beweises lässt sich natürlich vervielfältigen. So in derselben Rede c. 16, 41: *quem igitur cum omnium gratia noluit, hunc voluit cum aliquorum querella? quem iure, quem tempore, quem impune non est ausus, iniuria, iniquo loco, alieno tempore, cum peri-*

culo capitis non dubitavit occidere? Für die beste Art des Enthymems gilt diejenige, bei welcher einem ähnlichen oder conträren Satze die Begründung hinzugefügt wird, wie bei Demosth. in Androt. c. 7 p. 595: οὐ γὰρ εἴ τι πώποτε μὴ κατὰ τοὺς νόμους ἐπράχθη, σὺ δὲ τοῦτ᾽ ἐμιμήσω, διὰ τοῦτ᾽ ἀποφύγοις ἂν δικαίως· ἀλλὰ πολλῷ μᾶλλον ἁλίσκοιο. ὥσπερ γὰρ, εἴ τις ἐκείνων προῆλω, σὺ τάδ᾽ οὐκ ἂν ἔγραψας, οὕτως, ἂν σὺ νῦν δίκην δῷς, ἄλλος οὐ γράψει. contr. Stephan. I, 52 p. 1117: ἄτοπον πάντων τὰ ψευδῆ μαρτυρησάντων, τίς μάλιστα ἔβλαψεν ἀποφαίνειν, ἀλλ᾽ οὐχ ὡς αὐτὸς ἕκαστος ἀληθῆ μεμαρτύρηκε δεικνύναι. οὐ γάρ, ἂν ἕτερον δείξῃ δεινότερα εἰργασμένον, ἀποφεύγειν αὐτῷ προσήκει, ἀλλ᾽ ἂν αὐτὸς ὡς ἀληθῆ μεμαρτύρηκεν ἀποφήνῃ.

Das Enthymema ex pugnantibus wurde von einigen κατ᾽ ἐξοχήν Enthymem genannt. Cic. Top. 13, 55. Quint. V, 10, 2: *pluresque invenies ea opinione, ut id demum, quod pugna constat, enthymema accipi velint, et ideo illud Cornificius contrarium appellat.* vgl. V, 14, 2. Cornif. IV, 18, 25 behandelt das contrarium unter den Figuren, und versteht darunter *quod ex rebus diversis duabus alteram breviter et facile confirmat* — mit dem Beispiele: *nam qui suis rationibus inimicus fuerit semper, eum quo modo alienis rebus amicum fore speres?* — und legt dieser Figur eine grosse Kraft der Ueberzeugung bei. Auch Quint. IX, 2, 106 erwähnt das contrarium unter den Figuren nach Rutilius Lupus: ἐναντιότητα, *unde sint enthymemata* κατ᾽αἰτίασιν, wofür Kayser zu Cornif. S. 291 (der übrigens eine reiche Anzahl von Beispielen derartiger Enthymeme nachweist) ἐνθ. κατ᾽ ἐναντίωσιν vermuthet. Man beachte vor allem Anaxim. 10 p. 197: ἐνθυμήματα δέ ἐστιν οὐ μόνον τὰ τῷ λόγῳ καὶ τῇ πράξει ἐναντιούμενα, ἀλλὰ καὶ τοῖς ἄλλοις ἅπασι. Hierdurch erhalten die Worte des Cornificius das nöthige Licht. Spengel bemerkt dazu S. 162: „Aristoteli ἐνθύμημα genus probationis est, ῥητορικὸς συλλογισμός, quaevis sententia, cui ratio addita est, Rhet. I, 2. II, 21—2, Anaximeni, ut Isocrati aliisque oratoribus, species, sententia, cui qualiscunque, ἐναντίωσις inest.“ Noch ist zu erwähnen, dass Quintilian für ἐνθύμημα die Lateinischen Ausdrücke *commentum* oder *commentatio* vorschlägt. V, 10, 1. Einige Rhetoren nannten das Enthymem einen Syllogismus, andere richtiger den Theil eines Syllogismus, *propterea quod syllogismus utique conclusionem et propositionem habet et per omnes partes efficit, quod proposuit, enthymema tantum intenta intellegi contentum sit.* Wenn aber der vollständige Syllogismus lautet: „Die Tugend allein ist ein Gut, denn nur das ist ein Gut, was Niemand schlecht anwenden kann. Niemand kann die Tugend schlecht anwenden, folglich ist die Tugend ein Gut" — so lautet das Enthymema ex consequentibus: „die Tugend ist ein Gut, da sie Niemand schlecht anwenden kann." Wenn der Syllogismus lautet: „das Geld ist kein Gut, denn was ein jeder schlecht anwenden kann, ist kein Gut; Geld kann man schlecht anwenden, folglich ist Geld kein Gut" — so lautet das Enthymema ex pugnantibus: „Ist das Geld ein Gut, das jeder schlecht anwenden kann?"

Als vollständiger Syllogismus besteht also das Epicheirem aus drei Sätzen, aus Obersatz *intentio*, Untersatz *assumptio*, und Schlusssatz *connexio*. Man kann aber das Epicheirem noch dadurch erweitern, dass man eine Begründung des Vordersatzes und einen Beweis des Untersatzes hinzufügt. So erhält das erweiterte Epicheirem fünf Sätze. Ueber diese erweiterte Form handelt Cicero sehr ausführlich mit Beispielen de inv. I, 34 ff. Er nennt die fünf Sätze oder Theile *propositio, propositionis approbatio, assumptio, assumptionis approbatio, complexio*. Wenn er nun weiter bemerkt, da bisweilen der Vordersatz keiner Begründung, der Untersatz keines Beweises bedürfe, auch wohl kein Schluss nöthig sei, so könne die Argumentatio auch vier, drei und zweitheilig sein — ein Beispiel einer *argumentatio bipertita* lautet: „si peperit, virgo non est, peperit autem," denn hier könne man den Schlusssatz als selbstverständlich fort lassen, es sei auch gerade ein sorgfältig zu vermeidender Fehler, etwas völlig klares in den Schlusssatz hineinzubringen — so müssen wir uns erinnern, dass *argumentatio* das genus ist, welches Epicheirem und Enthymem in sich befasst. Auch Cornif. II, 18, 28 kennt fünf Theile der vollkommenen argumentatio. Er nennt sie *propositio, ratio, rationis confirmatio, exornatio, complexio*. Dass je nach Umständen einige Theile fortgelassen werden können, bemerkt er §. 38. Als Beispiel einer vollkommenen argumentatio giebt er den Beweis, dass Ulysses Grund gehabt habe, den Ajax zu tödten. Da es sehr fein ausgearbeitet ist, so möge es hier Platz finden: „inimicum enim acerrimum de medio tollere volebat, a quo sibi non iniuria summum periculum metuebat; videbat illo incolumi se incolumem non futurum; sperabat illius morte se salutem sibi comparare; consueverat, si iure non potuerat, quavis iniuria inimico exitium machinari: cui rei mors indigna Palamedis testimonium dat. ergo et metus periculi hortabatur eum interimere, a quo supplicium verebatur, et consuetudo peccandi maleficii suscipiendi removebat dubitationem. omnes enim cum minima peccata cum causa suscipiunt, tum vero illa, quae multo maxima sunt maleficia, aliquo certe emolumento ducti suscipere conantur. si multos induxit in peccatum pecuniae spes, si complures se scelere contaminarunt imperii cupiditate, si multi leve compendium fraude maxima commutarunt, cui mirum videbitur istum a maleficio propter acerrimam formidinem non temperasse? virum fortissimum integerrimum inimicitiarum persequentissimum iniuria lacessitum ira exsuscitatum homo timidus nocens conscius sui peccati insidiosus inimicum incolumen esse noluit: cui tandem hoc mirum videbitur? nam cum feras bestias videamus alacres et erectas vadere, ut alterae bestiae noceant, non est incredibile putandum istius quoque animum ferum crudelem atque inhumanum cupide ad inimici perniciem profectum, praesertim cum in bestiis nullam neque bonam neque malam rationem videamus, in isto plurimas et pessimas rationes semper fuisse intellegamus. si ergo pollicitus sum me daturum causam, qua inductus Ulixes accesserit ad maleficium, et si inimicitiarum acerrimam rationem et periculi metum intercessisse demonstravi, non est dubium, quin confiteatur causam maleficii fuisse."

Nun ist aber bei den drei Theilen oder Sätzen des Epicheirems die Form nicht immer dieselbe, Quint. V, 14, 10. Sondern erstens wird dasselbe geschlossen, was im Vordersatz enthalten ist. „Die Seele ist unsterblich; denn alles, was sich von selbst bewegt, ist unsterblich, die Seele aber bewegt sich von selbst, folglich ist die Seele unsterblich." Hierbei ist der Vordersatz zweifelhaft, und um dessen Wahrheit handelt es sich eben. Zweitens der Schlusssatz gleicht nicht dem Obersatz, aber hat gleiche Bedeutung: „der Tod berührt uns nicht, denn was aufgelöst ist, hat keine Empfindung, was aber keine Empfindung hat, berührt uns nicht." Drittens, Obersatz und Schlusssatz sind verschieden: „Alles beseelte ist besser als das unbeseelte, nichts ist aber besser als die Welt, folglich ist die Welt beseelt." Obersatz und Untersatz können beide entweder wahr, oder erst zu beweisen sein.

Die Widerlegung der Epicheireme behandelt ausführlich Cic. de inv. I, 42, 79 ff., in der Kürze Quint. §. 20. Man kann einen von den drei Sätzen derselben, oft alle zusammen angreifen, und zwar durch alle die Mittel, die bei der Widerlegung zur Anwendung kommen. Insbesondere wird der Schlusssatz angegriffen, wenn er etwas andres schliesst, als aus seinen Praemissen folgt, oder wenn man zeigt, dass er den eigentlich fraglichen Punkt nicht berührt. Es würde ein falscher Schluss sein: „insidiator iure occiditur; nam qui curavit, ut vim afferret ut hostis, debet etiam repelli ut hostis; recte igitur Clodius ut hostis occisus est." — denn es ist ja noch nicht gezeigt, dass Clodius einen Hinterhalt gelegt habe. Ein richtiger Schlusssatz würde sein: „recte igitur insidiator ut hostis occiditur" — aber wir können ihn nicht brauchen, aus dem eben angegebenen Grunde. Wenn bei wahrem Ober- und Untersatz der Schlusssatz dennoch falsch sein kann, so kann er, wenn jene beiden Sätzen falsch sind, natürlich nie wahr sein.

Zuviel nackte Epicheireme und ein Anhäufen von Enthymemen müssen in einer Rede vermieden werden, um sie dadurch nicht steif, langweilig und unschön zu machen. Grosse Redner haben sich vor diesem Fehler sorgfältig gehütet. Auch darf man nicht etwa grundsätzlich alle Epicheireme auf dieselbe Weise behandeln und ausführen wollen. Cic. de inv. I, 41, 76. Quint. V, 14, 27.

§. 17.

Die Topik der Beweise.

Welche Schlüsse und Beweise aus einem vorliegenden Stoffe zu einer Begründung oder Widerlegung zu entnehmen sind, muss dem Redner sein Nachdenken an die Hand geben. Die Rhetorik begnügt sich, die allgemeinen Kategorien oder Fundörter, loci, τόποι anzugeben, von denen aus Beweise gewonnen werden. Sie giebt also eine Topik der Beweise, und ertheilt den Rath, sich dieses ganze Gebiet durch fortgesetzte Uebung vollkommen zu eigen zu machen, um es in jedem einzelnen Falle sofort selbständig anwenden und erweitern zu können, da eine blos theoretische Kenntniss hier so gut wie gar nichts helfe. Quint. V, 10, 125. Cic. de orat. II, 10. 34.

Die bei den Beweisen in Betracht kommenden Topen sind mit ziemlicher Vollständigkeit, aber in einer wenig übersichtlichen Ordnung, rein empirisch zusammengestellt und durch Beispiele erläutert von Aristoteles, Rhet. II, 23 ff. Bei einzelnen der späteren Griechischen Rhetoren ist die Aufzählung der Topen eine keineswegs vollständige und dabei ziemlich willkürliche. Apsin. 10 p. 376 sagt: πᾶν ἐνθύμημα γίνεται ἢ ἀπὸ ἐλάττονος, ἢ ἀπὸ παρακειμένου, ἢ ἀπὸ ἐναντίου, ἢ ἀπὸ μείζους, ἢ κατὰ ἐναντίωσιν κρίσεως ἐνδόξου, ἢ συλλογιστικῶς, ἢ ἐκ διλημμάτων, ὅταν δύο ἐναντία θεὶς ἐξ ἀμφοῖν ἕλῃς, ἢ ἀπὸ οὐσίας, ἢ ἀπὸ τῶν ἐνδεχομένων, ἢ κατὰ πρόσληψιν, ἢ ἐκ τοῦ ἐκλειφθέντος, ἢ ἐξ ἀκολούθου συλλογιστικῶς, ἢ ἐκ μάχης. Der Beweisort ἀπὸ τοῦ ἐλάσσονος ist seiner Natur nach vergrössernd; man kann ihn entnehmen von der Person, von der Sache, von der Zeit, dem Orte, der Art und Weise. Beispiel für letzteres: „ihr hasst die Mörder; wenn es nun an sich schon schrecklich ist, einen Menschen zu tödten, um wie viel mehr, wenn es durch Feuer geschieht?“ Minuc. p. 419 giebt folgende Oerter für das Enthymema an: ἀπὸ τῆς αἰτίας, ἀπὸ τοῦ τίνος ἕνεκα, ἀπὸ τῆς ἰδιότητος, ἀπὸ πηλικότητος, ἀπὸ τῆς ποσότητος, ἀπὸ προσώπου, καιροῦ, τόπου, τρόπου, διαφορᾶς, ὅρου, ἀπὸ τοῦ ἐλάττονος, ἀπὸ τοῦ μείζονος, ἀπὸ τοῦ ἀντικειμένου, ἀπὸ τοῦ ἐναντίου, ἀπὸ τοῦ μαχομένου, ἀπὸ ἐκβάσεως, ἀπὸ τοῦ ἐμπεριεχομένου, ὕλης, ἀφορμῶν, ἀπὸ τῶν παρεπομένων, ἀπὸ τοῦ ἅμα, ἀπὸ γένους, ἀπὸ τοῦ εἴδους, ἀπὸ τοῦ καθόλου, ἀπὸ κρίσεως καὶ ὀνόματος, ἀπὸ συγκρίσεως καὶ ἀναπλασμοῦ, ἀπὸ τοῦ πρός τι, ἀπὸ τοῦ μέρους ἐπὶ τὸ ὅλον, ἀπὸ τοῦ ὅλου ἐπὶ τὸ μέρος, ἀπὸ τῶν πρὸ τοῦ πράγματος, ἀπὸ τῶν μετὰ τὸ πρᾶγμα. Man vgl. ferner Anon. Seguer. p. 448 ff.

Bei Cicero dagegen und Quintilian sind die Topen nach Anleitung der wohl später als die Rhetorik verfassten Aristotelischen Topik in eine gewisse Ordnung und Uebersicht gebracht, die wir schon oben S. 86, zu Anfang von §. 16 angedeutet haben. Danach sind die Topen entweder concrete, der Person oder Sache entlehnte, oder abstract logische, Definition, Partition, Etymologie und Kategorie des Zusammenhanges mit dem fraglichen Punkte im weitesten Sinne des Wortes („locus, qui constat ex eis rebus, quae quodammodo affectae sunt ad id, de quo ambigitur.“ Cic. Top. 9, 38). Letztere hat mindestens dreizehn Unter-Kategorien, nämlich 1) ex coniunctis, ex coniugatione. 2) ex genere. 3) ex parte. 4) ex similitudine. 5) ex dissimilitudine. 6) ex contrariis. 7) ex praecurrentibus, antecessio. 8) ex repugnantia. 9) ex consequentibus. 10) ex consentaneis. 11) ex causis rerum, rerum efficientium. 12) ex iis, que sunt orta de causis, rerum effectarum. 13) ex comparatione — maiora, minora, paria. vgl. Cic. Top. insbesondere 18, 71. de orat. II, 39 ff. Quint. V, 10, 94.

Betrachten wir zunächst die concreten Topen. *Omnis res argumentando confirmatur aut ex eo, quod personis, aut ex eo, quod negotiis est attributum*, sagt Cic. de inv. I, 24, 34. vgl. II, 9, 28. Die Attribute der Personen sind Name, Natur (Geschlecht, ob Mann oder Frau, Nation, Vaterland, Verwandschaft, Alter; natürliche Eigenschaften des Körpers und der Seele), Lebensweise (Erziehung, Unterricht, Lehrer, Freunde, Beruf, Verwaltung des Vermögens, häusliche Gewohnheit), Glück (Sclave oder Freier, reich oder arm, Privatmann oder in öffentlicher Stellung, glücklich oder unglücklich, berühmt oder unberühmt, was er für Kinder hat; bei einem Todten, welche Todesart er gehabt), habituelle Eigenschaften des Körpers und der Seele, geistige und körperliche Stimmung, Studien, Pläne oder Absichten, Thaten, Zufälle, Reden (letztere drei nach Vergangenheit, Gegenwart, Zukunft). Quintilian behandelt die Personen-Topen V, 10, 24. Er bemerkt hinsichtlich des Geschlechts, dass man in der Regel seinen Eltern und Vorfahren für ähnlich gehalten wird, woraus manchmal Veranlassungen zu einem rechtschaffenen oder schimpflichen Leben fliessen. vgl. Cic. in Verr. II, act. V, 12, 30: *huc mulieres, huc homines, digni istius amicitia, digni vita illa conviviisque veniebant. inter eius modi viros et mulieres adulta aetate filius versabatur, ut eum, etiamsi natura a parentis similitudine abriperet, consuetudo tamen ac disciplina patris similem esse cogeret.* ib. c. 52. pro Sest. 3, 6. pro Mur. 31, 66. Phil. II, 18. Hinsichtlich der Nation, dass, da Völker ihre verschiedene Individualität haben, nicht immer dasselbe bei Barbaren, Römern und Griechen wahrscheinlich ist, ebenso sei die Verschiedenheit der Gesetze, Einrichtungen und Meinungen in den einzelnen Staaten zu berücksichtigen, also auch das Vaterland, oder die engere Heimath als Beweis-Topus zu benutzen. vgl. Cic. Verr. V, 64, 166 wo der Umstand, dass Verres den Gavius hatte ans Kreuz schlagen lassen, ohne auf seine Aeusserung, er sei Römischer Bürger, weiter Rücksicht zu nehmen, vom Redner zu einem schönen Enthymema ex pugnantibus benutzt wird: *si tu apud Persas, aut in extrema India deprehensus, Verres, ad supplicium ducerere, quid aliud clamitares, nisi te civem esse Romanum? et, si tibi ignoto apud ignotos, apud barbaros, apud homines in extremis atque ultimis gentibus positos, nobile et illustre apud omnes nomen civitatis tuae profuisset:*

7

ille quisquis erat, quem tu in crucem rapiebas, qui tibi esset ignotus, cum civem se Romanum esse diceret, apud te praetorem, si non refugium, ne moram quidem mortis mentione atque usurpatione civitatis assequi potuit? Ferner pro Arch. 3, 4. In dem Abschnitt von den Zeugen wurde darauf hingewiesen, dass oft das Zeugniss ganzer Völker verdächtigt werden könne. Einen Beleg giebt Cicero's Diatribe gegen die Unzuverlässigkeit der Griechen pro Flacc. 4, 9 ff., gegen die Asiaten ib. c. 27, gegen die Gallier pro Font. c. 9. 10 (13, 30 ff.). Das natürliche Geschlecht giebt Topen, wo es sich um die Glaubwürdigkeit eines Verbrechens handelt; ein Raubmord findet eher Glauben bei einem Manne, ein Giftmord bei einer Frau. Die Pläne der Person nach den drei Zeiten gehören nach Quintilian mehr zu den sachlichen Topen. Nur selten giebt der Name einer Person Stoff zu einem Enthymem, ausser etwa ein auf eine bestimmte Veranlassung hin ertheilter Beiname wie Sapiens, Magnus, Pius, oder wenn Jemand seinen Namen für eine Art von Bestimmung hält, und durch ihn gerade zu etwas veranlasst wird, wie Lentulus zur Theilnahme an der Catilinarischen Verschwörung, weil er den Namen Cornelius führte und in einem angeblichen Sibyllen-Orakel drei Corneliern die Herrschaft verheissen war. Häufiger lässt sich der Name einer Person zu einem Witz benutzen, wovon noch weiter unten die Rede sein wird. Arist. Rhet. II, 23 p. 114: ἄλλος τόπος ἀπὸ τοῦ ὀνόματος, οἷον ὡς ὁ Σοφοκλῆς ,σαφῶς Σιδηρὼ καὶ φοροῦσα τοὔνομα‘ καὶ ὡς ἐν τοῖς τῶν θεῶν ἐπαίνοις εἰώθασι λέγειν, καὶ ὡς Κόνων Θρασύβουλον Θρασύβουλον ἐκάλει, καὶ Ἡρόδικος Θρασύμαχον ,ἀεὶ Θρασύμαχος εἶ‘ καὶ Πῶλον ,αἰεὶ σὺ πῶλος εἶ‘ καὶ Δράκοντα τὸν νομοθέτην, ὅτι οὐκ ἂν ἀνθρώπου οἱ νόμοι ἀλλὰ δράκοντος· χαλεποὶ γάρ. καὶ ὡς ἡ Εὐριπίδου Ἑκάβη (v. Eur. Troad. 952) εἰς τὴν Ἀφροδίτην ‘καὶ τοὔνομ’ ὀρθῶς ἀφροσύνης ἄρχει θεᾶς‘. καὶ ὡς Χαιρήμων Πενθεὺς ἐσομένης συμφορᾶς ἐπώνυμος‘. Gerade aus Griechischen Dichtern lassen sich viele Stellen beibringen, in denen aus der Bedeutung des Namens das Wesen oder Schicksal einer Person erläutert wird. s. Elmsl. zu Eur. Bacch. 508. Lobeck Aglaoph. p. 870. Intpp. Soph. Aiac. 422.

Folgen die von der Sache entlehnten Topen. *Negotiis, quae sunt attributa,* sagt Cicero, *partim sunt continentia cum ipso negotio, partim in gestione negotii considerantur, partim adiuncta negotio sunt, partim gestum negotium consequentur.* Zu den conti-

nentia cum ipso negotio gehören eine kurze Bezeichnung der ganzen Sache (also z. B. *parentis occisio*, *patriae proditio*), Veranlassung derselben, Zweck und Absicht, was der Ausführung vorherging, was bei der Ausführung selbst geschah, was darauf
folgte. Zu der *gestio negotii* gehören Ort, Zeit, Gelegenheit, Art
und Weise, Fähigkeiten (*facultates*). Unter dem *adiunctum negotio* versteht man das, was grösser, kleiner oder eben so gross
ist als die vorliegende Sache, was ihr ähnlich ist, ihr Gegentheil, conträres wie contradictorisches, Eintheilung nach Genus
und Species, was aus einer Sache entsteht (*eventus, exitus, — ex
arrogantia odium, ex insolentia arrogantia*). Bei der *consecutio*
frägt man erstens nach der genauen Bezeichnung der vorliegenden Sache, nach dem Erfinder derselben, wer sie billigt oder
betreibt, ob es über dieselbe Gesetze, Gewohnheiten, gefällte Urtheile giebt, ob es eine wissenschaftliche Theorie, oder eine
Kunst derselben giebt, ob sie häufig oder selten vorzukommen
pflegt, ob die Menschen sie billigen, oder daran Anstoss nehmen
u. dgl. m. Cic. de inv. I, 26—28. II, 12, 38 ff. Quint. V, 10,
32. Wir sehen schon hier, dass sich die abstract-logischen Topen mehr oder weniger an die concreten Sach-Topen anschliessen.
Der Zusammenhang der Sach-Topen mit den Personen-Topen
wird zunächst durch das vermittelt, was die Personen treiben.
Bei allem was geschieht, sagt Quintilian, frägt man entweder
warum, oder wo, oder wann, oder wie, oder wodurch ist es geschehen? Daher haben wir Sach-Topen der Ursache, des Ortes,
der Zeit, der Art und Weise, der Fähigkeit.

Beweise werden zunächst entnommen aus den Ursachen
des geschehenen oder zukünftigen. Das hierbei zur Anwendung
kommende Material ($\mathring{v}\lambda\eta$, $\delta\acute{v}\nu\alpha\mu\iota\varsigma$; die Möglichkeit diese Ausdrücke
als Wechselbegriffe zu fassen, erläutert Spalding durch Arist. de
anima II, 2: $\mathring{\epsilon}\sigma\tau\iota$ $\mathring{\eta}$ $\mu\mathring{\epsilon}\nu$ $\mathring{v}\lambda\eta$ $\delta\acute{v}\nu\alpha\mu\iota\varsigma$, $\tau\mathring{o}$ $\delta\mathring{\epsilon}$ $\epsilon\mathring{\iota}\delta o\varsigma$ $\mathring{\epsilon}\nu\tau\epsilon\lambda\acute{\epsilon}\chi\epsilon\iota\alpha$,
Plut. de virt. mor. p. 443: $\mathring{\eta}$ $\delta\acute{v}\nu\alpha\mu\iota\varsigma$ $\mathring{\alpha}\varrho\chi\mathring{\eta}$ $\varkappa\alpha\mathring{\iota}$ $\mathring{v}\lambda\eta$ $\tau o\tilde{v}$ $\pi\acute{\alpha}\vartheta o\upsilon\varsigma$)
theilt man ein in zwei Arten von je vier Unterarten. Die Ursachen wurzeln nämlich (allerdings nur scheinbar) in unsrem
Willen, der sich zu den Dingen entweder bejahend oder verneinend verhält. Es dreht sich also der Grund unsres Thuns
um das Erlangen, Vermehren, Erhalten und den Gebrauch von
Gütern, oder um das Vermeiden, Befreien, Verändern und Ertragen von Uebeln, Gesichtspunkte, die auch bei der Ueberlegung
einer That von grossem Belang sind. Dies sind die Ursachen

7*

des Guten. Das Schlechte dagegen kömmt aus den falschen Meinungen *). Es geht hervor aus dem, was man irriger Weise für gut oder böse hält, woraus Irrthümer und schlechte Leidenschaften als Zorn, Hass, Neid, Begierde, Ehrgeiz, Furcht u. s. w. entstehen. Dazu kömmt bisweilen Zufälliges, wie Trunkenheit, Unwissenheit, was manchmal Verzeihung erwirkt, bisweilen aber auch zum Beweise eines Verbrechens dient, wie wenn Jemand, während er einem nachstellt, einen andern getödtet haben soll. Auch werden die Ursachen nicht blos zum Beweis der erhobenen Anklage, sondern auch zur Vertheidigung benutzt, wenn Jemand behauptet, er habe recht gehandelt, nämlich aus ehrenwerther Absicht, wovon in der Lehre von den στάσεις die Rede war. Auch Fragen des status finitivus hängen häufig von den Ursachen ab, z. B. „ob das ein Tyrannenmörder ist, der einen Tyrannen, von dem er beim Ehebruche ertappt war, tödtete"**) „ob das ein Tempelräuber sei, der um die Feinde aus der Stadt zu vertreiben, die im Tempel aufgehängten Waffen herunternahm?"

Demnächst werden Beweise dem Orte entnommen. Quint. §. 37. Cic. de inv. I, 26, 38. Longin bei Spengel Rhet. Gr. T. I p. 277, 11. Denn es kömmt bei der Glaubwürdigkeit eines Beweises darauf an, ob der Ort, an welchem die That geschah, gebirgig oder eben, am Meere oder im Binnenlande gelegen, bebaut oder unbebaut, besucht oder öde, nahe oder fern, den Plänen günstig oder entgegen war, welchen Theil Cic. pro Mil. c. 20 mit grossem Nachdruck behandelt hat. Ferner ob es ein privater oder öffentlicher Ort war, an dem die That vollbracht wurde, ein heiliger oder unheiliger, ein uns gehöriger oder ein fremder, was mitunter beim status finitivus von Belang ist: „du hast privates Geld entwandt; weil aber aus einem Tempel, so ist es kein Diebstahl, sondern Tempelraub;" „du hast einen Ehebrecher getödtet, was das Gesetz erlaubt, aber weil in einem Freudenhause, so ist es ein Mord." Ebenso ist der Ort für die Qualität von Wichtigkeit, denn dasselbe ist nicht überall erlaubt und an-

---

*) Erinnern wir uns auch hier daran, wie das heidnische Alterthum durchgehends geneigt ist, die sündigen Thaten eines an sich bösen Willens lediglich als Verkehrtheiten eines irregeleiteten Intellects zu betrachten.

**) Bekanntlich gehörten Themen über Tyrannenmord zu den beliebtesten in den Rhetorenschulen der Kaiserzeit. vgl. A. Schmidt Gesch. der Denk- und Glaubensfreiheit S. 435.

ständig, ja es kömmt sogar darauf an, in welchem Staate nach etwas gefragt wird, denn sie sind an Sitten und Gesetzen verschieden. Aus dem Orte lässt sich ferner eine Sache empfehlen, oder in ein gehässiges Licht setzen. Vgl. Cic. de lege agrar. II, 34, 93. Dem Milo wurde es unter anderem vorgeworfen, dass Clodius von ihm auf der Appischen Strasse, also mitten unter den Denkmälern seiner Vorfahren ermordet sei, Cic. pro Mil. 7, 17 (vgl. Halm z. d. St.), ein Vorwurf, den Cicero meisterhaft durch die Bemerkung wirkungslos macht: *perinde quasi Appius ille Caecus viam muniverit, non qua populus uteretur, sed ubi impune sui posteri latrocinarentur.*

Auch der Z e i t entnimmt man Beweise, Quint. §. 42. Cic. de inv. I, 26, 39. Longin. p. 299, 21. Und zwar nicht blos im allgemeinen aus Vergangenheit, Gegenwart, Zukunft, sondern auch im besondern, aus den Zeitumständen, ob eine Sache im Sommer, im Winter, bei Tage oder bei Nacht, oder zufällig zur Zeit einer Pest, eines Krieges, eines Gastmahls vor sich ging. Gerade die besondern Zeitumstände (Cicero theilt sie ein in öffentliche, die den ganzen Staat betreffen, wie Spiele, Feste, Krieg — in allgemeine, durch welche zu derselben Zeit alle betroffen werden, wie Erndte, Weinlese, Hitze, Kälte, und solche, die aus irgend einer Veranlassung Jemanden privatim treffen, wie Hochzeit, Opfer, Leichenfeier, Gastmahl, Schlaf) sind wegen der mehr oder minder günstigen Gelegenheit, die sie zur Verrichtung einer That geben, von Wichtigkeit, namentlich für die Rechtsfrage, für den status qualitatis und coniecturalis. Die Zeit gerade kann mitunter unwiderlegliche Beweise liefern, wenn z. B. wie bereits oben erwähnt, ein Unterzeichner vor dem Tage, an welchem die Urkunde ausgestellt ist, schon gestorben war, oder wenn Jemand etwas begangen haben soll, als er noch ein Kind, oder wohl gar noch nicht geboren war. Cic. pro Quint. 29, 88: *postea sum usus adversarii testimonio, qui sibi eum nuper edidit socium, quem, quo modo nunc intendit, ne in vivorum quidem numero tum demonstrat fuisse.* Es lassen sich leicht Beweise aus dem entnehmen, was vor der That geschah, was mit ihr gleichzeitig war, oder was auf sie folgte: „er hat den Tod gedroht, er ist zur Nachtzeit, er ist vor seiner Abreise fortgegangen." Auch die Ursachen der That gehören der Vergangenheit an. Dabei ist zu beachten, dass etwas geschieht, weil etwas andres darauf folgen wird, andres, weil etwas vorhergegangen ist. z. B. einem der Kuppe-

lei Angeklagten wird vorgeworfen, dass er eine schöne wegen
Ehebruch verurtheilte Frau sich erkauft hat; er ist kein Kuppler,
weil er dies gethan, sondern er hat es gethan, weil er ein
Kuppler war*). Oder einem des Vatermordes angeklagten Verschwender, weil er zu seinem Vater gesagt hat, du sollst mich
nicht länger schelten; er hat ihn nicht getödtet, weil er so gesprochen hat, sondern weil er ihn tödten wollte, hat er so gesprochen. — Demnächst kommt es auf die Betrachtung der
Zeitdauer an. Oft muss man die Sache, die geschehen sein
soll, mit der Zeit abmessen, und zusehen, ob die Grösse der
That, oder die Menge der Dinge in dieser Zeit vor sich gehen
konnte, Cic. de inv. I, 26, 37. Eine besondere Art des Beweises
aus der Zeit giebt Arist. Rhet. II, 23 mit einem Beispiele aus
der verloren gegangenen Rede des Iphikrates πρὸς Ἁρμόδιον
περὶ τῆς εἰκόνος: „Hätte ich vor der Vollbringung der That eine
Bildsäule verlangt, falls ich sie vollbringen würde, so würdet
ihr sie mir gewährt haben. Jetzt, da ich sie vollbracht habe,
wollt ihr sie nicht gewähren? Wollet nicht ein Versprechen geben
in der Erwartung der That, und nach Empfang derselben es zurückziehen" — und einem Beispiele aus einer Rede an die Thebaner,
dem König Philipp den Durchzug nach Attica zu gewähren: „wenn
er dies verlangt hätte, bevor er ihnen gegen die Phoker zu
Hülfe gezogen, so würden sie es versprochen haben. Nun sei
es ungereimt, wenn sie ihn nicht durchlassen wollten, weil er
dies unterlassen und ihnen vertraut habe." An die Zeit schliessen
sich der Erfolg und die Glücksumstände an (casus) z. B. „Scipio ist
ein besserer Führer als Hannibal, denn er hat Hannibal besiegt.
Er ist ein guter Steuermann, er hat nie Schiffbruch gelitten.
Er ist ein guter Landwirth, er hat treffliche Erndten erzielt."
Umgekehrt: „er war ein Verschwender, er hat sein Erbtheil vergeudet. Er hat schimpflich gelebt, er ist allen verhasst."
Es folgen die Topen der Art und Weise (τρόπος), wenn
man frägt, wie etwas geschehen sei, und die Fähigkeiten.
Facultates sunt, aut quibus facilius fit, aut sine quibus aliquid con-

---

*) Es ist dieses Beispiel des Quintilian §. 47 nicht recht klar, auch
scheint hier die Lesart des Textes nicht sicher zu stehen. Ehe-
brecherinnen wurden doch nicht in die Sclaverei verkauft. Oder
heisst *emit* so viel wie *conduxit*? Auch so bleiben Schwierigkeiten.
s. Spalding z. d. St.

fici non potest, Cic. de inv. I, 27, 41. Auf die Fähigkeiten kommt es besonders beim status coniecturalis an. Es ist glaublicher, dass eine geringere Anzahl von einer grösseren überwältigt wurde, schwächere von stärkeren, schlafende von wachenden, nichts ahnende von vorbereiteten und umgekehrt. Dies wird auch bei der berathenden Beredsamkeit in Betracht gezogen, und bei der gerichtlichen pflegen wir immer auf zwei Punkte zurückzukommen, ob Jemand es gewollt hat, und ob er es gekonnt hat. Daher die Conjectur bei Cic. pro Mil. c. 10: „Clodius hat dem Milo nachgestellt, nicht umgekehrt, jener war mit starken Sclaven, dieser mit einem Gefolge von Frauen, jener zu Pferd, dieser in der Kutsche, jener leicht gekleidet, dieser im Reisemantel." vgl. besonders c. 20, 54: *si haec non gesta audiretis, sed picta videretis, tamen appareret, uter esset insidiator, uter nihil cogitaret mali, cum alter veheretur in reda paenulatus, una sederet uxor — quid horum non impeditissimum? vestitus, an vehiculum, an comes? quid minus promptum ad pugnam, cum paenula irretitus, reda impeditus, uxore paene constrictus esset? videte nunc illum, primum egredientem e villa subito: cur? vesperi: quid necesse est? tarde: qui convenit, praesertim id temporis? ‚devertit in villam Pompei'. Pompeium ut videret? sciebat in Alsiensi esse. villam ut perspiceret? miliens in ea fuerat. quid ergo erat? mora et tergiversatio: dum hic veniret, locum relinquere noluit.* Man vgl. ferner pro Rosc. 33, wo es ausdrücklich heisst: *video igitur causas esse permultas, quae istum impellerent: videamus nunc, ecquae facultas suscipiendi maleficii fuerit.*

Mit der Fähigkeit lässt sich auch das zur That erforderliche Werkzeug verbinden, das uns wieder auf das Gebiet der Indicien zurückführt. Bei der Art und Weise frägt man auch, mit welcher Gesinnung etwas geschehen sei, d. h. ob mit Vorbedacht (heimlich, offen, mit Gewalt, mit Ueberredung) oder ohne Vorbedacht (aus Unwissenheit, Zufall, Nothwendigkeit, in leidenschaftlicher Stimmung), welches letztere zur Entschuldigung benutzt wird, Cic. de inv. I, 27, 41.

§. 18.

Fortsetzung.

Die Behandlung der allgemeinen Topen leitet Quint. V, 10, 53 mit folgenden Worten ein: „in rebus autem omnibus, de

quarum vi ac natura quaeritur, quasque etiam citra complexum
personarum ceterorumque, ex quibus fit causa, per se intueri
possumus, tria sine dubio rursus spectanda sunt, an sit, quid sit,
quale sit. Sed, quia sunt quidam loci argumentorum his omnibus
communes, dividi haec tria genera non possunt, ideoque locis
potius, ut in quosque incurrent, subicienda sunt." So werden
denn zunächst Beweise von der Definition entlehnt, die entweder den Begriff des Dinges allgemein feststellt, z. B. *rhetorica
est bene dicendi scientia*, oder gleich die Theile desselben mit
angiebt, also: „rhetorica est recte inveniendi et disponendi et
eloquendi cum firma memoria et cum dignitate actionis scientia."
Einen solchen Beweis aus der Definition giebt Arist. Rhet. II,
23 p. 108: τί δαιμόνιόν ἐστιν; ἆρ᾽ οὐ θεὸς ἢ θεοῦ ἔργον; καίτοι
ὅστις οἴεται θεοῦ ἔργον εἶναι, τοῦτον ἀνάγκη οἴεσθαι καὶ θεοὺς
εἶναι. Cic. Top. 2, 9: „ius civile est aequitas constituta iis, qui
eiusdem civitatis sunt, ad res suas obtinendas; eius autem aequitatis utilis cognitio est: utilis ergo est iuris civilis scientia."
Bei einer Definition kömmt es auf *genus*, Gattungsbegriff, *species*
Artbegriff, *differens* oder *differentia*, Artunterschied, und endlich
proprium an, d. h. dasjenige Merkmal, das dem zu definirenden
Dinge wenigstens innerhalb seiner Art ausschliesslich eigen ist.
So ist also lebendes Wesen das genus, sterbliches lebendes Wesen
die species, auf dem Lande lebendes, oder zweifüssiges das differens. Denn das ist noch nichts eigenthümliches, unterscheidet
aber bereits vom Wasserthier, oder Vierfüssler. Definire ich den
Menschen als *animal mortale rationale*, so gebe ich in *rationale*
das bestimmt unterscheidende Merkmal innerhalb der Art an.
Das differens dient mehr zur Vervollständigung der Definition,
wird aber das proprium angegeben, so kann es fehlen. Es
lassen sich nun alle zu einer Definition gehörigen Begriffe zu
Beweisen benutzen. Einen Beweis *a genere* giebt Cic. Top. 3,
13: „quoniam argentum omne mulieri legatum est, non potest
ea pecunia, quae numerata domi relicta est, non esse legata;
forma (i. e. species *) enim a genere, quod suum nomen retinet,
numquam seiungitur, numerata autem pecunia nomen argenti retinet: legata igitur videtur." Einen Beweis *a specie* ebendaselbst
§. 14: „si ita Fabiae pecunia legata est a viro, si ei viro uxor

---

*) Cicero vermied diesen Ausdruck wegen der unangenehmen casus
obliqui des Plural. ib. 7, 30.

materfamilias esset, si ea in manum non convenerat, nihil debetur. genus enim est uxor; eius duae formae: una matrumfamilias, eae sunt, quae in manum convenerunt; altera earum, quae tantummodo uxores habentur. qua in parte cum fuerit Fabia, legatum ei non videtur." Das *proprium* lässt sich zur Conjectur verwenden, z. B. weil es das eigenthümliche eines guten Menschen ist, recht zu handeln, so muss der betreffende für einen solchen gehalten werden, oder umgekehrt. Das genus taugt nicht zum Beweise der species, wohl aber zur Widerlegung. Was ein Baum ist, braucht keine Platane zu sein, aber was kein Baum ist, ist natürlich auch keine Platane. Umgekehrt liefert die Species einen starken Beweis, aber eine schwache Widerlegung für das genus. Was Gerechtigkeit ist, ist natürlich eine Tugend, aber was nicht Gerechtigkeit ist, kann deshalb immer noch eine andere Tugend sein. Wenn ein eigenthümliches Merkmal fehlt, so wird dadurch die Definition aufgehoben, aber das Vorhandensein eines eigenthümlichen Merkmals braucht sie nicht allemal zu bestätigen.

Die Zerlegung eines genus in seine species heisst D i v i - s i o n. Die einzelne Angabe der in einem Begriff liegenden Merkmale dagegen, namentlich da, wo Gattung und Art sich nicht gleich erkennen lassen, heisst P a r t i t i o n. Hier wird das Ganze in seine Theile zerlegt. Die Anzahl der Arten ist eine bestimmte, die der Theile eine unbestimmte, daher es auch nicht fehlerhaft ist, bei einer weitläufigen Partition einen oder den anderen Theil wegzulassen; hier genügt m ö g l i c h s t e Vollständigkeit, bei der Division ist a b s o l u t e Vollständigkeit nothwendig. Cic. Top. 8, 33: „partitione sic utendum est, nullam ut partem relinquas; ut, si partiri velis tutelas, inscienter facias, si ullam praetermittas. at si stipulationum aut iudiciorum formulas partiare, non est vitiosum in re infinita praetermittere aliquid. quod idem in divisione vitiosum est. formarum enim certus est numerus, quae cuique generi subiciantur; partium distributio saepe est infinitior, tamquam rivorum a fonte deductio. itaque in oratoriis artibus quaestionis genere proposito, quot eius formae sint, subiungitur absolute. at cum de ornamentis verborum sententiarumve praecipitur, quae vocantur σχή· ματα, non fit idem. res est enim infinitior." Die Division lässt sich zum Beweise oder zur Widerlegung benutzen. Die Partition höchstens zum Beweise. Und zwar genügt es zum Beweise zu zeigen, dass die betreffende Person, oder der betreffende Gegenstand mit zur einen Art zu zählen ist. Zur Widerlegung dagegen ist der Nachweis erforderlich, dass er zu keiner der vorhandenen Arten gehört. Um Bürger zu sein, muss man als solcher entweder geboren, oder dazu geworden sein. Um nun Jemandes Bürgerrecht zu erweisen, genügt es eins von beiden anzuwenden. Um ihm aber das Bürgerrecht abzuerkennen, muss ich beides widerlegen und zeigen, dass er als Bürger weder geboren, noch dazu geworden ist. Hierher gehört denn auch der Beweis *ex remotione*, bei welchem bald das Ganze als falsch, bald das übrig bleibende als wahr erwiesen wird. Z. B. „du willst Geld verliehen haben; dann hast du es entweder selbst gehabt, oder von Jemand empfangen, oder gefunden, oder gestohlen. Wenn du es aber weder zu Hause gehabt, noch von einem anderen bekommen hast u. s. w., so hast du keins verliehen." Oder: „dieser Sclave, den du beanspruchst, ist entweder in deinem Hause geboren, oder gekauft, oder geschenkt, oder testamentarisch vermacht, oder dem Feinde abgenommen, oder fremd" — dann wird alles frühere beseitigt, und es bleibt blos übrig „fremd". Bei einer derartigen Argumentation muss man aber sehr vorsichtig sein, um ja kein Theilglied wegzulassen, weil sich sonst das Ganze auf lächerliche Weise auflöst. Quint. V, 10, 66. VII, 1, 31. Bei Arist. Rhet. II, 23 p. 108 heisst dieser Beweis τόπος ἐκ διαιρέσεως, οἷον εἰ πάντες τρῖν ἕνεκεν ἀδικοῦσιν ἢ τοῦδε γὰρ ἕνεκα ἢ τοῦδε ἢ τοῦδε ·καὶ διὰ μὲν τὰ δύο ἀδύνατον, διὰ δὲ τὸ τρίτον οὐδ᾽ αὐτοί φασιν. Von Cornif. IV, 29, 40 wird er als *expeditio* unter den Figuren behandelt, s. Kayser's Commentar S. 297. Cic. de inv. I, 29, 45 nennt ihn *enumeratio*. Er sagt: „enumeratio est, in qua pluribus rebus expositis et caeteris infirmatis, una reliqua necessario confirmatur, hoc pacto: necesse est aut inimicitiarum causa ab hoc esse occisum aut metus aut spei aut alicuius amici gratia, aut, si horum nihil est, ab hoc non esse occisum; nam sine causa maleficium susceptum non potest esse: sed neque inimicitiae fuerunt, nec metus ullus nec spes ex morte illius alicuius commodi neque ad amicum huius aliquem mors illius pertinebit. relinquitur igitur, ut ab hoc non sit occisus." Ein Beispiel einer fehlerhaften, weil unvollständigen enumeratio findet sich ebendaselbst I, 45, 84: „quoniam habes istum equum, aut emeris oportet, aut hereditate possideas aut munere acceperis, aut domi tibi natus sit, aut, si horum nihil est, surripueris necesse est: sed neque emisti neque hereditate venit neque donatus est, neque domi natus est; necesse est ergo surripueris. hoc commode reprehenditur, si dici possit ex hostibus equus esse captus, cuius praedae sectio non venierit; quo illato infirmetur enumeratio, quoniam id sit inductum, quod praeteritum sit in enumeratione." vgl. Top. 2, 10. Beispiele des argumenti ex remotione aus vorhandenen Reden giebt Kayser am angeführten Orte. Häufiger und sicherer ist die Anwendung dieses Beweises in Form eines Dilemma (διλήμματον Hermog. bei Walz Rh. Gr. T. III p. 167 — ὅταν δύο ἐρωτήσεις ἐρωτῶντες τὸν ἀντίδικον πρὸς ἑκατέραν ὦμεν εἰς λύσιν παρεσκευασμένοι, complexio bei Cic. de inv. I, 45, divisio bei Cornif. IV, 40, 52, vgl. Kayser S. 303, wie bei Cic. pro Cluent. 23, 64: „unum quidem certe, nemo erit tam inimicus Cluentio, qui mihi non concedat, si constat corruptum illud esse iudicium, aut at Habito aut ab Oppianico esse corruptum; si doceo non ab Habito, vinco ab Oppianico; si ostendo ab Oppianico, purgo Habitum". In einer etwas anderen Form so, dass man dem Gegner die Wahl lässt zwischen zweien, von denen das eine wahr ist, so dass es, mag er wählen was er will, zu seinem Nachtheil ausschlägt.

Die dritte Kategorie der Beweise ist der Beweis aus der Etymologie, *ex notatione* bei Cic. Top. 2, 9, *cum ex verbi vi aliquod argumentum elicitur*, vgl. 8, 35. Beispiel: *cum lex assiduo vindicem assiduum esse iubeat, locupletem jubet locupleti; locuples enim est assiduus, ut ait Aelius, appellatus ab asse dando.* s. Quint. V, 10, 55.

Die vierte, umfassendste Kategorie ist die des Zusammenhanges mit dem fraglichen Punkte im weitesten Sinne des Wortes. Wir gaben bereits oben ihre Unterarten an. Hierhin gehören die Beweise *ex iugatis* oder *coniugatis*. Cic. Top. 3, 12: „coniugata dicuntur, quae sunt ex verbis generis eiusdem: eiusdem autem generis verba sunt, quae orta ab uno varie commutantur, ut sapiens, sapienter, sapientia. haec verborum coniugatio συζυγία dicitur, ex qua huius modi est argumentum: si compascuus ager est, ius est compascere." vgl. 9, 38. Dergleichen ist freilich so selbstverständlich, dass es, wie Quint. bemerkt, eigentlich lächerlich ist, daraus einen besonderen Topus zu machen. Die Beweise *ex genere* und *ex parte* wurden bereits bei der Definition und Division erwähnt. — Beweis aus ähn-

lichem, die verkürzte Induction, z. B. wenn die Mässigkeit eine
Tugend ist, dann auch die Enthaltsamkeit. Cic. Top. 3, 15:
„si aedes eae corruerunt vitiumve fecerunt, quarum ususfructus
legatus est, heres restituere non debet nec reficere, non magis
quam servum restituere, si is cuius ususfructus legatus esset,
deperisset". vgl. 10, 43. — Aus unähnlichem „wenn die Freude
ein Gut ist, so ist es deshalb nicht die Lust". — Aus entgegengesetztem „die Mässigkeit ist ein Gut, denn die Verschwendung ist ein Uebel". Cic. Top. 3, 17. 11, 47. — Aus
widersprechendem „wer weise ist, ist nicht thöricht". Cic.
Top. 3, 21: „si paterfamilias uxori ancillarum usum fructum
legavit a filio neque a secundo herede legavit, mortuo filio mulier usum fructum non amittit. quod enim semel testamento
alicui datum est, id ab eo invito, cui datum est, auferri non
potest. repugnat enim recte accipere et invitum reddere." Allerlei
Beispiele für Beweise aus ähnlichem und entgegengesetztem giebt
Anaxim. 1 p. 176 ff. vgl. dazu Spengel S. 113. 116. — Beweis
aus dem, was daraus folgt, *argumentum ex consequentibus*,
τόπος ἐξ ἀκολούθων, „wenn die Treulosigkeit etwas böses ist,
so darf man nicht betrügen"; „diejenigen, die er nicht wider
ihren Willen in die Provinz mitnehmen konnte, konnte er auch
nicht wider ihren Willen darin zurückhalten". Damit verwandt
ist der Beweis ἐκ τῶν ὁμοίων πτώσεων bei Arist. Rhet. II, 23:
τὸ δίκαιον οὐ πᾶν ἀγαθόν. καὶ γὰρ ἂν τὸ δικαίως. νῦν δ᾽ οὐχ
αἱρετὸν τὸ δικαίως ἀποθανεῖν. Cic. de orat. II, 40, 170. Top.
3, 20. — Beweis aus dem, was darauf folgt, *argumentum
ex sequentibus*, ἐκ τῶν παρεπομένων, desgleichen aus dem, was
vorhergeht, *ex praecurrentibus*, überhaupt aus dem Verlauf
der Dinge nach Anfang, Fortgang, Resultat (*initium, incrementum, summa*), z. B. wenn zum Beweise, dass Sulla nicht aus
Herrschsucht die Waffen ergriffen, die freiwillige Niederlegung
seiner Dictatur angeführt wird. Hierher gehört auch der Beweis
aus den Wechselverhältnissen, die sich gegenseitig zur
Bestätigung dienen, *ex rebus sub eandem rationem venientibus*,
ἐκ τῶν πρὸς ἄλληλα, z. „was anständig zu lernen ist, das ist
auch anständig zu lehren". „ists für euch keine Schande, die
Zölle zu verkaufen, so ist es für uns keine, sie zu kaufen".
Doch bemerkt Aristoteles, dass hierbei leicht Trugschlüsse möglich sind, denn was für den einen Recht ist, ist es deshalb noch
nicht für den andern. Endlich das *argumentum ex consentaneis*

„wer zugiebt, dass die Welt entstanden ist, der giebt damit auch zu, dass sie untergeht, weil alles, was entsteht, vergeht". — Ferner die Beweise *a causis*, sowohl *rerum efficientium*, als *rerum effectarum*, Cic. Top. 14, 58, überhaupt also aus dem Verhältniss von Ursache und Wirkung. Solche Beweise sind theils zwingend, theils nicht zwingend. Wenn ein Körper im Licht immer Schatten wirft, so muss nothwendiger Weise, wo Schatten ist, auch ein Körper sein. Anders dagegen verhält es sich, wenn ich sage: „eine Reise macht staubig, aber weder erregt jede Reise Staub, noch ist jeder, der staubig ist, in Folge einer Reise staubig."

Wichtig sind die Beweise aus der Vergleichung. Und zwar beweist man kleineres aus grösserem, grösseres aus kleinerem, gleiches aus gleichem. „Wer einen Tempelraub begeht, der wird auch einen Diebstahl begehen". „Wer leicht und öffentlich lügt, der wird auch falsch schwören". „Wer sich zu einem Richterspruch erkaufen lässt, der wird auch zu einer falschen Zeugenaussage sich erkaufen lassen. Aristoteles fasst die beiden ersten Fälle zusammen als $\tau \acute{o} \pi o \varsigma$ $\dot{\epsilon} x$ $\tau o \tilde{v}$ $\mu \tilde{a} \lambda \lambda o v$ $x a \grave{\iota}$ $\tilde{\eta} \tau \tau o v$. „Wenn selbst die Götter nicht alles wissen, dann noch weniger die Menschen". „Wer sogar seinen Vater schlägt, schlägt auch seinen Nebenmenschen". Cic. Top. 2, 4. 3, 4. 4, 23. Hierbei wurden aber wieder Unterabtheilungen gemacht. Man unterschied den Beweis von mehreren auf eins, von einem auf mehreres, vom Theil auf das Ganze, von der species aufs genus, von dem, was umfasst, auf das, was umfasst wird, von dem Schwierigern aufs Leichtere, von dem Entferneren aufs Nähere und umgekehrt u. s. w. Quint. §. 90 ff., woselbst noch einige Beispiele aus Cicero angeführt werden. So als *argumentum ex maiore* Cic. pro Caec. 15, 43: „quod si vi pulsos dicimus exercitus esse eos, qui metu ac tenui saepe suspicione periculi fugerunt, et si non solum impulsu scutorum neque conflictu corporum neque ictu cominus neque coniectione telorum, sed saepe clamore ipso militum aut instructione aspectuque signorum magnas copias pulsas esse et vidimus et audivimus, quae vis in bello appellatur, ea in otio non appellabitur? et quod vehemens in re militari putatur, id leve in iure civili iudicabitur? et quod exercitus armatos movet, id advocationem togatorum non videbitur movisse? et vulnus corporis magis istam vim quam terror animi declarabit? et sauciatio quaeretur, cum fugam factam esse constabit?" Quintiliau begnügt sich mit dem drittletzten Satze dieses Beispiels. Der letzte giebt zugleich ein *argumentum ex minore*, wie in derselben Rede c. 16, 45: „scire esse armatos satis est, ut vim factam probes: in manus eorum incidere non est satis? adspectus armatorum ad vim probandam valebit: incursus et impetus non valebit? qui abierit, facilius sibi vim factam probabit, quam qui effugerit?" — *Argumentum ex difficiliore* pro Lig. 3, 8: „vide, quaeso, Tubero, ut qui de meo facto non dubitem, de Ligario non audeam confiteri". c. 10, 31: „an sperandi Ligario causa non sit, cum mihi apud te locus sit etiam pro altero deprecandi?" Ein argumentum endlich *ex faciliore* aus der Rede in Clodium et Curionem: „ac vide, an facile fieri tu potueris, cum is factus non sit, cui tu concessisti".

Schliesslich sind die Beweise von einem angenommenen Falle aus zu erwähnen, *argumenta a fictione*, καθ᾽ ὑπόθεσιν*), Quint. §. 95. Cic. Top. 10, 45. Die Topik ist hier ganz dieselbe, wie bei den Beweisen von einem wirklichen Falle aus. Es wird hierbei etwas aufgestellt, was, falls es wahr wäre, den fraglichen Fall bestätigen oder widerlegen würde, dann dasjenige, was fraglich ist, jenem ähnlich gemacht. Cic. pro Mur. 39, 83: „si L. Catilina cum suo consilio nefariorum hominum, quos secum eduxit, hac de re posset iudicare, condemnaret L. Murenam: si interficere posset, occideret. petunt enim rationes illius, ut orbetur auxilio res publica, ut minuatur contra suum furorem imperatorum copia, ut maior facultas tribunis plebis detur depulso adversario seditionis ac discordiae concitandae. idemne igitur delecti amplissimis ex ordinibus honestissimi atque sapientissimi viri iudicabunt, quod ille importunissimus gladiator, hostis rei publicae iudicaret?" Cicero sagt: „in hoc genere oratoribus et philosophis concessum est, ut muta etiam loquantur, ut mortui ab inferis excitentur, ut aliquid, quod fieri nullo modo possit, augendae rei gratia dicatur aut minuendae, quae ὑπερβολή dicitur, multa alia mirabilia".

Mit der im Obigen nach Aristoteles, Cicero und Quintilian gegebenen Uebersicht über die Topik vergleiche man noch die Andeutungen bei Fortunat. p. 103 ff. Jul. Vict. p. 395. Mart. Cap. p. 489.

---

*) Mit Unrecht wollte Spalding der Variante καθ᾽ ὑπόκρισιν den Vorzug geben.

§. 19.

Die Beispiele.

Ein Beispiel ist die Erwähnung eines wirklich geschehenen oder nur angenommenen Falles, nützlich um von dem, was man beabsichtigt, zu überzeugen, *exemplum est rei gestae aut ut gestae utilis ad persuadendum id, quod intenderis, commemoratio*, Quint. V, 11, 6. Von den Griechischen Schriftstellern über Rhetorik definirte Neokles (Anon. Seguer. p. 447): παρά-δειγμά ἐστιν ἐμφερὲς καὶ ὅμοιον καὶ εἰκὸς τῷ ζητουμένῳ πράγματι, ἀφ' οὗ ὡρμημένος ἄν τις ἀξιώσαι ὁμοίως τὰ ὅμοια φρονεῖν καὶ ἐπὶ τοῦ ζητουμένου. Kürzer Zeno ebendaselbst: παράδειγμά ἐστι γενομένου πράγματος ἀπομνημόνευσις εἰς ὁμοίωσιν τοῦ νῦν ζητουμένου und danach Gregor. Corinth. bei Walz Rhet. Gr. T. VII p. 1150. Bei Anwendung der Beispiele muss man zusehen, ob sie ganz, oder nur zum Theil ähnlich sind, um entweder alles aus ihnen zu entnehmen, oder nur das, was nützlich ist. Beispiele sind entweder ähnlich, oder unähnlich, oder entgegengesetzt — „mit Recht wurde Saturninus getödtet wie die Gracchen", „Brutus tödtete seine Söhne, weil sie mit Verrath umgingen, Manlius bestrafte die Tapferkeit seines Sohnes mit dem Tode", „Marcellus hat den Syracusanern als Feinden ihre Kunstschätze zurückgestellt, Verres hat sie ihnen als Bundesgenossen genommen". Es lassen sich auch Beispiele anführen, um von kleinerem auf grösseres, oder umgekehrt einen Schluss zu machen. Ungleiches ist namentlich zur Ermahnung zu gebrauchen. Tapferkeit ist bei einer Frau lobenswerther als bei einem Manne. Wenn also Jemand zur Tapferkeit entflammt werden soll, so werden nicht sowohl Horatius und Torquatus auf ihn Eindruck machen, als jenes Weib, durch deren Hand Pyrrhus fiel, wenn zur Ertragung des Todes, nicht sowohl Cato und Metellus Scipio (Flor. IV, 2, 68) als Lucretia.

Jedes Beispiel, sagt Apsin. 8 p. 372 ff. hat seinen Stoff aus geschehenem, und wird entweder aus einheimischem, oder fremdem genommen. Die einheimischen sind wirksamer, namentlich wenn man hervorhebt, dass es einheimische sind. Alle Beispiele müssen bekannt und deutlich sein, nicht allzu alt und fabelhaft, zu dem vorliegenden Falle stimmen, und nicht allzu weit ausgedehnt werden, ausser wenn es hervorragende Beispiele siud. Man entnimmt die Beispiele entweder von etwas ähnlichem, oder entgegengesetztem, von etwas grösserem, oder kleinerem. Sie gehen entweder von bestimmten Personen und Fällen aus, oder von unbestimmten. Nach Minuc. p. 418 müssen die Beispiele den Zuhörern bekannt sein und zur Sache gehören; wenn sie auch weit hergeholt werden, muss man sie an die Rede anpassen; auch dürfen sie nicht von unrühmlichem hergenommen werden, sondern es müssen die Personen, oder die Sachen, oder beides berühmt sein. Nicht unwichtig ist auch das, was Anaxim. 8 p. 195 bemerkt, dass die Beispiele entweder $\varkappa\alpha\tau\grave{\alpha}$ $\lambda\acute{o}\gamma o\nu$, der Erwartung gemäss, oder $\pi\alpha\varrho\grave{\alpha}$ $\lambda\acute{o}\gamma o\nu$, gegen unsre Erwartung sind. Erstere bewirken in uns Ueberzeugung, letztere nicht. Führen wir Beispiele der ersteren Art an, so ist zu zeigen, dass die Handlungen auf diese Art gewöhnlich ihr Ziel erreichen. Erwähnen wir Beispiele der zweiten Art, so müssen wir darthun, dass das, was gegen die Erwartung zu sein schien, doch begreiflich einen guten Ausgang genommen hat. Führen die Gegner solche Beispiele an, so hat man zu zeigen, dass dies nur glückliche Zufälle gewesen und dass dergleichen selten geschieht, dass dagegen das, was man selbst vorbringt, ganz gewöhnlich ist.

Dem Aristoteles ist diese Eintheilung des Anaximenes in $\pi\alpha\varrho\alpha\delta\varepsilon\acute{\iota}\gamma\mu\alpha\tau\alpha$ $\varkappa\alpha\tau\grave{\alpha}$ $\lambda\acute{o}\gamma o\nu$ und $\pi\alpha\varrho\grave{\alpha}$ $\lambda\acute{o}\gamma o\nu$ unbekannt. Ueber ihren Gebrauch lehrt er Rhet. II, 20 im allgemeinen, man müsse sie da als Beweise anwenden, wo man keine Enthymeme habe, um Ueberzeugung zu bewirken, als Zeugnisse dagegen, wo man Enthymeme hat, denen sie zum Nachwort dienen können. Stellt man sie voran, so gleichen sie der Induction, die ausser in wenigen Fällen für die Rhetorik nicht geeignet ist (s. oben S. 90), nachgestellt dagegen gleichen sie Zeugnissen, und ein Zeuge sei überall glaubwürdig. Daher müsse man auch, wenn man sie voranstelle, viele angeben, stelle man sie dagegen nach, so sei auch eins hinreichend, denn schon ein guter Zeuge sei nützlich.

Es können auch poetische Fabeln als Beispiele dienen, nur haben sie weniger überzeugende Kraft. Cic. pro Mil. 3, 8: „itaque hoc, iudices, non sine causa etiam fictis fabulis doctissimi homines memoriae prodiderunt eum, qui patris ulciscendi causa matrem necavisset, variatis hominum sententiis non solum divina, sed etiam sapientissimae deae sententia liberatum". Ferner

Aesopische Fabeln, die namentlich auf Landleute und schlichte Personen zu wirken pflegen, und deshalb frühzeitig zu rhetorischen Zwecken benutzt wurden*). Denn der Nutzen der Fabel liegt nicht in ihr selbst, sondern in der aus ihr hervorgehenden παραίνεσις ἐξ ὁμοιώσεως, Matth. Camar. p. 122, 10. Sie ist, wie Sopater definirt bei Doxop. Homil. p. 156. 161 ein πλάσμα πιθανῶς πρὸς εἰκόνα τῶν τῇ ἀληθείᾳ συμβαινόντων πραγμάτων συγκείμενον, συμβουλήν τινα τοῖς ἀνθρώποις ἢ ὑπογραφήν τινα τῶν πραγμάτων ποιούμενον. Cornif. I, 6, 10 weist ihr beim Prooemium und zwar bei der Form der *insinuatio* (s. oben S. 42) eine Stelle an. Einen ähnlichen Nutzen haben auch Gleichnisse, seien es nun schlichte Anführungen von allgemeinen Vorfällen des wirklichen Lebens, also Vergleiche, oder wirkliche παραβολαί, *collationes*, wie sie Cicero de inv. I, 30 nennt, nur müssen sie in der That ähnlich sein. Fabeln und Gleichnisse sind fingirte Beispiele. Arist. Rhet. II, 20: παραδειγμάτων δ'εἴδη δύο· ἓν μὲν γάρ ἐστι παραδείγματος εἶδος τὸ λέγειν πράγματα προγεγενημένα, ἓν δὲ τὸ αὐτὸν ποιεῖν, τούτου δ'ἓν μὲν παραβολὴ ἓν δὲ λόγοι, οἶον Αἰσώπειοι καὶ Λιβυκοί — und an einer andern Stelle in demselben Capitel: εἰσὶ δ'οἱ λόγοι δημηγορικοί, καὶ ἔχουσιν ἀγαθὸν τοῦτο, ὅτι πράγματα μὲν εὑρεῖν ὅμοια γεγενημένα χαλεπόν, λόγους δὲ ῥᾷον. An die Fabeln und Gleichnisse schliessen sich dann im weiteren auch noch Autoritäten an, also die Anführungen von Aussprüchen weiser Männer, berühmter Dichter, Sprichwörter, aber auch der allgemein gültigen Volkssitte und Volksanschauung. „Ne haec quidem vulgo dicta et recepta persuasione populari sine usu fuerint. Testimonia sunt enim quodammodo vel potentiora etiam, quod non causis accomodata sed liberis odio et gratia mentibus ideo tantum dicta factaque, quia aut honestissima aut verissima videbantur" — sagt Quint. §. 37. Eine besondere Art sind endlich die *divina testimonia*, Orakel, Vorzeichen, auch geradezu getroffene Entscheidungen der Gott-

---

*) Vgl. über Progymnasmen S. 23. Die Fabel eröffnet die Reihe der Progymnasmen wegen ihrer grossen Einfachheit und weil sie sich zunächst an die Poesie anschliesst, mit deren Inhalt die Kinder, welche zu rhetorischen Uebungen überschreiten, einigermassen vertraut sind, Schol. Aphthon. bei Walz Rhet. Gr. T. II p. 8. Doxop. Homil. p. 138 f. Ein brauchbares Beispiel einer ausgeführten und dann ins Kurze zusammengezogenen Fabel vom Fuchs und Raben bei Apulej. de deo Socr. prol. p. 109 ff.

heit, die zu Argumenten werden, wie bei Cic. pro Lig. 6, 19: „causa nunc melior certe ea iudicanda est, qnam etiam dii adiuverunt".

§. 20.

Die Anwendung der Beweismittel.

Was zum Beweise von etwas zweifelhaftem dienen soll, muss selbst unzweifelhaft sein, da zweifelhaftes nicht wieder zweifelhaftes beweisen kann. Oft wird es aber nöthig sein, etwas, das zum Beweise von etwas andrem dienen soll, um es unzweifelhaft zu machen, selbst wieder zu beweisen und zwar sind gerade diejenigen Beweismittel die stärksten, die aus zweifelhaften zu gewissen erhoben sind. Sagt Jemand „von dir ist ein Mord begangen, denn du hast ein blutbeflecktes Kleid gehabt", so ist dies ein schwaches Beweismittel, wenn der Angeklagte den Umstand zugiebt. Denn sein Kleid konnte aus vielen Ursachen mit Blut befleckt sein. Es gewinnt aber an Kraft, wenn der Angeklagte den Umstand leugnet, und wir hinterher die Richtigkeit unsrer Angabe beweisen. Denn er würde beim Leugnen nicht gelogen haben, wenn er nicht geglaubt hätte, im Falle eines Zugeständnisses liesse sich der Umstand gar nicht vertheidigen.

Nun gilt die Regel, starke Beweismittel muss man einzeln vorführen und bei ihnen verweilen, schwächere dagegen muss man zusammenhäufen, damit sie sich gegenseitig stützen und durch ihre Menge ins Gewicht fallen. Quint. V, 12, 4. Dies giebt die Figur der *frequentatio* (συναϑροισμός Zon. p. 162), von welcher Cornif. IV, 40, 52 handelt, und von der er sagt: „vehemens haec est exornatio et in coniecturali constitutione causae fere semper necessaria et in ceteris generibus causarum et in omni oratione adhibenda nonnunquam." s. dazu Kayser S. 303.

Manche Beweismittel müssen aber an sich noch durch die Ausführung unterstützt werden. Wenn ich sage, der Zorn war die Ursache dieses Verbrechens, so muss zugleich gesagt werden, was diese Leidenschaft alles beim Menschen zu Wege bringt. Das längere Verweilen oder öftere Zurückkommen auf einen Punkt der Beweisführung giebt die Figur der *commoratio* oder ἐπιμονή, Cornif. IV, 44, 58. Beispiele aus Demosthenes giebt Kayser S. 306. Demnächst kommt hierbei die *expolitio* oder ἐξεργασία, die eigentliche Ausführung eines Gedankens, in Be-

tracht, Cornif. IV, 42, 54 ff. Wenn es daselbst heisst: „de
eadem re cum dicemus, pluribus utemur commutationibus; nam
cum rem simpliciter pronuntiaverimus, rationem poterimus subi-
cere; deinde dupliciter vel sine rationibus vel cum rationibus
pronuntiare; deinde afferre contrarium, deinde simile et exemplum, deinde conclusionem“, so erkennt man in dieser Vorschrift
unschwer die Theile der *Chrie* wieder, wie sie von Hermogenes
an bei den Progymnasmatikern zur Anwendung kommen, s. über
Progymnasmen S. 36 ff.*), eine Art der Ausführung und Erweiterung eines Gedankens, welche in ihren Grundzügen schon der
vor-Aristotelischen Rhetorik bekannt war, s. Spengel zu Anaxim.
S. 111. Cornificius selbst belegt seine Vorschrift mit einem Beispiele, das abgesehen von der fehlenden laudatio auctoris auch
als Beispiel einer Chrie dienen könnte. Es möge hier Platz
finden: „Sapiens nullum pro re publica periculum vitabit; ideo
quod saepe fit, ut, qui pro republica perire noluerit, necessario
cum re publica pereat, et, quoniam omnia sunt commoda a patria accepta, nullum incommodum pro patria grave putandum
est. ergo qui fugiunt id periculum, quod pro re publica sube-
undum est, stulte faciunt: nam neque effugere incommoda possunt et ingrati in civitatem reperiuntur; at qui patriae pericula
suo periculo excipiunt, hi sapientes putandi sunt, cum et eum
quem debent honorem rei publicae reddunt, et pro multis perire
malunt quam cum multis. et enim vehementer est iniquum vitam,
quam a natura acceptam propter patriam conservaveris, naturae
cum cogat reddere, patriae cum roget non dare; et cum possis
cum summa virtute et honore pro patria interire, malle per de-
decus et ignaviam vivere; pro amicis et parentibus et ceteris
necessariis adire periculum, pro re publica, in qua et hi et illud
sanctissimum patriae nomen continetur, nolle in discrimen venire.
itaque uti contemnendus est, qui in naufragio neminem quam
se mavult incolumem, ita est vituperandus, qui in rei publicae
discrimine suae plus quam communi saluti consulit: nave enim
fracta multi incolumes fuerunt: ex naufragio patriae salvus nemo
potest enatare: quod mihi bene videtur Decius intellexisse, qui

---

*) Eine überaus gründliche und sorgfältige Auseinandersetzung über
das Wesen der Chrie und ihre Bedeutung giebt das gelehrte
Buch von M. Seyffert Scholae Latinae. Zweiter Theil. 2. Aufl.
Leipz. 1865.

se devovisse dicitur et pro legionibus in hostis immisisse medios: amisit vitam, at non perdidit; re enim vili carissimam et parva maximam redemit: vitam dedit, accepit patriam; amisit animam, potitus est gloriam, quae cum summa laude prodita vetustate cotidie magis enitescit. quod si pro re publica decere accedere ad periculum et ratione demonstratum est et exemplo comprobatum, ii sapientes sunt existimandi, qui nullum pro salute patriae periculum vitant." Das contrarium anlangend (*κεφάλαιον ἐκ τοῦ ἐναντίου*), so wird darunter die Aufzählung der nachtheiligen Folgen verstanden, welche sich herausstellen würden, falls das umgekehrte des in Rede stehenden Gedankens stattfände. Matth. Camar. bei Walz. Rhet. Gr. T. I p. 123: *τὸ ἐκ τοῦ ἐναντίου, τί ἂν ἦν, εἰ μὴ τόδε ἐλέγετο ἢ ἐπράττετο.* Anon. ib. p. 130: *ἐκ τοῦ ἐναντίου, τὸ καὶ τὴν βλάβην αὐτοῦ μὴ πραττομένου εἰπεῖν.* Durch Gegenüberstellung seines Gegentheils soll der Gedanke erst seine richtige Beleuchtung erhalten. Schol. Aphth. T. II p. 19: *πέφυκε γὰρ τὰ πράγματα τῇ παραθέσει τῶν ἐναντίων ἐκδηλότερα φαίνεσθαι, ὡς τὸ φῶς τῇ τοῦ σκότους παραβολῇ*, vgl. Doxop. Homil. p. 268 sqq. Von der Erweiterung der Epicheireme durch Beweis des Ober- und Untersatzes war schon oben die Rede.

Eine weitere Regel ist die, den Richter oder Zuhörer nicht mit allen möglichen Beweismitteln zu überschütten, die man auftreiben kann, sonst wird er sie überdrüssig und sie verlieren an Beweiskraft. Wie soll der Richter glauben, dass das, was wir sagen, von hinlänglichem Gewicht ist, wenn wir selbst es nicht für ausreichend halten, sondern immer neues hinzufügen? Auch muss man das, was an sich klar ist, nicht erst noch beweisen wollen. Quint. §. 8. Wie man aber die Beweismittel zu ordnen habe, ob die wichtigsten zuerst, oder zuletzt, oder getheilt, so dass die schwachen in die Mitte kommen, darüber waren die Ansichten verschieden. Ein Herabsteigen der Rede vom stärksten zum schwächsten hält Quint. §. 14 für fehlerhaft. Anon. Seguer. p. 452: *τοῦτο δὲ δεῖ εἰδέναι, ὅτι ὅταν πλείω ἰσχυρὰ ἔχωμεν, ὀλίγα δὲ ἀσθενῆ, μετὰ τὰ ἰσχυρὰ τὰ ἀσθενῆ προσήκει τιθέναι· ὅταν δέ ἰσχυρὸν ἓν ἔχωμεν, πλατὺ δὲ ᾖ, διελόντες αὐτὸ μέσον τὸ ἀσθενὲς θήσομεν. εἰ δὲ τούτων μηδὲν ᾖ, τὸ ἀσθενὲς πρότερον τάξαντες οὕτως ἐπάξομεν τὸ ἰσχυρόν.*

§. 21.

IV Die Widerlegung.

Die Widerlegung gegnerischer Behauptungen und Beweise, *refutatio*, λύσις — Cic. de inv. I, 42 ff. sagt *reprehensio* — macht den vierten und eigentlich schwierigsten Theil der Rede aus. Denn gerade hierbei handelt es sich recht eigentlich um Vertheidigung. Vertheidigen aber ist schwieriger als anklagen, ebenso wie Wunden heilen schwieriger ist, als Wunden beibringen. Selbst mittelmässige Redner genügen zu einer Anklage, zu einer Vertheidigung aber ist die volle Kraft der Beredsamkeit nöthig.

Zunächst ist im allgemeinen zu bemerken, dass die Topik bei der Widerlegung ganz dieselbe ist wie bei der Beweisführung, nur wird sie immer zu umgekehrtem Zwecke verwandt. Was daher schon im Einzelnen bei der argumentatio von Widerlegungen vorgekommen ist, soll hier nicht wiederholt werden.

Einen Beweis, sagt Arist. Rhet. II, 25, widerlegt man entweder durch Gegenschlüsse, oder durch Vorbringung von Instanzen (ἐνστάσεις). Für die Widerlegung durch einen Gegenschluss (ἀντισυλλογισμός) würde man das von Aristoteles an einer andern Stelle vorgebrachte Beispiel anführen können: „eine Priesterin verbot ihrem Sohne Volksredner zu werden, denn sprichst du, wie es Recht ist, so werden die Menschen dich hassen, sprichst du Unrecht, die Götter. Der Sohn erwidert, umgekehrt, ich muss Volksredner werden, denn spreche ich, wie es Recht ist, so werden die Götter mich lieben, spreche ich Unrecht, die Menschen." Aus dem Umstande, dass Pompeius einen Antrag auf Untersuchung wegen des auf der via Appia geschehenen Mordes, bei welchem Clodius ums Leben gekommen sei, gestellt habe, schlossen die Ankläger, Pompejus habe damit ein verdammendes praeiudicium gegen Milo gegeben. Aus demselben Umstande zieht jedoch Cicero einen widerlegenden Gegenschluss. Pompeius, sagt er, stellte einen Antrag auf Untersuchung. Da aber That und Thäter bekannt und eingestanden waren, so kann er nur auf eine Untersuchung über schuldig oder nichtschuldig, auf eine *defensio iuris* angetragen haben, und daran schliesst er das Enthymem: „mihi vero Cn. Pompeius non modo nihil gravius contra Milonem iudicasse, sed etiam statuisse vide-

tur, quid vos in iudicando spectare oporteret. nam qui non poenam confessioni, sed defensionem dedit, is causam interitus quaerendam, non interitum putavit", Cic. pro Mil. 6, 15. — Instanzen aber werden nach Aristoteles auf viererlei Weise erhoben, entweder aus der Sache selbst, oder aus einem Aehnlichen, oder aus dem Entgegengesetzten, oder aus einer vorhandenen Entscheidung. Sagt also Jemand, die Liebe sei etwas treffliches, so wendet man aus der Sache selbst dagegen ein, entweder, dass jedes Bedürfniss ein Uebel ist, oder dass man nicht auch von Kaunischer Liebe, d. h. unerlaubter und dabei unglücklicher Liebe wie zwischen Bruder und Schwester (Parthen. c. 11 p. 313 Mein. Ovid. Metam. IX, 453 ff. Suid. Hesych. v. Καύνιος ἔρως, Diogen. V, 71 p. 265) sprechen würde, wenn es nicht auch eine schlechte Liebe gäbe. Sagt man, dass der gute Mann allen Freunden gutes thue, so entgegnet man aus dem Entgegengesetzten, dass auch der schlechte Mann ihnen kein übles thue. Gegen das Enthymem, Leute, denen es schlecht gegangen ist, hassen immer, wendet man von etwas Aehnlichem ein, Leute, denen es gut gegangen ist, lieben nicht immer. Gegen das Enthymem, den Betrunkenen muss man verzeihen, denn sie fehlen, ohne es zu wissen, wendet man von einer vorhandenen Entscheidung aus ein, dann ist Pittacus nicht zu loben, denn er hat auf Vergehen im Trunke grössere Strafen gesetzt.

Es kömmt nun bei der Widerlegung im Ganzen betrachtet nach Quintilian sehr darauf an, was der Gegner vorgebracht hat und wie. Zuerst muss man also zusehen, ob das, wogegen wir antworten wollen, dem vorliegenden Falle eigenthümlich, oder von aussen an ihn herangezogen ist. Ist es dem vorliegenden Falle eigenthümlich, so muss es, wie in der Lehre von den status gezeigt worden ist, entweder geleugnet, oder vertheidigt, oder durch Translation beseitigt werden. Was sich weder leugnen, noch durch Translation beseitigen lässt, muss durchaus vertheidigt werden, oder man muss die ganze Sache aufgeben. Man leugnet entweder die That, oder die Bezeichnung derselben. Was sich nicht vertheidigen, noch durch Translation beseitigen lässt, muss durchaus geleugnet werden. Lässt sich weder vertheidigen, noch leugnen, so bleibt blos die Translation übrig. Wo alles dreies nicht anwendbar ist, da liegt kein Streit vor. Ist dagegen das, was der Gegner gebracht hat, von aussen an den vorliegenden Fall herangezogen, so sagt man

eben, es gehöre nicht zur Sache, man dürfe sich dabei nicht aufhalten, es sei nicht so schlimm, als der Gegner behaupte, oder man übergeht es absichtlich mit Stillschweigen.

Ferner muss man darauf sehen, ob man die vorgebrachten Punkte e i n z e l n entkräften, oder gleich m e h r e r e z u s a m m e n angreifen soll. Man greift mehreres zugleich an, wenn es entweder so schwach ist, dass es in gleicher Weise über den Haufen geworfen werden kann, oder so lästig, dass es unvortheilhaft ist, einzeln dagegen zu kämpfen. Wenn es zu schwierig ist, die Worte des Gegners zu widerlegen, so können wir mitunter unsre Beweise denen des Gegners gegenüberstellen, vorausgesetzt, dass wir auf diese Weise zeigen können, dass die unseren die stärkeren sind. Was vom Gegner massenhaft vorgebracht ist, das muss ins einzelne zerlegt und so geschwächt werden. „Urent universa: at si singula quaeque dissolveris, iam illa flamma, quae magna congerie convaluerat, diductis quibus alebatur, concidet, ut si vel maxima flumina in rivos diducantur, qualibet transitum praebent“ — Quint. V, 13, 13. Nach dieser Rücksicht ist auch die Proposition einzurichten, dass wir bald das einzelne zeigen, bald alles zusammenfassen. Wenn z. B. der Ankläger sagt, es hätten für den Angeklagten viele Veranlassungen zur That vorgelegen, so werden wir, ohne sie einzeln aufzuzählen, ein für allemal sagen, es käme gar nicht darauf an, denn wer eine Veranlassung habe, eine That zu thun, habe sie deshalb nicht auch schon gethan. Im Ganzen wird es aber öfter dem Ankläger vortheilhaft sein, die Beweisgründe zusammenzuhäufen, dem Angeklagten dagegen, sie einzeln aufzulösen.

Demnächst ist zu betrachten, w i e das vom Gegner gesagte zu widerlegen sei. Wenn es offenbar falsch ist, so genügt es, dasselbe entschieden in Abrede zu stellen. Lehrreich hierfür ist Cic. pro Cluent. 60, 166, wo der Eindruck der Ableugnung durch die Figur der *praeteritio* gesteigert wird: „Alterum veneficii crimen Oppianico huic adulescenti — venenum Aviti consilio paratum: id cum daretur in mulso, Balbutium quendam eius familiarem intercepisse, bibisse statimque esse mortuum. hoc ego si sic agerem, tamquam mihi crimen esset diluendum, haec pluribus verbis dicerem, per quae nunc paucis percurrit oratio mea. Quid unquam Avitus in se admisit, ut hoc tantum ab eo facinus non abhorrere videatur? quid autem magnopere Oppianicum metuebat, cum ille verbum omnino in hac ipsa causa nullum

facere potuerit, huic autem accusatores viva matre deesse non possint? — an ut de causa eius periculi nihil decederet, ad causam novum crimen accederet? quod autem tempus veneni dandi illo die? in illa frequentia? per quem porro datum? unde sumptum? quae deinde interceptio poculi? cur non de integro autem datum? Multa sunt, quae dici possunt: sed non comittam, ut videar non dicendo voluisse dicere: res enim iam se ipsa defendit. Nego illum adulescentem, quem statim epoto poculo mortuum esse dixistis, omnino illo die esse mortuum. magnum crimen et impudens mendacium." — Auch das offenbar sich widersprechende, das überflüssige und thörichte zu widerlegen, ist nicht Sache der Kunst. Bei unklarem (*obscurum*), was ohne Zeugen oder Beweis als im geheimen geschehen behauptet wird, was eben an sich schwach ist, genügt es darauf aufmerksam zu machen, dass der Gegner den Beweis dafür schuldig geblieben ist. Meisterhaft ist in dieser Hinsicht das, was Cic. or. Philipp. II, 4 auf die Vorlegung eines von ihm an Antonius geschriebenen Briefes erwidert. Da heisst es unter anderem: „sed quid opponas tandem, si negem me unquam ad te istas litteras misisse? quo me teste convincas? an chirographo? in quo habes scientiam quaestuosam. qui possis? sunt enim librarii manu. iam invideo magistro tuo, qui te tanta mercede, quantam iam proferam, nihil sapere doceat. quid enim est minus non dico oratoris, sed hominis, quam id obicere adversario, quod ille si verbo negarit, longius progredi non possit, qui obiecerit?" — Auch das Ungehörige wird einfach als ungehörig bei Seite gewiesen. Mitunter aber ist es Aufgabe des Redners, zu zeigen, dass etwas als widerspruchsvoll, oder nicht zur Sache gehörig, oder unglaublich, oder überflüssig, oder vielmehr für uns sprechend erscheint. Quint. §. 17 f.

Das übrige, was vorgebracht wird, ist entweder durch Conjectur über die Unwahrheit des Thatbestandes zu beseitigen, oder durch Definition, als ungenau, oder durch Qualität, als unehrenhaft, unbillig, schlecht, unmenschlich, grausam u. s. w. Und darauf ist nicht blos bei den Propositionen, sondern auch bei der ganzen Ausführung zu sehen. Am heftigsten muss man hiervon dasjenige angreifen, was allgemein gefährlich, oder, falls es durchginge, selbst den Richtern gefährlich werden könnte. Manchmal lässt sich auch etwas als unbedeutend und nicht zur Sache gehörig mit Erfolg verachten. Dies hat Cicero oft gethan,

wie z. B. pro Roscio Amer. c. 29. *Vereor*, heisst es daselbst, *ne aut molestus sim vobis, iudices, aut ne ingeniis vestris videar diffidere, si de tam perspicuis rebus diutius disseram. Erucii criminatio tota, ut arbitror, dissoluta est: nisi forte expectatis, ut illa diluam, quae de peculatu ac de eiusmodi rebus commenticiis inaudita nobis ante hoc tempus ac nova obiecit: quae mihi iste visus est ex alia oratione declamare, quam in alium reum commentaretur; ita neque ad crimen parricidii, neque ad eum, qui causam dicit, pertinebant: de quibus quoniam verbo arguit, verbo satis est negare.* Es lässt sich dies geradezu als Kunstgriff benutzen, dass man dasjenige, was man durch die Rede nicht widerlegen kann, gleichsam verächtlich bei Seite wirft, *ut quae dicendo refutare non possumus, quasi fastidiendo calcemus.* Quint. §. 22.

Da das, was der Gegner vorbringt, grösstentheils in Aehnlichem besteht, so muss bei allem, was angeführt wird, möglichst sorgfältig das Unähnliche aufgespürt werden. Schädliche Beispiele kann man verschieden behandeln. Sind sie alt, so werden sie als fabelhaft bezeichnet. Sind sie unzweifelhaft, so doch als sehr unähnlich. Bei zwei Beispielen kann natürlich unmöglich alles ähnlich sein. Wenn also die Tödtung des Gracchus durch Nasica mit dem Beispiel des Ahala vertheidigt wird, welcher den Sp. Maelius tödtete, so sagt man, Maelius habe nach der Königswürde getrachtet, Gracchus nur volksthümliche Gesetze beantragt. Ahala sei magister equitum gewesen, Nasica blosser Privatmann u. dgl. m. Wenn sich gar nichts findet, so lässt sich doch vielleicht nachweisen, dass nicht einmal das, was als Beispiel angeführt werde, recht gehandelt sei, also das Beispiel als solches bemängeln, Quint. §. 24, vgl. Arist. Rhet. II, 25 g. E. Ausführlich behandelt Apsin. Rhet. 9 p. 375 die Widerlegung der Beispiele. Sie werden widerlegt entweder durch ἀνατροπή d. h. man erklärt sie für falsch, und stellt ihre Richtigkeit einfach in Abrede (vgl. Ernesti Lex. techn. rhet. Gr. p. 21), oder dadurch, dass man einen Unterschied zwischen dem angeführten Beispiel und dem vorliegenden Falle hinsichtlich der Beschaffenheit der Person, der Absicht der That, der Zeit, des Ortes nachweist. Es lassen sich auch Beispiele aus den Folgen widerlegen, indem man zeigt, dass es auch jenen nichts nützte, dies und das gethan zu haben, ferner durch Aufstellung eines gewichtigen Gegenbeispiels, endlich ἐκ περιτροπῆς, d. h. man kehrt das Beispiel gegen den um, der es gebraucht hat (vgl. Ernesti p. 261). Zur

Veranschaulichung der Widerlegung eines Beispiels aus den meisten der hier angegebenen Gesichtspunkte möge eine Stelle aus Demosth. c. Androt. p. 595 hier Platz finden: φήσει τοίνυν τοῦτον ἁπάσας τὸν τρόπον εἰληφέναι τὰς βουλάς, ὅσαι πώποτ᾽ ἔχουσι παρ᾽ ὑμῶν δωρεάν, καὶ οὐδεμιᾷ γεγενῆσθαι προβούλευμα πώποτε. ἐγὼ δ᾽οἶμαι μὲν οὐχὶ λέγειν αὐτὸν ἀλήθειαν, μᾶλλον δὲ οἶδα σαφῶς· οὐ μὴν ἀλλ᾽ εἰ τοῦτο τοιοῦτ᾽ ἐστὶ τὰ μάλιστα, ὁ νόμος δὲ λέγει τἀναντία, οὐχ, ὅτι πολλάκις ἡμάρτηται δήπου πρότερον, διὰ τοῦτ᾽ ἐξαμαρτητέον ἐστὶ καὶ νῦν, ἀλλὰ τοὐναντίον ἀρκτέον, ὡς ὁ νόμος κελεύει, τὰ τοιαῦτα ποιεῖν ἀναγκάζων ἀπὸ τοῦ πρώτου. σὺ δὴ μὴ λέγε, ὡς γέγονε τοῦτο πολλάκις, ἀλλ᾽ ὡς οὕτω προσήκει γίγνεσθαι. οὐ γὰρ εἴ τι πώποτε μὴ κατὰ τοὺς νόμους ἐπράχθη, σὺ δὲ τοῦτ᾽ ἐμιμήσω, διὰ τοῦτ᾽ ἀποφύγοις ἂν δικαίως, ἀλλὰ πολλῷ μᾶλλον ἁλίσκοιο· ὥσπερ γὰρ εἴ τις ἐκείνων προῆλω, σὺ ταῦθ᾽ οὐκ ἂν ἔγραψας, οὕτως, ἂν σὺ νῦν δίκην δῷς, ἄλλος οὐ γράψει. Eben so lehrreich ist Demosth. c. Mid. 525: ἀπήγγειλε τοίνυν τίς μοι περιιόντα αὐτὸν συλλέγειν καὶ πυνθάνεσθαι, τίσι πώποτε συμβέβηκεν ὑβρισθῆναι· καὶ λέγειν τούτους καὶ διηγεῖσθαι πρὸς ὑμᾶς μέλλειν. οἷον, ὦ ἄνδρες Ἀθηναῖοι, τὸν πρόεδρον, ὃν ποτέ φασιν ἐν ὑμῖν ὑπὸ Πολυζήλου πληγῆναι, καὶ τὸν θεσμοθέτην, ὃς ἔναγχος ἐπλήγη τὴν αὐλητρίδα ἀφαιρούμενος, καὶ τοιούτους τινάς· ὡς, ἐὰν πολλοὺς ἑτέρους πολλὰ καὶ δεινὰ πεπονθότας ἐπιδείξῃ, ἧττον ὑμᾶς ἐφ᾽ οἷς ἐγὼ πέπονθα ὀργιουμένους, ἐμοὶ δ᾽ αὖ τοὐναντίον, ὦ ἄνδρες Ἀθηναῖοι, δοκεῖτε ποιεῖν ἂν εἰκότως, εἴπερ τοῦ κοινῇ βελτίστου δεῖ μέλειν ὑμῖν. τίς γὰρ οὐκ οἶδεν ὑμῶν, τοῦ μὲν πολλὰ τοιαῦτα γίγνεσθαι τὸ μὴ κολάζεσθαι τοὺς μὴ ἐξαμαρτάνοντας αἴτιον ὄν, τοῦ δὲ μηδένα ὑβρίζειν τὸ λοιπόν, τὸ δίκην τὸν ἀεὶ ληφθέντα, ἣν προσήκει, διδόναι, μόνον αἴτιον ἂν γενόμενον; εἰ μὲν τοίνυν ἀποτρέψαι συμφέρει τοὺς ἄλλους, τοῦτον καὶ δι᾽ἐκεῖνα κολαστέον, καὶ μᾶλλόνγε, ὅσωπερ ἂν ᾖ πλείω καὶ μείζω· εἰ δὲ παροξῦναι καὶ τοῦτον καὶ πάντας, ἐατέον. ἔτι τοίνυν οὐδ᾽ ὁμοίαν οὖσαν τούτῳ κἀκείνοις συγγνώμην εὑρήσομεν. πρῶτον μὲν γὰρ ὁ τὸν θεσμοθέτην πατάξας, τρεῖς εἶχε προφάσεις, μέθην, ἔρωτα, ἄγνοιαν, διὰ τὸ σκότους καὶ νυκτὸς τὸ πρᾶγμα γενέσθαι. ἔπειθ᾽ ὁ Πολύζηλος ἐκεῖνος ὀργῇ καὶ τρόπου προπετείᾳ, φθάσας τὸν λογισμὸν ἁμαρτεῖν ἔφησεν. οὐ γὰρ ἐχθρός γε ὑπῆρχεν ὤν, οὐδ᾽ ἐφ᾽ ὕβρει τοῦτ᾽ ἐποίησεν. ἀλλ᾽ οὐ Μειδίᾳ τούτων οὐδέν ἐστιν εἰπεῖν. καὶ γὰρ ἐχθρὸς ἦν, καὶ μεθ᾽ ἡμέραν εἰδὼς ὕβριζε, καὶ οὐκ ἐπὶ τούτου μόνον, ἀλλ᾽ ἐπὶ πάντων φαίνεται προῃρημένος με ὑβρίζειν. καὶ μὲν οὐδὲ τῶν πεπραγμένων ἐμοὶ καὶ τούτων

οὐδὲν ὅμοιον ὁρῶ. πρῶτον μὲν γὰρ ὁ θεσμοθέτης οὐχ ὑπὲρ ὑμῶν
οὐδὲ τῶν νόμων φροντίσας, οὐδ᾽ ἀγανακτήσας φανήσεται, ἀλλ᾽
ἰδίᾳ πεισθεὶς ὁπόσῳ δήποτε ἀργυρίῳ καθυφεὶς τὸν ἀγῶνα. ἔπειθ᾽
ὁ πληγεὶς ἐκεῖνος ὑπὸ τοῦ Πολυζήλου ταὐτὸ τοῦτο ἰδίᾳ διαλυσά-
μενος, ἐρρῶσθαι πολλὰ τοῖς νόμοις εἰπὼν καὶ ὑμῖν οὐδ᾽ εἰσήγαγε
τὸν Πολύζηλον. Man verzeihe mir, diese längere Stelle in ex-
tenso mitgetheilt zu haben. Aber sie giebt die Widerlegung
eines Beispiels (mit Bezug auf die Stelle, welche sie im ganzen
Verlauf der Rede einnimmt, wird sie von Ulpian als παραδει-
γματικὴ ἀντίθεσις bezeichnet) nach allen Regeln der Kunst.

§. 22.

Fortsetzung.

Es kömmt nun ferner darauf an, wie der Gegner etwas
gesagt hat. Hat er über einen Punkt wenig beweisend gesprochen, so führt man in der Widerlegung seine eignen Worte an.
Hat er sich einer scharfen und heftigen Ausdrucksweise bedient,
so nennen wir die Sache mit unseren milderen Ausdrücken, und
gleich mit einer Art von Vertheidigung. Wenn wir also für
einen Verschwender zu sprechen haben, so sagen wir, „es ist
ihm ein etwas zu freigebiges Leben vorgeworfen". Auf keinen
Fall dürfen wir die Angaben der Gegner mit der von ihnen gegebenen Begründung wiedergeben, oder gar noch durch Ausführung unterstützen, ausser wenn wir sie verspotten wollen.
Quint. §. 27 führt als Beispiel Cic. pro Mur. 9, 21 an: „apud
exercitum mihi fueris, inquit, tot annos? forum non attigeris?
abfueris tam diu, ut, cum longo intervallo veneris, cum his, qui
in foro habitarint, de dignitate contendas?" Ausserdem wird
bisweilen bei der Widerlegung die ganze Anschuldigung auseinandergesetzt, oder mehrere Punkte derselben werden zusammengefasst, wenn die Reihenfolge der Begebenheiten an sich
unglaublich ist, und durch die blose Mittheilung an Glaubwürdigkeit verliert. Quint. §. 28 und der dazu von Spalding angeführte
Severian. p. 306 Pith. (p. 360 Halm). Was in seinem Zusammenhange schadet, wird bisweilen in seinen Theilen widerlegt, und
dies ist meistentheils das sicherere.

Das Gemeinsame (communia, s. oben S. 44) muss man
sich zu eigen machen, denn hierbei ist der Antwortende allemal
im Vortheil. Wer etwas gemeinsames zuerst sagt, giebt zugleich

das Gegentheil davon an die Hand, dessen sich der Gegner mit
Erfolg bedienen kann. „Es ist nicht wahrscheinlich, dass M.
Cotta ein so grosses Verbrechen ersonnen hat. Ist es etwa wahrscheinlich, dass Oppius ein so grosses Verbrechen versucht hat?"
Aristot. Rhet. II, 23 nennt diese Art der Widerlegung den τόπος
ἐκ τῶν εἰρημένων καθ᾽ αὑτοὺς πρὸς τὸν εἰπόντα. Iphikrates
fragte den Aristophon, ob er wohl die Flotte um Geld verrathen
würde; als Aristophon es verneinte, sagte er, du ein Aristophon
würdest sie nicht verrathen, und ich ein Iphikrates sollte es
thun? Natürlich muss dabei auf der anderen Seite immer grössere
Wahrscheinlichkeit zum Unrecht thun vorhanden sein. Es würde
lächerlich sein, sich gegen die Anklage eines Aristides eines
solchen Beweises zu bedienen.

Besondere Kunst gehört dazu in der Rede des Gegners,
das herauszufinden, was sich selbst widerspricht, oder sich zu
widersprechen scheint (s. Arist. Rhet. II, 23 p. 112), theils in
der Sache selbst, wie wenn Tubero den Ligarius anklagt, dass
er in Africa gewesen sei, und sich beklagt, dass er selbst von
ihm nicht nach Africa gelassen sei —, die Herausgeber zu Quint.
§. 31 führen hierfür eine passende Stelle aus Apulej. apol. c. 25
an: „nonne vos puditum est, haec crimina tali viro audiente tam
asseverate obiectare, frivola et inter se repugnantia simul pro-
mere, et utraque tamen reprehendere? An non contraria accu-
satis peram et baculum ob auctoritatem, carmina et speculum
ob hilaritatem, unum servum ut parci, tris libertos ut profusi,
praeterea eloquentiam graecam, patriam barbaram?" Auch im
folgenden Capitel dieser Rede wird ein argumentum ex pugnantibus zur weiteren Widerlegung der Anklage gebraucht: „sin
vero more vulgari eum isti proprie magum existimant, qui com-
munione loquendi cum diis immortalibus ad omnia quae velit
incredibili quadam vi cantaminum polleat, oppido miror, cur
accusare non timuerint, quem posse tantum fatentur. neque enim
tam occulta et divina potentia caveri potest itidem ut cetera.
Sicarium qui in iudicium vocat, comitatus venit, qui venenarium
accusat, scrupulosius cibatur, qui furem arguit, sua custodit.
Enim vero, qui magum, qualem isti dicunt, in discrimen capitis
deducit, quibus comitibus quibus scrupulis quibus custodibus
perniciem caecam et inevitabilem prohibeat? nullis scilicet: et
ideo id genus crimen non est eius accusare qui credit." Theils
aber können die Widersprüche lediglich durch unüberlegte Rede-

wendungen des Gegners hervorgerufen werden, bei denen er mehr einen einzelnen Punkt, als die ganze Sache ins Auge fasst, vgl. Cic. pro Cluent. c. 48, und auch wohl im Eifer der Behauptung übertreibt.

Geringeren Scharfsinn erfordert die Widerlegung gewisser anderer, mehr logischer Fehler. So wenn ein zweifelhafter Beweis statt eines nothwendigen, oder ein streitiger statt eines zugestandenen gebraucht wird, ἀμφισβητούμενον ἀντὶ ὁμολογουμένου, vgl. Gell. N. A. XVII, 5, 3. Desgleichen ein allgemeiner, der auch auf andere Fälle passt, statt dem vorliegenden Falle eigenthümlich zu sein, ein überflüssiger Beweis, ein Beweis aus einer späteren Gesetzesbestimmung, die auf den vorliegenden Fall keine Anwendung findet, endlich ein unglaublicher Beweis. Auch begehen Leute, die nicht recht Acht gegeben, den Fehler, die zu beweisende Anschuldigung zu vergrössern, über die That zu sprechen, während man nach dem Urheber fragt, sich an unmögliches zu machen, als erledigt Punkte zu verlassen, die kaum angefangen sind, lieber von der Person als von der Sache zu sprechen, die Vergehen einzelner Personen ihrer Stellung beizulegen, wie wenn man nicht den Appius Claudius, sondern im allgemeinen das Decemvirat angreift, gegen ganz offenbares Widerspruch zu erheben, Dinge zu sagen, die eine andre Auffassung zulassen, auf den Hauptpunkt des Streites nicht zu sehen, auf das vorliegende nicht zu antworten, Fehler, die allerdings mitunter absichtlich begangen werden, um eine schlechte Sache durch äusserlich herbeigeholte Mittel zu unterstützen. Quint. §. 35 verweist hier auf die fünfte Verrina, die ja, wenn Cicero den ganzen ihm vorliegenden Stoff auf eine einzige Rede hätte beschränken wollen, in dieser den vierten und fünften Theil ausmachen würde. Die Gegner suchten die gegen Verres vorgebrachten Anschuldigungen dadurch zu entkräften, dass sie seine angebliche militärische Tüchtigkeit in ein ungebührliches Licht setzten. „Sed quaedam mihi magnifica et praeclara eius defensio ostenditur", sagt Cicero zu Anfang dieser Rede, „cui quem ad modum resistam multo mihi ante est, iudices, providendum. Ita enim causa constituitur, provinciam Siciliam virtute istius et vigilantia singulari, dubiis formidolosisque temporibus, a fugitivis atque a belli periculis tutam esse servatam. quid agam, iudices? quo accusationis meae rationem conferam? quo me vertam? ad omnes enim meos impetus quasi murus quidam boni

nomen imperatoris opponitur. novi locum, video ubi se iacta-
turus sit Hortensius. belli pericula, tempora rei publicae, imperatorum penuriam commemorabit: tum deprecabitur a vobis,
tum etiam pro suo iure contendet, ne patiamini talem impera-
torem populo Romano Siculorum testimonio eripi neve obteri
laudem imperatoriam criminibus avaritiae velitis. — eadem nunc
ab illis defensionis ratio viaque temptatur: idem quaeritur. sit
fur, sit sacrilegus, sit flagitiorum omnium vitiorumque princeps:
at est bonus imperator, at felix et ad dubia rei publicae tempora
reservandus."

Dieselben Vorschriften, wie für die Widerlegung des vom
Gegner vorgebrachten, gelten nun auch für die Beseitigung von
Einwürfen und Gegenreden *(contradictiones)*. Nur muss man sich
dabei hüten, allzu kleinlich an den einzelnen Worten des Gegners, also an der Form seiner Rede herumzuklauben, statt die
Sache im Auge zu behalten. Im Gegentheil kann es oft nur im
Interesse eines Anwaltes liegen, wenn der Redner der Gegenpartei als ein beredter Mann erscheint, damit dadurch der Schein
entsteht, als komme das, was in seiner Rede seinem Clienten
nützt, auf Rechnung seines Talentes, nicht seiner guten Sache,
umgekehrt dasjenige, was ihn etwa blossstellt, auf Rechnung der
Sache, nicht seines Talentes. Persönliche Invectiven gegen den
gegnerischen Redner, überhaupt den Gegner, wie von Cicero
gegen Rullus (II, 5), Piso, Antonius, sind nur dann von Nutzen,
wenn man darauf ausgeht, Jemand verhasst zu machen. Bisweilen hat man das, was mit besonderer Heftigkeit gesagt ist,
durch einen Witz zu beseitigen. Namentlich ist dies gegen die
Ankläger erlaubt, gegen die auch mitunter Schmähungen am
Platze sind. Sich in seiner Rede zu beschweren, dass etwas
vom Gegner listig zugespitzt, gekürzt, verdunkelt, in ein schie-
fes Licht gestellt sei, ist durchaus erlaubt. Auch kann man sich
darüber tadelnd aussprechen, dass der Gegner den Schwerpunkt
der Vertheidigung auf eine andere Seite fallen lässt, als wohin
er eigentlich gehört, wie sich Aeschines in der Rede gegen
Ktesiphon beklagt, Demosthenes werde über alles andere, aber
nicht über das in Rede stehende Gesetz sprechen. Hierhin gehört es auch, wenn Demosthenes die Richter warnt, nicht etwa
dem Midias Gehör zu schenken, wenn er sich bemühen würde,
sich lediglich als ein Opfer von seiner persönlichen Machtstellung
auszugeben, oder wenn Cic. pro Cluent. 52, 143 seinem Gegner

erwidert: „nam hoc persaepe dixisti, tibi sic renuntiari, me habere in animo causam hanc praesidio legis defendere. itane est?
ab amicis imprudentes videlicet prodimur? et est nescio quis de
iis, quos amicos nobis arbitramur, qui nostra consilia ad adver-
sarium deferat? quisnam hoc tibi renuntiavit? quis tam improbus
fuit? cui ego autem narravi? nemo, ut opinor, in culpa est,
uimirum tibi istud lex ipsa renuntiavit.

Am wenigsten Mühe bei der Widerlegung macht die Anordnung. Wenn wir anklagen, so haben wir zuerst das unsrige
zu beweisen, dann dasjenige, was uns entgegengesetzt wird, zu
widerlegen. Wenn wir vertheidigen, so müssen wir zuerst mit
der Widerlegung anfangen. Aus dem, was wir einem Einwurf
entgegensetzen, entstehen andre Einwürfe, u. s. w. Immer müssen beide Parteien genau darauf sehen, worauf es eigentlich in
der Hauptsache ankömmt, um sich nicht auf Seitenwegen zu
verlieren.

Alles aber, was nach den bisher angedeuteten Gesichtspunkten zum Beweis oder zur Widerlegung vorgebracht wird,
muss durch die Kraft der Rede unterstützt und ausgeschmückt
werden. „Quam libet enim sint ad dicendum, quod volumus,
accomodata: ieiuna tamen erunt et infirma, nisi maiore quodam
oratoris spiritu implentur", Quint. V, 13, 56. Darauf macht auch
Cicero aufmerksam de orat. II, 27, 120: „illa, quae tota ab
oratore pariuntur, excogitationem non habent difficilem, explica-
tionem magis illustrem perpolitamque desiderant. itaque cum
haec duo nobis quaerenda sint in causis, primum quid, deinde
quomodo dicamus: alterum, quod totum arte tinctum videtur,
tametsi artem requirit, tamen prudentiae est paene mediocris,
quid dicendum sit videre: alterum est, in quo oratoris vis illa
divina virtusque cernitur, ea, quae dicenda sunt, ornate, copiose
varieque dicere". vgl. Orat. c. 35.

§. 23.

ᚡ   Der Schluss.

Der fünfte Theil der Rede, durch welche sie ihrem Ende
zugeführt wird, heisst ἐπίλογος, lateinisch *peroratio*, wofür einige,
wie selbst Cicero, indes auch *cumulus* oder *conclusio* sagten.
Nach Arist. III, 19 hat der Epilog vier Bestandtheile: ὁ δ'ἐπίλογος σύγκειται ἐκ τεσσάρων· ἔκ τε τοῦ πρὸς ἑαυτὸν κατασκευάσαι

εὖ τὸν ἀκροατὴν καὶ τὸν ἐναντίον φαύλως, καὶ ἐκ τοῦ αὐξῆσαι καὶ ταπεινῶσαι, καὶ ἐκ τοῦ εἰς τὰ πάθη τὸν ἀκροατὴν καταστῆσαι καὶ ἐξ ἀναμνήσεως. Abweichend lehrte er in der Techne des Theodektes, wenn anders das aus dieser Schrift erhaltene durchaus als sein Eigenthum zu betrachten ist. Anon. Seguer. p. 453: Ἀριστοτέλης δὲ ἐν ταῖς Θεοδεκτικαῖς τέχναις φησίν, ὅτι ὁ ἐπίλογος τὸ μὲν κεφάλαιον ἔχει προτρέψασθαι τοὺς ἀκούοντας. προτρέψομεν δὲ τριχῶς, εἰς τὰ πάθη ἀνάγοντες τὰ ἑκάστῳ προτρεπτικά. ἓν μὲν οὖν ἔργον ἐπιλόγου τὸ τὰ πάθη διεγεῖραι, δεύτερον τὸ ἐπαινεῖν ἢ ψέγειν. τούτων γὰρ ἐν ἐπιλόγοις ἡ χώρα· τρίτον δὲ τὸ ἀναμιμνήσκειν τὰ εἰρημένα, οὔτε δὲ τὰ εὐμνημόνευτα οὔτε τὰ ἀπαθῆ κινητέον. Einer Dreitheilung des Epilogs begegnen wir noch mehrfach in der nach-Aristotelischen Rhetorik. So bei Cornif. II, 30, 47: conclusio constat ex enumeratione, amplificatione et commiseratione. Cic. de inv. I, 52, 98: conclusio est exitus et determinatio totius orationis. haec habet partes tres, enumerationem, indignationem, conquestionem. Apsin. 12 p. 384: ὁ ἐπίλογος τόπος τριμερής ἐστιν. ἔχει γὰρ καὶ ἀνάμνησιν τῶν εἰρημένων καὶ ἔλεον καὶ δείνωσιν, ἡ δὲ δείνωσις κατὰ τὴν αὔξησιν θεωρεῖται. Es lag indes nahe, die amplificatio und commiseratio als blos einen Theil zusammenzuziehen. Dies thut denn auch Cic. part. orat. 15, 52: peroratio est divisa in duas partes, amplificationem et enumerationem. vgl. Top. 26, 98: peroratio autem et alia quaedam habet et maxime amplificationem, cuius effectus hic debet esse, ut aut perturbentur animi aut tranquillentur, et si ita iam adfecti ante sint, ut augeat eorum motus aut sedet oratio. Zieht man aber amplificatio und commiseratio zu einem Theile zusammen, so wird sich als Hauptaufgabe desselben die Erregung oder Beschwichtigung der Affecte herausstellen, und es wird logisch richtiger sein, ihn auch danach, nicht aber nach der blos accidentellen amplificatio zu benennen. Daher sagt Quint. VI, 1, 1 von der peroratio: eius duplex ratio est posita aut in rebus aut in affectibus, und Neokles bei Anon. Seguer. p. 453: ἐπίλογός ἐστι λόγος ἐπὶ προειρημέναις ἀποδείξεσιν ἐπιλεγόμενος, πραγμάτων ἀθροισμὸν καὶ ἠθῶν καὶ παθῶν περιέχων, endlich der Anonymus selbst: διαιρεῖται δὲ ὁ ἐπίλογος εἰς εἴδη δύο, εἴς τε τὸ πρακτικὸν καὶ τὸ παθητικόν· καὶ τοῦ μὲν πρακτικοῦ ἐστιν ἡ ἀνακεφαλαίωσις, τοῦ δὲ παθητικοῦ τὸ τὰ πάθη κατασκευάζειν καὶ ῥωννύειν τὸν λόγον. Vgl. Kayser zu Cornif. S. 265.

Von der *ἀνακεφαλαίωσις, rerum repetitio, enumeratio,* sagt Cornificius: *enumeratio est, per quam colligimus et commonemus, quibus de rebus verba fecerimus, breviter, ut renovetur, non redintegretur oratio; et ordine, ut quidquid erit dictum, referimus, ut auditor, si memoriae mandaverit ad id, quod ipse meminerit, reducatur.* Diese Aufzählung lässt aber das Exordium und die Narratio unberührt, sondern fängt von der Eintheilung an, und giebt dann der Reihe nach in der Kürze an, was beim Beweis und der Widerlegung ausführlich behandelt ist. Sie hilft also dem Gedächtniss des Richters (daher auch *ἀνάμνησις* genannt), bringt ihm die ganze Sache vor Augen und fällt durch ihren gedrängten Inhalt ins Gewicht. Alles, was wir in ihr wiederholen, muss ganz kurz gesagt und darf nur nach seinen Hauptpunkten berührt werden. Was man aber aufzählt, muss man mit Nachdruck sagen, dabei durch passende Sentenzen in eine anregende Form bringen und mit Figuren ausschmücken, denn eine blose, nackte Wiederholung ist unangenehm, gleichsam als traute man dem Gedächtniss des Redners nichts zu. Uebrigens können auch bei anderen Theilen der Rede, wenn die Sache verwickelt ist und die Vertheidigung auf mehrere Beweispunkte sich stützt, mit Nutzen Recapitulationen angebracht werden. Man vergleiche das, was Anaxim. 20 p. 207 über die *παλιλλογία* sagt, desgleichen 22 p. 209, 13. Longin. p. 301, 29. Apsin. 12 p. 385. Ernesti Lex. techn. Graec. p. 239. Eine gewisse *ἀνακεφαλαίωσις* ist auch in jeder *transitio* (s. oben S. 62) enthalten. Dagegen giebt es auch manche Sachen, bei denen wegen ihrer Kürze und Einfachheit eine Recapitulation keineswegs nöthig ist. Quint. §. 2. 8. In der Rede des Demosthenes *περὶ παραπρεσβείας* findet sich eine *ἀνακεφαλαίωσις* in der Mitte. Sehr richtig bemerkt Apsines: *ταύτῃ δὲ διαφέρουσιν ἀλλήλων αἱ ἀναμνήσεις, ὅτι ἡ μὲν ἐπὶ τέλει ἔκθεσιν ἔχει κεφαλαιώδη τῶν ζητημάτων ἁπάντων καὶ ἀνάμνησιν τῶν προηγουμένων ἀποδείξεων κεφαλαιωδῶς καὶ τῶν ἀναγκαίων, ἡ δὲ μεταξὺ γιγνομένη ἀνάμνησιν περιέχει τῶν ἀναγκαίων πίστεων, ἡ δὲ ἐπὶ κεφαλαίῳ ἑνὶ ἀποδειχθέντι γινομένη οὐκ ἔτι κεφαλαίων ἀνάμνησις, ἀλλὰ τῶν λημμάτων δι' ὧν ἀπεδείχθη τὸ προκείμενον κεφάλαιον.* Die einzelnen Figuren und Topen der Anamnesis sind ebendaselbst ausführlich angegeben. Vgl. auch Anon. Seguer. p. 454.

Die Amplification regt die Zuhörer auf mittelst eines Gemeinplatzes, *κοινὸς τόπος, locus communis.* Man vergrössert

9

die That, indem man alles dasjenige anbringt, was sich überhaupt gegen dieselbe, so oft sie vorkömmt, sagen lässt. Der *κοινὸς τόπος* gehört mit zu den Progymnasmen, und wird als solches von Theon p. 221 definirt: *τύπος ἐστὶ λόγος αὐξητικὸς ὁμολογουμένου πράγματος ἤτοι ἀδικήματος ἢ ἀνδραγαθήματος.* In Wirklichkeit aber beschränkte man ihn auf die vergrössernde Darstellung von Unthaten und Vergehungen. Vgl. über Progymn. S. 56 ff. Bei Aphthonius wird er einfach als *λόγος αὐξητικὸς τῶν προσόντων τινὶ κακῶν* bezeichnet, und erst durch Interpolation kam auch bei ihm der Zusatz *ἢ καλῶν* in den Text, s. Schol. Aphthon. bei Walz. Rhet. Gr. T. II p. 46. Nach Theophrast bei Longin fragm. 11 kommt die Amplification von sechs Punkten aus zu Stande: *τὰ μὲν γὰρ ἐκ τῶν πραγμάτων λέγει ἔχειν τὴν αὔξησιν, τὰ δὲ ἐκ τῶν ἀποβαινόντων, τὰ δὲ ἐξ ἀντιπαραβολῆς καὶ κρίσεως* (l. *συγκρίσεως*), *τὰ δὲ ἐκ τῶν καιρῶν καὶ τοῦ πάθους φαίνεται μεγάλα.* Später fügte man die Amplification *ἐκ τῆς αἰτίας* hinzu. Nach den späteren Progymnasmatikern besteht der Gemeinplatz aus sechs Theilen. Zunächst kommt die Aufstellung des Gegentheils, *ἐκ τοῦ ἐναντίου, ἡ τοῦ ἐναντίου σύστασις* (*εἰ τόδε τι ἐποίει ἀντὶ τούτου* Matth. Camar. p. 124), von einigen auch als Lob des beeinträchtigten Gegenstandes bezeichnet. Ist also der Gemeinplatz gegen einen Tyrannen gerichtet, so lobe man zunächst die Freiheit, soll ein Verräther angeklagt werden, so verherrliche man die Treue gegen das Vaterland. An die Aufstellung des Gegentheils schliesst sich die Mittheilung der Thatsache, *ἔκθεσις*, aber *μετὰ δεινώσεως καὶ αὐξήσεως*, Schol. Aphthon. p. 35, um den Zuhörer aufzuregen, indem man ihm zeigt, dass der vorliegende Fall einer der schlimmsten und ausserordentlichsten sei. Von der Mittheilung der Thatsache geht man, will man nicht erst, wie Nikolaus lehrt, die *περιοχή* einschieben, welche zeigt, wie viel andre Vergehen in dem einen mit enthalten seien*), zur Vergleichung, *σύγκρισις* über, die den Zweck hat, den Gegenstand, über den man handelt, durch einen Contrast in hellere Beleuchtung treten zu lassen. Matth. Camar. p. 124: *ἡ σύγκρισις ἐκ παραθέσεως συνάγουσα τῷ κατηγορουμένῳ τὸ μεῖζον, ἢ τῷ ἐπαινουμένῳ, οἷον εἰ ὁ μοιχὸς κολάσεως ἄξιος, πολλῷ μᾶλλον ὁ προδότης, ὅσωπερ ὁ μὲν ἕνα τινὰ τυχόν, ὁ δὲ*

---

*) Diese Bedeutung von *περιοχή* ist in Ernesti's Lexicon nicht angegeben.

κοινῇ πᾶσαν ἀδικεῖ τὴν πόλιν. μείζων δὲ ἡ εἰς πάντας ἀδικία τῆς εἰς ἕνα τινά*). Der folgende Theil, γνώμη genannt, verdächtigt die Gesinnung und Handlungsweise des betreffenden Uebelthäters, wie die hieran sich anschliessende παρέκβασις auf Grund seines gegenwärtigen Lebens vermuthungsweise sein voraufgegangenes. Der nächste Theil, die ἐλέου ἐκβολή beseitigt das Mitleid, durch Anwendung eines oder mehrerer der sogenannten τελικὰ κεφάλαια, als des Gesetzlichen, Gerechten, Nützlichen, Möglichen, Rühmlichen, Nothwendigen, Leichten und des etwaigen Erfolgs. Ueber den Namen τελικὰ κεφάλαια giebt uns der Anonymus bei Walz Rhet. Gr. T. I p. 132 Aufschluss: τελικὰ δὲ καλοῦνται — διὰ τὸ καὶ ἕκαστον αὐτῶν τέλος ἐπιθεῖναι δύνασθαι τῷ λόγῳ· ἐκβαλεῖς δὲ τὸν ἔλεον ἢ διὰ πάντων τούτων τῶν κεφαλαίων, ἢ δι᾽ ἑνός, καὶ οὕτω τελειώσεις τὸν λόγον, οὐ γὰρ πᾶσιν ἀναγκαῖον χρῆσθαι, ἀλλὰ τοῖς λυσιτελέσι μόνοις. Schol. Aphthon. T. II p. 37: τελικὰ λέγονται, ἢ διότι ἐν τῷ τέλει τοῦ πολιτικοῦ λόγου ὀφείλουσι τίθεσθαι ἐν τῇ κοινῇ ποιότητι, ἢ ὅτι τὰ τέλη πάντων περιέχουσι τῶν πραγμάτων κατὰ ταύτας γὰρ τὰς δυνάμεις τὰ πράγματα ἐξετάζεται· ὡς νόμιμον, ἢ ἄνομον, ὡς δίκαιον καὶ ἄδικον, καὶ τὰ λοιπά. ἢ ὅτι τούτων ἕκαστον αὐτὸ καθ᾽ ἑαυτὸ δύναται πέρας ἐπιθεῖναι τῷ λόγῳ. vgl. Doxop. Homil. p. 399. Ernesti Lex. techn. Gr. S. 351. Auch durch die ὑποτύπωσις oder διατύπωσις wird das Mitleid beseitigt, d. h. durch eine lebendige anschauliche Schilderung der Begebenheiten (Theon p. 226. Nicol. p. 476, 12. Anon. Ald. T. I p. 457 Sp. Alex. περὶ σχημ. T. III p. 25), die man jedoch vermeiden muss, wenn der Gemeinplatz ein Vergehen gegen Anstand und Sittlichkeit behandelt, da hier eine eingehende Schilderung mehr gegen uns, als gegen den Angeklagten sprechen würde. Cornif. IV, 55, 68 gebraucht für διατύπωσις den Ausdruck demonstratio, und sagt: demonstratio est, cum ita verbis res exprimitur, ut geri negotium et res ante oculos esse videatur. id fieri poterit, si quae ante et post et in ipsa re facta erunt, comprehendimus, aut a rebus consequentibus aut circumstantibus non recedimus. vgl. Quint. IX, 2, 40. Cornificius selbst giebt ein sehr schönes Beispiel vom Tode des Tiberius Gracchus: „quod

---

*) Dabei ist aber zu beachten, was Dion. Halic. Thuc. 19 (T. VI p. 86 ed. ster.) sagt: οὐ γὰρ, εἴ τι τῶν μικρῶν μεῖζόν ἐστι, διὰ τοῦτό ἐστιν ἤδη μέγα· ἀλλ᾽ εἴ τι τῶν μεγάλων ὑπερέχει.

simul atque Gracchus adspexit, fluctuare populum verentem, ne
ipse auctoritate commotus sententia desisteret, iubet advocari
contionem. iste interea scelere et malis cogitationibus redundans
evolat e templo Iovis, stans oculis ardentibus, erecto capillo,
contorta toga cum pluribus aliis ire celerius coepit. illi praeco
faciebat audientiam; hic subsellium, quod erat in foro, calce
premens dextera pedem defringit et hoc alios iubet idem facere.
cum Gracchus deos inciperet precari, cursim isti impetum faciunt et ex aliis alius partibus commeant atque e populo unus
‚fusus fuge‘ inquit ‚Tiberi, non vides? respice inquam‘. deinde
vaga multitudo subito timore perterrita fugere coepit; at iste
spumans ex ore scelus, anhelans ex intimo pectore crudelitatem,
contorquet brachium et dubitanti Graccho, quid esset, neque
tamen locum, in quo constiterat, relinquenti, percutit tempus:
ille nulla voce delibans insitam virtutem concidit tacitus; iste
viri fortissimi miserando sanguine aspersus, quasi facinus prae-
clarissimum fecisset, circuminspectans et hilare sceleratam gratu-
lantibus manum porrigens in templum Iovis contulit sese“.

Uebrigens kennen Cornificius und Cicero noch eine andere
Behandlung des locus communis zur Vergrösserung eines Verbrechens als die Progymnasmatiker. Ersterer lässt sie II, 30,
48 von zehn Gesichtspunkten aus vornehmen. 1) ab auctoritate,
wir erwähnen, wie sehr die Sache den Göttern, oder unsern
Vorfahren, Königen, Staaten, Völkern, den weisesten Männern,
dem Senate am Herzen gelegen hat, besonders was die Gesetze
darüber bestimmen. 2) Wir betrachten, auf wen sich das, wogegen wir Vorwürfe erheben, erstreckt, ob auf alle, auf höher-
stehende, auf gleich oder niedrigerstehende. 3) Wir fragen, was
geschehen würde, wenn allen dasselbe erlaubt wäre, und zeigen
die Gefahren ünd Nachtheile, wenn es mit vorliegendem Falle
nicht streng genommen wird. 4) Wenn der Verbrecher straflos
ausgeht, so würden die, welche noch die Erwartung des Aus-
ganges zurückhält, viel verwegner zum Bösen werden. 5) Im
Falle einer Freisprechung lasse sich das dadurch geschehene
Unrecht gar nicht wieder gut machen, Vergleich mit anderen
Fällen. 6) Wir zeigen, dass die That absichtlich geschehen,
also auch gar keine Entschuldigung derselben aufzubringen sei.
7) Sittliche Schlechtigkeit der That. 8) Absonderliche Art des
Vergehens, das so leicht nicht vorkömmt. 9) Vergleich mit anderen Vergehen, bei denen doch noch immer ein mildernder

Umstand vorliegt. 10) Zuletzt kömmt auch hier die *ἐκτύπωσις, omnia, quae in negotio gerendo acta sunt, quaeque rem consequi solent, exputamus acriter et criminose et diligenter, ut agi res et geri negotium videatur rerum consequentium enumeratione.* Zu diesen zehn Gesichtspunkten fügt Cic. de inv. I, 52, 98 ff. noch fünf andere hinzu, die sich aber zum Theil unter dieselben subsumiren lassen, zum Theil von minderem Belange sind. Nämlich: „undecimus locus est, per quem ostendimus ab eo factum, a quo minime oportuerit et a quo, si alius faceret, prohiberi conveniret. duodecimus locus est, per quem indignamur, quod nobis hoc primis acciderit neque alicui umquam usu venerit. tertius decimus locus est, si cum iniuria contumelia iuncta demonstratur, per quem locum in superbiam et arrogantiam odium concitatur. quartus decimus locus est, per quem petimus ab iis, qui audiunt, ut ad suas res nostras iniurias referant; si ad pueros pertinebit, de liberis suis cogitent, si ad mulieres, de uxoribus, si ad senes, de patribus aut parentibus. quintus decimus locus est, per quem dicimus, inimicis quoque et hostibus ea, quae nobis acciderint, indigna videri solere". Von diesen Punkten fällt aber der zwölfte und funfzehnte im Grunde mit dem achten, der dreizehnte mit dem siebenten zusammen, Kayser zu Cornif. S. 267.

Es werden natürlich bei der Amplification und dem locus communis nicht alle, sondern nur diejenigen der angegebenen Topen verwandt, die dem Redner gerade zur Hand sind, auch ist Amplification und locus communis keineswegs auf den Epilog der Rede allein beschränkt, sondern auch in andern Theilen, namentlich im exordium und der tractatio zulässig. So haben wir beispielsweise einen locus communis gegen die Verräther bei Demosth. de corona p. 241: εἶτ᾽ οἶμαι συμβέβηκε τοῖς μὲν πλή- θεσιν ἀντὶ τῆς πολλῆς καὶ ἀκαίρου ῥᾳθυμίας τὴν ἐλευθερίαν ἀπο- λωλοκέναι, τοῖς δὲ προεστηκόσι καὶ τἄλλα πλὴν ἑαυτοὺς οἰομένοις πωλεῖν πρώτους ἑαυτοὺς πεπρακόσιν αἰσθέσθαι. ἀντὶ γὰρ φίλων καὶ ξένων, ἃ τότε ὠνομάζοντο, ἡνίκα ἐδωροδόκουν, νῦν κόλακες καὶ θεοῖς ἐχθροὶ καὶ τἄλλ᾽ ἃ προσήκει πάντ᾽ ἀκούουσιν. εἰκότως. οὐδεὶς γάρ, ὦ ἄνδρες Ἀθηναῖοι, τὸ τοῦ προδιδόντος συμφέρον ζητῶν χρήματ᾽ ἀναλίσκει, οὐδ᾽ ἐπειδὰν ὧν ἂν πρίηται κύριος γένηται, τῷ προδότῃ συμβούλῳ περὶ τῶν λοιπῶν ἔτι χρῆται· οὐ- δὲν γὰρ ἂν ἦν εὐδαιμονέστερον προδότου. ἀλλ᾽ οὐκ ἔστι ταῦτα· πόθεν; πολλοῦ γε καὶ δεῖ. ἀλλ᾽ ἐπειδὰν τῶν πραγμάτων ἐγκρατὴς

ὁ ζητῶν ἄρχειν καταστῇ, καὶ τῶν ταῦτα ἀποδομένων δεσπότης
ἐστί, τὴν δὲ πονηρίαν εἰδὼς τότε δή, τότε καὶ μισεῖ καὶ ἀπιστεῖ
καὶ προπηλακίζει· σκοπεῖτε δέ· καὶ γὰρ εἰ παρελήλυθεν ὁ τῶν
πραγμάτων καιρός, ὁ τοῦ γε εἰδέναι τὰ τοιαῦτα καιρὸς ἀεὶ πά-
ρεστι τοῖς εὖ φρονοῦσι κτλ. Beispiele von Amplificationen nach
einem oder mehreren der angegebenen Topen sind in den Rednern unschwer zu finden. Kayser zu Cornif. S. 266 f. weist
ihrer eine ganze Anzahl nach.

§. 24.

Fortsetzung. Die Affecte.

Recapitulation der dagewesenen Beweispunkte und Amplification des vorliegenden Vergehens oder der streitigen Sache
können im Epilog fehlen, aber ein Epilog einer Gerichtsrede,
in welchem nicht die Affecte der Zuhörer, sei es für oder gegen
den Ankläger, erregt würden, ist undenkbar. In der Regel
handelt es sich um ἐλέου εἰσβολή oder ἐκβολή, das Mitleid für
den Angeklagten zu erregen (*commiseratio*), oder zu beseitigen.
Gerade in der commiseratio ist Cicero, der mehr vertheidigte
als anklagte, unübertrefflich.

Uebrigens sind die Affecte auch für den Redner von der
grössten Wichtigkeit. Durch sie macht er eigentlich erst einen
Eindruck auf den Richter, und versetzt ihn in die von ihm beabsichtigte Stimmung. Hierbei zeigt sich aber recht eigentlich
erst die Kraft der Beredsamkeit, Quint. VI, 2, 3 ff. Man vergleiche die geistreiche Auslassung bei Cic. or. c. 37 f. *est faciendum*, sagt er daselbst, *ut irascatur iudex, mitigetur, invideat,
faveat, contemnat, admiretur, oderit, diligat, cupiat, satietate af-
ficiatur, speret, metuat, laetetur, doleat.* Aehnlich Brut. 50, 188.
Man muss den Richter mit fortreissen, man muss so zu sprechen
wissen, „dass er gleichsam persönlich bei der vorliegenden Sache
betheiligt und berührt wird". Durch die Beweise erreichen wir,
dass die Richter unsre Sache für die bessere halten, durch die
Erregung ihrer Affecte, dass sie unsre Sache auch als die bessere
anerkennen wollen, und das, was sie wollen, glauben sie natürlich auch. Wie Liebende über die Schönheit des geliebten Gegenstandes nicht urtheilen können, weil der Wille dem Eindruck
der Augen zuvorkömmt, so verliert auch der von Leidenschaften
ergriffene Richter alle vernünftige Ueberlegung bei Erforschung

der Wahrheit. Er lässt sich von der Aufwallung hinreissen und gehorcht gleichsam einem reissenden Strome.

Die Affecte zerfallen in zwei Classen, das πάϑος, *affectus* (August. de civ. dei VIII, 17: *verbum de verbo* πάϑος *passio diceretur, motus animi contra rationem*), und das ἦϑος, wofür es keinen entsprechenden lateinischen Ausdruck giebt. Jene bezeichnete man auch wohl als *affectus concitati*, diese als *affectus mites atque compositi*. Eine Definition der Affecte giebt Arist. Rhet. II, 1 p. 61: ἔστι δὲ τὰ πάϑη, δι᾽ ὅσα μεταβάλλοντες διαφέρουσι πρὸς τὰς κρίσεις, οἷς ἕπεται λύπη καὶ ἡδονή, οἷον ὀργὴ ἔλεος φόβος καὶ ὅσα ἄλλα τοιαῦτα καὶ τὰ τούτοις ἐναντία, d. h. Affecte ist alles das, wodurch die Menschen einen Umschwung in Bezug auf ihr Urtheil erleiden, mit welchem Unlust und Lust verbunden ist, als Zorn, Mitleid, Furcht und was sonst dergleichen ist nebst ihrem Gegentheil. Das Pathos ist eine vorübergehende aufgeregte Stimmung, das Ethos dagegen die sich gleichbleibende ruhige Haltung des Gemüths, bedingt durch bestimmte Eigenschaften des Charakters. Anon. Seguer. p. 427: ἔστι δὲ πάϑος πρόσκαιρος κατάστασις ψυχῆς, σφοδροτέραν ὁρμὴν ἢ ἀφορμὴν κινοῦσα, οἷον ἔλεον, ὀργήν, φόβον, μῖσος, ἐπιϑυμίαν· διαφέρει δὲ τοῦ ἤϑους, ὅτι τὸ μὲν δυσκίνητον, τὸ δὲ εὐκίνητον. ἦϑος γάρ ἐστι ψυχῆς διάϑεσις ἐνεσκιρρωμένη καὶ δυσεξάλειπτος, οἷον τῶν πατέρων πρὸς τοὺς παῖδας. vgl. p. 456*). — Um nun die eigentlichen πάϑη im Zuhörer zu erregen, ist es vor allen Dingen nöthig, selbst von ihnen ergriffen zu werden, Quint. VI, 2, 26. Cic. de or. II, 45, 189. Dies geschieht durch Belebung und Erregung unsrer eignen Phantasie beim Vortrage. Aus

---

*) Aus dem Obigen ergiebt sich, dass der Ausdruck pathetisch in der neueren Aesthetik häufig in einer seiner eigentlichen Bedeutung fremden Weise gebraucht wird. Wir sprechen von Pathos, wie etwa in der Rede des Marquis Posa an König Philipp, wo eigentlich von Ethos die Rede sein sollte, denn wir haben es hier nicht mit der Sprache aufgeregter Leidenschaft, sondern begeisterter Ueberzeugung zu thun. Pathetisch im Sinne der Alten ist die Stelle in Soph. Oed. Col. v. 204 ff., wo Oedipus dem neugierig in ihn dringenden Chor gegenüber einer bestimmteren Aeusserung über seine Person ängstlich und mit Leidenschaft auf dem Wege zu gehen sucht. ἐμπαϑὲς τὸ χωρίον, τῶν μὲν σπευδόντων μαϑεῖν, τοῦ δὲ κατοκνοῦντος λέγειν, sagt der Scholiast. vgl. über ἦϑος und πάϑος Valcken. zu Theocr. Adon. p. 328, Wyttenb. Plut. Mor. T. I. p. 153.

dieser Quelle wird dann auch die ἐνάργεια (*illustratio*, *evidentia*)
dessen, was wir sagen, hervorgehen, aus der sich im weiteren
die Affecte wie von selbst ergeben. Wo es darauf ankömmt,
Mitleid zu erregen, müssen wir glauben und unsrem Geiste die
Ueberzeugung beibringen, dass uns das selbst betroffen hat,
worüber wir uns beklagen wollen. Wir müssen so sprechen, wie
wir sprechen würden, wenn uns ein ähnlicher Fall selbst betroffen hätte. Eine Rede, die affectvoll wirken soll, darf aber
nicht gekünstelt sein, daher sagt Apsin. p. 405: τὴν δὲ λέξιν
δεῖ εἶναι ἄπλαστον καὶ ἀκαλλώπισιον· τὸ γὰρ καλλωπίζειν οὐ τοῦ
θρηνοῦντος, τὴν δὲ σύνθεσιν μᾶλλον ἄνετον, τὰ δὲ σχήματα γορ-
γότερα καὶ ἀκμαιότερα, und p. 406: ἐν τοῖς πάθεσιν οὐ πολὺν
δεῖ εἶναι τὸν κόσμον, οὐδ' ἐπεμβάλλεσθαι τὰς ἐννοίας, ἀλλὰ κομ-
ματικὰ τὰ πλείω. Dem jedesmal im Redenden herrschenden
Affecte muss die Sprache entsprechen. Wo Mishandlung vorliegt,
rede man die Sprache des Zorns, wo Gottlosigkeit und Laster,
die der Entrüstung, bei der man gleichsam Anstand nimmt, überhaupt zu sprechen, wo lobenswerthes, die der Bewunderung, wo
mitleidswerthes, spreche man niedrig, Arist. Rhet. III, 7.

Es versteht sich übrigens von selbst, dass wenn auch der
Hauptsitz der ἦθη und πάθη im Epilog zu suchen ist, so doch
die übrigen Theile der Rede es gleichfalls mit den Affecten zu
thun haben. Am meisten wohl das Exordium, wie sich aus dem
in §. 8 gesagten ergiebt. Anon. Seguer. p. 427: προοίμιόν ἐστι
λόγος κινητικὸς ἢ θεραπευτικὸς τῶν τοῦ ἀκροατοῦ παθῶν. παρα-
σκευάσαι γὰρ ἀκροατὴν ἀδύνατον, μὴ κινήσαντα ἢ θεραπεύσαντα
τὰ ἐν αὐτῷ πάθη. Wenn es der Zweck des Exordiums war,
die Zuhörer zu gewinnen (*conciliare*), so ist es der Zweck des
Epilogs sie aufzuregen (*concitare*); jenes geschieht durch *lenitas*,
d. h. durch ἦθος, dieses durch *vis orationis*, d. h. durch πάθος,
Cic. de or. II, 29, 129. Daher erklärt sich der Unterschied in
der Form zwischen Prooemium und Epilog, den der Anon. Seguer.
p. 430 angiebt: διαφέρει δὲ τοῦ ἐπιλόγου τὸ προοίμιον, ὅτι ἐν
τῷ προοιμίῳ τὸ σχῆμα καὶ τὴν ἑρμηνείαν μέτριον εἶναι δεῖ καὶ
τιθασσὸν ὡς ἄν εἴποι τις, ἐν δ' ἐπιλόγοις τὸ σχῆμα συγκεκινημένον
καὶ πολλὰς μὲν ἐμβοήσεις ἔχον, πολλοὺς δὲ σχετλιασμούς, τήν τε
ἑρμηνείαν συγκειμένην ἐκ τροπικῆς μᾶλλον καὶ σημειώδους λέξεως,
δυναμένης μέντοι πεσεῖν εἰς πολιτικοὺς λόγους.

Im Ganzen wenden Ankläger und Vertheidiger dieselben
Affecte an, der eine jedoch häufiger diese als jene, da der eine

die Richter erregen will, der andere sich oft damit begnügt, auf sie mit seinen Worten blos einen nachhaltigen Eindruck zu machen. — Was dem Ankläger die Gunst des Richters verschafft, ist bereits bei den Regeln über das Prooemium angegeben. Aber manches, was es dort genügte anzudeuten, muss im Epilog mehr ausgeführt werden, Quint. VI, 1, 12. Longin. bei Spengel Rhet. Gr. T. I p. 304, — so wenn man gegen einen übermächtigen, verhassten, gefährlichen Gegner die Sache übernommen hat, wenn den Richtern selbst die Verurtheiluug des Angeklagten zum Ruhme, oder seine Freisprechnng zur Schmach gereichen wird. So sagt Cic. in Verr. I, 15, durch die Verurtheilung des Angeklagten könne der schlechte Ruf der Gerichte wieder hergestellt werden. Auch wenn zur Erreichung desselben Zweckes Furcht anzuwenden ist, so ist sie hier in stärkerem Masse am Platze als in der Einleitung. Hier kann man in freierer Weise Neid, Hass, Zorn erregen — Neid aus der Gunst und dem persönlichen Einfluss des Angeklagten, Hass aus seiner Schlechtigkeit, Zorn aus dem, was an ihm anstössig ist, wenn er sich trotzig, anmassend, sorglos zeigt, was man nicht nur aus seinen Worten und Thaten, sondern auch aus Miene, Haltung und Anblick herleiten kann. Quintilian erwähnt hierbei eine treffliche Wendung eines Griechischen Anklägers, welcher den Cossutianus Capito im Namen der Cilicier unter Nero repetundarum belangte (Tac. Ann. XIII, 33. Juven. 8, 92), die er lateinisch wiedergiebt ‚erubescis Caesarem timere‘. In der Hauptsache, fährt Quintilian fort, kömmt es für den Ankläger darauf an, den Gegenstand seiner Anklage so verrucht, oder, wenn es angeht, so bejammernswerth als möglich erscheinen zu lassen, d. h. sich der Amplification zu bedienen. Die Verruchtheit wächst je nach dem was, von wem, gegen wen, in welcher Absicht, zu welcher Zeit, an welchem Orte, auf welche Art etwas geschehen ist. Dies sind die hauptsächlichsten Topen der Amplification. Am meisten wirkt die Art und Weise. Ob auf schwere, beschimpfende Weise, wie Demosthenes dem Midias aus dem Theile des geschlagenen Leibes, aus der Miene und Haltung des Schlagenden Gehässigkeit zu erregen sucht. Ob Jemand durch das Schwerdt, durch Feuer oder Gift getödtet ist, ob durch eine oder mehrere Wunden, ob plötzlich oder nach langsamer Qual, ist hierbei sehr wichtig. Häufig wendet auch der Kläger das Mitleid an, wenn er über das Unglück dessen, für den er auftritt, über die Unruhe seiner Kinder und Verwandten klagt. Auch durch ein Bild der Zukunft macht er Eindruck auf die Richter, was denen, die sich über Gewalt und Unrecht beklagt haben, bevorsteht, wenn sie nicht gerächt werden. Hierhin gehört also die *descriptio*, von welcher Cornif. IV, 39, 51 spricht: „quae rerum consequentium continet perspicuam et dilucidam cum gravitate expositionem, hoc modo: quod si istum, indices, vestris sententiis liberaveritis, statim, sicut e cavea leo emissus aut aliqua teterrima belua soluta ex catenis, volitabit et vagabitur in foro, acuens dentes, insultans in cuiusque fortunas, in omnis amicos atque inimicos, notos atque ignotos incursans; aliorum famam depeculans, aliorum caput oppugnans, aliorum domum atque omnem familiam perfringens, funditus labefactans“. Es ist dies die *consequentium frequentatio*, Cic. part. or. 16, 55, oder der *locus ex effectis*, Top. 18, 67: „ut enim causa quid sit effectum indicat, sic quod effectum est, quae fuerit causa, demonstrat. hic locus suppeditare solet oratoribus et poetis, saepe etiam philosophis, sed iis, qui ornate et copiose eloqui possunt, mirabilem copiam dicendi, cum denuntiant, quid ex quaque re sit futurum“. Als Beispiele führt Kayser S. 303 an Cic. Cat. IV, 11. Isae. IX, 36. Aesch. in Ktesiph. 157. Demosth. Timocr. 93 ff. — Häufiger jedoch ist es Sache des Klägers, den Richter vom Mitleid abzulenken, das der Angeklagte erregen wird, und ihn zum standhaften Urtheilsspruch zu ermahnen. Hierher gehört es, durch die πρόληψις oder *anteoccupatio* (Ernesti Lex. techn. Gr. S. 292; oben S. 42) dasjenige vorwegzunehmen, wovon man glaubt, dass es der Richter sagen oder thun wird, was einerseits die Richter auf ihre Pflicht aufmerksamer macht, andrerseits das, was vorhergesagt wird, matt erscheinen lässt. Quint. §. 20. Mit besonderer Meisterschaft bedient sich Demosthenes dieses Mittels.

Den Angeklagten dagegen empfiehlt seine Würde, seine tapfern Bestrebungen, im Krieg empfangene Wunden, sein Adel, die Verdienste seiner Vorfahren. Es empfiehlt ihn auch die Veranlassung seiner gegenwärtigen Gefahr, wenn er wegen irgend einer ehrenwerthen That sich scheint Feindschaften zugezogen zu haben, namentlich seine Güte, Menschlichkeit, Barmherzigkeit, denn mit grösserem Rechte scheint das ein jeder für sich zu erbitten, was er andern selbst erwiesen hat. Auch hier lassen sich die Topen anwenden vom Nutzen für den Staat, vom

Ruhm der Richter, vom Beispiel und dem Andenken der Nachwelt. Am meisten wirkt das Mitleid, welches den Richter nicht allein nöthigt, sich bewegen zu lassen, sondern auch die Bewegung seines Innern durch Thränen einzugestehen. Stoff dazu nimmt man aus dem unglücklichen Schicksal des Angeklagten, aus dem, was er gelitten hat, aus dem, was er noch leidet, aus dem, was ihn nach seiner Verurtheilung erwartet, wenn wir auf den jähen Wechsel seines Glückes hinweisen, in wie günstiger Lage er sich befunden hat, in wie ungünstiger Lage er sich jetzt befindet (τόπος παρὰ τὴν ἀξίαν), was aus seinem Unfalle seinen Eltern, Kindern, Verwandten für Nachtheile entstehen werden, dass mehr der Gedanke an sie als an sein eignes Leiden den Angeklagten traurig macht. Der Angeklagte kann aber auch dadurch Mitleid erregen, dass er sich für standhaft genug erklärt, sich in sein Schicksal fügen zu wollen. Quint. §. 21 ff. Cornif. II, 31, 50. Sechzehn besondere Topen für die commiseratio stellt Cic. de inv. I, 55, 106 ff. auf. Noch ausführlicher Apsin. p. 391 ff. Es kann auch der Anwalt selbst die Rolle des Angeklagten übernehmen, wie Cic. pro Mil. 37: *o me miserum, o infelicem! revocare me tu in patriam, Milo, potuisti per hos, ego te in patria per eosdem retinere non potero?* Von besonderem Nutzen ist hierbei die Prosopopoeie, die erdichtete Rede einer abwesenden Person, oder eines als Person behandelten leblosen Gegenstandes. Apsin. 12 p. 386: ἔστι μὲν οὖν προσωποποιία παραγόμενον πρόσωπον, τὸ οὐκ εἰς τὸ δικαστήριον παρόν, ἀποδημῶν ἢ τεθνεώς, ἢ πατρίς, ἢ στρατηγία, ἢ νομοθεσία, ἢ ἕτερον τῶν τούτοις παρεοικότων. S. über Progymnasmen S. 85. Natürlich lässt sich die Prosopopoeie auch an anderen Stellen der Rede als blos im Epilog anbringen, wie dies Demosthenes gleich im Anfange seiner ersten Olynthischen Rede gethan hat, wo der παρὼν καιρός in Person spricht. *Patronum*, sagt Quint. §. 26, *nudae tantum res movent. at cum ipsos loqui fingimus, ex personis quoque trahitur affectus. non enim audire iudex videtur aliena mala deflentis sed sensum ac vocem auribus accipere miserorum, quorum etiam mutus aspectus lacrimas movet; quantoque essent miserabiliora, si ea dicerent ipsi, tanto sunt quadam portione ad afficiendum potentiora, cum velut ipsorum ore dicuntur, ut scenicis actoribus eadem vox eademque pronuntiatio plus ad movendos affectus sub persona valet. itaque idem Cicero, quanquam preces non dat Miloni, eumque potius animi praestantia commendat, accommoda-*

vit tamen ei verba, convenientes etiam forti viro conquestiones:
„frustra inquit mei suscepti labores. o spes fallaces, o cogitationes
inanes meas!“

Aber alle Erregung des Mitleids darf nicht lang sein, und
es ist ein wahres Wort, jener oft erwähnte Ausspruch des Rhetor
Apollonius (Cic. de inv. I, 55, 109. s. Kayser zu Cornif. S. 267),
dass nichts leichter und schneller versiegt als Thränen. So warnt
auch Apsin. p. 406: δεῖ δὲ τὸ πάθος ἐν τῷ πολιτικῷ μέτρῳ
ἔχειν, ἵνα μὴ εἰς τραγῳδίαν ἐμπέσῃ, πλὴν εἰ μὴ ἡ ὑπόθεσις τρα-
γικὴ ᾖ. Der Zuhörer darf durch Thränen nicht ermüdet werden
und darf nicht Zeit gewinnen, von dem Anstoss, den er empfangen hat, zur ruhigen Ueberlegung zurückzukehren. Daher
muss denn auch gerade bei diesem Theile die Rede sich steigern,
aber nicht nachlassen.

Allein nicht blos durch Worte, sondern auch durch gewisse
Handlungen können wir Thränen erregen. Daher ist es Sitte,
die Angeklagten in schmutzigem Trauergewand mit ihren Kindern und Angehörigen vorzuführen (Ernesti. lex. techn. Gr. v.
παραγωγή p. 242), ferner dass der Ankläger ein blutiges Schwerdt
zeigt, aus den Wunden herausgelesene Knochen, blutige Kleider,
dass Wunden aufgedeckt, geschlagene Leiber entblösst werden.
Solche Dinge sind manchmal von grosser Wirksamkeit, wie ja
die beim Leichenbegängnisse Caesars vor ihm hergetragene blutige Praetexta das Volk zur Wuth entflammte. Auch Cicero
verschmähte es nicht, in der peroratio durch solche äusseren
Mittel seiner Rede grösseren Nachdruck zu verleihen, wie er
denn orat. 38, 131 von sich selbst sagt: „miseratione nos ita
dolenter usi sumus, ut puerum infantem in manibus perorantes
tenuerimus, ut alia in causa excitato reo nobili sublato etiam
filio parvo plangore et lamentatione complerimus forum.“ Man
vergleiche pro Font. c. 21. Vom Redner Antonius erzählt er
de or. II, 28, 124: „qui in causa peroranda non dubitavit ex-
citare reum consularem et eius diloricare tunicam et iudicibus
cicatrices adversas senis imperatoris ostendere“. Es geschah
dies im Process gegen M'. Aquilius i. J. 98. in Verr. V, 1, 3.
Doch kann man in solchen Aeusserlichkeiten zu weit gehen.
So hatte es Quintilian einmal mit angesehen, dass das Bild des
Angeklagten öffentlich ausgestellt wurde, um durch sein schreck-
liches Aussehen auf die Richter einen Eindruck zu machen.
Dergleichen grenzt ans Kindische. Ueberhaupt müssen solche

äusseren Mittel immer im Verhältniss zur Person, dem vorangegangenen Leben und dem Stand des Angeklagten stehen.
Ferner muss man sehr darauf achten, wie weit man in Erregung
des Mitleids bei seinen Zuhörern gehen darf, ob dasjenige, was
man sagt, überhaupt auf sie Eindruck macht, oder sie kalt und
gleichgültig lässt. Bei einer gleichgültigen Stimmung der Richter
kann ein zu grosser Affect, den der Redner aufträgt, leicht
lächerlich werden und selbst den Eindruck der vorhergehenden
Rede vernichten.

Auch giebt es eine mildere Art des Epilogs, die mehr durch
ἦϑος als durch πάϑος zu wirken sucht, worin wir z. B. dem
Gegner, wenn seine Person von der Art ist, dass man ihr Ehr-
furcht schuldet, Genugthuung erweisen, ihn freundlich auf etwas
aufmerksam machen, oder zur Eintracht ermahnen.

Schliesslich sind hier noch die μερικοὶ ἐπίλογοι zu erwähnen, von denen Quint. §. 54 redet: *ubi vero coniunctam ex pluribus causam agimus: etiam necesse erit, uti pluribus quasi epilogis;
ut in Verrem Cicero fecit. Nam et Philodamo nauarchis et cruci
civis Romani et aliis plurimis suas lacrimas dedit. Sunt qui hos*
μερικοὺς ἐπιλόγους *vocent, quo partitam perorationem significant.
mihi non tam partes eius quam species videntur.* Vgl. das in §. 23
über die μεταξὺ γινομένη ἀνάμνησις gesagte.

§. 25.

Fortsetzung. Ueber Lachen und Witz.

Es ist aber nicht blos die Aufgabe des Epilogs, Mitleid zu
erregen, sondern auch zu beseitigen (ἐλέου ἐκβολή), theils durch
zusammenhängende Rede, welche die von Thränen bewegten
Richter zur Gerechtigkeit zurückführt, theils durch allerlei witzige
Wendungen, durch welche namentlich jene äusseren in Scene
gesetzten Mittel zu entkräften sind. Schon Gorgias sagte, man
müsse den Ernst der Gegner durch Lachen, ihr Lachen durch
Ernst zerstören, eine Bemerkung, welcher Arist. Rhet. III, 18 g.
E. beipflichtet. Und wie jeder Redner die Fähigkeit haben
muss, auf die Affecte der Richter zu wirken, ihr Mitleid, ja
selbst ihre Thränen zu erregen, so müsste er eigentlich auch
die entgegengesetzte Fähigkeit besitzen, welche das Lachen des
Richters erregt, jene traurigen Affecte aufhebt, seinen Geist von
der scharfen Betrachtung der Dinge abzieht, ihn auch erquickt

und erfrischt. Allein diese Fähigkeit, also die Gabe des Witzes, ist nicht Jedermanns Sache. Bei Demosthenes finden wir so gut wie keine Spur davon, und doch gerade so viel Spur, um zu sehen, dass er ihn nicht absichtlich vermied, sondern dass er ihm nicht zu Gebote stand, Quint. VI, 3, 2. Dion. Halic. de adm. vi dic. in Dem. c. 54 (T. VI p. 244 ed. Tauchnitz.): πάσας ἔχουσα τὰς ἀρετὰς ἡ Δημοσθένους λέξις, λείπεται εὐτραπελίας, ἣν οἱ πολλοὶ καλοῦσι χάριν· πλεῖστον γὰρ αὐτῆς μετέχει μέρος· οὐ γάρ πως ἅμα πάντα θεοὶ δόσαν ἀνθρώποισιν. ὡς καὶ τοὺς ἀστεισμοὺς ἅμα ἐν τοῖς Δημοσθένους λόγοις, οὐδὲν γὰρ, ὧν ἑτέροις τισὶν ἔδωκεν ἀγαθῶν ὁ δαίμων, ἐκείνῳ ἐφθόνησεν. Longin, oder wer sonst der Verfasser der Schrift de sublimitate ist, stellt c. 34 in dieser Hinsicht den Demosthenes weit unter Hyperides: ὁ μέν γε Ὑπερίδης πρὸς τῷ πάντα ἔξω γε τῆς συνθέσεως μιμεῖσθαι τὰ Δημοσθένεια κατορθώματα καὶ τὰς Λυσιακὰς ἐκ περιττοῦ περιείληφεν ἀρετάς τε καὶ χάριτας. καὶ γὰρ λαλεύματα ἀφελείας ἔνθα χρή, καὶ οὐ πάντα ἑξῆς καὶ μονοτόνως, ὡς ὁ Δημοσθένης, λέγει. τὸ δὲ ἠθικὸν ἔχει μετὰ γλυκύτητος ἡδὺ λιτῶς ἐφηδυνόμενον· ἄφατοί τε περὶ αὐτὸν εἰσιν ἀστεισμοί, μυκτὴρ πολιτικώτατος, εὐγένεια, τὸ κατὰ τὰς εἰρωνείας εὐπάλαιστρον, σκώμματα οὐκ ἄμουσα, οὐδ' ἀνάγωγα, κατὰ τοὺς Ἀττικοὺς ἐκείνους, ἀλλ' ἐπικείμενα, διασυρμός τε ἐπιδέξιος, καὶ πολὺ τὸ κωμικὸν καὶ μετὰ παιδιᾶς εὐστόχου κέντρον, ἀμίμητον δὲ εἰπεῖν τὸ ἐν πᾶσι τούτοις ἐπαφρόδιτον. — ὁ δὲ Δημοσθένης ἀνηθοποίητος, ἀδιάχυτος, ἥκιστα ὑγρὸς ἢ ἐπιδεικτικός, ἁπάντων ἑξῆς τῶν προειρημένων κατὰ τὸ πλέον ἄμοιρος. ἔνθα μέντοι γελοῖος εἶναι βιάζεται καὶ ἀστεῖος, οὐ γέλωτα κινεῖ μᾶλλον ἢ καταγελᾶται, ὅταν δὲ ἐγγίζειν θέλῃ τῷ ἐπίχαρις εἶναι, τότε πλέον ἀφίσταται. Günstiger urtheilt Cicero von Demosthenes, wenn er orat. 26, 90 von ihm sagt: *quo quidem mihi nihil videtur urbanius, sed non tam dicax fuit quam facetus. est autem illud acrioris ingenii, hoc maioris artis.* Cicero selbst war voll von Witz. Sein sarkastisches Wesen wurde ihm wiederholt zum Vorwurf gemacht, und da er mit seinen beissenden Bemerkungen Niemand so leicht verschonte, mochte er Spass verstehen oder nicht, so zog er sich gerade hierdurch oft bittere Feindschaft zu. Plut. vit. Cic. c. 27. Vgl. Drumann Röm. Gesch. Th. 6 S. 523. 598 ff.

Aber nicht blos dass der Witz eine besondere Begabung voraussetzt, es lässt sich auch von Seiten der Theorie nur wenig nachhelfen, denn die eigenthümlichen Gründe des Lächerlichen waren unbekannt, die Frage, wodurch entsteht das Lachen, war im Alterthum trotz vieler Versuche eine ungelöste. Quint. §. 7 gesteht dies offen ein. Es blieb ihm unerklärlich, dass und weshalb das Lachen auf so verschiedene Weise erregt wird. Denn man lacht nicht blos über witzige und schöne, sondern auch thörichte oder furchtsame Reden und Handlungen, und das Lachen hängt mit dem Spott und der Verhöhnung eng zusammen. Die neuere Aesthetik kann sich mit der Erklärung A. Schopenhauers *) begnügen, der zu Folge das Lachen jedesmal aus nichts Anderem entsteht, als aus der plötzlich wahrgenommenen Incongruenz zwischen einem Begriff und den realen Objecten, die durch ihn in irgend einer Beziehung gedacht worden waren, und selbst eben nur der Ausdruck jener Incongruenz ist. Es wird Niemand schwer fallen, die Richtigkeit dieser Erklärung an concreten Fällen zu prüfen und sich von ihrer Allgemeingültigkeit zu überzeugen. Degegen konnte das Alterthum mit der Bemerkung des Aristoteles in der Poet. c. 5: τὸ γὰρ γελοῖόν ἐστιν ἁμάρτημά τι καὶ αἶσχος ἀνώδυνον καὶ οὐ φθαρτικόν οἷον εὐθὺς τὸ γελοῖον πρόσωπον αἰσχρόν τι καὶ διεστραμμένον ἄνευ ὀδύνης d. h. das Lächerliche ist ein gewisser Fehler und eine Hässlichkeit, die kein schmerzliches Gefühl andeutet noch verursacht, wie gleich die komische Maske etwas hässliches und carrikirtes ist, aber ohne Schmerz — nicht gerade viel anfangen. Diese Bemerkung passt als Definition höchstens auf eine besondere Art des Lächerlichen und selbst da nur nothdürftig. Uebrigens hatte der Philosoph, wie sich aus Rhet. III, 18 ergiebt, in einer verloren gegangenen grösseren Schrift über die Dichtkunst, richtiger vielleicht in dem umfangreicheren Originale der Schrift, aus der uns nur ein dürftiger Auszug erhalten ist, ausführlicher über die verschiedenen Arten des Lächerlichen gehandelt. Aber auch Cicero, der de orat. II, 58 ff. einen ausführlichen Excurs über Lachen und Witz dem Caesar in den Mund legt, kommt in der ästhetischen Analyse des Lächerlichen nicht über Aristoteles hinaus, nur dass er sich des Ungenügenden der bisherigen Erklärungsversuche bewusst ist: „atque illud primum, quid sit ipse risus, quo pacto concitetur, ubi sit, quomodo existat atque

---

*) A. Schopenhauer die Welt als Wille und Vorstellung (2. Aufl.) Th. I S. 67. II S. 92 ff. „zur Theorie des Lächerlichen", eines der geistvollsten Capitel dieses so berühmten Buches.

ita repente erumpat, ut eum cupientes tenere nequeamus, et
quomodo simul latera, os, venas, oculos, vultum occupet, viderit
Democritus. neque enim ad hunc sermonem hoc pertinet, et si
pertineret, nescire me tamen id non puderet, quod ne ipsi quidem illi scirent, qui pollicerentur. locus autem et regio quasi
ridiculi turpitudine et deformitate quadam continetur. haec enim
ridentur vel sola vel maxime, quae notant et designant turpitudinem aliquam non turpiter". Als bekannteste Art des Lächerlichen wird dann im weiteren c. 63, 255 das *ἀπροσδόκητον* hingestellt, *cum aliud expectamus, aliud dicitur. hic nobismet ipsis
noster error risum movet,* in welcher Bemerkung der richtige
Weg zur Lösung der ganzen Frage schon betreten wird.

Obgleich nun das Lachen, führt Quintilian fort, an sich
so unbedeutend erscheint, wie oft wird es von Possenreissern
und Narren erregt, so ist seine Gewalt doch alles beherrschend
und unwiderstehlich. Mitunter bricht es unfreiwillig aus, und
erschüttert gewaltsam den ganzen Körper. Es vermag Zorn und
Hass in einem Augenblicke zu beseitigen. Wenn es nun auch
einige aus der Erfahrung abstrahirte Regeln über das Lachen
giebt, so beruht es doch überwiegend auf natürlicher Anlage und
der günstigen Gelegenheit des Augenblicks. Die natürliche Anlage
aber zeigt sich hierbei nicht allein in dem Scharfsinn und dem
Geschick der Auffindung (das könnte durch Theorie vergrössert
werden), sondern auch in einer gewissen Anmuth in Haltung
und Miene, so dass ein Witz, wenn er von einer bestimmten
Person gemacht wird, weniger witzig erscheint als von einer
anderen. Und welche Rolle die günstige Gelegenheit des Augenblicks dabei spielt, zeigt sich daran, dass von ihr unterstützt
auch ungebildete, ja rohe Menschen in ihren Entgegnungen sehr
witzig sind, wie denn überhaupt die Hauptkraft des Witzes in
der Replik zu finden ist.

Der Witz mit seinen verschiedenen Arten, die im Sprach-
gebrauch nicht scharf geschieden sind (man sprach von *urbani-
tas, venustum, salsum, facetum, iocus, dicacitas,* oder Griechisch
ἀστεισμός, χαριεντισμός, διασυρμός, μυκτηρισμός), läuft also hinaus
auf den Begriff des Lächerlichen. Es beruht entweder auf
Dingen, oder auf Worten (Sachwitz, Wortwitz), und ist in seiner Anwendung dreifach. Entweder wir suchen Stoff zum Lachen
an anderen, oder an uns, oder an den in der Mitte gelegenen
Dingen *(ex rebus mediis — quae neutram personam contingunt),*

wobei man die Erwartung täuscht (vgl. Arist. Rhet. III, 11),
überrascht, Worte absichtlich misversteht u. s. w. — Wir selbst
können lächerliches t h u n, oder s a g e n. Bei lächerlichen Handlungen braucht man selbst nicht immer ernst zu bleiben. Bei
lächerlichen Worten ist darauf zu sehen, dass unser Witz nicht
verletzt. Selbst wenn man sich einen solchen Witz erlaubt, darf
man nicht das angreifen, wofür die betreffende Person nichts
kann, oder was schuldlos ist, oder was auf den Angreifer selbst
zurückfallen kann. Dies erscheint inhuman. Der Redner muss
vor allen Dingen darauf sehen, als welcher, in welcher Sache,
vor wem, gegen wen und was er sagt. Verzerrung des Gesichts
und der Geberde schickt sich für ihn nicht, ebenso wenig alles
possenhafte, alles was an die komische Bühne erinnert. Nie
darf er das Gebiet des Obscönen berühren. Auch darf er nie
den Schein haben, als ob er nach Witzen hasche. Er darf nicht
ohne weiteres jede Gelegenheit, die sich ihm zu einem Witz darbietet, benutzen, er muss lieber einen Witz unterdrücken, als
seine Autorität durch einen solchen benachtheiligen. Niemand
lässt sich einen Ankläger gefallen, der bei einer Sache von
ausserordentlichem Ernst, oder einen Anwalt, der bei einer kläg-
lichen Sache scherzt. Manche Richter sind auch zu ernst ge-
stimmt, als dass sie sich überhaupt einen Witz gefallen liessen.
Dabei darf das, was wir gegen unsre Gegner sagen, nicht auch
auf den Richter Anwendung finden, oder auf uns selbst zurückfallen, obgleich manche Redner dies letztere nicht immer vermieden haben. Für ersteres Cic. de or. II, 60, 245: „pusillus
testis processit. ‚licet‘ inquit ‚rogare?‘ Philippus. tum quaesitor properans ‚modo breviter‘. hic ille ‚non accusabis. perpu-
sillum rogabo‘. ridicule. sed sedebat iudex L. Aurifex brevior
ipse quam testis: omnis est risus in iudicem conversus, visum
est totum scurrile ridiculum“. Auch darf der Witz nie frech,
hochmüthig, unzeitgemäss, studirt und von Hause mitgebracht
erscheinen. Man darf den Witz nicht gegen Personen von allgemein anerkannter Autorität und Ehrwürdigkeit richten, wodurch
man sich selbst nur schaden würde. Angriffe allgemeiner Art
auf ganze Nationen, Stände, Berufsarten und Studien sind schlecht.
Endlich darf man bei einem Witze nie die Rücksicht aus den
Augen setzen, die man seiner eignen Würde schuldig ist. Quint.
§. 17—35. Cic. orat. 25, 88: „illud admonemus tamen ridiculo
sic usurum oratorem, ut nec nimis frequenti, ne scurrile sit, nec

10

subobsceno, ne mimicum, nec petulanti, ne improbum, nec in calamitatem, ne inhumanum, nec in facinus, ne odii locum risus occupet, neque aut sua persona aut iudicum aut tempore alienum: haec enim ad illud indecorum referuntur. vitabit etiam quaesita nec ex tempore ficta, sed domo allata, quae plerumque sunt frigida; parcet et amicitiis et dignitatibus, vitabit insanabiles contumelias, tantummodo adversarios figet, nec eos tamen semper nec omnes nec omni modo".

Die Topen oder Fundstätten des Lächerlichen anzugeben ist sehr schwierig, und kann nie in irgendwie erschöpfender Weise geschehen. Dennoch handelt Quintilian ausführlich darüber §. 35—100. Im allgemeinen lässt sich sagen, dass das Gelächter entweder von dem Körper dessen ausgeht, gegen den wir sprechen, oder von seiner geistigen Beschaffenheit, wie sie sich in Thaten und Worten kund giebt, oder von äusseren Dingen. Alles also, was uns Stoff zu einem Tadel giebt, kann uns auch Stoff zum Lächerlichen geben, als welches ja nur eine gelinde Art des Tadels ist. Dies lächerliche wird nun entweder gezeigt, oder erzählt, oder mit einem Worte bezeichnet. Eine witzige Erzählung ist dem Redner besonders zu empfehlen. Witzworte müssen vor allen Dingen kurz und schlagend sein. Selten wird ein Witz gelingen, der rein auf Zweideutigkeit eines Ausdrucks, oder Verdrehung eines Namens hinausläuft (s. oben S. 98). Eleganter sind diejenigen, die aus einer zufälligen Aehnlichkeit der Dinge hergenommen sind. Stoff zum Witz geben ferner alle Topen, die bei der Auffindung von Beweismitteln in Anwendung kamen, sowie die Gesichtspunkte, von denen aus die Widerlegung vor sich geht.

§. 26.

Altercatio, die Wechselrede.

Mit dem Epilog ist die Lehre von der Auffindung des Stoffes, zunächst allerdings blos für das genus iudiciale, beendet. Anhangsweise bespricht Quint. VI, 4 noch die *altercatio*, bei der es eben lediglich auf die Invention ankömmt, während von Disposition und Schmuck der Darstellung bei ihr nicht viel die Rede sein kann. Die *altercatio* nämlich ist eine dem Römischen Gerichtsverfahren eigenthümliche Art der Verhandlung, welche unter Umständen nach vollendetem Beweisverfahren vor dem eigentlichen Spruch des Urtheils erfolgte, bei welcher die streitenden Parteien, oder ihre Anwälte nicht in Form der *oratio perpetua*, sondern unter kurzen Fragen und Gegenfragen, zum nochmaligen Hervorheben der Hauptpunkte, auf einander eindrangen, also eine Art Wechselrede s. Rein in Pauly's Realenc. T. I S. 809 (2. Aufl.).

Auf die *altercatio* finden natürlich alle diejenigen Regeln Anwendung, welche von Angriff und Abwehr bei Durchnahme des Beweises und der Widerlegung gegeben wurden. Hauptsächlich aber kömmt es bei ihr auf Raschheit und Beweglichkeit des Geistes, auf Geistesgegenwart und Schärfe der Auffassung an. Gerade hier ist es nöthig, die vollständigste Kenntniss aller Personen, Nebenumstände, Zeit- und Ortsverhältnisse zu haben. Auch darf man sich bei dieser Art Rede niemals zu Zorn und Aufregung fortreissen lassen, um nicht die nöthige Besonnenheit zu verlieren. Mit Mässigung und Geduld kömmt man dabei am weitesten, und wenn irgendwo, so ist hier der Witz an seiner Stelle. Andrerseits darf man sich durch das Schreien und Toben des Gegners nicht verblüffen, noch den Rang ablaufen lassen, vielmehr hat man seine unberechtigten Uebergriffe und Anmassungen standhaft zurückzuweisen. Nie darf man den eigentlichen Streitpunkt und das, was man beweisen will, aus dem Auge verlieren und durch unnützen Streit über Nebensächliches und Ungehöriges die Zeit vergeuden, die man auf die Sache selbst verwenden sollte. Ein besonderer Kunstgriff ist es, Punkte, die man während der ganzen zusammenhängenden Verhandlung nicht berührt hat, plötzlich bei der altercatio vorzubringen, wie in einem unvermutheten Ueberfall, namentlich wenn die Punkte derartig sind, dass eine augenblickliche Entgegnung darauf schwierig ist.

Auch bei der altercatio darf man eine gewisse Würde nicht aus den Augen setzen, und nicht durch bloses ungebildetes Schreien etwas erreichen wollen. Dadurch kann man wohl dem Gegner lästig werden, aber man erregt auch den Unwillen des Richters. Ferner schadet es, lange für etwas zu streiten, womit man nicht durchkommen kann. Wo man nothwendig unterliegen muss, ist es besser nachzugeben. Wenn der Gegner sich auf falscher Fährte befindet, so muss man ihn auf derselben weiter treiben, und soweit als möglich gehen lassen, bis er sich selbst im Abwege verliert. Auch nützt es manchmal dem Gegner etwas

10*

einzuräumen, wovon er glaubt, dass es ihm vortheilhaft sei, bei dessen Annahme er jedoch gezwungen wird, etwas anderes, grösseres preis zu geben, ihm zwei Dinge vorzulegen, von denen jedes, er mag nehmen, welches er wolle, ihm zum Nachtheil gereicht (s. oben S. 107). Sorgfältig muss man darauf achten, welche Worte auf den Richter einen Eindruck machen, welche nicht; bei ersteren muss man nachdrücklich verweilen, von letzteren unvermerkt zurückzukommen suchen. Von einer schwierigen Frage, auf die sich nicht leicht antworten lässt, kann man oft dadurch loskommen, dass man eine neue Frage aufwirft. Es kommt hier wieder alles das zur Anwendung, was oben von der Befragung der Zeugen bemerkt wurde.

Zweiter Abschnitt.

§. 27.

Die berathende Beredsamkeit.

Die berathende Beredsamkeit, das γένος συμβουλευτικόν, *genus deliberativum*, gehört, wie bereits in §. 2 auseinandergesetzt wurde, vor Senat und Volk, sie berathet über die Zukunft, untersucht auch die Vergangenheit; sie hat entweder zu überreden, oder abzureden. Eine Rede vom genus deliberativum wird von den Griechen δημηγορία genannt, im Gegensatz zur κατηγορία und συνηγορία, welche beide dem γένος δικανικόν angehören, aber als Bezeichnung geschriebener oder gesprochener Gerichtsreden nicht besonders übliche Ausdrücke waren. Cornificius übersetzt δημηγορία durch *consultatio*, denn dies bezeichnet ihm die Rede vom genus deliberativum, während *deliberatio* bei Cic. de or. I, 6, 22. Quint. II, 21, 18 nicht sowohl die einzelne Rede als vielmehr die ganze Gattung der Beredsamkeit nach ihrem Inhalte bezeichnet. Quintilian nennt jede berathende Rede *suasoria*, ein Ausdruck, den wir zuerst beim Rhetor Seneca antreffen, und unter dem man gewöhnlich nur die zum genus deliberativum gehörigen Schulübungen der Declamatoren verstand, s. Westermann Gesch. der Röm. Bereds.

S. 267, — die wirklich gehaltene theils *contio*, theils mit Cicero *sententia*.

Die δημηγορία hat nach Anaxim. 2 p. 179 einen sieben-fachen Inhalt. Sie handelt von Religions-Angelegenheiten, von Gesetzen, von der inneren Staatseinrichtung, über Bündnisse und Verträge mit anderen Staaten, über Krieg, über Frieden, über Staatseinkünfte. Gesetze und innere Staatseinrichtungen gehören zusammen, ebenso wie Krieg und Frieden, im Grunde also ist der Inhalt ein fünffacher, s. Spengel S. 118. Als fünffacher wird er auch von Arist. Rhet. I, 4 angegeben, nämlich über Staatseinkünfte, über Krieg und Frieden, über Vertheidigung des Landes, über Ein- und Ausfuhr (Lebensbedürfnisse), über Gesetzgebung. Man vgl. noch Dion. Halic. de Thucyd. c. 49 T. VI p. 135.

Im Ganzen und Grossen hat nun die wirkliche Suasoria genau dieselbe Eintheilung in fünf Theile, wie die Gerichtsrede. Als Muster kann in dieser Hinsicht Cicero's Rede de imperio Cn. Pompei angesehen werden. Sie beginnt mit einem exordium von der Person des Redners aus genommen, welches mit der propositio: *dicendum est enim de Cn. Pompei singulari eximiaque virtute*, schliesst. Darauf folgt die kurz gehaltene narratio c. 2, 4. 5. Die Sachlage selbst war ja dem Volke hinlänglich be-kannt. In §. 6 erhalten wir die partitio: *primum mihi videtur de genere belli, deinde de magnitudine, tum de imperatore deligendo esse dicendum*, und nun beginnt die argumentatio c. 2, 6 — 15, 49. Mit einer Recapitulation der ganzen Beweisführung geht der Redner in c. 17, 51 zur refutatio adversariorum über, die in §. 68 mit der Anführung von Autoritäten schliesst, welche den Antrag unterstützten. Der kurze Epilog in c. 24 enthält eine lobende Ansprache an C. Manilius, das Versprechen des Redners, den Antrag mit allen ihm zu Gebote stehenden Mitteln unterstützen zu wollen, und drittens die feierliche Versicherung desselben, bei seiner ganzen Rede keinerlei Privatrücksichten, sondern nur das Interesse des Staates ins Auge gefasst zu haben. Lässt sich also auch bei der Suasoria die Eintheilung der Ge-richtsrede, wie wir an vorliegendem Beispiele sehen, beibehalten, so liegt es doch in der Natur der Sache, dass exordium und narratio sehr zurücktreten, oft wohl ganz wegfallen werden, und der Epilog nur selten Gelegenheit haben wird, das Mitleid der Zuhörer zu erregen.

Zwar lehrt Cornificius, die *consultatio* sei auf dieselbe Art
mit einem principium oder einer insinuatio zu eröffnen, wie die
Gerichtsrede. Aber Quint. III, 8, 6 lässt ihr nur eine Art Prooemium zukommen, welches in der Hauptsache auf eine captatio
benivolentiae der Zuhörer hinausläuft. Allein auch sie können
wir im Grunde entbehren, denn da es sich bei der berathenden
Rede bei allen Anwesenden um das allgemeine und ihr eignes
Interesse handelt, so ist es nach Gell. N. A. VI, 3, 20 überflüssig, erst noch in einer Einleitung die Zuhörer sich wohl-
gesinnt zu machen. So lehrte auch schon Arist. Rhet. III, 14
p. 151, die berathende Rede bedürfe eigentlich keines Einga-
ges, weil sie ja Dinge betreffe, die man bereits kenne. Nur des
Schmuckes halber habe sie einen solchen und dieser sei dem
Prooemium der Gerichtsrede analog gebildet. Man könne auch
hier ausgehen von der Person des Redenden, oder von der
Person des Gegners, oder von der Sache, sie grösser oder kleiner erscheinen zu lassen. Jedenfalls muss das Prooemium der
berathenden Rede kurz sein, und sich blos auf den Anfangspunkt
beschränken, Cic. part. orat. 27, 97. Nach dem Prooemium ist
nach Cornificius die Narratio anzubringen, wenn eine solche vorliegt. Es wird in der Regel genügen, den Verlauf der Begebenheit kurz in Erinnerung zu bringen. Doch lässt sich auch
mancherlei erzählen, was nur äusserlich zum Gegenstand der
Berathung in Beziehung steht, Quint. §. 11. Arist. Rhet. III, 16
g. E. Affecte verlangt die Suasoria in hohem Grade, denn häufig
hat man Zorn zu erregen oder zu besänftigen, die Gemüther in
Furcht, Begierde, Hass zu versetzen, oder sie versöhnlich zu
stimmen. Auch die Erregung des Mitleids kann nöthig sein,
wenn man etwa dazu räth, Belagerten Hülfe zu bringen, oder
den Untergang einer verbündeten Stadt beweint. Ganz besonders aber kömmt es auf die *auctoritas* und das sittliche ἦθος
des Redenden an: *nam et prudentissimus esse haberique et optimus debet, qui sententiae suae de utilibus atque honestis credere
omnes velit: in iudiciis enim vulgo fas habetur indulgere aliquid
studio suo: consilia nemo est qui neget secundum mores dari*, Quint.
§. 13.

An die narratio soll sich nun nach Cornif. III, 5, 9 die
divisio anschliessen. Wir erklären, wenn wir glauben, beides
zeigen zu können, dass unsre Ansicht s i c h e r und e h r e n h a f t
sei. Sicher ist dasjenige, was auf irgend eine Art die Vermei-

dung einer gegenwärtigen, oder bevorstehenden Gefahr zu Stande bringt, die Möglichkeit seiner Ausführung natürlich vorausgesetzt. Es kann dies aber entweder durch G e w a l t, also durch Waffen, Heere, Flotten, oder durch L i s t geschehen, durch Geld, Versprechung, Verstellung u. dgl. (III, 2, 3). Wollen wir nun blos zeigen, dass unsre Ansicht sicher sei, so nehmen wir demgemäss die Eintheilung nach *vis* und *consilium* (euphemistisch für *dolus*). Wollen wir zeigen, dass sie ehrenhaft oder gerecht sei, so theilen wir ein in *rectum* und *laudabile*. Rectum ist das, was Pflicht und Tugend von uns verlangt, wobei die Eintheilung nach den vier Cardinaltugenden anzuwenden ist. Das laudabile ist nur eine Art corollarium zum rectum; was an sich tugendhaft ist, lockt uns noch mehr zu thun an, wenn wir sehen, dass es auf allgemeinen Beifall wird rechnen können (III, 4, 7). Auf die divisio folgt *confirmatio* und *confutatio* ganz wie bei der Gerichtsrede. Auch der Schluss ist ähnlich wie bei der causa indicialis, nur müssen wir hier möglichst viele Beispiele dagewesener Fälle aufzählen. Es kann aber auch vorkommen, dass bei der Berathung der eine Redner für das sichere, der andere für das ehrenhafte stimmt. Cornificius nimmt hier als Beispiel eine Berathung von Leuten, die von Puniern umzingelt, unschlüssig sind, was sie thun wollen. Der Redner, der hier das sichere anräth, wird sich folgender Topen bedienen: nichts sei nützlicher als der Zustand des unverletzt - seins. Niemand könne seine Tugenden bethätigen, der nicht zuvor seine Verhältnisse ins sichere gebracht; nicht einmal die Götter stehen denen bei, die sich unüberlegt in Gefahr begeben; man darf nichts für ehrenhaft halten, was nicht unsre Wohlfahrt hervorbringt. Dagegen wird der Redner, der das ehrenhafte dem sicheren vorzieht, sich folgender Topen bedienen: von der Tugend dürfe man zu keiner Zeit abweichen; selbst der Schmerz, den man fürchte, der Tod, vor dem man bange, seien leichter als Schande und Unehre, welche nach einer schimpflichen Handlungsweise uns betreffen; man erreiche ja überhaupt nicht die Unsterblichkeit, oder eine ewige Sicherheit, es sei nicht ausgemacht, dass man nach Vermeidung der einen Gefahr in keine andre Gefahr gerathen werde. Der Tugend gereiche es zur Zierde, auch aus freien Stücken dem Tode entgegen zu gehen; der Tapferkeit pflege auch das Glück zur Seite zu treten; der lebe sicher, der ehrenhaft lebe, nicht, der für den Augenblick unversehrt bleibe, und wer schimpflich lebe, könne nicht für immer unversehrt sein.

Was Cornificius die *ratio tuta* und *honesta* nennt, das nennen die Griechischen Rhetoren συμφέρον und δίκαιον. Das συμφέρον aber ist theils χρήσιμον, theils ἀναγκαῖον. Hermog. περὶ στάσ. c. 7 p. 164: τὸ συμφέρον διττόν ἐστιν, ὅτι χρήσιμον καὶ ὅτι ἀναγκαῖον, οἷον χρήσιμον προσλαβεῖν Ὀλυνθίους, μᾶλλον δ' ἀναγκαῖον, ἵνα μὴ μέγας ὁ Φίλιππος ἐλὼν ἐκείνους γένηται καθ᾽ ἡμῶν. τοῦτο δὲ διχῶς ἐξετάσεις, τί ποιοῦσιν ἡμῖν τόδε τι πρᾶγμα περὶ οὗ ἡ βουλή, συμβήσεται, καὶ τί μὴ ποιοῦσιν. ἑκάτερον δὲ αὐτῶν πάλιν τετραχῶς, οἷον εἰ μὲν ἑλοίμεθα αὐτό, τὰ μὲν ὑπάρχοντα ἡμῖν ἀγαθὰ παραμενεῖ, καὶ τὰ οὐκ ὄντα προσέσται, τὰ δ' αὖ ὑπάρχοντα φαῦλα ἀποτρεψόμεθα, καὶ τὰ οὐκ ὄντα οὐ προσληψόμεθα. εἰ δὲ μὴ ἑλοίμεθα, τὰ μὲν ὑπάρχοντα ἀγαθὰ ἀπολεῖται, τὰ δ' οὐκ ὄντα μὲν προσγενησόμενα δ' ἂν οὐ προσέσται, καὶ πάλιν, τὰ μὲν ὑπάρχοντα φαῦλα παραμενεῖ, τὰ δὲ οὐκ ὄντα προσέσται. Cornificius fasst das χρήσιμον und ἀναγκαῖον in seiner Erklärung der *tuta ratio* zusammen.

Das von ihm angegebene Verfahren der Division lässt sich natürlich auch aus den Rednern belegen, s. Kayser's Commentar S. 271. Gewöhnlich kömmt aber bei diesen noch das δυνατόν, der Nachweis der Möglichkeit, hinzu. Isokrates räth im zweiten Theile seines συμμαχικός den Athenern das Streben nach der Seeherrschaft aufzugeben, und disponirt: οἶμαι φανερὸν ἅπασιν, ὡς οὔτε δικαίας ἀρχῆς ἐπιθυμοῦμεν, οὔτε γενέσθαι δυνατῆς, οὔτε συμφερούσης ἡμῖν. Wenn er aber im Areopagitikus, nachdem er in der Einleitung den traurigen Verfall der Athenischen Politik auseinandergesetzt, und seinen Grund in der schlechten demokratischen Verfassung nachgewiesen hat, fortfährt: εὑρίσκω γὰρ ταύτην ἂν μόνην γενομένην καὶ τῶν μελλόντων κινδύνων ἀποτροπὴν καὶ τῶν παρόντων κακῶν ἀπαλλαγήν, ἢν ἐθελήσωμεν ἐκείνην τὴν δημοκρατίαν ἀναλαβεῖν, ἢν Σόλων μὲν ὁ δημοτικώτατος γενόμενος ἐνομοθέτησε, Κλεισθένης δέ, ὁ τοὺς τυράννους ἐκβαλὼν καὶ τὸν δῆμον καταγαγὼν πάλιν ἐξ ἀρχῆς κατέστησεν, so haben wir blos das συμφέρον nach χρήσιμον und ἀναγκαῖον. Noch in der spätesten Zeit des Alterthums giebt Eumenius in seiner Rede *de restaurandis scholis Augustodunensibus* c. 3 die Eintheilung: „quam quidem ego duas in partes arbitror dividendam, ut prius disseram, quam sit ex usu et officio opus illud ad pristinam magnificentiam reformari; deinde, qua ratione id possit sine sumptu publico et largitione quidem principum maximorum, sed tamen cum aliquo meo erga patriam studio et amore procedere". Interessant und lehrreich sind auch die Divisionen der Römischen Declamatoren, welche uns Seneca in seinen Suasorien aufbewahrt hat. Bei der ersten Suasoria: *deliberat Alexander, an Oceanum naviget*, disponirte Cestius, auch wenn der Ocean befahren werden könne, dürfe er nicht von Alexander befahren werden; Gründe waren unter anderen, Alexander habe genug Ruhm erworben, er müsse die von ihm im Fluge eroberten Länder jetzt regieren und im Innern ordnen; er müsse für seine so oft durch Siege ermüdeten Soldaten Sorge tragen, er müsse an seine Mutter denken. Der Ocean könne aber gar nicht befahren werden. Fabianus behielt bei anderer Begründung den ersten Theil bei. Im zweiten Theile leugnete er zuerst, dass es im Ocean, oder jenseits des Ocean bewohnbare Länder gebe; wenn es auch welche gäbe, so könne man doch nicht zu ihnen gelangen; könne man auch zu ihnen gelangen, so verlohne es sich doch nicht der Mühe. Bei der zweiten Suasoria: *trecenti Lacones contra Xerxen missi, cum treceni ex omni Graecia missi fugissent, deliberant an et ipsi fugiant*, wandte Arellius Fuscus die gewöhnliche Division an *(divisione usus est illa vulgari)*, es sei nicht ehrenwerth zu fliehen, auch wenn es sicher sei; zweitens es sei eben so gefährlich zu fliehen als zu kämpfen, schliesslich es sei gefährlicher zu fliehen, die kämpfenden hätten sich vor den Feinden zu fürchten, die fliehenden vor den Feinden und ihren eigenen Leuten. Das Thema der dritten Suasoria lautet: *deliberat Agamemnon, an Ifigeniam immolet negante Calchante aliter navigari fas esse*. Seneca giebt uns wieder die Disposition des Fuscus: selbst wenn man sonst nicht abfahren könne, dürfe es nicht geschehen, es sei ein Mord, ja der Mord eines Kindes; was man preisgebe, stehe in keinem Verhältniss zu dem, was man haben wolle; man wolle eine Buhlerin haben und gebe eine Iphigenie preis, man strafe einen Ehebruch und begehe den Mord eines Kindes. Zweitens sagte er, er werde auch ohne Opfer fahren, die Windstille sei ein natürliches durch Meer und Wind bedingtes Hemmniss der Fahrt, der Wille der Götter werde von den Menschen nicht erkannt. Für den letzteren Punkt gab Cestius eine sorgfältige Unterabtheilung. Die Götter, sagte er, mischen ihren Willen in die menschlichen Dinge nicht ein; selbst wenn sie es thäten, könne ihr Wille von dem Menschen

nicht erkannt werden; selbst wenn er erkannt würde, könne das
Schicksal nicht rückgängig gemacht werden; gäbe es kein
Schicksal, so könne man nichts von der Zukunft wissen, gäbe
es eins, so sei es unabänderlich. Bei der fünften Suasoria:
*deliberant Athenienses an tropaea Persica tollant, Xerxe minante
rediturum se nisi tollerentur* — begnügte sich Argentarius mit
der Eintheilung, entweder wird Xerxes nicht kommen, oder
wenn er kommt, ist er nicht zu fürchten. Fuscus disponirte,
selbst wenn Xerxes, im Falle wir die Trophaeen nicht wegnehmen, kommen wird, dürfen wir sie nicht wegnehmen; be-
fohlenes zu thun, ist ein Geständniss der Knechtschaft; wenn
er kommt, werden wir ihn besiegen; wir werden den besiegen,
den wir schon besiegt haben; aber er wird auch nicht kommen;
wollte er wirklich kommen, so würde er es uns nicht ankündi-
gen, er ist gebrochen an Kräften und Geist. Gallio rieth den
Athenern, die Trophaeen wegzunehmen; der Ruhm werde nicht
darunter leiden; das Andenken an den Sieg werde ewig bleiben;
die Trophaeen selbst würden durch die Stürme der Zeit zer-
stört; man habe einen Krieg unternehmen müssen für die Freiheit, für Weib und Kind; für etwas überflüssiges dürfe man sich
in keinen Krieg begeben. Xerxes, der in seinem Zorn sich selbst
gegen die Götter vermässe, werde jedenfalls kommen; er habe
grosse Streitkräfte; weder habe er alle Truppen nach Griechenland geführt, noch alle in Griechenland verloren; man müsse
sich vor der Veränderlichkeit des Glückes fürchten; die Kräfte
Griechenlands seien erschöpft und könnten keinen zweiten Krieg
weiter ertragen, jenem stehe eine unermessliche Menge Menschen
zu Gebote. In der sechsten Suasoria überlegt Cicero, ob er dem
Antonius Abbitte thun solle. Die meisten Declamatoren riethen
dem Cicero davon ab. Cestius theilte ein: es ist für dich nützlich, ehrenvoll, ja nothwendig zu sterben, um als freier Mann
und ohne deiner Würde etwas zu vergeben, dein Leben zu beschliessen. Portius Latro: auch wenn du dein Leben von Antonius erlangen kannst, ist es nicht der Mühe werth, zu bitten,
aber du kannst es nicht erlangen. Im ersten Theile setzte er
auseinander, dass es für jeden Römer, geschweige denn für
Cicero, schimpflich sei, um sein Leben zu bitten; er führte dabei die Beispiele aller derer an, die freiwillig den Tod ergriffen
hatten. Ihm werde das Leben unnütz sein und mit Verlust der
Freiheit schlimmer als der Tod; er beschrieb die ganze Bitter-

keit der zukünftigen Sclaverei und fügte hinzu, wenn er das Leben erlange, so werde dies eine Wohlthat von zweifelhaftem Bestande sein*), Antonius werde sicherlich an etwas Anstoss nehmen, an einer That oder einer Aeusserung von ihm, an seinem Schweigen oder seiner Miene. Eigenthümlich behandelte Varius Geminus sein Thema. Wenn eins von beiden geschehen müsste, entweder sterben oder bitten, so würde ich dir rathen, lieber zu sterben als zu bitten. Aber es bleibt noch ein drittes übrig, und nun ermahnte er ihn zur Flucht. Er könne sich zu M. Brutus, zu C. Cassius, zu Sextus Pompeius begeben. „weshalb verzagen? auch die Republik hat ihre Triumvirn." Dann gab er die Länder an, in welche Cicero sich begeben könnte, und entschied sich schliesslich für Asien und Macedonien, für das Lager des Brutus und Cassius. Mit Recht bemerkte Cassius Severus, die andern hätten blos declamirt, Varius allein dem Cicero einen wirklichen Rath gegeben. Derselbe Varius sprach aber auch für das Gegentheil und theilte ein, Cicero werde bitten ohne sich zu erniedrigen (*non turpiter*), und nicht vergebens bitten. Seine Durchführung war auch hier scharfsinnig, doch möge man das weitere im Seneca selbst nachlesen.

§. 28.

Fortsetzung.

Beim *genus deliberativum*, lehrt Quint. III, 8, 15, muss zunächst dreierlei ins Auge gefasst werden. Erstens *quid sit, de quo deliberetur*, also der Gegenstand der Berathung, zweitens *qui sint qui deliberent*, die berathenden Personen, drittens *quis sit qui suadeat*, die Person des Rathenden. Was den Gegenstand der Berathung anbetrifft — man berathet entweder, was von zwei möglichen Fällen zu thun sei, oder welches von mehreren das zu thun rathsamste sei, also „ob Karthago zu zerstören sei, oder nicht", „Hannibal, aus Italien nach Karthago zurückgerufen, überlegt, ob er in Italien bleiben, oder nach Hause zurückkehren, oder nach Aegypten marschiren und Alexandrien wegnehmen soll" —, so ist seine Möglichkeit entweder gewiss, oder ungewiss. Ist sie un-

---

*) Ich lese mit Gronov: *deinde non futurum fidele vitae impetratae beneficium* statt *fidei impetratae*.

gewiss, so bildet sie die alleinige, oder wenigstens die haupt-
sächliche Frage; denn oftmals werden wir sagen, etwas dürfe,
auch wenn es möglich sei, nicht gethan werden und erst dann
werden wir seine Unmöglichkeit nachweisen. Frägt es sich nun
um die Möglichkeit, so habe ich einen status coniecturalis. Aber
auch, wo die Möglichkeit gewiss ist, kann oft eine Conjectur
stattfinden. Z. B. wenn gefragt wird „ob die Römer wohl Karthago besiegen werden?" „ob Hannibal zurückkehren wird,
wenn Scipio sein Heer nach Afrika übersetzt?", „ob die Sam-
niter treu bleiben werden, wenn die Römer die Waffen nieder-
legen?" Von manchen Dingen ist es glaublich, dass sie geschehen können und geschehen werden, aber zu einer anderen
Zeit, an einem andern Ort, auf eine andere Weise. Liegt keine
Conjectur vor, so muss man auf andre Dinge sehen. Entweder
man wird wegen der Sache selbst berathen, um die es sich handelt, oder wegen anderer äusserlich dazwischen kommender Ursachen, Quint. §. 18. Cornif. III, 2, 2. In beiden Fällen habe
ich einen status negocialis, $\sigma\tau\acute{\alpha}\sigma\iota\varsigma$ $\pi\rho\alpha\gamma\mu\alpha\tau\iota\varkappa\acute{\eta}$, Hermog. p. 139.
164. Sie kann $\mathring{\alpha}\gamma\rho\alpha\varphi\sigma\varsigma$ und $\mathring{\epsilon}\gamma\gamma\rho\alpha\varphi\sigma\varsigma$ sein, letzteres wenn sie
sich an ein $\mathring{\rho}\eta\tau\acute{\sigma}\nu$, an eine Gesetzesbestimmung u. dgl. anschliesst.
Ist das letztere der Fall, so wird der status vom genus negociale
wenigstens theilweise zu einem status vom genus legale werden.
Dem Stoffe nach sind die Suasorien einfach, oder doppelt. Einfach,
wenn z. B. die Senatoren wegen der Sache selbst berathen „ob
sie den Soldaten Sold geben sollen?" Doppelt sind die Suasorien, wenn zu der Sache noch besondere Gründe kommen, sie
zu thun, oder nicht zu thun. Z. B. der Senat berathet „ob er
die Fabier an die mit Krieg drohenden Gallier ausliefern solle?"
Cäsar berathet „ob er darauf bestehen solle, nach Germanien
zu gehen, da die Soldaten insgesammt ihr Testament machen".
Im ersteren Beispiele ist der Umstand, dass die Gallier drohen,
Veranlassung zur Berathung; es kann aber auch die Frage sein,
ob auch abgesehen von dieser Drohung diejenigen ausgeliefert
werden müssen, die gegen das Völkerrecht als Gesandte sich
am Kampf betheiligt und den König, an den sie Aufträge empfangen hatten, getödtet haben. Im zweiten Beispiel berathet
Cäsar offenbar blos wegen dieser Bestürzung seiner Soldaten,
es lässt sich aber auch fragen, ob er auch ohne diesen Fall
nach Germanien vordringen müsse. Stets werden wir zuerst
über das sprechen, worüber man auch nach Abzug des Folgen-

den berathen könnte. „In quibus causis", bemerkt Cornificius, „rei natura faciet deliberationem, in iis ex ipsa causa erint adaugendae aut deprimendae omnes rationes".

Welches sind nun die Topen der Ueberredung, und wie werden sie eingetheilt? Kurz und bündig sagt Anaxim. 1 p. 175: derjenige, der zu etwas räth, muss zeigen, dass das, wozu er aufmuntert, gerecht, gesetzlich, zuträglich, schön, angenehm, leicht ausführbar sei. Kann er das nicht, so muss er, wenn er zu etwas schwer ausführbarem auffordert, zeigen, dass es möglich und unumgänglich nothwendig sei. Der Abrathende aber muss durch das Entgegengesetzte zu hindern suchen, es sei nicht gerecht, nicht gesetzlich, nicht zuträglich, nicht schön, nicht angenehm, nicht möglich dies zu thun; und kann er das nicht beweisen, so muss er zeigen, dass es anstrengend, dass es nicht nothwendig sei. Man findet also den Stoff beim genus deliberativum durch Anwendung der sogenannten τελικὰ κεφάλαια, von denen bereits oben die Rede war, und über die noch nachträglich auf Apsin. 11 p. 380 mag verwiesen werden. Auch Arist. Rhet. II, 23 p. 112 führt diese von Anaximenes angegebenen Gesichtspunkte in seiner Topik der Beweismittel an, und bemerkt dabei, dass aus ihnen das ganze rhetorische System des Pamphilus und Kallippus bestanden habe. Späterhin brachte man die bei der Demegorie anzuwendenden Topen in gewisse Klassen mit Unterabtheilungen. So stellt Longin. frgm. 15 vier κεφάλαια auf, τὸ δίκαιον, τὸ συμφέρον, τὸ δυνατόν, τὸ ἔνδοξον. Auf diese vier Gesichtspunkte, aus denen man bei der berathenden Rede auch den Stoff zu den Proömien zu entnehmen hal e (fr. 20), sei am besten von Thucydides geachtet. Hermogenes bringt bei der στάσις πραγματική die Gesichtspunkte des νόμιμον, δίκαιον, συμφέρον, δυνατόν, ἔνδοξον, ἐκβησόμενον mit Unterabtheilungen zur Anwendung.

Partes suadendi, sagt Quint. §. 22, *quidam putaverunt honestum*, *utile*, *necessarium*. Allein als dritten Theil das Nothwendige aufzustellen, sei unstatthaft, denn über das Nothwendige könne man nicht berathen. Solle unter nothwendig das verstanden werden, wozu man aus Furcht vor Schlimmerem gezwungen wird, so gehöre es mit unter das Nützliche. Besser sei es, als dritten Theil das *possibile*, δυνατόν aufzustellen. Natürlich finden diese Theile nicht bei jeder Suasoria Anwendung. Sie haben aber wieder ihre Unterabtheilungen. Unter das *honestum* fällt *fas, iustum, pium, aequum, mansuetum* (ἥμερον) u. s. w., überhaupt alle vier Cardinaltugenden. Unter das *utile* fällt nach Quintiliau das *facile, magnum, iucundum, sine periculo.* Richtiger war das *facile* unter das *possibile* zu rechnen. Hermog. p. 165: τὸ δ'αὖ δυνατὸν ὑποδιαιρήσεις, πρῶτον μὲν ὅτι οὐ χαλεπὸν δεικνύς, ἐνστάσει χρώμενος εἶτα ἀντιπαραστάσει (vgl. p. 146. de invent. III p. 209. Ernesti Lex. techn. Gr. p. 28. Beispiele geben die Divisionen in Seneca's Suasorien), ὅτι εἰ καὶ χαλεπὸν ἀλλ' ἀναγκαῖον, καὶ ὅτι δεῖ ὑπὲρ τῶν χρηστῶν καὶ πόνους καὶ κινδύνους ὑφίστασθαι, καὶ ὅτι ὑπὲρ τοῦ μὴ χαλεπωτέροις περιπεσεῖν, εἶθ' ὅτι καὶ ῥᾴδιον. ἐὰν δὲ περὶ πολέμου ἤ τινος τοιούτου ᾖ, τὸ δυνατὸν ἀπὸ τῶν παρακολουθούντων τοῖς προσώποις σκόπει, ὡς ἐν Ὀλυνθιακῶν δευτέρῳ ὁ Δημοσθένης, πῶς ἔχει ψυχῆς Φίλιππος, ὅτι ἀθυμεῖ, ἢ ὡς τὰ ἔξωθεν, οἷον Θετταλοί, Ἰλλυριοί, τὰ χρήματα, οἱ περὶ αὐτὸν ξένοι καὶ πεζέταιροι, καὶ τὰ ἑξῆς. Mitunter ist auch das Nützliche mit dem Nützlicheren zu vergleichen, und so kann man denn auch dreifache Suasorien bekommen, z. B. „Pompejus überlegt, ob er zu den Parthern, nach Afrika, oder nach Aegypten gehen soll?" Jede Suasoria ist überhaupt nichts andres als eine Vergleichung; es ist zuzusehen, was wir erreichen werden und wodurch wir es erreichen werden, so dass man abschätzen kann, ob in dem, was wir erstreben, mehr Nutzen, oder in dem, wodurch wir es erstreben, mehr Nachtheil enthalten sei. Beim Nutzen wird ferner nach der Zeit gefragt, — es nützt aber jetzt nicht, nach dem Orte — es nützt, aber nicht hier, nach der Person — nicht uns, nicht gegen diese, nach der Art der Ausführung — nicht so, nach dem Umfange — nicht so sehr, Quint. §. 35. Ausführlich handelt über das *utile* und *honestum* auch Cic. de inv. II, 52 ff. Am meisten Rücksicht habe man auf die *honestas* zu nehmen, demnächst auf *incolumitas,* auf persönliche Sicherheit; in dritter Reihe komme erst die Rücksicht auf *commoditas,* d. h. auf etwaigen Vortheil und Nachtheil. Für eintretende Collisionen, welcher Rücksicht in einem bestimmten Falle der Vorzug gebühre, lasse sich als allgemeine Regel aufstellen: „qua in re fieri poterit, ut cum incolumitati consuluerimus, quod sit in praesentia de honestate delibatum, virtute aliquando et industria recuperetur, incolumitatis ratio videbitur habenda: cum autem id non potuerit, honestatis. Ita in huiusmodi quoque re, cum incolumitati videbimur consulere, vere poterimus dicere nos honestatis rationem habere, quoniam sine incolumitate eam nullo tempore possumus adipisci. qua in re vel concedere alteri, vel ad conditionem alterius descendere, vel in praesentia quiescere atque aliud tempus expectare oportebit. (58, 174.)

Das zweite, was ins Auge gefasst werden muss, ist die berathende Person, je nachdem blos einer oder mehrere berathen. Bei mehreren ist es ein grosser Unterschied, ob der Senat, oder das Volk, ob Römer oder Fidenaten, Griechen oder Barbaren berathen. Bei nur einem, ob man einem Cato, oder einem Marius räth, sich um Ehrenstellen zu bewerben, ob der ältere Scipio, oder ein Fabius die Art der Kriegführung überlegt. Hierbei muss man also auf Geschlecht, Würde, Alter, vorzüglich auf den Charakter des Berathenden sehen. Rechtschaffene Charaktere zu etwas rechtschaffenem zu bereden, ist leicht. Wollen wir aber bei schlechten Charakteren etwas gutes durchsetzen, so müssen wir uns sehr in Acht nehmen, dass es nicht den Anschein gewinnt, als wollten wir ihnen ihren verschiedenen Lebenswandel zum Vorwurf machen. Auch wird in ihren Augen weniger das honestum an sich, als das laudabile, dann das utile, ja wohl auch die Furcht, falls sie anders handeln würden, von Belang sein. Hat man einem guten Charakter Unehrenhaftes anzurathen, vorausgesetzt, dass sich der Redner überhaupt dazu entschliessen kann, dies zu thun, so muss man es wenigstens zu beschönigen wissen. Dies ist sogar einem schlechten Charakter gegenüber nothwendig. Denn Niemand ist so schlecht, dass er es sogar scheinen möchte. Daher spricht Catilina bei Sallust so, dass es den Anschein gewinnt, als sei nicht Bosheit, sondern der Unwille über die ihm und den in gleicher Lage mit ihm befindlichen Patriciern zu Theil gewordene Zurücksetzung das Motiv zu seinem verbrecherischen Unternehmen. Wenn man also dem Cicero den Rath ertheilt, dem Antonius Abbitte zu thun, oder seine Philippischen Reden zu verbrennen, unter welcher Bedingung ihm jener das Leben versprach (Sen. Suas. VII), so darf man nicht die Lust zum Leben betonen — wenn diese ihn überhaupt bestimmen könnte, so wird sie ihn auch bestimmen, wenn wir nichts davon sagen — sondern wir werden ihn ermahnen, sich der Republik zu erhalten. Wenn man dem Cäsar anräth, die Königswürde anzunehmen, so wird man ihm sagen, nur unter der Herrschaft eines einzigen könne überhaupt noch die Republik bestehen. Denn wer mit einer verbrecherischen Handlung umgeht (als solche ist aber die *affectatio regni* vom Römischen Standpunkte

aus zu betrachten), der frägt blos danach, wie seine Handlungsweise den Schein des möglichst kleinsten Unrechts erlangen kann,
Quint. §. 36—48. Vortrefflich ist daher die Rede des Mäcenas
bei Cass. Dio. LII, 14 ff. angelegt, worin er den Augustus zur
Uebernahme der Alleinherrschaft zu bewegen sucht.

Schliesslich muss auch die rathende Person ins Auge
gefasst werden. Das, was der Redner sagt, muss immer seiner
Person angemessen sein. Darauf muss man ganz besonders bei
der Anfertigung von Prosopopoeien sehen, d. h. von Reden, die
einer bestimmten Person in den Mund gelegt werden, wie dies
die Historiker zu thun pflegen. Zu ein und derselben Handlung
wird anders ein Caesar, anders ein Cicero, wieder anders ein
Cato überreden. Die Anfertigung solcher Prosopopoeien ist eine
nicht ganz leichte, aber an sich höchst nützliche und für den
Redner wirklich nöthige Uebung. Denn Griechen und Römer
haben oftmals Reden für andere aufgesetzt, und dabei mussten
sie sorgfältig auf die Lage und das Leben dessen, der die Rede
halten sollte, Rücksicht nehmen. Quint. §. 49.

Hinsichtlich der Darstellung waren nach Quintilians Bemerkung viele Declamatoren in den Irrthum verfallen, als müsse bei
der Suasoria die Art des Ausdrucks durchaus und in allen Stükken von dem der Gerichtsrede verschieden sein. Sie affectirten
daher einen schroffen Anfang, eine eilige, hastige, aufgeregte
Rede, im Ausdruck überall den sogenannten cultus effusior. Aber
Quintilian verwirft dies mit Recht als fehlerhaft. Wozu die Hast
und das Toben, da doch ein Rath, den man ertheilt, im Ge-
wande ruhiger Ueberlegung am meisten wirkt? Der Pomp des
Ausdrucks darf nicht gesucht werden, oftmals wird er durch die
Person des Sprechenden von selbst bedingt sein. Theophrast
sagt im Anschluss an Aristoteles, gerade beim genus deliberativum sei alle Affectation gänzlich zu vermeiden. Wie vor Gericht, so muss sich auch bei der Berathung die Art des Ausdrucks immer nach dem zu behandelnden Gegenstande richten.
Cic. part. orat. 27, 97 verlangt von der Suasoria, der ganze
Ausdruck solle einfach und nachdrücklich (*gravis*) sein, seinen
Schmuck mehr in den Gedanken als in Worten haben. Allgemein wird aber zugestanden, dass bei keiner Materie die Anwendung von Beispielen mehr am Platze sei, als bei der deliberativa, denn die Zukunft scheint grösstentheils der Vergangenheit zu entsprechen, und eine Erfahrung wird für eine Art

testimonium rationis gehalten. Wer wirkliche Reden liest, sagt Quintilian am Schlusse seiner Auseinandersetzung, und die Werke der Historiker vornimmt, in denen Suasorien enthalten sind, der wird in ihnen alle die gerügten Fehler der Declamatoren vermieden finden.

Wenn wir auch die Lehre von den drei verschiedenen Stilarten im Zusammenhange des rhetorischen Systems erst weiter unten betrachten können, so mag doch schon hier im Anschluss an das obige eine Bemerkung des Dionys von Halikarnas Platz finden, welcher die mittlere Stilart, wie sie von Isokrates und Plato angebahnt, von Demosthenes zur Vollendung gebracht sei, im Gegensatz zu der erhabenen Stilart des Thucydides und der niedrigen des Lysias, als für die Demegorie so gut wie für die Gerichtsrede am geeignetsten hält. Und zwar begründet er seine Ansicht folgendermassen: οἱ συνιόντες εἰς τὰς ἐκκλησίας καὶ τὰ δικαστήρια καὶ τοὺς ἄλλους συλλόγους, ἔνθα πολιτικῶν δεῖ λόγων, οὔτε δεινοὶ καὶ περιττοὶ πάντες εἰσί, καὶ τὸν Θουκυδίδου νοῦν ἔχοντες, οὔϑ' ἅπαντες ἰδιῶται καὶ κατασκευῆς λόγων γενναίων ἄπειροι· ἀλλ' οἱ μὲν ἀπὸ γεωργίας, οἱ δ'ἀπὸ θαλαττουργίας, οἱ δ'ἀπὸ τῶν βαναύσων τεχνῶν συνερρυηκότες, οἷς ἁπλούστερον καὶ κοινότερον διαλεγόμενος μᾶλλον ἄν τις ἀρέσαι. τὸ γὰρ ἀκριβὲς καὶ περιττὸν καὶ ξένον καὶ πᾶν ὅτι μὴ σύνηϑες αὐτοῖς ἀκούειν τε καὶ λέγειν, ὀχληρῶς διατίϑησιν αὐτούς· καὶ ὥσπερ τι τῶν πάνυ ἀνιαρῶν ἐδεσμάτων ἢ ποτῶν ἀποστρέφει τοὺς στομάχους, οὕτως ἐκεῖνα ὀχληρῶς διατίϑησι τὰς ἀκοάς. οἱ δὲ πολιτικοί τε καὶ ἀπ' ἀγορᾶς καὶ διὰ τῆς ἐγκυκλίου παιδείας ἐληλυϑότες, οἷς οὐκ ἔτι τὸν αὐτὸν, ὅνπερ ἐκείνοις, διαλέγεσϑαι τρόπον, ἀλλὰ δεῖ τὴν ἐγκατάσκευον καὶ περιττὴν καὶ ξένην διάλεκτον τούτοις προσφέρειν. εἰσὶ μὲν οὖν ἴσως ἐλάττους οἱ τοιοῦτοι τῶν ἑτέρων, μᾶλλον δὲ πολλοστὸν ἐκείνων μέρος, καὶ τοῦτο οὐδεὶς ἀγνοεῖ· οὐ μὴν καταφρονεῖσϑαί γε διὰ ταῦτα ἄξιοι. ὁ μὲν οὖν τῶν ὀλίγων καὶ εὐπαιδεύτων στοχαζόμενος λόγος οὐκ ἔσται τῷ φαύλῳ καὶ ἀμαϑεῖ πλήϑει πιϑανός, ὁ δὲ τοῖς πολλοῖς καὶ ἰδιώταις ἀρέσκειν ἀξιῶν καταφρονηϑήσεται πρὸς τῶν χαριεστέρων· ὁ δ'ἀμφότερα τὰ ἀκροατήρια πείϑειν ζητῶν ἧττον ἀποτεύξεται τοῦ τέλους. ἔστι δὲ οὗτος ὁ μεμιγμένος ἐξ ἀμφοτέρων τῶν χαρακτήρων. διὰ ταῦτα ἐγὼ τὴν οὕτως κατεσκευασμένην λέξιν μετριωτάτην εἶναι τῶν ἄλλων νενόμικα, καὶ τῶν λόγων τούτους μάλιστα ἀποδέχομαι τοὺς πεφευγότας ἑκατέρου τῶν χαρακτήρων τὰς ὑπερβολάς. Dion. Halic. de adm. vi dic. in Dem. c. 15 T. VI p. 171.

Dritter Abschnitt.

Die epideiktische Beredsamkeit.

§. 29.

Allgemeines.

Die epideiktische Beredsamkeit hat es mit Lob und Tadel zu thun, s. oben S. 7. Sie ist auf einen kleineren Kreis von Zuhörern berechnet, als die beiden andern Arten der Beredsamkeit, meistens nur auf gebildete Beurtheiler der Kunst, die ergetzt sein wollen, doch kann sie auch wie bei grossen Festversammlungen, bei öffentlichen Leichenreden vor einem grösseren Zuhörerkreis auftreten. So konnte sie einen öffentlichen, geschäftlichen Charakter annehmen, und zwar war dies, wie Quint. III, 7, 1 bemerkt, in Rom noch mehr der Fall als in Griechenland. Aristoteles und ihm folgend Theophrast hatten die epideiktische Beredsamkeit, als rein auf Zuhörer berechnet von der ῥητορικὴ πρακτική ausgeschlossen. Allein bei den Römern wurden Leichenreden oft durch ein öffentliches Amt bedingt und wurden nicht selten den Magistrats-Personen durch einen Senatsbeschluss übertragen, vor Gericht wurden Zeugen gelobt oder getadelt, sogar dem Angeklagten durfte man Lobredner stellen; Cicero's Reden gegen seine Mitbewerber, gegen L. Piso, gegen Clodius und Piso waren reine Tadelreden, wurden jedoch im Senate gehalten und vertraten die Stelle eines Antrags. Indessen kannten auch die Römer so gut wie die Griechen reine Prunkreden. Für einen zukünftigen Redner war es unter allen Umständen dringend nöthig, sich auch mit der epideiktischen Beredsamkeit theoretisch und praktisch vertraut zu machen, auch wenn er selbst vielleicht späterhin wenig Gelegenheit haben mochte, mit ihr selbständig aufzutreten. Denn was er hierbei gelernt hatte, liess sich wenigstens indirect für die beiden andern Gattungen der Beredsamkeit verwenden. Cornif. III, 8, 15: *nec hoc genus causae, eo quod rare accidit in vita, neglegentius commendandum est, neque enim id, quod potest accidere, ut faciendum sit aliquando, non oportet velle quam commodissime posse facere; et si separatim haec causa minus saepe tractatur, at in iudicialibus et in deliberativis causis saepe magnae partes versantur laudis aut vituperationis, quare in hoc quoque genere causae non nihil industriae consumendum putavimus.* In der späteren Kaiserzeit freilich, in den drei Jahrhunderten der Sophistik, beschränkte sich die praktische Beredsamkeit, als Gelegenheits-Rede im weitesten Sinne des Wortes, fast ausschliesslich auf die epideiktische Gattung, und brachte hier eine erstaunliche Fülle von Spielarten des Enkomium hervor.

Begreiflicherweise kann es nun Lob- und Tadelreden auf die verschiedensten Gegenstände geben. Denn es lassen sich lebende Wesen loben, wie Götter, Helden, Menschen, Thiere und leblose, wie Pflanzen, Berge, Flüsse, Länder und Städte, demnächst auch Berufsarten und Künste, einzelne Tugenden, grössere oder kleinere Zeitabschnitte, und in der That hat man in den späteren Zeiten des Alterthums alles mögliche wenigstens zu loben gewusst, namentlich Dinge, an denen im Grunde nichts zu loben ist. Vgl. Lehrs populäre Aufsätze aus dem Alterthum S. 184 ff. Daher sagt Menander bei Spengel Rh. Gr. T. III p. 346: *ἰστέον, ὅτι τῶν ἐγκωμίων τὰ μέν ἐστιν ἔνδοξα, τὰ δὲ ἄδοξα, τὰ δὲ ἀμφίδοξα, τὰ δὲ παράδοξα. ἔνδοξα μὲν τὰ περὶ ἀγαθῶν ὁμολογουμένων, οἷον θεοῦ ἢ ἄλλου τινὸς ἀγαθοῦ φανεροῦ. ἄδοξα δὲ τὰ περὶ δαιμόνων καὶ κακοῦ φανεροῦ· ἀμφίδοξα δὲ ὅσα πῆ μὲν ἔνδοξά ἐστιν, πῆ δὲ ἄδοξα, ὃ ἐν τοῖς Παναθηναικοῖς εὑρίσκεται καὶ Ἰσοκράτους καὶ Ἀριστείδου*). τὰ μὲν γάρ ἐστιν ἐπαινετά, τὰ δὲ ψεκτά, ὑπὲρ ὧν ἀπολογοῦνται. παράδοξα δὲ οἷον Ἀλκιδάμαντος τὸ τοῦ Θανάτου ἐγκώμιον, ἢ τὸ τῆς Πενίας ἢ τοῦ Πρωτέως τοῦ κυνός.* Die letzten Worte müssen wohl heissen: *ἢ τὸ τῆς Πενίας Πρωτέως τοῦ κυνός* d. h. ein Lob der Armuth vom Cyniker Peregrinus Proteus. *ἢ τοῦ* fehlt in der besten Pariser Handschrift. Alcidamas war bekanntlich ein Schüler des Gorgias. Sein Lob des Todes wird auch anderweitig erwähnt, s. Westermann in Pauly's Realenc. I, 1 S. 674. Polykrates, ein andrer Schüler des Gorgias, schrieb eine Lobrede auf die Mäuse, Arist. Rhet. II, 24, auf Töpfe und Steinchen, Alexander bei Spengel Rh. Gr. T. III p. 3 (*ὅταν χύτρας ἐγκωμιάζωμεν ἢ ψήφους ὡς Πολυκράτης*). Ein ähnliches Kunststück lieferte der Rhetor Fronto, welcher *laudes pulveris et neglegentiae* schrieb.

---

*) Der Panathenaikus des Aristides ist eine Lobrede auf die Geschichte Athens; auch minder löbliche Partieen, wie das Verhalten der Athener gegen die Melier und Skione sind darin erwähnt.

Selbst vom Dio Chrysostomus hatte man ein Lob der Mücke und
des Haares. Lucians Lob der Fliege und Synesius Lob der
Kahlheit sind ja auf uns gekommen, und ersteres ist in seiner
Art wirklich ein Meisterstück*). Naiv genug sagt Sopater
Proleg. in Arist. Panath. T. III p. 743 ed. Dind.: τῶν ἐγκωμίων
τὰ μὲν ἐστιν ἄγαν ἔνδοξα καὶ ὁμολογούμενα ἀγαθά, τὰ δὲ ἀμφί-
δοξα· ἔνδοξα μὲν τὰ τῶν θεῶν ἐγκώμια καὶ τὰ τῶν βασιλέων
τυχόν, οὐδὲ γὰρ τολμῷμεν ἄτοπον περὶ τούτων εἰπεῖν· ἀμφίδοξα
δὲ τὰ τῶν ἄλλων ἀνθρώπων, οἷς πῇ μὲν ἔνδοξα, πῇ δὲ ἄδοξα
τυγχάνει τὰ πράγματα. ἐὰν μὲν οὖν ἔνδοξα θέλωμεν ποιῆσαι τὰ
κατὰ φύσιν ἀμφίδοξα, τότε δεῖ τὰ μὲν ὁμολογούμενα ἀγαθὰ συν-
αύξειν τῷ λόγῳ, τὰ δὲ μέσα δεικνύναι διὰ τῆς μεταχειρίσεως ἔνδοξα, τὰ δὲ διαβολῆς καὶ κατηγορίας ἐχόμενα εἰς ἔπαινον μετατι-
θέναι ταῖς λύσεσιν, ἵνα ὁ σκοπὸς πανταχόθεν ἡμῖν ἀνύηται, τὸ
κατασκευάσαι διόλου τὴν ὑπόθεσιν ἔνδοξον. Ueberwiegend blieb
aber immer das Lob von Göttern und Menschen, demnächst von
Ländern und Städten.

Was nun die Auffindung des Stoffes für Lobreden anlangt,
so kömmt es hier darauf an, so viel als möglich Gesichtspunkte
zu gewinnen, von denen aus man den betreffenden Gegenstand
loben kann, am ausführlichsten aber gerade den Punkt zu behandeln, welcher der Natur der jedesmaligen Aufgabe nach der
eigenthümlichste und wichtigste ist. So lehren auch die Progymnasmatiker in dem Abschnitt über ἐγκώμιον und ψόγος. Jede
Lobrede ist mit einer Einleitung zu eröffnen. Sie kann aber
ganz frei sein. Arist. Rhet. III, 14 sagt ausdrücklich, man könne
ohne weiteres anbringen, was einem gerade in den Sinn komme,
und es dann durch irgend eine Wendung mit dem eigentlichen
Gegenstand in Verbindung bringen, und verweist deshalb auf
das Exordium der Helena des Isokrates. So wird im Panegyri-

---

*) Vgl. Voss. Comm. rhet. 1, 38 ff. p. 102 ff. Cresoll. III, 9 p. 103 ff.
Im Zeitalter der Humanisten fand auch diese Art antiker Produc-
tion lebhafte Bewunderer und Nachahmer. Bekannt ist des Eras-
mus Encomion Moriae. Witzig und gelehrt zugleich bemerkt
Jean Paul S. W. B. 26, S. 131: „das Knausern mit Lob kommt
überhaupt Männern lächerlich vor, welche längst gelesen, dass
Lobreden sogar auf die gemeinsten Sachen, auf den Rettig (von
Marcianus) — auf das Podagra (von Pirchheimerus) — auf den
Koth (von Majoragius) — auf den Hinteren (von Coelius Calcag-
ninus) — auf Hölle und Teufel (jenes von Mussa, dieses von
Bruno) geschrieben worden". —

cus des Isokrates das Exordium von einer Nebenfrage aus genommen, von der Klage, dass man den Vorzügen des Körpers mehr Ehre als denen des Geistes erweise. Gorgias ging in seinem berühmten Olympicus von einem Lobe derjenigen aus, die zuerst solche Zusammenkünfte eingesetzt hatten, Quint. III, 8, 9 (*quos secutus videlicet C. Sallustius in bello Jugurthino et Catilinae nihil ad historiam pertinentibus principiis orsus est*). Von einer narratio kann selbstverständlich keine Rede sein. Einen Beweis aber verlangt man beim Lobe, *quae negotiis adhibetur*, Quint. III, 7, 4. Auch das rein epideiktische Lob hat mitunter eine Art von Beweis, wenn die Handlungen, die wir angeben, unglaubhaft sind, oder wenn ein andrer Urheber der That ist, so dass man also diesem erst die Ehre nehmen muss, um sie dem Helden zu geben, Arist. Rhet. III, 17 p. 156. Quintilian führt als Beispiel an: *ut qui Romulum Martis filium educatumque a lupa dicat, in argumentum coelestis ortus utatur his, quod abiectus in profluentem non potuerit extingui, quod omnia sic egerit, ut genitum praeside bellorum deo incredibile non esset, quod ipsum quoque coelo receptum temporis eius homines non dubitaverint.* Eine Widerlegung kann nur insofern vorkommen, als man, wie wir oben sahen, das ἄδοξον oder ἀμφίδοξον durch seine Beschönigung zum Lobe verwandelt, z. B. wenn ein Lobredner des Hercules seinen Dienst bei der Königin Omphale in Weiberkleidern und mit dem Spinnrocken zu entschuldigen sucht. Sopat. l. l. p. 752: αἱ ἀντιθέσεις οὐ μόνον ἐμπίπτουσιν ἐν δικανικαῖς ὑποθέσεσιν, ἀλλ᾽ ἤδη καὶ ἐν ἐγκωμιαστικαῖς, ὡς Ἰσωκράτης ἐν τῷ Βουσίριδι καὶ αὐτὸς Ἀριστείδης ἐν Παναθηναικῷ. — τὰ ἀμφίδοξα τῶν ἐγκωμίων, ἐὰν ἀκριβῶς ἔνδοξα κατασκευάσαι θέλωμεν, ἐξ ἀντιθέσεως λαβόντες τὰ δοκοῦντα διαβολῆς ἄξια εἰς ἐγκώμια μετατίθεμεν, ἵνα τελείως ὁ λόγος ἔνδοξος γένηται. Die Hauptsache beim Lobe bleibt aber doch immer, die Gegenstände zu amplificiren und auszuschmükken. Arist. Rhet. I, 9 p. 38: ὅλως δὲ τῶν κοινῶν εἰδῶν ἅπασι τοῖς λόγοις ἡ μὲν αὔξησις ἐπιτηδειοτάτη τοῖς ἐπιδεικτικοῖς· τὰς γὰρ πράξεις ὁμολογουμένας λαμβάνουσιν, ὥστε λοιπὸν μέγεθος περιθεῖναι καὶ κάλλος. vgl. II, 18 g. E. Ein specielles Prooemium zu einer Lobrede zu finden, d. h. ein solches, das nur auf das vorliegende, nicht auch auf andre Themen passt, ist nicht leicht. Darauf macht der Scholiast zu Aphthon. bei Walz Rh. Gr. T. II S. 42 aufmerksam. Man könne indes auch specielle Prooemien auffinden, ὅταν ὥσπερ ἐπιταχθέντες πρὸς τὸν λόγον ἐρχόμενοι φαινώμεϑα ἢ συγγενῆ τιμῶντες, ἢ ἀμειβόμενοι φίλον, ἢ παρ᾽ αὐτοῦ τοῦ καλοῦ προκαλούμενοι. Endlich ist noch zu bemerken, dass mangelnde oder schlechte Eigenschaften des zu lobenden Gegenstandes nur ganz kurz zu berühren, womöglich ganz wegzulassen sind. Denn eine Lobrede will keineswegs eine unparteiische Charakteristik sein, Dion. Halic. ep. ad Pompej. T. VI S. 25.

Sehen wir uns nach der Topik des Lobes um, so lobt man bei Göttern zuerst im Allgemeinen die Majestät ihrer Natur, dann im besondern ihre Bedeutung d. h. ihren Wirkungskreis, sowie ihre den Menschen nützlichen Erfindungen. Demnächst sind im einzelnen ihre Thaten zu erwähnen, welche die Vorzeit überliefert hat. Besondere Ehre entsteht ferner den Göttern aus ihren Eltern, wenn einer ein Sohn des Jupiter ist; aus ihrem Alter, wie denen, die aus dem Chaos hervorgegangen sind; auch aus ihren Kindern. Bei einigen muss man loben, dass sie unsterblich geboren wurden, bei anderen, dass sie die Unsterblichkeit durch ihre Tugend erlangt haben. Quint. III, 7, 7 ff. Alexander bei Spengel Rh. Gr. T. III p. 4 ff. Lobreden auf Götter heissen im allgemeinen ὕμνοι, die je nach den verschiedenen Göttern wieder ihre besondern Namen haben, als Päane und Hyporcheme auf Apollo, Dithyramben und Jobacchen auf Dionysos, λόγοι ἐρωτικοί auf Aphrodite. Ein besonderer Hymnus auf Apollo ist der λόγος Σμινϑιακός, über welchen Menand. p. 437 ff. ausführlich handelt. Wenn die Hymnen die mythische Geschichte der Gottheit behandelten, so hiessen sie μυϑικοί, bestanden sie überwiegend aus Gebeten, εὐκτικοί. Lobreden, die angeblich auf besonderes Geheiss einer Gottheit gehalten wurden, hiessen μαντευτοί. Zur weiteren Belehrung vergleiche man Aristides or. I—VIII, Lobreden auf Zeus, Athene, Poseidon, Dionysos, Herakles, Asklepios und Sarapis, und für das theoretische Menand. p. 333—344.

Mannigfaltiger ist das Lob von Menschen. Kurz und bündig sagt Anaxim. 3 p. 186 das εἶδος ἐγκωμιαστικόν ist im allgemeinen das Hervorheben von rühmlichen Entschlüssen, Reden und Handlungen, sowie das Zuschreiben derartiger Dinge, auch wenn sie einem nicht zukommen (καὶ μὴ προσόντων συνοικείωσις); εἶδος ψεκτικόν ist das Gegentheil davon, dass man das Rühmliche heruntersetzt, das Unrühmliche aber amplificirt. Lobenswerth ist alles, was gerecht, gesetzlich, nützlich, schön, angenehm, leicht ausführbar ist. Dies sind die bereits erwähnten τελικὰ κεφάλαια. Der Redner, welcher loben will, muss demnach in seiner Rede zeigen, dass dieser Person oder ihren Thaten etwas von dem zukomme, sei es, dass sie es selbst unmittelbar gethan habe, oder dass es mittelbar durch sie herbeigeführt worden sei, indem es daraus erfolgte und sich von selbst ergab, oder deswegen geschah, oder ohne sie nicht zur Vollendung kam; ebenso muss der Tadelnde beweisen, der getadelte Gegenstand habe von alle dem das Gegentheil.

Der Tadel ist überhaupt nichts weiter als eine Umkehr aller der Gesichtspunkte, die zum Lobe verwandt werden. *Quibus ex rebus laudem constituerimus, ex contrariis rebus erit vituperatio comparanda*, Cornif. III, 6, 10. s. über Progymn. S. 74. Daher fasst Cornificius den Gang einer Lob- und Tadelrede auf eine Person in folgender Skizze zusammen. Die Einleitung wird entweder von unsrer Person, oder von der Person des über den wir sprechen, oder von der Person des Zuhörers, oder von der Sache genommen. Also im ersten Falle, lobend, erklärt der Redner, er lobe aus Pflicht der Verwandtschaft; oder aus Neigung, weil die Tugend des zu lobenden eine derartige sei, dass alle sie müssen preisen wollen; oder weil es Recht ist, aus dem Lobe andrer zu zeigen, was man selbst für eine Gesinnung hege. Tadelnd: wir tadeln mit Recht, weil wir von dem betreffenden schlecht behandelt sind; aus Neigung, weil wir es für nützlich halten, dass von allen seine ausserordentliche Bosheit und Schlechtigkeit erkannt werde; wir wollen aus dem Tadel andrer zeigen, was uns selbst misfällt. Zweiter Fall, wir fürchten, lobend, seinen Tugenden mit Worten nicht gerecht werden zu können, tadelnd umgekehrt. Dritter Fall, lobend, weil wir vor Leuten sprechen, welche den betreffenden kennen, wollen wir nur der Erinnerung halber weniges sagen; wenn sie ihn nicht kennen, bitten wir sie, von einem solchen Mann Kenntniss nehmen zu wollen; da die Zuhörer sich derselben Tugend befleissigen, wie der zu lobende, so hoffen wir, ihnen leicht seine Thaten empfehlen zu können. Tadelnd: weil die Zuhörer den zu Tadelnden kennen, so wollen wir nur weniges über seine Schlechtigkeit sagen; wenn sie ihn nicht kennen, so bitten wir, ihn kennen zu lernen, um seine Schlechtigkeit vermeiden zu können; weil die Zuhörer dem zu tadelnden unähnlich sind, hoffen wir, dass sie sein Leben stark misbilligen werden. Im vierten Falle sind wir ungewiss, was wir am meisten loben sollen, wir fürchten, wenn wir auch viel sagen, doch noch mehr und wichtigeres zu übergeben; tadelnd umgekehrt.

Eine eigentliche Erzählung findet nach der Einleitung nicht statt, doch lässt sich irgend eine That des betreffenden ausführlich hervorheben. In der Eintheilung setzen wir auseinander, was wir loben oder tadeln wollen. Dann sagen wir der Reihe nach, wie und wann jede That geschehen sei, damit man einsehe, was, wie sicher und vorsichtig der betreffende gehandelt hat; dann müssen wir die Tugenden oder Laster seines Geistes auseinandersetzen; ferner die Vortheile und Nachtheile seiner Körperbeschaffenheit, oder der äusseren Dinge, wie sie von dem Geiste behandelt sind. Bei der Darlegung des Lebens müssen wir folgende Ordnung anwenden. Wir gehen von den äusseren Dingen aus und loben zuerst das Geschlecht und die Vorfahren, von denen er abstammt. Ist der betreffende von gutem Geschlecht, so sagen wir, dass er gleich oder besser gewesen sei; wenn von niedrigem, dass er in seinen eigenen und nicht in den Tugenden der Vorfahren seine Stütze hatte*). Beim Tadel sagen wir im ersten Falle, dass der betreffende seinen Vorfahren zur Schande, im zweiten, dass er selbst ihnen zum Nachtheil gereicht habe. Dann kommt das Lob der Erziehung, wir zeigen beim Lobe, wie ehrenwerth unser Held sich die ganze Jugendzeit hindurch mit guten Wissenschaften beschäftigt habe, beim Tadel umgekehrt. Folgt das Lob der körperlichen Vorzüge. Schöne Gestalt und schönes Aussehen gereichten ihm zum Lobe, nicht wie den übrigen zu Schaden und Unehre; Kräfte und vorzügliche Gewandheit hat er sich durch anhaltende Uebung erworben, Gesundheit durch unablässige Sorgfalt und Mässigkeit der Begierden. Beim Tadel sagen wir, dass er von seinen körperlichen Vorzügen, wenn er solche hatte, einen gewöhnlichen Gebrauch machte; wenn er sie nicht hatte, so sagen wir, ausser der Gestalt habe er sie alle durch seine Schuld nicht gehabt. Rückkehr zu den äusseren Dingen, und Betrachtung der Tugenden und Fehler des Geistes dabei; Reichthum oder Armuth, Macht, Ruhm, Freundschaften, Feindschaften; Gesinnung dabei, wie war er als Freund, als Feind, weshalb hatte er sich ver-

---

*) Serv. ad Verg. Aen. I, 606: secundum artem rhetoricam parentes, quos ignorat, laudat ex liberis.

feindet, wie war er in Reichthum und Armuth, wie in der Macht.
Beschaffenheit seines Todes, und dessen, was auf den Tod
folgte. Bei allen Dingen, bei denen es hauptsächlich auf die
Gesinnung des Menschen ankömmt, sind die vier Cardinaltugenden in Betracht zu ziehen. Auf diese Weise wird nun Lob oder
Tadel nach der angegebenen Dreitheilung durchgeführt. Natürlich können nicht alle möglichen Gesichtspunkte bei jedem einzelnen zur Anwendung kommen. Der Schluss muss kurz sein.
Bei der ganzen Rede sind häufige und kurze Amplificationen
mittelst der loci communes anzubringen.

§. 30.

Fortsetzung.

Quintilian verlangt bei der Lobrede eine allgemeine Dreitheilung nach der Zeit, die Vorzeit, die Zeit, in welcher der
zu lobende selbst gelebt hat, bei Verstorbenen auch die Folgezeit. Die Vorzeit bezieht sich auf Vaterland, Eltern, Vorfahren.
Nun ist es entweder schön, wenn der zu lobende dem Adel seines Geschlechts entsprochen hat, oder wenn er seine niedrige
Herkunft durch seine Thaten geadelt hat. Aus der Vorzeit lässt
sich auch benutzen, wenn etwa Orakelsprüche oder Augurien
seine dereinstige Berühmtheit anzeigten, wie das Orakel ver-
kündigt haben soll, der Sohn der Thetis werde grösser sein als
sein Vater. Das Lob des Menschen selbst ist herzunehmen von
seinem Körper, seinem Geist und den äusseren Dingen.
Arist. Rhet. I, 5. Cornif. III, 6, 10. 7, 13. Cic. de inv. II, 59,
177: *laudes et vituperationes — sin distributius tractare qui volet,
partiatur in animum et corpus et extrarias res licebit. Animi est
virtus, cuius de partibus paullo ante dictum est* (die vier Cardinaltugenden); *corporis valetudo, dignitas, vires, velocitas; extrariae
honos, pecunia, affinitas, genus, amici, patria, potentia et caetera,
quae simili esse in genere intellegentur. videre autem in laudando
et in vituperando oportebit non tam, quae in corpore aut in extra-
riis rebus habuerit is, de quo agetur, quam quo pacto his rebus
usus sit. nam fortunam quidem et laudare stultitia et vituperare
superbia est; animi autem et laus honesta et vituperatio vehemens
est.* Offenbar ist das Lob des Körpers und der äusseren Dinge
das minder wichtige. Es ist auf verschiedene Art zu behandeln.
Man kann Jemandes Schönheit und Stärke in ehrenvollen Aus-

drücken erwähnen. Es kann aber auch eine Schwäche viel zum Lobe beitragen, wie wenn Homer vom Tydeus sagt, er sei zwar klein, aber kriegerisch gewesen. Alle äusseren Glücksgüter, bemerkt Quintilian übereinstimmend mit Cicero, sind nicht deswegen zu loben, weil sie einer besessen, sondern weil er einen guten Gebrauch von ihnen gemacht hat. Das wahre Lob ist immer das Lob des Geistes. Hierbei ist aber ein verschiedner Weg der Behandlung möglich. Entweder man geht der Reihe nach die verschiedenen Altersstufen und die betreffenden Thaten durch — diesen Weg skizzirt Anaxim. c. 35 — oder man theilt ein nach den verschiedenen Tugenden. Welcher Weg vorzuziehen sei, das muss die Betrachtung des Stoffes an die Hand geben, nur müssen wir bedenken, dass für den Zuhörer dasjenige angenehmer ist, was Jemand allein, zuerst, oder wenigstens mit wenigen gethan hat, wenn er etwas wider Hoffen und Erwarten, besonders wenn er etwas mehr um andrer, als um seinetwillen gethan hat. Die Zeit nach dem Tode lässt sich nicht überall behandeln, nicht blos weil wir oft noch lebende loben, sondern auch weil sich nicht immer Gelegenheit dazu findet, dass einem göttliche Ehren erwiesen werden könnten, oder ehrende Beschlüsse verfasst, öffentliche Bildsäulen errichtet werden. Hierhin gehören aber auch geistige Denkmäler, deren Ruhm auf die Nachwelt kömmt. Manche haben ja grössere Anerkennung bei der Nachwelt, als bei ihren Zeitgenossen gefunden, wie Menander. Kinder gereichen ihren Eltern zum Lobe, Städte ihren Erbauern, Künste ihren Erfindern, Einrichtungen ihren Urhebern. Quint. III, 7, 10—18. Damit vergleiche man die Zusammenstellung in der Schrift über Progymn. S. 68 ff.

Veranschaulichen wir uns die im obigen mitgetheilte Theorie der Lobrede an der Rede des Isokrates auf Euagoras, den Beherrscher von Salamis auf Cypern. Isokrates giebt in der Einleitung §. 8. 11 diese nach 374 geschriebene Rede als den ersten Versuch an, die Tugenden eines vorstorbenen Zeitgenossen durch eine Lobrede zu verherrlichen. Der Redner geht aus von der φύσις (Abstammung) des Euagoras, καὶ τίνων ἦν ἀπόγονος (§. 12 ff. Aeacus und die Teukriden; Teukros Nachkommen herrschten in Salamis, bis ein Fremder unter Persischem Schutz sich des Thrones bemächtigte). Geburt des Euagoras §. 21; wunderbare Umstände dabei werden angedeutet. Als Knabe hatte er κάλλος, ῥώμη, σωφροσύνη. Diese wuchsen im Mannesalter und es kamen noch dazu $\dot{\alpha}\nu\delta\varrho\dot{\iota}\alpha$, $\sigma o\varphi\dot{\iota}\alpha$, $\delta\iota\varkappa\alpha\iota o\sigma\dot{\nu}\nu\eta$, alles im Uebermasse. Euagoras eroberte den Thron seiner Ahnen wieder (§. 30—32), dies beweist schon an sich seine $\dot{\alpha}\varrho\varepsilon\tau\dot{\eta}$ und die Grösse seiner Thaten (§. 33). Noch mehr geht diese hervor aus den besonderen dabei obwaltenden Umständen (§. 34—39). Und da es sich dabei um den Besitz der $\tau\nu\varrho\alpha\nu\nu\dot{\iota}\varsigma$ handelte, an- erkanntermassen des grössten Gutes, so kann man ihn gar nicht genug loben. Aber auch nach dieser That zeichnete er sich aus durch $\varphi\varrho\dot{o}\nu\eta\sigma\iota\varsigma$ bei seinen Handlungen, in der Beurtheilung äusserer Verhältnisse, in der Behandlung andrer, in seinem eignen sittlichen Verhalten (§. 41—45). In Folge jener Eigen- schaften blühte Salamis auf und gewann an Macht und Ansehen bei den Hellenen (§. 47—50), daher auch viele Hellenen, unter ihnen der berühmte Konon, sich hinbegaben (§. 51—57). Auch der Krieg des Perserkönigs gegen Euagoras spricht in seinen Motiven und in seinem Erfolge für die Tüchtigkeit desselben, und stellt ihn über die berühmtesten Kriegshelden (§. 57—65). Recapitulation und Summa §. 66—72. Euagoras war einer der glücklichsten Menschen. Er hatte erlauchte Ahnen, zeichnete sich aus an Körper und Geist, kam auf schöne Weise in den Besitz der Herrschaft und erhielt sich darin, hinterliess unsterb- lichen Nachruhm, wurde alt, aber nicht altersschwach, hatte gute und viele Kinder; wenn man irgend wen unter den Men- schen als Gott bezeichnen kann, so gewiss ihn.

Wie bereits gesagt gilt also diese ganze Anordnung, nur mit Umkehr des Inhaltes, auch für den Tadel. Die Niedrigkeit des Geschlechts gereichte vielen zum Vorwurf, wie bei anderen gerade durch die Berühmtheit des Geschlechts ihre Fehler um so hervorragender und verhasster wurden. Bei einigen, wie beim Paris, wurde das Verderben, das sie dereinst veranlassen würden, vorhergesagt. Einigen, wie dem Thersites und Iros, brachten gewisse Mängel des Körpers und Glückes Verachtung, andern brachten gute Eigenschaften, die durch Laster aufge- wogen wurden, Verderben, wie die Dichter den schönen Nireus als unkriegerisch, den Plistheues (? s. Spalding zu Quint. T. I p. 554) als unkeusch bezeichnen. Soviel Tugenden, soviel giebt es Laster. Auch hier ist eine doppelte Methode der Behandlung zulässig. Manchen wurde noch nach ihrem Tode ein Schimpf zugefügt, wie dem Sp. Maelius, dessen Haus dem Erdboden gleich gemacht wurde, dem M. Manlius, dessen Vorname für

alle Folgezeit aus der Familie gestrichen wurde. Auch hasst
man die Eltern schlechter Menschen. Den Gründern von Städten
gereicht es zur Unehre, wenn deren Einwohner den übrigen
Völkern verderblich wurden. Deshalb ist der Stifter des Jüdi-
schen Aberglaubens verhasst, ebenso die Gracchen wegen ihrer
Gesetze u. s. w. Auch bei Lebenden ist das Urtheil der Menschen über sie gleichsam ein Beleg ihres Charakters: Ehre und
Schande zeigt, dass Lob oder Tadel begründet ist. Quint.
§. 19—22. Mit Recht bemerkt aber Aristoteles Rhet. I, 9. III,
14, es komme sehr darauf an, wo man etwas lobt oder tadelt,
welches die Sitten der Zuhörer und die bei ihnen allgemein gültigen Ansichten sind, damit der Inhalt unsres Lobes und Tadels
bei ihnen Glauben finde. Auch muss das Lob der Zuhörer mit
in die Rede verflochten werden, um sie günstig zu stimmen. Zu
Sparta stehen Künste und Wissenschaften in geringerem Ansehn als in Athen, umgekehrt Standhaftigkeit und Tapferkeit.
Mässigkeit würde bei Sybariten verhasst sein, im alten Rom
galt Luxus für das höchste Verbrechen. Ebenso lehrt Aristoteles
(unter den Römern betonte dies Cornelius Celsus fast bis zur
Uebertreibung), da zwischen Tugenden und Lastern eine gewisse
Nachbarschaft bestehe, so solle man beschönigende, verwandte
Ausdrücke gebrauchen, also den Verwegenen tapfer, den Verschwender freigebig, den Geizigen sparsam nennen und umgekehrt. Das ist freilich sophistisch und Quintilian bemerkt dazu:
*quod quidem orator, id est vir bonus, nunquam faciet, nisi forte
communi utilitate ducetur* — aber die rhetorische Praxis wird
eines solchen Verfahrens kaum entrathen können.

Für das Lob eines Landes giebt Menand. p. 344 ff. einige
Gesichtspunkte an die Hand. Es erstreckt sich entweder auf
seine natürliche Beschaffenheit, oder seine Lage. ἔπαινος χώρας,
ὡς ἀνωτάτω διελέσθαι, διττός, ἢ κατὰ φύσιν ἢ κατὰ θέσιν. ἢ
γὰρ πῶς κεῖται ἐξετάσαντες ἀξίαν αὐτὴν ἐπαίνου ἀποφαίνομεν, ἢ
ὅπως πέφυκε. Die Lage betrachten wir in Bezug auf Erde, Meer,
Himmel; ob also das Land ein Binnenland oder Küstenland,
eine Insel oder Halbinsel ist, ferner in welcher Himmelsgegend
es liegt. Die natürliche Beschaffenheit fasst sechs Punkte ins
Auge; das Land ist gebirgig oder eben, trocken und wasserlos
oder feucht und gut bewässert, fruchtbar oder unfruchtbar. Danach entscheidet sich die Güte oder Schlechtigkeit eines Landes.

Das Lob, das von diesen Punkten aus genommen wird, bezieht sich ferner entweder auf das Angenehme, oder das Nützliche. — Städte, lehrt derselbe Menand. p. 346 ff., lobt man theils von den Gesichtspunkten aus, die beim Lobe eines Landes, theils von denen, die beim Lobe von Menschen in Betracht kommen. Man lobt nämlich Städte einmal von ihrer Lage aus, dann aber nach Geschlecht, Thaten und Beschäftigungen der Einwohner. Bei der Lage kommen auch örtliche Eigenthümlichkeiten in Betracht, Häfen, Befestigung, Akropole. Das Geschlecht behandelt die Gründer, die ursprünglichen Einwohner, die Zeit der Gründung, die Veränderungen, welche die Stadt von der Gründung an betroffen haben, die Ursachen, wegen deren sie bewohnt oder gegründet worden. An die Thaten schliesst sich die Erwähnung der Auszeichnungen und Ehren an, welche der Stadt von irgend einer Seite aus zu Theil geworden sind. Quint. §. 26 sagt: *laudantur autem urbes similiter atque homines. nam pro parente est conditor, et multum auctoritatis affert vetustas, ut his, qui terra dicuntur orti, et virtutes ac vitia circa res gestas eadem quae in singulis, illa propria, quae ex loci positione ac munitione sunt cives illis ut hominibus liberi decori. Est laus et operum, in quibus honor, utilitas, pulchritudo, auctor spectari solet. honor ut in templis, utilitas ut in muris, pulchritudo vel auctor utrobique. Est et locorum, qualis Siciliae apud Ciceronem* (in Verr. II, 1 sqq. IV, 48. vgl. de orat. 62, 210), *in quibus similiter, speciem et utilitatem intuemur; speciem maritimis, planis, amoenis; utilitatem salubribus, fertilibus.* — Als Gesichtspunkte für das Lob von Thieren führt Hermog. Progymn. p. 13 den Ort an, wo sie vorkommen und leben, die Gottheit, denen sie geweiht sind, ihre Nahrung, ihre körperlichen und seelischen Eigenschaften, was sie thun, wozu sie nützen, wie lange sie leben, Vergleiche mit anderen Thieren. Ganz ähnlich giebt bei Pflanzen der Ort, wo sie wachsen, die Gottheit, der sie geweiht sind, die Behandlung und Pflege, die sie beanspruchen, ihr Aussehn und sonstige Eigenschaften, ihr Nutzen u. s. w. Stoff zum Lobe. Man vergleiche, was Dion. Halic. Rhet. c. 6 T. V p. 112 über Eiche, Oelbaum und Lorbeer sagt. — Gewerbe endlich, Künste, Beschäftigungen, Berufsarten werden von ihren Erfindern aus gelobt und den Männern, die sich in ihnen hervorthaten. Ein Hauptgesichtspunkt ist der günstige Einfluss, den sie auf Leib und Seele derer ausüben, die sich ihnen widmen, wie z. B. die Jäger durch ihre

Beschäftigung tapfer und muthig werden, einen gesunden Körper und geschärfte Sinne bekommen.

Von Aristides besitzen wir in or. XIV u. XV ausführliche Lobreden auf Rom und Smyrna, in or. XVII auf das Aegaeische Meer, in or. XVIII auf den heiligen Brunnen des Asklepios, in or. XIX auf Eleusis. Besonders hervorzuheben ist die Lobrede des Libanius auf Antiochia.

§. 31.

Epideiktische Gelegenheitsreden.

Die Praxis der epideiktischen Beredsamkeit beschränkte sich aber nicht blos auf wirkliche Lob- oder Tadelreden. Letztere waren begreiflicherweise als selbständige Ausarbeitungen überhaupt nur von sehr bedingter Zulässigkeit. Vielmehr fiel ihr im Sophistischen Zeitalter das ganze weite Gebiet der Gelegenheitsreden zu, als Lob- und Danksagungsreden an die Kaiser, Festreden, Einladungsreden, begrüssende Ansprachen, Antritts- und Abschiedsreden, Hochzeitsreden, Geburtstagsreden, Leichenreden, Trostreden und Beglückwünschungsreden aller Art*). Auch Ermahnungsreden gehören hierher, sogenannte λόγοι προτρεπτιχοί, die an das γένος συμβουλευτιχόν erinnern. In ihnen ermahnt der Redner seine Zuhörer, und fordert sie zu etwas auf, dessen Vorzüge aber nicht erst zu ermitteln sind, sondern als zugestanden vorausgesetzt werden (vgl. Ulp. ad Demosth. Olynth I, p. 8 bei Ernesti. Lex. techn. Gr. S. 298). So fordert Dio Chrysostomus seine Zuhörer in mehreren Reden zum Frieden und zur Eintracht auf, desgleichen Himerius or. XXXIV seine neugewonnenen Schüler, sich einer gewissen Mannigfaltigkeit in den rhetorischen Studien zu befleissigen. Mehrere der hierher gehörigen Arten hat Menander ausführlich und nicht ohne Geist behandelt, so wie der Verfasser der fälschlich dem Dionys von Halikarnas beigelegten Rhetorik, deren sieben erste Capitel wenigstens, frühstens dem zweiten Jahrhundert der Kaiserzeit angehören.

Das glänzendste Denkmal dieser epideiktischen Beredsamkeit, das aus dem Alterthum auf uns gekommen, ist der sogenannte Panegyricus des jüngern Plinius auf Trajan, ein mit be-

---

*) Himer. or. IX, Glückwunschrede auf die wiederhergestellte Gesundheit eines Freundes.

wundernswürdiger Sorgfalt ausgearbeitetes Kunstwerk. Wir wollen daher unsre fernere Auseinandersetzung zunächst mit der Lobrede auf den Kaiser, dem βασιλικὸς λόγος, beginnen. Menand. p. 368 ff. Die Einleitung geht von der Schwierigkeit der Aufgabe aus, in gebührender Weise so grosse Thaten zu loben*). Der Redner spricht dann von sich, dass und weshalb er es dennoch für seine Pflicht gehalten, oder was ihn ermuthigt hat, sich der ehrenvollen Aufgabe zu unterziehen. So beginnt Julian seine Lobrede auf Constantius mit den Worten: πάλαι με προθυμούμενον, ὦ μέγιστε βασιλεῦ, τὴν σὴν ἀρετὴν καὶ πράξεις ὑμνῆσαι — τὸ μέγεθος εἶρξε τῶν πράξεων, οὐ τὸ βραχὺ λειφθῆναι τῷ λόγῳ τῶν ἔργων δεινὸν κρίνοντα, ἀλλὰ τὸ παντελῶς τῆς ὑποθέσεως διαμαρτεῖν δόξαι. Julian ist weder Redner noch Dichter, denen es etwas leichtes ist, für das Lob eine gebührende Form zu finden. Dann fährt er fort: ἐπεὶ δὲ ὁ παρὼν ἀπαιτεῖ λόγος τῶν πραγμάτων ἁπλῆν διήγησιν, οὐδενὸς ἐπεισάκτου κόσμου δεομένην, ἔδοξε κἀμοὶ προσήκειν τοῦ ἀξίως διηγήσασθαι τῶν ἔργων ἀνεφίκτου καὶ τότε (?) τοῖς προλαβοῦσιν ἤδη φανέντος. Es verlohnt sich, in rhetorischer Hinsicht auch die Partition zu betrachten, welche Julian in dieser Rede gegeben hat: τίς οὖν ἂν ἡμῖν ἀρχὴ καὶ τάξις τοῦ λόγου γένοιτο καλλίστη; ἢ δῆλον ὡς ἡ τῶν προγόνων ἀρετή, δι᾽ ἣν ὑπῆρξέ σοι καὶ τὸ τοιούτῳ γενέσθαι. τροφῆς δὲ, οἶμαι, καὶ παιδείας ἑξῆς προσήκει μνησθῆναι, ἥπερ σοι τὸ πλεῖστον εἰς τὴν ὑπάρχουσαν ἀρετὴν συνεισηνέγκατο· ἐφ᾽ ἅπασι δὲ τούτοις, ὥσπερ γνωρίσματα τῶν τῆς ψυχῆς ἀρετῶν τὰς πράξεις διελθεῖν· καὶ τέλος ἐπιτιθέντα τῷ λόγῳ τὰς ἕξεις δηλῶσαι, ὅθεν ὁρμώμενος τὰ κάλλιστα τῶν ἔργων ἔδρασας καὶ ἐβουλεύσω. τοῦτον γὰρ οἶμαι καὶ τῶν ἄλλων πάντων διοίσειν τὸν λόγον. οἱ μὲν γὰρ ἐπὶ τῶν πράξεων ἵστανται, ἀποχρῆν οἰόμενοι πρὸς τὴν τελείαν εὐφημίαν τὸ τούτων μνησθῆναι. ἐγὼ δὲ οἶμαι δεῖν περὶ τῶν ἀρετῶν τὸν πλεῖστον λόγον ποιήσασθαι, ἀφ᾽ ὧν ὁρμώμενος ἐπὶ τοσοῦτον τῶν κατορθωμάτων ἦλθες. τὰ μὲν γὰρ πλεῖστα τῶν ἔργων, σχεδὸν δὲ καὶ πάντα, τύχη καὶ δορυφόροι καὶ στρατιωτῶν φάλαγγες καὶ τάξεις ἱππέων καὶ πεζῶν συγκατορθοῦσι· τὰ δὲ τῆς ἀρετῆς ἔργα μόνου τέ ἐστι τοῦ δράσαντος καὶ

---

*) Isokr. Paneg. 82: ὁμοίως ἐστὶ χαλεπὸν ἐπαινεῖν τοὺς ὑπερβεβληκότας τὰς τῶν ἄλλων ἀρετὰς ὥσπερ τοὺς μηδὲν ἀγαθὸν πεποιηκότας· τοῖς μὲν γὰρ οὐχ ὕπεισι πράξεις, πρὸς δὲ τοὺς οὐκ εἰσὶν ἁρμόττοντες λόγοι.

ὁ ἐκ τούτων ἔπαινος ἀληθὴς καθεστώς, ἴδιός ἐστι τοῦ κεκτημένου. Die feststehende Reihenfolge der rhetorischen Capitel εὐγένεια, τροφὴ καὶ παιδεία, ἔργων πρᾶξις weist Wyttenbach in seinem Commentar zu dieser Stelle (S. 140 ed. Schaef.) aus Plato nach, Menex. p. 404 A. B. Die Unterscheidung zwischen ἔργα und πράξεις beruht auf Arist. Rhet. I, 9. Doch kehren wir zu Menander zurück. Nach der Einleitung also berührt man das Vaterland des Herrschers, sein Geschlecht. Seine Geburt, etwaige besondere Umstände dabei. Seine natürlichen Anlagen, Erziehung, die Eigenschaften seines Geistes, Neigungen und Studien, die Eigenschaften seines Charakters. Thaten im Krieg und Frieden; diejenigen von beiden, in denen der Fürst sich am meisten ausgezeichnet hat, nimmt man zuerst vor. Die Thaten im einzelnen sind einzutheilen nach den vier Cardinaltugenden, und bei der Darstellung durch Beschreibung und Schilderung der Localitäten, an denen sie vor sich gingen, auszuschmücken. Bei den Thaten des Friedens kann natürlich die Tapferkeit nicht in Betracht kommen. Privatleben des Fürsten. Das Glück, das ihn bei allen Unternehmungen begleitet. Vergleich seiner Regierung mit anderen berühmten Regierungen, nicht um die letzteren herabzusetzen, sondern um zu zeigen, dass die seinige selbst vor diesen noch etwas voraus hat. Nach diesem Vergleiche kommt der Schluss. Man beschreibt den glücklichen Zustand des Reiches unter der jetzigen Regierung und wendet sich mit Segenswünschen für des Kaisers ferneres Wohlergehen, für die lange Dauer seiner Regierung an die Gottheit. Wenn es auch nicht leicht ist, des Plinius umfangreichen Panegyricus auf diese einfachen Umrisse zurückzuführen, so finden wir sie dagegen mehr oder weniger bei Julian beachtet, bei seinem Lehrer Libanius im λόγος βασιλικός auf Constantius und Constans, so wie in den Lobreden des Eumenius.

Lobreden auf die Kaiser konnten übrigens mancherlei besondere Veranlassungen haben. So finden wir in der Sammlung der lateinischen Panegyrici mehrere *gratiarum actiones*, λόγοι χαριστήριοι und εὐχαριστήριοι, deren uns auch von Themistius und Libanius erhalten sind. Hierher gehört auch der στεφανωτικὸς λόγος, kurze Ansprache an den Kaiser bei Ueberreichung eines Ehrenkranzes. ἔστω δέ σοι ὁ λόγος μὴ πλειόνων ἑκατὸν πεντήκοντα ἢ καὶ διακοσίων ἐπῶν, sagt Menand. p. 422. Verwandt damit ist der πρεσβευτικὸς λόγος, Menand. p. 423, eine

Gesandschaftsrede an den Kaiser, mit der Bitte, einer bedrängten Stadt zu Hülfe zu kommen. Bei dem Lobe des Kaisers, welches auch hier wenigstens den ersten Haupttheil bildet, ist insbesondere seine Menschenfreundlichkeit, sein Mitleid und seine Herzensgüte hervorzuheben. Der zweite Theil, der sich an die Erwähnung der Friedens-Segnungen unter seiner Regierung anschliesst, handelt von der Stadt. Lebhafte Schilderung ihrer früheren Blüthe und ihres jetzigen elenden Zustandes. „Deshalb flehen wir zu Dir, und umfassen Deine Knice. Bedenke, dass die Stimme des Gesandten die Stimme der ganzen Stadt ist, bedenke, dass in ihr die Thränen der Kinder, Frauen, Männer und Greise befasst sind, dass sie Dich durch ihn um Mitleid anrufen." Den Beschluss macht die Bitte, das eigentliche Anliegen, um das es sich handelt, zu gewähren.

Der Πανηγυρικὸς λόγος im eigentlichen Sinne ist die an einer Panegyre, also einem grossen nationalen Festspiele vor einer grossen, freudig gestimmten Festversammlung gehaltene Rede, welche die Bedeutung des Festes zu ihrem Gegenstande nimmt. Dionys. Halic. Rhet. I. Nun stehen alle Panegyren im Zusammenhange mit dem Cultus irgend einer Gottheit, zu deren Ehre sie eingesetzt sind. So muss denn die Rede, um ihr gleichsam ein προσωπεῖον τηλαυγές zu verleihen, mit dem Lobe dieses Gottes eröffnet werden. Man lobt ihn ἀπὸ τῶν προσόντων αὐτῷ, d. h. von der Sphäre seiner Wirksamkeit, von seinen Erfindungen oder dem aus, was er den Menschen nützliches oder segensreiches verliehen hat (s. oben S. 166), den Zeus als König der Götter, als Bildner des Weltalls, den Apollo als Erfinder der Musik, als Sonnengott, als Urquell alles Guten. Es muss aber das Lob des Gottes, das ja nur zur Einleitung dienen soll, ὡς μὴ τοῦ ἐπιόντος ὁ λόγος ὁ προάγων μείζων γίγνοιτο, nur kurz sein. An das Lob des Gottes schliesst sich das Lob der Stadt an, in oder bei welcher die Panegyre gefeiert wird (vgl. Menand. p. 366). Ihre Gründung und Entstehung; ob ein Gott oder Heros ihr Gründer war, und was man von ihm zu sagen hat; die Thaten der Stadt in Krieg und Frieden*), Grösse, Schönheit, Macht, ihre Kunstschätze, öffentlichen und Privat-Gebäude, ihre Lage an einem Fluss, auch etwaige Mythen von der Stadt.

---

*) Wir bemerkten schon oben, dass der Panathenaicus des Aristides eine rein geschichtliche Lobrede auf Athen ist.

12

Dann geht man auf das Festspiel selbst über, seine Entstehung und Einsetzung und deren Veranlassung. Vergleich mit anderen Festspielen. Jahreszeit in die es fällt. Die Art des Spiels, ob gymnastisch und musisch zugleich, oder blos eins von beiden. Der Kranz, der dem Sieger winkt. Die Eiche wird gelobt, weil sie dem Zeus geheiligt ist, weil sie die erste und älteste Nahrung den Menschen gewährte, weil sie ein Baum der Weissagung ist (ὅτι οὐκ ἄφωνος). So lässt sich auch der Oelbaum, der Lorbeer, der Aehrenkranz und die Fichte loben, endlich ist der vorliegende Kranz mit andern zu vergleichen. Den Gipfel der Rede macht das Lob des Kaisers, oder seines Stellvertreters, die als Agonotheten zu preisen sind, als Erhalter des Friedens, in dem allein die Festspiele gefeiert werden können. Der Ausdruck, sagt Dionys, muss Abwechslung haben, er muss einfach sein in den blos erzählenden und mythischen Partieen, schwungvoll dagegen, wo man von Göttern oder Fürsten spricht. Blos eine besondere Art der Festrede ist die Ermahnungsrede an die Athleten (c. 7), die mit zur Klasse der λόγοι προτρεπτικοί gehört.

Der κλητικὸς λόγος, Menand. p. 424 ff., ist die Einladungsrede an einen Archon oder kaiserlichen Beamten, eine Panegyre mit seiner Gegenwart zu beehren. Mit dem Lobe der Festlichkeit wird das Lob des Einzuladenden verbunden, doch bleibt ersteres immer die Hauptsache. „Der ganzen Menge der zum Feste zusammengeströmten Fremden würde ohne Deine Anwesenheit der rechte Genuss der Feier fehlen. Deshalb komm. Auch bist Du es dem Gotte schuldig, dem zu Ehren das Fest gefeiert wird. Wenn Du Dich überreden lässt, so gewinne ich der Redner an Ruhm, es gewinnt das Fest an Ruhm, der Stadt wird eine Ehre erwiesen, der Gott wird sich freuen. Ertheilst Du dagegen eine abschlägige Antwort, so betrübst Du den Redner aufs höchste, die Festfreude der ganzen Stadt wird in Trauer verkehrt, eine Möglichkeit, die blos auszusprechen unwürdig ist. Darum eile zum Fest unter günstigen Auspicien, und folge der Einladung der Stadt, welche durch meine Worte an Dich ergeht."

Es können aber auch Einladungsreden an kaiserliche Beamte gehalten werden, ohne dass gerade eine besondere Festlichkeit dazu Veranlassung giebt. Dann hat man dies gleich in der Einleitung hervorzuheben. Man hat von einer gewissen Zuneigung des Archon für die Stadt gehört, und seinem Entschlusse, sie zu besuchen. Es ergeht nun an ihn die Bitte, diesen Entschluss zur Ausführung zu bringen. Wenn der Redende in seiner Vaterstadt eine besonders hervorragende Stellung einnimmt, so kann er in einem zweiten Proömium darauf hinweisen, dass er gerade vor andern mit diesem ehrenvollen Auftrage betraut worden. Folgt das Lob der Stadt, wobei aber mehr ihre Thaten und ihre Würde hervorzuheben sind, als ihre natürliche Lage, und dann das Lob des Archon. Will er nun zum erstenmale die Stadt besuchen, so lässt man eine kurze Beschreibung des Landes und der Stadt folgen, mit der Aufforderung, sich ihre Herrlichkeiten anzusehen, und führt ihm zum Schluss die Reise vor, die er zu machen hat, um an den Ort zu gelangen, an welchem zu seiner Aufnahme alles vorbereitet ist. Hat er die Stadt dagegen schon früher besucht, so erinnert man ihn an dasjenige, was ihm von ihr bekannt ist, und schildert ihm die Sehnsucht derselben, ihn wieder in ihrer Mitte zu begrüssen, begründet durch die wohlbekannten trefflichen Eigenschaften des Angeredeten.

Kaiserliche Beamte wurden bei ihrer Ankunft in einer Stadt dem Herkommen gemäss mit einer feierlichen Ansprache begrüsst, um sich ihres ferneren Wohlwollens zu versichern. Eine solche Ansprache hiess προσφώνησις, λόγος προσφωνητικός oder προσφωνηματικός, oratio compellatoria. Derartige Reden sind bei Himerius or. III. X. XI. XIII. XIV. Nach Dionys c. V. geht in ihr der Redner zunächst von seiner eignen Person aus, dass und weshalb er vor allen zum Sprechen beauftragt ist. Die bekannte Leutseligkeit des Angeredeten, deren Gerücht durch seinen persönlichen Anblick bestätigt wird, hat ihn ermuthigt, sich dieser Aufgabe zu unterziehen. Kurzes Lob des Kaisers; zu einem erschöpfenden Lobe fehle es an Zeit; einer seiner Vorzüge besteht darin, dass er gerade einen solchen Mann, dessen Sinnesart mit der seinigen übereinstimmt, auserwählt und hierher gesandt hat. Nun beginnt das Lob dieses Mannes, nach Geschlecht, natürlicher Beschaffenheit, Erziehung, Kenntnissen, bisherigen Thaten und Leistungen. Bitte um geneigte Gesinnung gegen die Stadt, die ihm mit Vertrauen und Hoffnung entgegenkömmt. Lob der Stadt; man spricht von ihrem Ursprunge, ihren Einkünften und ihrer Macht, von der Bildung ihrer Bewohner, ihrer Grösse, Schönheit, Lage, von den besonderen Auszeichnungen, die ihr durch die Kaiser zu Theil geworden, ihren bisherigen Thaten.

12*

Eine solche Stadt verdiene das Wohlwollen der Obrigkeit. Zum Schlusse Gebetswünsche für den Kaiser, seinen Abgesandten, für die Stadt selbst; sie werde es sich zur Aufgabe setzen, ihrem alten Rufe treu zu bleiben, ja ihn noch zu verbessern.

Ganz ähnlich Menand. p. 414 ff. Er definirt: ὁ προσφωνητικὸς λόγος ἐστὶν εὔφημος εἰς ἄρχοντας λεγόμενος ὑπό τινος, τῇ δὲ ἐργασίᾳ ἐγκώμιον, οὐ μὴν τέλειον· οὐ γὰρ ἔχει πάντα τὰ τοῦ ἐγκωμίου, ἀλλὰ κυρίως ὁ προσφωνητικὸς γίνεται, ὅταν ἐξ αὐτῶν τῶν πραττομένων ὑπ᾽ αὐτοῦ πράξεων ὁ λόγος τὴν αὔξησιν λαμβάνῃ. Nach dem Proömium kommt zunächst ein kurzes Lob des Kaisers, nach seinen Thaten in Krieg und Frieden. Besonders zu bewundern ist er in der Wahl seiner Beamten, wie er uns auch jetzt zu unsrer aller Heil einen trefflichen Vorsteher gesandt hat, auf dessen Lob die Rede nunmehr übergeht. Geschlecht und das übrige ist Nebensache. Die Hauptsache ist das Lob seiner Thaten. Einzutheilen nach den vier Cardinaltugenden. Bei der Klugheit lobt man seine Gesetzeskunde, seine gelehrte Bildung, seine Vorsorge für die Zukunft, seine Fähigkeit sich über die Gegenwart gut zu berathen, sein Geschick in der Correspondenz mit dem Kaiser, der ihm Beifall und Bewunderung zollt, seine Ueberlegenheit über die Rhetoren[*]), seine Fähigkeit, sich gleich beim Anhören des Proömiums den ganzen Zusammenhang der Streitfrage zu vergegenwärtigen. Man vergleicht ihn hierbei mit einem Demosthenes, Nestor und den besten Gesetzgebern. Bei der Gerechtigkeit spricht man von seiner Freundlichkeit gegen Untergebene, von seiner Leutseligkeit und Zugänglichkeit, seiner Lauterkeit und Unbestechlichkeit bei der Rechtspflege, dass er nicht nach persönlicher Zu- oder Abneigung entscheidet, die Reichen den Armen nicht vorzieht, dass er die Städte unterstützt. Man vergleicht ihn mit Aristides, Phocion, oder durch ihre Gerechtigkeit berühmten Römern. Dabei bemerkt Menand. p. 416, 12: οὐχ ἁπλῶς ἐρεῖς τὰς ἀρετάς, ὅτι δίκαιος, ἀλλὰ καὶ ἐκ τοῦ ἐναντίου ἐπιχειρήσεις πάλιν ὅτι οὐκ ἄδικος, οὐκ ὀργίλος, οὐ δυσπρόσωπος, οὐ χάριτι κρίνων, οὐ δωροδέκτης· πέφυκε γὰρ ὁ λόγος αὔξησιν λαμβάνειν, ὅταν καὶ τὰς κακίας ἐξαίρῃς καὶ τὰς ἀρετάς αὔξειν ἐθέλῃς. Bei der σωφροσύνη lobt man seine Enthaltsamkeit im sinnlichen Genuss, seine ernste würdige Haltung, τὴν περὶ γέλωτα ἐγκράτειαν. Hier ist Diomedes am Platze, der die Aphrodite ver-

---

[*]) p. 415, 31 muss nach θαυμάζειν interpungirt werden.

wundete, da er allein von allen der Leidenschaft der Liebe unzugänglich war, oder Hippolytos *). Bei der Tapferkeit bewundert man seine Freimüthigkeit dem Kaiser gegenüber, seine Bereitwilligkeit gegen die seinen Untergebenen drohenden Unbilden einzutreten, dass er der Furcht nicht nachgiebt; man erwähnt die Aianten, den Perikles und Alcibiades. Nach der Aufzählung der Tugenden kommt die Gesammt-Vergleichung. Auch viele andre Archonten in Asien und Europa waren trefflich und lobenswerth, aber keiner war besser als der in Rede stehende. Daran schliesst sich der Epilog, dem der Redner noch ein Lob der Stadt voraufschicken kann, in deren Namen er spricht. Die Stadt mag sich freuen, dass ihr ein solcher Archon zu Theil geworden, eine herrliche Zeit bricht jetzt für sie an.

Auch der ἐπιβατήριος λόγος wird als Ansprache an den Archon der Stadt bezeichnet, Menand. p. 378 ff. und ist als solche von dem προσφωνηματικὸς λόγος nicht wesentlich verschieden. Der Redner eröffnet das Proömium mit der Bezeichnung seiner Freude. Er freut sich entweder mit der Stadt, dass sie einen trefflichen, gepriesenen Herrscher empfangen, oder mit dem Archon, dass ihn ein gütiges Geschick herbeigeführt, oder über sich selbst, dass er einen Archon sieht, den er schon längst zu sehen Verlangen trug. Von der Einleitung geht der Redner auf sein Thema über. Hat man unter der vorigen Verwaltung zu leiden gehabt, so werden die Uebelstände jener Verwaltung amplificirend mitgetheilt, ohne natürlich Schmähungen gegen den früheren Beamten einfliessen zu lassen. Jetzt bei der Ankunft des neuen Archon athmet alles wieder auf, als wäre eine Unglückswolke vorübergezogen. War dagegen die vorige Verwaltung gut, so äussert man seine Freude, dass man so getrost der weiteren Zukunft entgegensehen kann. Auch hier flicht man ein, dass man dem Kaiser ausser anderem auch besonders dafür zu grossem Danke verpflichtet sei, dass er der Stadt einen solchen Stellvertreter geschickt. Darauf folgt das Lob des Angeredeten. Hat man von ihm Thaten zu preisen, so nimmt man diese vorweg. Wo nicht, so spricht man von seinem Vaterlande, seiner Nationalität, seiner Geburtsstadt, den Thaten seines Geschlechts. Diese Thaten berechtigen zu den besten Hoffnungen für das, was der betreffende selbst thun wird. Der glückliche Zustand,

---

*) der keusche Joseph der heidnischen Welt. Ovid. Amor. II, 4, 32.

den seine Verwaltung im Voraus verspricht, wird ausgemalt. Der Epilog berührt die freudige Stimmung, mit der jeder Bürger der Stadt die Ankunft des Archon begrüsst, und weist auf die Dankesbezeugungen und Festlichkeiten hin, die seine treffliche Verwaltung alsbald veranlassen wird.

Aber der *ἐπιβατήριος λόγος* ist auch eine Ansprache an die Vaterstadt bei einer Rückkehr nach längerer Abwesenheit, oder die Begrüssung einer Stadt, in der man angelangt ist, wie wir deren mehrere von Dio Chrysostomus besitzen. Die Einleitung legt auch hier die Freude des Redners an den Tag, eine Stadt wiederzusehen oder zu erblicken, nach der er sich fortwährend gesehnt hat, weil sie seine Vaterstadt ist, oder weil sie solche Vorzüge hat. Diese sind kurz anzugeben, ebenso kurzes Lob ihres Gründers. Dann kommt der erste Punkt der eigentlichen Rede, *αὔξησις ἐναντίου*. „Ich war natürlich in der letzten Zeit betrübt und unglücklich, mich des Anblicks solcher Herrlichkeiten und einer Stadt beraubt zu sehen, welche die schönste von allen ist, die die Sonne bescheint. Als ich sie sah, hat meine Traurigkeit ein Ende genommen, ist meine Bekümmerniss von mir gewichen; ich sehe alles, nach dessen Anblick ich mich sehne, nicht wie Traumgebilde, oder Schattenbilder im Spiegel, sondern in Wirklichkeit, ihre Heiligthümer, die Burg, ihre Tempel, Häfen und Hallen.“ Der zweite Punkt ist das Lob des Gründers, jedoch auch hier nicht zu ausführlich. Drittens ὁ *περὶ τῆς φύσεως λόγος*, die Beschreibung ihrer natürlichen Lage, der Schönheiten und Vortheile derselben, der Producte und Erzeugnisse des Landes. Vergleich mit anderen Städten und Ländern in dieser Beziehung. Von dem allgemeinen der Landschaft wird auf das der Stadt eigenthümliche übergegangen. Viertens *κεφάλαιον τῶν ἐπιτηδευμάτων, — ἐπιτηδεύματά ἐστιν ἔνδειξις τοῦ ἤθους καὶ τῆς προαιρέσεως τῶν ἀνδρῶν ἄνευ πράξεων ἀγωνιστικῶν* (p. 384, 20), also die Sitten und Lebensweise der Einwohner, ihre Freundlichkeit gegen Fremde, ihre Rechtlichkeit im Handel und Wandel, ihre Eintracht unter einander und im Verkehr mit Auswärtigen. „Das war es, was mich anzog, wonach ich mich sehnte, deshalb hatte ich weder Tag noch Nacht Ruhe. Aber nicht blos dies, sondern noch grösseres und bewundernswertheres“ — und nun folgen die weiteren Gegenstände des Lobes. Nämlich die Thaten nach den vier Cardinaltugenden, die Gerechtigkeit in der Verwaltung und Rechtspflege, die σωφροσύνη in der Mässigkeit, in der Erziehung der Jugend, in der Pflege von Kunst und Wissenschaft, u. s. w. Bei jeder Tugend ein Vergleich mit einer andern Stadt, zuletzt eine Gesammt-Vergleichung. *καὶ ἐν οἷς μὲν ἂν τούτων εὕρῃς σωζομένην τὴν ἰσότητα ἢ καὶ πλεονεξίαν παρὰ τῇ πόλει ἣν ἐπαινεῖς, ταῦτα ἀντεξετάσεις ἐν τῇ συγκρίσει, ἐν οἷς δ᾽ ἂν εὑρίσκῃς αὐτὴν ἐλαττουμένην, ταῦτα παραδραμεῖς· καὶ γὰρ Ἰσοκράτης συγκρίνων Θησέα Ἡρακλεῖ, ἐν οἷς μὲν εὗρεν αὐτὸν πλεονεκτοῦντα, ἀντεξήτασεν, ἐν οἷς δὲ τὸν Ἡρακλέα, ταῦτα ἐσίγησε* (p. 386, 15). Zuletzt der Epilog, der eine lebhafte Schilderung der Stadt und ihrer Vorzüge enthält. Als Muster für die Ausführung im einzelnen empfiehlt Menander die Reden des Kallinikos, Aristides, Polemo, Hadrianus. Ganz nach diesem Schema ist auch der einfache *λόγος πάτριος*, die Lobrede auf die Vaterstadt einzurichten, nur muss dann das *προοίμιον ἐκ περιχαρείας* und der Ausdruck der Sehnsucht, die man empfunden, natürlich wegbleiben.

Der *λόγος προπεμπτικός* oder *προπεμπτήριος* (*προπεμπτικὴ λαλιά*) ist die lobende Ansprache an Jemand, der uns verlässt. Menand. p. 395 ff. Sie lässt sich verschiedentlich behandeln. Denn entweder verabschiedet ein an Würde und *ἦθος* höher stehender einen niedrigern, z. B. ein Lehrer seinen abreisenden Schüler; dann nimmt die Rede einen berathenden Charakter an, enthält Ermahnungen und gute Rathschläge; oder der Redner und Angeredete stehen sich gleich, z. B. Freund und Freund; hier fällt das berathende Element ganz weg; der Ausdruck persönlicher Zuneigung und Theilnahme wird die Hauptsache; oder endlich ein niedriger stehender redet einen höher stehenden an, dann wird die Rede mehr oder minder zur reinen Lobrede. Menander skizzirt den zweiten Fall, wo ein Freund seinem scheidenden Freunde Lebewohl sagt. Das Proömium wird *ἐκ σχετλιασμοῦ* genommen. Der Redende beklagt sich gegen das Schicksal oder die Liebesgötter, dass sie den Freundschaftsbund nicht fest sein lassen, dass sie in der Seele des Freundes die Sehnsucht nach Vaterland und Eltern wieder erweckt haben, so dass er seine Verpflichtungen gegen den Freund, dem er unauflösliche Freundschaft versprochen hat, darüber vergisst. Oder er wendet sich an die Zuhörer, gleichsam wie an Richter, die er zur Entscheidung aufruft gegen den Freund, der ihn treulos verlassen will. Er erwähnt die gemeinschaftlichen Freuden und Genüsse, die gemeinschaftlichen Uebungen und Studien. Er schildert seine bevorstehende Einsamkeit. „Soll ich wieder Freundschaften schliessen, um meinen Schmerz durch eine erneuerte Trennung erneuert zu sehen?" Der Redner hat versucht, den Freund von seinem Vorhaben abzubringen, aber leider vergebens. Da er nun einmal fest entschlossen ist, zu scheiden, nun so wollen wir ihn im Geiste mit unsrer Theilnahme begleiten. Hiermit ist der Uebergang zum Encomium des Freundes gewonnen. Glücklich sind die Eltern, die Dich geboren haben, Du wirst sie durch Deine Tugenden erfreuen, glücklich ist Deine Vaterstadt (oder die Stadt, in welche sich der Angeredete sonst zu begeben gedenkt), durch den Nutzen, den Du ihr gewähren wirst. Der Redner und mit ihm die Anwesenden kennen die trefflichen Eigenschaften des Scheidenden, die er vielleicht schon durch Thaten bethätigt hat, oder die doch zu guten Hoffnungen auf dereinstige Thaten berechtigen. Charakteristik des Scheidenden. Aufforderung an ihn, auch in der Ferne, wo vielleicht eine glänzende Wirksamkeit seiner wartet, der zurückbleibenden Freunde gedenken zu wollen. Zum Schluss wünscht man den Segen der Götter auf ihn herab für seine Reise, wobei man die Gegenden, durch welche sie geht, kurz beschreiben kann, und sein ferneres Wohlergehen.

Im λόγος συντακτικός oder συντακτήριος verabschiedet sich der Redende von seinem bisherigen Aufenthalt, seinen Freunden und Gefährten (s. Ernesti Lex. techn. Gr. S. 332. Wernsdorf. ad Himer. p. 194). Ὁ συντατιόμενος, sagt Menand. p. 430, δῆλός ἐστιν ἀνιώμενος ἐπὶ τῷ χωρισμῷ, καὶ εἰ μὴ ὄντως ἀνιῷτο, προσποιήσεται πεπονθέναι πρὸς ἐκείνους, οἷς συντάττεται. Ein Vorbild glaubte man in den Abschiedsworten zu finden, die Odysseus an die Königin der Phäaken, und dann an Alkinoos und die Phäaken selbst richtet. Man sagt also zunächst der Stadt, von der man scheidet, seinen Dank und lobt sie, ihre Lage, ihr schönes Aussehen, ihre Feste, ihre Männer, das ganze Leben in ihr und lässt überall einfliessen, wie schwer es einem werde, sich davon zu trennen. Im zweiten Theile handelt man von dem Orte, an den man sich zu begeben gedenkt. Kennt man ihn nicht, so spricht man seine Besorgnisse aus, wie es einem daselbst ergehen werde. Ist es die Vaterstadt, so hebt man die natürliche Sehnsucht hervor, die ein jeder hat, seine Vaterstadt wiederzusehen. Man wünscht von der Stadt, die man verlässt, in Zukunft immer nur das beste zu hören, man wird sie nie

vergessen, und allenthalben ihren Ruhm verbreiten. Zum Schlusse
wünscht man sich Glück auf die Reise, spricht seine Hoffnung
auf dereinstige Rückkunft aus, oder dass es einem wenigstens
vergönnt sein möge, dereinst seine Kinder in diese Stadt zurück-
zuschicken. Scheidet man von seiner Vaterstadt, so spricht man
zunächst seinen Schmerz und seine Trauer über die bevorstehende
Trennung aus, lobt dann den Ort, an den man sich zu begeben
gedenkt, und verweilt ausführlicher bei der Veranlassung, die
einen zu dieser Trennung bestimmt. Der Nothwendigkeit muss,
wie das gesammte Weltall, so auch der einzelne gehorchen.
Man schliesst mit Segenswünschen für die Stadt, die man verlässt, wünscht sich selbst, an dem neuen Aufenthaltsorte das zu
finden, was man daselbst zu finden erwartet, und spricht die
Hoffnung dereinstiger Wiederkehr aus. Nie darf man die Stadt,
in die man sich zu begeben gedenkt, auf Kosten derjenigen
loben, die man zu verlassen im Begriff ist.

§. 32.

Fortsetzung.

Eine andere Klasse epideiktischer Reden beschäftigt sich
mit Vorkommnissen des Familienlebens, bei denen jedoch eine
gewisse Oeffentlichkeit keineswegs ausgeschlossen ist, also Hoch-
zeiten, Geburtstagen, Todesfällen. Leichenreden pflegen sogar
überwiegend den Charakter öffentlicher Reden anzunehmen.
Die Hochzeitsrede wird theils vor der Hochzeit als
γαμικὸς λόγος, theils nach derselben als ἐπιθαλάμιος gesprochen.
Beide laufen in der Hauptsache auf ein Lob der Ehe hinaus.
Dion. Halic. Rhet. c. II, IV. Auch hier ist, wie beim Panegy-
rikos, von den Göttern auszugehen. Sie haben die Ehe erfunden und sind in ihr mit einem Beispiele den Menschen voran-
gegangen. Daran schliesst sich die natürliche Betrachtung der
Ehe*). Das Streben nach geschlechtlicher Vereinigung behufs
der Zeugung geht durch die ganze Natur. Bei den Menschen
ist diese Vereinigung keine zufällige, vorübergehende, sondern
eine auf sittlicher Grundlage ruhende und bleibende. Das wilde,

---

*) Man vergleiche die These εἰ γαμητέον bei Aphthonius p. 50.
Ueber Progymnasmen S. 100.

12**

unstete Leben hört in der Ehe auf, es wird durch sie sanft und
geregelt, das sterbliche Menschengeschlecht wird durch den in
der Ehe erzielten Nachwuchs einer jüngeren Generation unsterblich; so erscheint die Ehe als das schönste Geschenk der Natur.
Eigentliche Vortheile der Ehe für diejenigen, welche sie eingehen. Sie werden durch sie sittlich veredelt, indem sie sich
gleich von Anfang der Ehe an, der schönsten Tugend, der σωφροσύνη, befleissigen. In Folge dessen erscheinen sie überhaupt
ehrenwerther, treuer, dem Staate nützlicher, dem sie ihre eigenen Kinder gleichsam als Unterpfänder ihrer Gesinnung überlassen. Die Ehe erleichtert die Trauer und den Schmerz des
Lebens; es liegt ein Trost darin, ihn mit der Gefährtin des
Lebens zu theilen, umgekehrt gewinnen die Annehmlichkeiten
und Freuden des Lebens an Werth durch die Mitfreude der
Frau und der übrigen Familienglieder. Die Familie als Grundlage des bürgerlichen und staatlichen Verbandes. Beispiele berühmter Ehen der Vergangenheit, Menelaus und Helena, Peleus
und Thetis, Admetos und Alcestis. Daran schliessen sich Segens-
wünsche für die neugestiftete Ehe, Abwehr alles Bösen, ferner
vorgreifende Schilderung des schönen Lebens im Kreise der
Kinder, des Wiederauflebens der Eltern in den Kindern. Beispiele von Eltern, die durch ihre Kinder glücklich wurden oder
Abwehr von Uebeln empfingen, Anchises und Aeneas. Schliesslich kömmt das Lob der betreffenden Personen, denen zu Ehren
die Rede gehalten wird. Sind es berühmte Personen, so kann
man auch davon ausgehen. Topen des Lobes sind hier Vaterland, Geschlecht, natürliche Eigenschaften und Anlagen, Erziehung und Lebensweise, frühere Beziehungen, in denen die
Neuvermählten zu einander standen, oder ihre Familien. — Ganz
ähnlich ist der λόγος ἐπιθαλάμιος. Auch er geht aus von der
Nothwendigkeit der Ehe für das Menschengeschlecht und den
Vortheilen, die sie gewährt. Daran knüpft sich das Lob der
Neuvermählten. Ihre Herkunft, Erziehung, Schönheit, Alter,
Glücksgüter, ihre gegenseitige Zuneigung und Wunsch nach ehe-
licher Vereinigung. Theilnahme der Verwandten, der Ferner-
stehenden, ja der ganzen Stadt an dieser Feier, die zu einer
allgemeinen Festfeier geworden ist. Ermahnung an die Neuvermählten zur gegenseitigen Liebe und Einigkeit, Schilderung
ihrer segensreichen Folgen wie überhaupt, so besonders in der
Ehe. Kein grösseres Gut, sagt Homer. Od. ζ 183,

ἢ ὅϑ᾽ ὁμοφρονέοντε νοήμασιν οἶκον ἔχητον
ἀνὴρ ἠδὲ γυνή.

Der Redner schliesst mit einem Gebet, ὅπως ὡς τάχιστα
παῖδες γένοιντο, ὡς καὶ τούτων ἐπιδεῖν γάμους, καὶ ᾆσαι τὸν
Ὑμέναιον, καὶ ὑπόϑεσιν ἔχειν αὖϑις τοιούτων λόγων. Damit vergleiche man die Disposition eines λόγος ἐπιϑαλάμιος, welche
Himerius in seiner ersten Rede p. 324 ed. Wernsd. giebt: τετρα-
μεροῦς δὲ ὄντος αὐτοῦ, τὸ μὲν πρῶτον μέρος τὸν πρῶτον ἔχει
λόγον, διὰ γλαφυρῶν ἐπιχειρημάτων τὴν γνώμην ἐμφανίζον, ἀφ᾽
ἧς τὴν ἐπίδειξιν ὁ λέγων ἤρηται· τὸ δὲ δεύτερον τὴν ἐπὶ τῷ
γάμῳ ϑέσιν, ἣν κοινωνοῦσαν τῇ φύσει τῇ καινότητι τῶν ἐπιχειρημάτων καὶ τῇ μεϑόδῳ τῶν νοημάτων ἡδεῖαν ἀπειργασάμεϑα, καὶ
τι καὶ φιλομαϑὲς (l. φιλομαϑείας) ἡδὺ προσμίξαντες, ὃ τοὺς
ταῦτα δεινοὺς οὐ παρελεύσεται. τὸ δὲ τρίτον ἐγκώμιον τῶν γα-
μούντων ἔχει, ὃ κατὰ τὴν ἐξέτασιν τῶν ἐπαινουμένων προαχϑὲν
εἰς τάχος ἁρμόττει τῇ χρείᾳ. ἐτελεύτησε δὲ ὁ λόγος εἰς ἔκφρασιν
τῆς νύμφης, ἔνϑα καὶ ποιητικὴν ὥραν ὁ λόγος παρίστησιν, ἐκ
τῆς ὑποϑέσεως τὸν λόγον (?) λαμβάνων.

Hören wir auch Menand. p. 399 ff. über denselben Gegenstand, der einen Unterschied zwischen einer vor und nach der
Hochzeit zu haltenden Rede nicht kennt. Ihm ist der λόγος ἐπιϑαλάμιος oder γαμήλιος ein λόγος ὑμνῶν ϑαλάμους τε καὶ παστάδας
καὶ νυμφίους καὶ γένος καὶ πρό γε πάντων αὐτὸν τὸν ϑεὸν τῶν γάμων.
Solche Reden werden in kunstvollerer und lockerer Fassung gegeben. Im Prooemium giebt der Redner den Grund an, der ihn
gerade zum Sprechen veranlasst. Er spricht als Verwandter,
oder ist zu der Rede aufgefordert, er will gleichfalls etwas zur
Festlichkeit beitragen; bei der allgemeinen Theilnahme, welche
das Fest findet, durfte er allein nicht schweigen, u. dgl. Oder
man geht von einer berühmten Hochzeit der Vorzeit aus. Bei
der Hochzeit des Peleus und der Thetis waren alle Götter anwesend, es waren die Musen zugegen, und keiner der Anwesenden versäumte es, eine für ihn passende Gabe zum Feste darzu-
bringen; der eine brachte Geschenke, der andre spielte die Lyra,
die einen bliesen die Flöte, die anderen sangen, Hermes stimmte
das Hochzeitslied an. Aehnliches sehe ich auch jetzt bei euch.
Die einen tanzen, die anderen jauchzen, ich aber singe und sage
von der Hochzeit. Oder als Megakles die Agariste heirathete,
und die besten der Hellenen zusammengekommen waren, da
blieb kein Künstler in gebundener und ungebundener Rede zurück,

sondern der Redner sprach, der Geschichtschreiber las sein Buch vor, alle priesen die Hochzeit. Jener Sicyonierin steht die anwesende Braut nicht nach, daher sich auch an ihrer Hochzeit dasselbe wiederholen muss. Uebrigens ist Menander verständig genug, p. 400, 29 zu sagen: δώσει ἡμῖν ἡ ὑπόθεσις πρὸς τὰ τότε παρόντα πρόσφορα ἀληθεστέρας ἐννοίας καὶ μᾶλλον ἴσως οἰκείας. Nach dem Prooemium kommt ein λόγος ὑπερθετικὸς καθόλου περὶ τοῦ θεοῦ τοῦ γάμου τὴν ἐξέτασιν περιέχων, ὅτι καλὸς ὁ γάμος. Gleich nach der Auflösung des Chaos wurde der Γάμος und Ἔρως von der Natur hervorgebracht (ἐδημιουργήθη). Dieser Gott verband unter Beihülfe des Eros den Himmel mit der Erde, den Kronos mit der Rhea. Durch ihn kam nun die Ordnung des Weltalls zu Stande, indem er an die Stelle des wüsten Kampfes der Elemente Frieden und Eintracht treten liess. Dieser Gott brachte also im weiteren Verlaufe den Zeus zum Dasein, die übrigen Götter, die Halbgötter. Durch ihn gelangt in der Nachfolge der Geschlechter auch das Menschengeschlecht zur Unsterblichkeit, er hat sich daher um uns mehr verdient gemacht als selbst Prometheus. Ihm verdankt das menschliche Leben alle seine Annehmlichkeiten, Handel, Ackerbau, Philosophie und Kenntniss des Himmlischen, Gesetze und Staatsverfassungen. Seine Macht erstreckt sich aber auch über die ganze Natur, auf Quellen und Ströme, auf alles Lebendige im Wasser, auf dem Lande und in der Luft. Hierbei giebt die Mythologie reichlichen Stoff zur Ausschmückung. An das Lob des Gottes schliesst sich das Lob des Brautpaares oder der Neuvermählten. Man kann nun bei dem Lobe entweder Punkt für Punkt Braut und Bräutigam einander gegenüberstellen, doch kann man dabei leicht in eine gewisse Undeutlichkeit und Trockenheit der Behandlung verfallen, oder man lobt erst im Zusammenhange den Bräutigam, dann die Braut. Das Lob des Geschlechts, der Eltern und Angehörigen muss gegen das Lob der Personen selbst natürlich zurücktreten. Von der Schönheit der Braut muss der Redner, wenn er nicht gerade ein Verwandter ist, mit Zurückhaltung sprechen. Demnächst berührt er die Anstalten zur Festfeier und die Gottheiten, die sich dabei thätig erweisen: συνελήλυθε μὲν οὖν ἡ πόλις, συνεορτάζει δὲ ἅπας, πεπήγασι δὲ παστάδες οἷαι οὐχ ἑτέρῳ ποτέ, θάλαμος δὲ πεποίκιλται ἄνθεσι καὶ γραφαῖς παντοίαις, πολλὴν δὲ τὴν Ἀφροδίτην ἔχει· πείθομαι δὲ καὶ ἔρωτας παρεῖναι τόξα ἐντεινομένους, βέλη δὲ ἐφαρμόττοντας, φαρμά-

κοις πόϑων τὰς ἀκίδας χρίσαντας, δι' ὧν τὰς ψυχὰς συγκυρώ-
σουσιν ἀναπτῖν ἀλλήλαις, ὑμέναιος δὲ ἀνάψει λαμπάδας ἡμῖν
καὶ δᾷδας καὶ γαμήλιον πῦρ (p. 404, 17). Man erwähnt die
Aphrodite und die Charitinnen, auch die *Ἄρτεμις λοχεία*, die
sich bald thätig und hülfreich erzeigen wird. Mit Gebet und
Glückwünschen schliesst die Rede.

Eine besondere Art von Hochzeitsrede ist der *κατευναστικὸς*
λόγος, Menand. p. 405, d. h. eine *προτροπὴ πρὸς τὴν συμπλοκήν*,
in der Art der *λαλιά* zu behandeln, bei welcher man sich aber
vor allem unzarten, derben zu hüten hat. Freilich durfte man
keinen Cyniker als Festredner auftreten lassen, wenn es dem
Brautpaare nicht so ergehen sollte, wie dem Chäreas und der
Kleanthis, von deren Hochzeitsfeier Lucian in seinen Lapithen so
ergötzliches zu berichten weiss. Menander skizzirt den Gang
einer solchen Rede zwar ganz im Ton der spätern Sophistik,
aber doch höchst geistvoll und anmuthig. Gerade in diesem
Theile seines Werkes ist er seiner Versicherung zu Folge selbständig und originell, allein seine Auseinandersetzung ist zu einem
Auszuge ungeeignet.

Beim *λόγος γενεϑλιακός*, der *oratio natalitia*, oder der Geburtstagsrede lobt der Redner nach Dionys. c. III. zunächst
den Tag selbst, wenn er etwa vor anderen Tagen etwas besonderes voraus hat, und setzt die symbolische Bedeutung seiner
Zahl auseinander. Dann die Jahreszeit, in welche der Tag fällt
(vgl. Eumen. paneg. c. 2, p. 274 ed. Bip.), oder wenn es eine
besondere Festzeit ist. Demnächst geht man auf den Ort über,
an dem der Betreffende geboren ist, auf Nationalität, Vaterland,
Vaterstadt, Vaterhaus, stets mit einem kurzen Lobe des betreffenden Punktes; das Vaterhaus berührt die Familie und Herkunft. Darauf kommt erst das eigentliche Lob der Person;
natürliche Beschaffenheit, geistige Eigenschaften, wie sich der
Charakter im Leben und im Umgang mit anderen Menschen be-
währt, sein Beruf, seine Studien, zu welchen Hoffnungen das
bisherige und gegenwärtige Leben für die Zukunft berechtigt.
Zum Beschluss ein Gebet an die *ϑεοὶ γενέϑλιοι* um ein langes
und glückliches Leben. Menander p. 412 stimmt bei dieser Rede
hinsichtlich ihres Ganges vollständig mit Dionys überein. Ist
die Geburtstagsrede an ein Kind gerichtet, von dessen Thaten
sich nicht reden lässt, so hat man aus dem bisherigen
Leben, aus Herkunft, Erziehung, sein künftiges zu prophezeien.

Genau nach der Vorschrift des Dionys ist Himer. or. VIII ausgearbeitet. Man vgl. auch den Γενεϑλιακὸς Ἀπελλᾶ, Aristid.
or. X.

+ Der λόγος ἐπιτάφιος, *oratio funebris*, die Trauerrede auf
einen oder mehrere Verstorbene, war in der sophistischen Zeit
nichts weiter als eine vollständige Lobrede, die nur durch den
traurigen Eingang und gewisse pathetische Wendungen bei einzelnen Theilen an ihre Eigenthümlichkeit erinnerte. Es waren
Nachahmungen der λόγοι ἐπιτάφιοι der klassischen Zeit, wie
man sie von Thucydides, von Plato im Menexenus, von Lysias
und angeblich von Demosthenes hatte. Die Todten, denen sie
gehalten wurden, waren oft schon vor Jahrhunderten der Erde
entrückt. Menand. p. 418: λέγεται μὲν παρ᾽ Ἀθηναίοις ἐπιτάφιος
ὁ καϑ᾽ ἕκαστον ἐνιαυτὸν ἐπὶ τοῖς πεπτωκόσιν ἐν τοῖς πολέμοις
λεγόμενος λόγος, εἴληφε δὲ τὴν προσηγορίαν οὐδαμόϑεν ἄλλοϑεν
ἢ ἀπὸ τοῦ λέγεσϑαι ἐπ᾽ αὐτῷ τῷ σήματι, οἷοί εἰσιν οἱ τρεῖς Ἀριστείδου λόγοι· οἵοις γὰρ εἶπεν ὁ πολέμαρχος, ἐπειδὴ καὶ τούτῳ τὸ
τῆς τιμῆς ταύτης ἀποδέδοται παρ᾽ Ἀθηναίοις, τοιούτους ὁ σο-
φιστὴς συνέταξεν*). So wird denn consequenter Weise auch
der Euagoras des Isokrates als λόγος ἐπιτάφιος bezeichnet.
Da das Lob der Gestorbenen der Zweck der Rede ist, so wendet
man nach Dionys. c. VI auch hier zunächst die gewöhnlichen
Topen des Lobes an, Vaterland, Geschlecht, natürliche Anlage,
Erziehung, Thaten. Dann kommt der λόγος προτρεπτικός, in
welchem man die Hinterbliebenen ermahnt, die Thaten des Verstorbenen nachzuahmen. In einer Leichenrede auf Kinder muss
dieser Theil natürlich wegbleiben. Noch wichtiger ist der λόγος
παραμυϑητικός, die Trostrede an die Hinterbliebenen. Hierbei
darf man über den Verstorbenen nicht klagen und jammern, dies
würde ja die Trauer der Hinterbliebenen nur vergrössern. Allerdings giebt man zunächst zu, dass der Verlust ein schmerzlicher
sei. Dann aber lassen sich Trostgründe im einzelnen finden.

---

*) Die drei ἐπιτάφιοι des Aristides sind bis auf ein Fragment ver-
loren gegangen, s. Westermann Quaest. Demosthen. II, p. 85.
Zur Gattung der παραμυϑητικοί gehört aber unter den erhaltenen Reden or. XI εἰς Ἑτεωνέα ἐπικήδειος und or. XII
ἐπιτάφιος auf Alexander Cotyacus. Einen λόγος πολεμαρχικός
haben wir in or. II des Himerius. Ueber die Benennung und das
litterarische s. Wernsdorf p. 368, der im weiteren auf Cresoll.
Theatr. Rhet. III, 8 p. 101 verweist.

Wenn Jemand plötzlich und schmerzlos verschied, dass ihm eben dadurch ein glückseliges Ende bereitet wurde. Wenn nach langem, schmerzlichen Krankenlager, dass er standhaft in seiner Krankheit ausgehalten hat. Wenn im Kriege, dass ihm der Tod fürs Vaterland zu Ruhm und Ehre gereiche. Wenn auf einer Gesandschaft, dass er im Dienste des Vaterlandes gestorben. Wenn auf einer Reise, dass es sich gleich bleibt, wo der Mensch stirbt, ein und derselbe Weg führt nach einem Ausspruche des Aeschylus in die Unterwelt hinab. Wenn im Vaterlande, dass er an dem Orte starb, der ihm der liebste war, der ihn geboren hatte, im Kreise seiner Angehörigen und Verwandten. Starb der Betreffende in der Jugend, so ist dies ein besonderes Zeichen göttlicher Huld, die ihn früh von den Leiden und Schmerzen dieser Welt befreit hat. Starb er im blühenden Alter, so ist es ein Trost, dass er kräftig im Leben dagestanden, dass er bereits Beweise seiner Tüchtigkeit gegeben hat, dass er allgemein betrauert und vermisst wird. Starb er als Greis, dass er alle Güter des Lebens reichlich genossen, die dann im einzelnen aufzuzählen sind. Zuletzt geht man auf die Unsterblichkeit der Seele über; dem Verstorbenen ist es wohl in der Nähe der Götter. Natürlich können auch besondere Umstände aus dem Leben des Verstorbenen noch Stoff zum Lobe, oder zum Troste geben.

Mit dieser Auseinandersetzung des Dionys stimmt auch Menander überein, nur bemerkt er mit Recht, dass bei der Rede auf einen vor längerer Zeit Verstorbenen der λόγος παραμυθητικός wegfallen müsse. Ihm räumt er aber p. 413 ff. eine selbständige Stellung ein als Trostrede an die Eltern oder Hinterbliebenen. Der Betreffende starb zu einer Zeit, wo es Niemand erwartete, und hat sein Geschlecht, seine Eltern und ihr Vaterland ihrer Hoffnung beraubt. Denn man hatte bei ihm Grund zur Hoffnung. Folgt sein kurzes Lob. Deshalb mache ich denen, die ihn betrauern und ihn vermissen, keinen Vorwurf. Aber wir wollen auch der Worte des Euripides (fragm. Cresph.) gedenken:

$$\chi\varrho\dot{\eta}$$
$$\tau\grave{o}\nu \ \varphi\acute{\nu}\nu\tau\alpha \ \vartheta\varrho\eta\nu\varepsilon\tilde{\imath}\nu \ \varepsilon\grave{\imath}\varsigma \ \H{o}\sigma' \ \H{\varepsilon}\varrho\chi\varepsilon\tau\alpha\iota \ \kappa\alpha\kappa\acute{\alpha}\cdot$$
$$\tau\grave{o}\nu \ \delta'\alpha\grave{\upsilon} \ \vartheta\alpha\nu\acute{o}\nu\tau\alpha \ \kappa\alpha\grave{\imath} \ \pi\acute{o}\nu\omega\nu \ \pi\varepsilon\pi\alpha\nu\mu\acute{\varepsilon}\nu\nu\nu$$
$$\chi\alpha\acute{\imath}\varrho\nu\nu\tau\alpha\varsigma, \ \varepsilon\grave{\upsilon}\varphi\eta\mu\nu\tilde{\nu}\nu\tau\alpha\varsigma \ \grave{\varepsilon}\kappa\pi\acute{\varepsilon}\mu\pi\varepsilon\iota\nu \ \delta\acute{o}\mu\omega\nu.$$

Auch die Erzählung des Herodot von Kleobis und Biton lässt sich hier anführen, überhaupt eine philosophische Betrachtung über die menschliche Natur anstellen, dass die Gottheit den

Menschen den Tod beschieden hat, dass er das Ende des Lebens für alle Menschen ist, dem auch die Heroen und die Söhne der Götter nicht entronnen sind. Auch Städte gehen zu Grunde, ja ganze Völker sterben aus. Vielleicht ist das Scheiden aus diesem Leben ein Gewinn, da es uns von Ungerechtigkeiten, Beeinträchtigungen und einem unbilligen Schicksal befreit. Grösstentheils ist das menschliche Leben mit Krankheit und Sorge verbunden. Hier geht die Rede auf die Lebensschicksale des Verstorbenen über. Wenn das Leben ein Gewinn ist, so hat es der Verstorbene hinlänglich genossen. Ist es ein Unglück, so war es für ihn ein Glück, von den Plagen des Lebens befreit zu werden. Er bewohnt jetzt die Gefilde der Seligen, ja er weilt wohl in der Nähe der Götter und schaut von der Höhe des Aethers auf diese Welt herab, und macht vielleicht denen Vorwürfe, die ihn beklagen. Denn die Seele ist mit dem Göttlichen verwandt, sie ist von dort herabgekommen und strebt wieder zurück zu dem ihr Verwandten. So sagt man auch, dass Helena, die Dioskuren und Herakles in der Gesellschaft der Götter wandeln. Wir wollen also den Verstorbenen wie einen Heros feiern, vielmehr wie einen Gott glücklich preisen, von ihm Bilder errichten, ihn wie einen Dämon versöhnen. Eine solche Trostrede darf nicht allzulang sein.

Auch die μονῳδία endlich ist eine Klag- und Trauerrede, wie von Aristides or. XX auf das von einem Erdbeben zerstörte Smyrna, von Libanius (T. II p. 185) auf den vom Feuer zerstörten Tempel des Apollo Daphnaeus, von Himerius or. XXIII auf den Tod seines Sohnes Rufinus. Nur die mit einem Eucomium verbundene Monodie auf den Tod eines früh Verstorbenen berücksichtigt Menand. p. 434. Man eröffnet sie mit einer Klage über das ungerechte Schicksal, schildert dann die traurige Gegenwart, lobt die Vergangenheit des Todten, seine Tugenden und Vorzüge, schildert die Hoffnungen, zu denen er für die Zukunft berechtigte, und kehrt dann nochmals zur Gegenwart zurück, zu seiner Leichenfeier, zu der allgemeinen Theilnahme der Stadt. Man schildert zum Schluss die äussere Erscheinung des Verstorbenen, seine Kraft und Schönheit, die nun für immer dahin sei.

Wir vervollständigen diesen Einblick in die Werkstätte der Sophistik durch eine Bemerkung über die λαλιά. Es war dies eine in der sophistischen Zeit ganz besonders beliebte Form der

Rede, eine freie Ansprache, die theils zum γένος συμβουλευτικόν, theils zum ἐπιδεικτικόν gehörte. Man konnte sie zum Lobe von Herrschern verwenden, man konnte in ihr Herrschern, einer ganzen Stadt, oder seinen Zuhörern Rathschläge ertheilen, sie zur Eintracht, zum Studium ermahnen, man konnte in dieser Form sogar zürnen, schelten, spotten. Die λαλιά will ganz besonders ergetzen, sie liebt daher anmuthige Erzählungen und Schilderungen, geschickte Einkleidungen, geistreiche Wendungen, Sentenzen, Sprichwörter, Chrien, Dichtercitate. Die Form will frei und ungezwungen erscheinen, der Redner bindet sich daher an keine bestimmte, schulmässige Reihenfolge der Gesichtspunkte. ἁπλῶς δὲ χρὴ γινώσκειν, sagt Menand. p. 391, 19, ὅτι λαλιὰ τάξιν μὲν οὐδεμίαν θέλει σώζειν καθάπερ οἱ λοιποὶ τῶν λόγων, ἀλλὰ ἄτακτον ἐπιδέχεται τὴν ἐργασίαν τῶν λεγομένων· ἃ γὰρ βούλει, τάξεις πρῶτα καὶ δεύτερα, καὶ ἔστιν ἀρίστη τάξις τῆς λαλιᾶς τὸ μὴ κατὰ τῶν αὐτῶν βαδίζειν συνεχῶς, ἀλλ' ἀτακτεῖν ἀεί. und p. 392, 9: ἁπλῶς δὲ χρὴ γινώσκειν περὶ λαλιᾶς, ὅτι πάντα ὅσα βουληθῶμεν ἐμφανίσαι διὰ ταύτης, ταῦτα ἐξέσται ἡμῖν λέγειν τάξιν μηδεμίαν ἐκ τέχνης φυλάττουσιν, ἀλλ' ὡς ἂν προσπίπτῃ, στοχάζεσθαι μέντοι δεῖ ἑκάστου καιροῦ τῶν λεγομένων καὶ συνιέναι, ποῖον χρήσιμον εἰπεῖν πρῶτον, ποῖον δὲ δεύτερον. Im Ganzen dürfen aber die λαλιαί nicht zu lang sein. Durch beides unterscheiden sie sich von den eigentlichen, ausführlichen und kunstmässig geregelten ἐπιδείξεις*). Von den auf uns gekommenen Producten der Sophistik sind die meisten von den Reden des Dio Chrysostomus unstreitige Meisterstücke in der Form der λαλιά. Eine λαλιά zur Eröffnung einer Reihe von Vorträgen oder extemporirten Redeübungen gesprochen, hiess προλαλιά. Als eine solche ist der Traum des Lucian zu betrachten. Der lateinische Ausdruck dafür scheint praefatio gewesen zu sein, Plin. ep. I, 13. II, 3 (mit Gesners Anmerkung). IV, 11. Gell. N. A. IX, 15**). Man vgl. Cresoll. Theatr. Rhet.

---

*) Was bei Ernesti lex. techn. Gr. S. 193 über den Unterschied von λαλιά und λόγος gesagt ist, bedarf der Berichtigung.

**) Diesen Sinn hat dies Wort wohl auch in der bekannten Stelle bei Quint. VIII, 3, 31: ‚nam memini iuvenis admodum inter Pomponium ac Senecam etiam praefationibus esse tractatum, an gradus eliminat in tragoedia dici oportuisset‘ — und es ist mindestens geschmacklos, mit L. Müller hier an Prologe zu Tragödien zu denken mit lexicalischen Excursen.

IV, 8 p. 196. Bernhardy Griech. Litt. Th. I S. 514. Da
auf das gesammte Treiben der Sophisten hier nicht weiter ein-
gegangen werden kann, so sei zum Schlusse blos noch das bemerkt, dass alle Reden über fingirte Themen vom γένος δικανικόν und συμβουλευτικόν, von denen die λόγοι προτρεπτικοί, wie
wir oben sahen, bestimmt zu unterscheiden sind, unter dem gemeinschaftlichen Namen μελέται oder ἀγῶνες befasst werden.
Sie entsprechen den Controversien und Suasorien der lateinischen
Declamatoren. Vgl. Cresoll. Theatr. Rhet. IV, 7 p. 193.

Zweiter Theil.

Die Lehre von der Anordnung.

§. 33.

Allgemeines.

Den zweiten Theil der Rhetorik bildet die Lehre von der
Anordnung, τάξις, dispositio. Für τάξις haben einzelne Griechische Rhetoren auch den Ausdruck οἰκονομία. So zuerst Dionys
von Halikarnas, de adm. vi dic. in Demosth. c. 51, T. VI
p. 238 *). Nach ihm ist οἰκονομία die Verwendung des durch
die Invention zusammengebrachten Stoffs, ἡ χρῆσις τῶν παρε-
σκευασμένων, — παρασκευή aber ist ihm synonym mit εὕρεσις.
Die Oekonomie hängt aber mit der Invention eng zusammen,
und verhält sich zu ihr so, wie im dritten Theile die Lehre
von der σύνθεσις zur Lehre von der ἐκλογὴ τῶν ὀνομάτων. Auch
Longin. Rhet. p. 302 kennt den Ausdruck οἰκονομία in Verbindung mit διοίκησις für τάξις. Desgleichen Aristides bei Spengel

---

*) Nach Philo de somn. I, 35 (T. III p. 274 ed. Tauchn.) empfängt
der Liebhaber der Weisheit von der Rhetorik εὕρεσιν, φράσιν,
τάξιν, οἰκονομίαν, μνήμην, ὑπόκρισιν. Die Zahl der Theile
ist hier nicht minder auffällig als ihre Ordnung.

Rh. Gr. T. II p. 537: *οἰκονομία δὲ λόγου ἐφ᾽ ἅπαντι ἡ ἁρμόζουσα τάξις καὶ ἡ προσδοκία τῶν λεγομένων καὶ τὸ ἐξῃρτῆσθαι ἀλλήλων τὰ νοήματα καὶ τὰ ἐπιχειρήματα ἐχόμενα τοῦ ὑποκειμένου, ἔτι δὲ καὶ τὰ ἄλλα θεωρήματα, ὅσα τῆς ἀφελοῦς οἰκονομίας ἐστί κτλ.* Man kann also *οἰκονομία* mit Ernesti Lex. techn. Gr. S. 229 definiren als ‚rerum omnisque causae ad certum ordinem comparata tractatio'. Auf den **ordo artificiosus** im Gegensatz zum **ordo naturalis** (gewöhnliche Reihenfolge der Theile) wird der Ausdruck *οἰκονομία* beschränkt bei Sulp. Vict. p. 320.

Darüber, dass die Lehre von der Disposition von den Rhetoren im Ganzen sehr stiefmütterlich behandelt ist*), beschränkt sich doch dasjenige, was Arist. Rhet. III, 12 über die *τάξις* sagt, auf das wenige, was oben S. 31 über die Theile der Rede aus ihm mitgetheilt wurde, dürfen wir uns nun nicht wundern. Die ein für allemal feststehenden Hauptregeln derselben sind eben bei der Invention gleich mit abgehandelt. Cornif. III, 9, 16 sagt daher sehr richtig, es giebt eine doppelte Art der Disposition, eine die auf technischen Vorschriften beruht, eine zweite, die sich aus den besonderen Umständen ergiebt, unter denen die Rede gehalten wird. Die erste Art ist bei der Invention abgehandelt, die Rede muss also zerfallen in ihre fünf, resp. sechs Theile, mit ihrer im ganzen constanten Reihenfolge**). Je nach Umständen kann nun der Redner von der feststehenden Ordnung abweichen, er kann seine Rede mit der narratio eröffnen, oder mit einem ganz festen Beweis, oder dem Vorlesen eines Schriftstücks, wie dies z. B. in der Rede des Isaeus de Hagniae hereditate der Fall ist. Ebenso kann man nach der Einleitung erst die confirmatio folgen lassen und erst dann die Erzählung. Wann dies aber geschehen könne, und zwar mit Nutzen, muss sich jeder selber sagen, vgl. Quint. VII, 10, 10 ff. Dazu fügt Cornificius noch die wichtige Regel, bei der confirmatio und confutatio solle man die stärksten Beweisgründe an den Anfang und ans Ende nehmen, die unbedeutenderen, die nur im Verein mit andern einigermassen von Bedeutung werden können, in die Mitte setzen: „firmissimas argumentatio-

---

*) wie dürftig z. B. bei Fortunat. p. 120.

**) So ist ja auch schon in der Theorie des Beweises mit abgehandelt worden, wie die einzelnen Gedanken, die eine Schlussfolgerung ausmachen, nach logischen Gesetzen zu ordnen sind.

nes in primis et in postremis causae partibus collocare; medio-
cres et neque inutiles ad dicendum neque necessarias ad probandum, quae si separatim ac singulae dicantur, infirmae sint,
cum ceteris coniunctae firmae et probabiles fiant, in medio collo-
cari oportet". Denn gleich nach der Erzählung erwartet der
Geist des Zuhörers, wodurch wohl die Sache begründet werden
könne, deshalb muss man sofort einen starken Beweisgrund anbringen, und weil das, was wir zuletzt sagen, sich am leichtesten dem Gedächtniss einprägt, so ist es nöthig, gerade am
Schluss der Rede einen recht festen Beweis im Geist des Hörers
zurückzulassen. Auf diese Bemerkung beschränkt sich aber auch
alles, was Cornificius über die Disposition zu sagen weiss.

Was zunächst seine Regel anlangt, so finden wir diese
auch von Cicero eingeschärft. So orat. 15, 50: „de firmissimis
alia prima ponet, alia postrema inculcabitque leviora". de orat.
II, 77, 314: „in oratione firmissimum quodque sit primum; dum
illud tamen teneatur, ut ea, quae excellent, serventur etiam ad
perorandum; si quae erunt mediocria (nam vitiosis nusquam esse
oportet locum) in mediam turbam atque in gregem coniciantur".
Diese Regel wird vervollständigt durch das Gegentheil Longin.
Rhet. p. 303: ἐν δὲ τοῖς κεφαλαίοις τοῖς τῶν πίστεων καὶ τοῖς
εἴδεσι τούτων πρῶτα θήσεις καὶ τελευταῖα τὰ πάντων κράτιστα,
καὶ ἐξελέγξεις τὰ τῶν ἀντιδίκων, τὰ σαθρὰ καὶ ἀσθενῆ τῶν εἰρημένων ὑπ' ἐκείνων προτάττων, καὶ ὅσα ῥᾳδίως λῦσαι δυνήσῃ, προ-
τενεῖς δὲ οὐχ ὁμοίως ἐκείνοις, ἀλλ' οἷόντε μάλιστα εὐεπιχειρητον
εἶναί σοι· εἰ γὰρ ἀπὸ τῶν ἰσχυροτάτων ἄρχοιο τῶν ἐχθρῶν ὄντων
ἀλύτων, ἢ τὰ σμικρότατα σαυτοῦ προτάττοις, διαβεβλήσῃ πρὸς
τοὺς ἀκούοντας, νήφοντος τοῦ δικαστοῦ καταρχὰς καὶ μέγιστα, καὶ
σαφῶς ἀκοῦσαι θέλοντος. Hinsichtlich der Widerlegung sagt auch
Apsin. Rhet. p. 371: χρὴ δὲ τὰς μὲν ἀσθενεστέρας λύσεις προ-
τέρας τιθέναι, τὰς δὲ ἰσχυροτέρας δευτέρας· εἰ γὰρ αἱ ἰσχυρότεραι
πρότεραι τεθεῖεν, οὐκέτι χώραν ἕξουσιν αἱ ἀσθενέστεραι. Wichtig
ist ferner das Capitel des Hermogenes über die Anordnung der
Epicheireme, de inv. III, 13 p. 228. Hier werden zwei Regeln
gegeben. Er unterscheidet zunächst zwischen ἐπιχειρήματα ἀποδεικτικὰ πολιτικῆς μόνης ἑρμηνείας δεόμενα und πανηγυρικά. Nun
soll man, um eine Steigerung im Eindruck der Rede hervorzubringen, die ἀποδεικτικὰ voraufnehmen, die πανηγυρικά folgen
lassen. Zweitens aber, und dies sei wichtiger, solle man im
einzelnen immer nur dasjenige ans Ende setzen, wodurch der

folgende Beweisgrund vorbereitet wird: τὸ προκλητικώτερον τοῦ ἑξῆς κεφαλαίου τελευταῖον τιϑέναι, ἵνα ἐκ τῆς ἀνάγκης τοῦ ἐπιχειρήματος ἀνισταμένου τοῦ κεφαλαίου, κατὰ τὸ ἐφεξῆς ὑφ᾽ ἓν ὁ λόγος γένηται σῶμα μὴ διασπώμενος ἐν ταῖς ὑποφοραῖς, ἀλλὰ αὐτὸς αὐτοῦ δοκῶν ἔχεσϑαι καὶ ἀνίστασϑαι δι᾽ αὐτοῦ — analog dem Verfahren bei ἔνστασις und ἀντιπαράστασις (s. oben S. 158).

Mit solchen allgemeinen Bemerkungen eröffnet auch Quintilian zu Anfang des siebenten Buchs seine Auseinandersetzung über die Disposition. Er definirt sie als ‚utilis rerum ac partium in locos distributio‘. Es lassen sich über sie nur allgemeine Regeln geben, die man kennen muss, um danach selbständig in dem einzelnen Falle das Richtige zu finden, nicht aber können sie beabsichtigen, sämmtliche mögliche Fälle in den Kreis ihrer Betrachtung zu ziehen. Vor allen Dingen muss sich der Redner die στάσις des jedesmal vorliegenden Falles vollständig klar machen. Dann gilt als Hauptregel, dass der Kläger zuerst etwas starkes setzen, das schwächere in die Mitte nehmen, und das stärkste zuletzt setzen muss. Der Vertheidiger dagegen muss zuerst gerade das schwerste zu entkräften suchen, damit nicht der Richter im Hinblick darauf der übrigen Vertheidigung abgeneigter sei. Schon Aristoteles sagt Rhet. III, 17 p. 158: ὕστερον δὲ λέγοντα πρῶτον πρὸς τὸν ἐναντίον λόγον λεκτέον, λύοντα καὶ ἀντισυλλογιζόμενον, καὶ μάλιστα ἂν εὐδοκιμηκότα ᾖ. Doch kann man von dieser Ordnung abgehen, wenn das leichtere offenbar falsch, die Vertheidigung des stärksten Angriffspunktes aber schwieriger ist. In diesem Falle nimmt man zuerst das leichtere vor, um den Ankläger um seine Glaubwürdigkeit zu bringen, das stärkste aber zuletzt, wenn der Richter bereits glaubt, dass alles nichtig sei. Dann bedarf es jedoch einer Vorrede, warum man die Vertheidigung der Hauptschuld hinausschiebt, und einer Erklärung, dass man sie geben werde, damit es nicht den Schein gewinnt, als fürchte man sich vor dem, was man nicht sofort widerlegt. Die Anschuldigungen gegen das vergangene Leben sind meist zuerst zu beseitigen, damit der Richter geneigter werde, das, worüber er eigentlich urtheilen soll, günstiger anzuhören. Hat man auf einen Anklagepunkt mehreres zu antworten, so muss man in diesem Falle vom schwächeren zum stärkeren fortschreiten. Dabei schadet es nichts, wenn man von den schwächeren Punkten den einen oder den anderen nach kürzerer Berührung fallen lässt, als ob

man eben auch ohne ihn zum Ziele kommen könnte. Es gilt
hier also die Regel, vom Allgemeinen zum Besonderen überzugehen.

Die speciellen Dispositionsvorschriften aber, die Quintilian
im weiteren Verlaufe des siebenten Buches giebt, laufen auf die
Anwendung der in der Lehre von den Beweisen gegebenen
Topik auf die einzelnen status causae hinaus, zugleich mit Angabe der gewöhnlichen Reihenfolge, in welcher die einzelnen
Topen zur Verwendung kommen. Cicero behandelt den hierher-
gehörigen Stoff im zweiten Buche de inventione, eben so Cornificius im zweiten Buche seiner Rhetorik. Die Auseinandersetzung des Hermogenes läuft sachlich auf dasselbe hinaus, was
die lateinischen Rhetoren aus Hermagoras und dessen Zeitgenossen schöpften, nur ist seine Terminologie eine andere. Es
wird daher genügen, die von ihm zur Anwendung gebrachte
Nomenclatur einfach mitzutheilen, und soweit es nöthig ist, zu
erläutern. Für das Verständniss und eine gründliche Einsicht
in den inneren Zusammenhang der rhetorischen Formen lässt
sich immerhin aus ihm gar manches gewinnen.

§. 34.
Der Status coniecturalis.

Nachdem Cornif. II, 2, 3 die Vorschrift aufgestellt hat, bei
der causa coniecturalis müsse die Erzählung des Anklägers darauf ausgehen, überall Verdächtigungen anzubringen — man vgl.
Isocr. Trapezit. 3—24. Demosth. de fals. legat. 9—101. Cic.
pro Quint. 3, 11 — 8, 31 — die des Vertheidigers dagegen
schlicht und klar sein mit Milderung der verdächtigen Umstände,
so theilt er die *ratio* dieses status, d. h. die *tractatio* in sechs
Punkte ein, *probabile, collatio, signum, argumentum, consecutio,
approbatio*. Durch das *probabile* wird erwiesen, dass es dem
Angeklagten genützt habe, das in Rede stehende Verbrechen zu
begehen, und dass er von einer so schlechten Handlung nie fern
gewesen sei. Es zerfällt demnach in das *probabile ex causa* und
das *probabile ex vita*. Bei der Ursache wird gefragt, was konnte
der Betreffende durch die That für Vortheile erreichen, was für
Nachtheile vermeiden; beim Leben wird gefragt, ob der Angeklagte schon etwas ähnliches gethan hat, ob er bereits in ähnlichen Verdacht gekommen ist. Das probabile ex vita muss mit

dem probabile ex causa möglichst in Uebereinstimmung treten. — Durch die *collatio* wird das Allgemeine der bisherigen Beweisführung beschränkt, indem sie zeigt, dass Niemand ausser dem *Angeklagten aus der That Vortheil oder Gewinn zufloss, dass Niemand ausser ihm sie habe thun können, dass er also aller Wahrscheinlichkeit nach der Thäter war. — Das *signum* weist nach, dass der Angeklagte eine günstige Gelegenheit zur Ausführung seiner That gesucht habe, es betrachtet den Ort, die Zeit, die Zeitdauer, die eigentliche Gelegenheit, die Hoffnung die That zu vollbringen oder zu verheimlichen. — Das *argumentum* giebt festere, mehr stichhaltige Beweise, verrätherische und bedenkliche Indicien vor, während und nach der That. — Die *consecutio* führt das Benehmen des Angeklagten nach der That vor, die *approbatio* endlich giebt eine Amplification des bisherigen mittelst der loci communes, und gewisser loci proprii und zwar für den Ankläger der Beseitigung des Mitleids, für den Vertheidiger der Erregung des Mitleids und der Verdächtigung des Anklägers.

Wie schon von Halm bemerkt worden ist, hat sich Cicero in der Miloniana, deren status qualitatis er geschickt in einen status coniecturalis gegen Clodius zu verwandeln gewusst hat, von c. 12, 32 — 26, 71 im Ganzen genau nach dieser Topik gerichtet. §. 32—35 giebt uns das probabile ex causa, in welchem die collatio gleich mit enthalten ist, §. 36—43 das probabile ex vita, §. 44—60 die signa und argumenta, besonders tempus, locus und facultates, §. 61—64 die consecutio, und daran anschliessend als approbatio die Widerlegung allerlei misgünstiger Beschuldigungen und Gerüchte, §. 64—71. Cornificius mag die von ihm gegebene Reihenfolge der Topen einer causa coniecturalis bei Anklage und Vertheidigung für die theoretisch zweckmässigste gehalten haben, es versteht sich von selbst, dass er sie nicht als die einzig zulässige hingestellt, oder gar keine andre gekannt hat. Abweichungen von dieser Anordnung — ihre stricte Befolgung ohne Rücksicht auf die Erfordernisse des einzelnen Falles wäre überhaupt verwerflich, s. Dion. Halic. Rhet. c. 10, 6 — finden sich wie bei Cicero, so bei den Griechischen Rednern in Menge. Namentlich pflegen letztere das probabile ex vita erst an den Schluss der Beweisführung zu stellen. Nehmen wir Beispielshalber die 7. Rede des Lysias περὶ τοῦ σηκοῦ. Ein Athenischer Bürger wird von einem

jungen Sykophanten angeklagt, einen auf einem seiner Grund-
stücke befindlichen σηκός, d. h. den Stumpf eines heiligen Oel-
baums, der von Staats wegen zu schonen war, ausgegraben zu
haben. Der Angeklagte leugnet die That, folglich haben wir·
einen status coniecturalis, und wollte den Beweis seiner Schuld-
losigkeit durch βάσανοι, μαρτυρίαι und τεκμήρια führen. Der
Kläger hatte die Auslieferung der Sclaven zur Folter nicht angenommen. So ist er auf μαρτυρίαι und τεκμήρια beschränkt.
Der unkünstliche Beweis wird der Theorie entsprechend natürlich als der stärkere vorweggenommen. Zeugen erklärten, dass
bis zu einem vom Kläger angegebenen Termin kein σηκός auf
dem Grundstück gestanden, woraus folgt, dass auch zu dieser
Zeit vom Beklagten keiner ausgegraben sein kann, §. 9—11.
Hiermit ist die Sache eigentlich erledigt, doch es folgt noch ein
künstlicher Beweis, welcher das probabile ex causa, die signa
und argumenta, das probabile ex vita behandelt und mit der
approbatio, einer Verdächtigung des Anklägers schliesst. Es
sei nämlich ausserdem ganz unwahrscheinlich, dass der Angeklagte das ihm zur Last gelegte Vergehen gethan habe, da es
ihm an einer Ursache dazu fehlte; er war nicht arm; der Oelbaum, wenn er vorhanden, würde ihn nicht behindert haben;
die Strafe, welche das angeschuldigte Vergehen nach sich zog,
war ihm nicht unbekannt. §. 12—15. Er würde sich durch eine
so verbrecherische Handlung für immer in die Gewalt seiner
Sclaven begeben haben, er würde auch seine früheren Pächter
gegen sich gehabt haben, deren Aussagen ihn eben jetzt ent-
lasten, er würde es endlich nicht haben vor seinen Nachbarn
verbergen können, §. 16—18. Der Ankläger kann seine Aussage durch keine Zeugen erhärten und beschönigt diesen Mangel
mit der Behauptung, er könne jetzt in Folge der Macht und des
Geldes des Angeklagten keine auftreiben, aber er hätte seine
Anklage gleich auf frischer That anbringen sollen, dann würden
ihm Zeugen nicht entgangen sein, §. 19—23. Der Angeklagte
besitzt noch viele andre heilige Oelbäume und σηκοί auf seinen
Grundstücken, die er viel sicherer hätte beseitigen können, aber
er hat sie stets aufs sorgfältigste gepflegt, wie dies das Ergeb-
niss der öffentlich angestellten Controle darthut; argumentum a
minore ad maius, §. 24—26. Wenn der Angeklagte das Verbrechen hätte begehen wollen, so würde er sich dazu eine an·
dere Zeit ausgesucht haben, die der Dreissig, wo sich manche

Frevelthat ungestraft verüben liess; ferner einen andern Ort, als
den, auf welchem weiter keine Bäume standen, die Entfernung
des σηκός also auffallen musste, §. 27—28. Es ist ungereimt,
dass die gesetzlich bestellten Aufseher dem Angeklagten nie
etwas vorgeworfen haben, ihn aber Jemand angreift, der weder
Nachbar, noch Aufseher, noch alt genug ist, um darüber etwas
wissen zu können, §. 29. Das ganze Leben des Angeklagten,
der sorgfältig allen Pflichten als Bürger genügt hat, spricht
gegen die Wahrscheinlichkeit einer solchen Beschuldigung, §. 30—
33. Er hat seine Sclaven zur Aussage auf der Folter angeboten,
der Kläger hat sie aber nicht angenommen und das spricht gegen
ihn, §. 34—37. — Dass in dieser Rede zu dem an sich zur Los-
sprechung des Angeklagten vollständig hinreichendem unkünstlichen Beweise noch ein künstlicher gefügt ist, wird man sich leicht
gefallen lassen. Rauchenstein bemerkt in der Einleitung seiner
Ausgabe S. 106: „aber es war Ehrensache, mit voller Ueberzeugung
der Richter und mit Glanz losgesprochen zu werden, und es gab
in dem processreichen Athen nicht nur Ansehen, sondern auch
Sicherheit vor fernern sykophantischen Angriffen, zumal wenn
der Kläger den fünften Theil der Stimmen, was auch beim
Areopag, vor dem dieser Process verhandelt wird, gelten mochte,
nicht für sich bekam und demnach bestraft wurde (Meier u.
Schöm. S. 306)."
Die meisten der uns aus dem Alterthum überlieferten Gerichtsreden gehören dem status coniecturalis an. So unter anderen
Antiph. or. I. VI. Isae. or. III—IX. XII. Auch bei Cicero ist dies der
Fall, pro Roscio, pro Sulla, pro Plancio, pro Cluentio, von den kleineren Reden pro rege Deiotaro und pro Archia poeta, zu welcher
Rede der Scholiast bemerkt: „fit ergo status coniecturalis, an ad-
scriptus sit in ordinem Heracliensium et an fecerit omnia, quae is
facere debuerit, qui esset e numero foederatorum. Et deficitur
quidem multis probationibus, testimonio tamen Heracliensium et
vel maxime, quibus tota occupatur oratio, poeticae facultatis et
doctrinae iucundissimae gratia nititur. Est etiam omissa coniectura disceptatio per ipsam qualitatem personae, ut civis Romanus
debeat adoptari, etiamsi in praeteritum non sit ascitus". Merkwürdig und in ihrer Art einzig ist die tractatio, welche Demosthenes in der Rede *de falsa legatione* giebt. Der Beweis,
eine coniectura de facto, ist ganz künstlich, kaum auf wenige
schwache Indicien gestützt. Die ihn ausmachenden Enthymeme

wimmeln von den stärksten Sophismen. Dass Demosthenes mit
dieser Rede, wenn er dieselbe, wie wohl kaum zu bezweifeln
ist, wirklich gehalten hat, die Verurtheilung des Aeschines nicht
erreichte, darf uns daher nicht Wunder nehmen, wohl aber, dass
Aeschines, trotz seiner geschickten Gegenrede, nur mit einer
Majorität von dreissig Stimmen freigesprochen wurde. Freilich
hat man zur richtigen Beurtheilung der Demosthenischen Rede
nicht das ins Auge zu fassen, was darin gegen Aeschines gesagt
ist, sondern was darin in der tractatio eigentlich zu sagen war.
Wir haben es nämlich in derselben mit einem status coniecturalis
zu thun. Ἡ στάσις περὶ οὐσίας *) καὶ στοχαστική, sagt Libanius
und der Verfasser der zweiten Hypothesis, οὐ γὰρ συντρέχει τοῖς
ἐγκαλουμένοις Αἰσχίνης, ἀλλ᾽ ἀρνεῖται παντάπασιν· τὸ δὲ εἶδος οἱ
μὲν ἁπλοῦν νενομίκασιν, ὕλης πολλῆς ὡς ἐν ἀληθείᾳ συνδραμούσης,
οἱ δὲ συγκατασκευαζόμενον δύο λαβόντες ἐγκλήματα, τὸ κατὰ Φωκέας
καὶ Θρᾴκην. Die Rede zerfällt in die vorschriftsmässigen fünf Theile,
Prooemium mit propositio, §. 1—8, narratio mit nochmaliger be-
schränkter propositio §. 9—101, argumentatio §. 102—177, refutatio, d. h. im voraus gegebene Widerlegung der etwa vom
Gegner vorzubringenden Einwände und Entschuldigungen, §. 178—
256 und von da ab Epilog. Nach einem kurzen Prooemium ἐκ
διαβολῆς stellt Demosthenes in §. 8 seine propositio auf. Er will
zeigen, „dass Aeschines über den Verlauf seiner Gesandschaft
unwahres gemeldet, das Volk verhindert habe, von ihm dem
Demosthenes die Wahrheit zu hören, in allem das Gegentheil
von dem wirklich dem Volke nützenden gethan habe, dass er
in seiner Gesandschaft nichts von dem gethan, was man ihm
aufgetragen, dass er die Zeit vergeudet, während welcher für
die Stadt die günstige Gelegenheit zu vielen und wichtigen Dingen verloren ging, und dass er für alles dieses Geschenke und
Geld mit Philokrates von Philipp empfangen habe". Nach einer
Darlegung des historischen Sachverhalts, in welcher zunächst
gezeigt wird, Aeschines habe seine Gesinnung gegen Philipp
gänzlich geändert, aus seinem Gegner sei er plötzlich sein er-
gebner Freund geworden, trotzdem alles das, was er in seinem

---

*) Jeder στοχασμός hat eine Frage περὶ οὐσίας, an sit? S. oben
S. 18. Ernesti Lex. techn. Gr. S. 237. 318. περὶ τῆς οὐσίας
war bei Theodorus geradezu Kunstausdruck für στοχασμός,
Augustin. p. 142.

Namen der Stadt versprochen, in das Gegentheil umgeschlagen
sei, eben aus reiner Habgier, und demnächst die Schuld an dem
Unglück der Phocier und der gegenwärtig gedrückten Stellung
Athens ihm allein Schuld gegeben wird (§. 9—101), folgt die
nähere Propositio*), aus welcher sich das ζήτημα und κρινόμενον ergiebt. Aeschines könne frei gesprochen werden, wenn
sich zeigen lasse, dass er aus Unkenntniss oder Unwissenheit
so gehandelt habe. ἂν μέντοι διὰ πονηρίαν ἀργύριον λαβὼν καὶ
δῶρα, καὶ τοῦτ᾽ ἐξελεγχθῇ σαφῶς ὑπ᾽ αὐτῶν τῶν πεπραγμένων
(wie schlau!), μάλιστα μὲν, εἰ οἷόν τε, ἀποκτείνατε, εἰ δὲ μή,
ζῶντα τοῖς λοιποῖς παράδειγμα ποιήσατε. Die folgenden Worte
σκοπεῖτε δὴ τὸν ὑπὲρ τούτων ἔλεγχον, ὡς δίκαιος ἔσται, μεθ᾽ ὑμῶν
bilden den Uebergang zur eigentlichen Beweisführung in §. 101.
Dass der Beweis ein rein künstlicher sei, ist bereits gesagt.
Wie ungenügend er geführt ist, wie demnach die ganze Rede
genau genommen in nichts zusammenfällt, wird seine nähere
Betrachtung lehren. Er lässt sich in neun Punkte zerlegen. 1)
Hätte Aeschines, nicht weil er bestochen war, sondern entweder
durch directe Zusagen Philipps, oder durch dessen sonstige
Liebenswürdigkeit getäuscht, seine unseligen Rathschläge ertheilt,
so müsste er nun, seine Täuschung, die den Athenern Unheil,
ihm selbst Schande einbringt, erkennend, in Folge dessen der
erbittertste Feind Philipps geworden sein; aber ganz im Gegentheil, nie ist der geringste Vorwurf gegen Philipp über seine
Lippen gekommen, §. 102—110. 2) Er müsste vor allem den
Gesandten Philipps, welche nachher des Königs Aufnahme unter
die Zahl der Amphiktyonen verlangten, entgegengetreten sein;
er hat aber vielmehr für sie gesprochen und noch dabei eine
sehr verdächtige Aeusserung fallen lassen, §. 111—113. 3) Philokrates ist offenbar und eingeständig von Philipp bestochen
worden. Aeschines aber vertritt und vertheidigt ihn; würde er
so unsinnig sein, dies zu thun, wenn er nicht gleichfalls bestochen wäre? 4) Auf eine von Demosthenes bei der Anklage

---

*) Die zweimalige, das zweite Mal aber veränderte Propositio ist in
diesem Falle ein rhetorisches Meisterstück. Dadurch gewinnt
nämlich die breit angelegte narratio den Anschein, selbst tractatio
zu sein, was sie indes keineswegs ist. Natürlich versäumt es
Demosthenes nicht, sie bei der Recapitulation in §. 178 als solche
zu behandeln.

des Hyperides gegen Philokrates an die übrigen Mitglieder der
Gesandschaft an Philipp ergangene Aufforderung, ihre Nicht-
betheiligung an der schlechten Handlungsweise des Philokrates
und ihre Misbilligung derselben auszusprechen, trat keiner vor,
und wenn alle andern deshalb irgendwie entschuldigt werden
können, so keineswegs Aeschines. Hier sprechen die Thatsachen
laut genug, auch wenn es an einem positiven Zeugniss mangelt,
dass Aeschines von Philipp Geld bekommen*), §. 114—120.
5) Aeschines entzog sich unter dem Vorwande einer angeblichen
Krankheit der Theilnahme an der dritten Gesandschaftsreise an
Philipp, um in Athen zu bleiben, und hier fortzufahren in Philipps Interesse zu wirken. Als aber nach wenigen Tagen die
Phocier unterlegen waren, war seine Krankheit mit einemmale
verschwunden, er reiste jetzt aus freiem Antriebe, ohne besonderen Auftrag der Athener als Gesandter zu Philipp; blos Hoffnung auf weiteren Gewinn und vorangegangene Bestechung
konnten ihn zu einem so gesetzwidrigen und gewagten Unternehmen veranlassen, §. 121—127. 6) Während ganz Athen in
Trauer und Betrübniss war über das den Phokern widerfahrene
Ungemach, nahm er Theil am Siegesfeste Philipps und der Thebaner und betrug sich daselbst in einer höchst unwürdigen
Weise, §. 128—133. Schon bei diesem Theile der tractatio entfernt sich Demosthenes von dem eigentlich zu beweisenden
Gegenstande und lässt an seine Stelle weitere Anschuldigungen
und Vorwürfe gegen Aeschines treten. Noch mehr ist dies im
folgenden siebenten Theile von §. 134—149 der Fall, wo aus
der Widerlegung etwaiger Entschuldigungen, die Aeschines für
den traurigen Frieden bringen könnte, zugleich mit einer längeren Digression Stoff zu Verdächtigungen gegen ihn gewonnen
wird. Genau genommen ist diese ganze Partie nicht hier am
Platze, sie gehört in die refutatio adversarii, wie sie andrerseits
in die narratio zurückgreift. Man sieht, es kam dem Demosthenes durchaus nur darauf an, seine Zuhörer zu überreden, da-

---

*) Man beachte, dass Demosthenes gezwungen ist, dies selbst zuzu-
geben. Und weil die von ihm vorgebrachten Thatsachen, lauter
argumenta tantum non repugnantia, eigentlich nichts beweisen,
so versichert uns Demosthenes, allerdings nach den Regeln der
Rhetorik, wiederholt das Gegentheil. Deshalb hat er auch „die
Thatsachen“ gleich in die zweite Propositio mit aufgenommen.

her verschmäht er es selbst in dem Theile der Rede, in welchem
er mehr als in allen andern sich streng an die Sache zu halten
hatte, nicht, die Aufmerksamkeit der Zuhörer von dem eigentlichen κρινόμενον abzulenken. Mit dem vorliegenden Gegenstande
steht dieser ganze Theil nur in soweit in Verbindung, als in
§. 145 die Behauptung aufgestellt wird, Aeschines habe auf
Grund des Friedens im Lande der verloren gegangenen Bundesgenossen ein Grundstück erhalten mit einem jährlichen Ertrag
von 30 Minen. Zur Erhärtung dessen, was er behauptet, lässt
er Zeugen aus Olynth auftreten, wohlweislich hütet er sich aber,
das, was diese gesagt, nochmals zu recapituliren; es versteht
sich von selbst, dass diese über die Art, wie dieses Grundstück
in den Besitz des Aeschines gekommen war, nichts ausgesagt
haben. Der achte Theil von §. 150—165 giebt den Beweis oder
will ihn wenigstens geben, dass Aeschines die Gesandschaftsreise in Philipps Interesse absichtlich in die Länge gezogen
habe. Der neunte endlich, zunächst von §. 166—170, stellt die
uneigennützige Handlungsweise, die Demosthenes in Pella im
Loskaufen Athenischer Gefangenen bewies, wie er denn auch die
Geschenke, die Philipp den Gesandten anbot, angeblich zu diesem Zwecke verwandt wissen wollte, der eigennützigen Bestech-
lichkeit des Aeschines und der übrigen Gesandten gegenüber.
Die Absicht aber, Gefangene, denen er dies versprochen, loszu-
kaufen, stellt Demosthenes als Grund auf, weshalb er sich überhaupt an dieser Gesandschaft mit betheiligt habe und entkräftet
so den etwaigen Einwurf des Aeschines, warum er denn, wenn
er gewusst, dass die übrigen Gesandten verrätherische Handlun-
den im Schilde führten, sich ihnen angeschlossen habe, §. 171—
177. Der Bericht über die Vorgänge in Macedonien zwischen
Aeschines und Philipp hat bekanntlich in der ursprünglichen
Fassung der Rede anders gelautet, als wir ihn jetzt lesen,
s. A. Schäfer Demosth. u. seine Zeit, Th. III, 2 S. 70, aber
auch in dieser späteren Fassung giebt er über den fraglichen
Punkt der Bestechung nur unerwiesene Behauptungen und Betheurungen. Kurz, des Demosthenes Beweis ist juristisch in
jeder Hinsicht schwach und haltlos, selbst rhetorisch ist er mis-
lungen, da er sich unschwer bei näherer Betrachtung in seiner
ganzen Ausführung als den schwächsten Theil der gesammten
Rede kund giebt. Die rhetorische Virtuosität, die uns in den
übrigen Theilen derselben in der verdächtigenden und graviren-

den narratio, in der unermüdlichen refutatio, desgleichen im gewaltigen πάϑος des Epilogs, besonders §. 257—282 entgegentritt, darf uus in dem Urtheil über den vorliegenden Theil nicht irre machen.

Doch kehren wir zur Theorie zurück. Cicero eröffnet seine Darstellung der bei der causa coniecturalis zur Anwendung kommenden loci de inv. II, 7, 16 zunächst mit der allgemeinen Bemerkung „non omnes in omnem causam convenire. nam ut omne nomen ex aliquibus, non ex omnibus litteris scribitur, sic omnem in causam non omnis argumentorum copia, sed eorum necessario pars aliqua conveniet"*). Dann folgt die allgemeine Regel: „omnis igitur ex causa, ex persona, ex facto ipso coniectura capienda est". Die *causa* zerfällt in *impulsio* oder *ratiocinatio*. Die Veranlassung zur That war entweder leidenschaftliche Aufregung, oder überlegte Absicht, die einen bestimmten Zweck verfolgte. Dieser Topus ist gleichsam das Fundament der constitutio coniecturalis. „Nam nihil factum esse cuiquam probatur, nisi aliquid, quare factum sit, ostenditur" (5, 19). Für den Beweis ex impulsione wie ex ratiocinatione ist die möglichste Amplification nöthig. Dahor stellt es Cicero ohne weiteres als Aufgabe des Redners hin, „magno opere considerare, non quid in veritate modo, verum etiam vehementius, quid in opinione eius, quem arguet, fuerit. nihil enim refert non fuisse aut non esse aliquid commodi aut incommodi, si ostendi potest, ei visum esse, qui arguatur". Wenn auch der Name collatio dem Cicero fremd ist, so doch keineswegs die Sache, denn er sagt 7, 24: „in hoc autem loco caput illud erit accusatori, si demonstrare poterit alii nemini causam fuisse faciendi; secundarium, si tantam aut tam idoneam nemini. sin fuisse aliis quoque causa faciendi videbitur, aut potestas defuisse aliis demonstranda est aut facultas aut voluntas". Bei der Person kommen die Topen zur Anwendung, die in der Lehre vom Beweise als Personen-Topen aufgestellt wurden. Der Ankläger muss das Leben des Angeklagten aus seinen früheren Thaten angreifen, und zeigen, dass er schon eines ähnlichen Vergehens überführt worden, oder in einen ähnlichen Verdacht gekommen sei. Lässt

---

*) Fortunat. p. 105: „nam ut non omne nomen omnibus litteris scribitur, ita non omnibus locis omnis materia dividitur, quod ipsum fieri etiam in ceteris statibus scire debemus".

sich nichts derartiges nachweisen, so muss der Richter ermahnt werden, sich lediglich an die vorliegende Sache zu halten, „nam eum ante celasse, nunc manifesto teneri; quare non oportere hanc rem ex superiore vita spectari, sed superiorem vitam ex hac re improbari, et aut potestatem antea peccandi non fuisse, aut causam". Die *coniectura ex facto* umfasst nun wie bei Cornificius die signa und argumenta, 12, 38. ff. An sie schliesst sich die *consecutio*. Die approbatio ist wieder nicht dem Namen, aber der Sache nach vorhanden. Die hier anzuwendenden loci communes werden in c. 16 behandelt.

Wenden wir uns zu Quintilian, so bemerkt dieser VII, 2, 15 zunächst, dass wenn bei einem Conjectural-status der Schuldige und die That selbst fraglich sind, die natürliche Ordnung die sei, dass der Ankläger zuerst die That beweise, dann dass sie vom Angeklagten geschehen sei. Hat der Ankläger jedoch in Betreff der Person mehrere Beweise, so kehrt er diese Ordnung um. Der Vertheidiger dagegen wird immer die That in Abrede stellen, denn kömmt er damit durch, so braucht er nichts weiter zu sagen; andernfalls kann er sich immer noch in Betreff der Personen schützen. Wenn eine That feststeht, zwei Personen aber sich gegenseitig der Thäterschaft beschuldigen, so entsteht eine ἀντικατηγορία (nicht zu verwechseln mit dem ἀντέγκλημα), die natürlich in der Gerichtspraxis immer in zwei getrennt zu verhandelnde Fragen zerfällt. Doch können solche Gegenanklagen dem Senat oder Princeps vorgelegt werden. Dabei muss natürlich die eigne Vertheidigung immer der Anklage des Gegners vorhergehen, abgesehen von anderen schon aus dem einen Grunde, weil ja sonst die Doppelklage zu einer einfachen werden würde. Man kann wohl sagen „ich habe nicht getödtet, sondern du", aber wenn man sagt „du hast getödtet", so ist es überflüssig noch hinzuzusetzen „ich nicht". Bei solchen Fällen kömmt es immer auf eine Vergleichung an, und hierbei muss die Nützlichkeits-Rücksicht entscheiden, ob man eine ganze Sache mit der ganzen des Gegners, oder die einzelnen Beweise mit den gegenüberstehenden vergleichen will. Im allgemeinen ist das letztere immer vorzuziehen. Eine doppelte Conjectur hat man auch in dem Falle, wenn von zwei Leuten sich jeder den Hauptantheil an einer vollbrachten That und demzufolge auch die darauf gesetzte Belohnung vindicirt.

Bei der Conjectur sind der Reihe nach die d r e i Fragen

zu beantworten, ob der Angeklagte die That hat thun wollen, ob er sie hat thun können, ob er sie gethan hat, Quint. §. 27. nach Cic. de inv. II, 13, 43. Man geht also von der Vergangenheit aus, von den Personen, den Ursachen und Absichten. Vor allem ist die Person des Angeklagten ins Auge zu fassen, intuendum ante omnia, qualis sit, de quo agitur. Der Ankläger muss darauf sehen, dass das, was er dem Angeklagten vorwirft, nicht blos an sich schimpflich sei, sondern auch zu dem Verbrechen, über welches geurtheilt werden soll, passt. Wenn er also einen des Mordes angeklagten einen unzüchtigen Menschen, oder einen Ehebrecher nennt, so thut dies weniger zur Sache, als wenn er zeigt, dass er verwegen, frech, grausam, tollkühn ist. Der Vertheidiger muss darauf sehen, dass er das Vorgeworfene leugnet, vertheidigt oder mildert, demnächst, dass er es von der vorliegenden Frage trennt. Wird nichts vorgeworfen, so muss der Vertheidiger darauf besonders aufmerksam machen. Der Kläger muss im weiteren Fortgang seiner Rede den Eindruck zu machen suchen, als habe er nichts vorwerfen wollen, wohl aber gekonnt. Ueberhaupt ist es besser, sich aller Angriffe auf das frühere Leben zu enthalten, als nichtige, unbedeutende, oder geradezu falsche vorzubringen, mit denen man unterliegen muss, und somit nur seiner weiteren Glaubwürdigkeit schadet. Was sonst von den Personen gesagt wird, ist in der Topik der Beweismittel angegeben.

Bei dem Beweis aus den Ursachen kömmt es besonders auf die Leidenschaften, auf Zorn, Hass, Begierde, Furcht, Hoffnung mit ihren Unterarten an. Fällt davon etwas auf den Angeklagten, so muss der Ankläger mittelst der Amplification zu zeigen suchen, dass die betreffende Ursache zum schlimmsten habe führen können. Ist dies nicht der Fall, so äussert er sich dahin, dass vielleicht verborgene Ursachen vorgelegen haben, dass es nichts weiter zur Sache thue, weshalb er es gethan hat, wenn er es nur überhaupt gethan hat, oder dass ein grundloses Verbrechen hassenswerther sei. Der Vertheidiger dagegen muss darauf bestehen, es sei unglaublich, dass etwas ohne Grund geschehen sei. Gegen die vorgebrachten Ursachen wird er sagen, sie seien falsch, unbedeutend, oder dem Angeklagten selbst unbekannt gewesen. Fehlt es ihm hier an Stoff, so wird er sagen, es komme auf die Gründe überhaupt gar nicht an. Gar mancher fürchtet, hasst, hofft, ohne sich dadurch zu einer schlechten That

hinreissen zu lassen; ferner finden alle Ursachen nicht auf alle
Personen Anwendung; manchen mag die Armuth zum Diebstahl
veranlassen, einen Curius und Fabricius gewiss nicht. — Ob der
Redner zuerst von der Person oder der Ursache zu sprechen
habe, ist streitig. Cicero hat häufig mit der Ursache angefangen.
So, wie wir bereits sahen, in der Miloniana. Wenn aber keine
besonderen Gründe vorliegen, so wird es natürlicher sein, von der
Person auszugehen. §. 35—41.

Bei den Absichten kommen mancherlei Fragen in Betracht;
ist es glaublich, dass der Angeklagte hoffen konnte, es könne
dies Vergehen von ihm vollbracht werden, die That könne verborgen bleiben, er könne auf Freisprechung hoffen, auf eine unbedeutende, oder ihn erst spät treffende Strafe, eine solche, die
bei der Freude über die That, weniger in Betracht kommen
konnte? Ob er es der Mühe für werth gehalten, sich überhaupt
einer Strafe auszusetzen, dann ob er es zu einer andern Zeit, ob
leichter oder sicherer habe thun können, — wie Cicero in der
Miloniana 14, 38—15, 41 mehrere Gelegenheiten aufzählt, bei
denen Clodius von Milo hätte straflos getödtet werden können, —
dann, warum er gerade an jenem Orte, zu jener Zeit, auf jene
Weise angegriffen habe, ob er ohne weitere Veranlassung sich
habe unbewusst fortreissen lassen, ob er durch die Gewohnheit
zu sündigen verführt sei? §. 42—44.

Nach Beendigung dieses ersten Theils folgt der zweite, ob
der Angeklagte die That habe thun können. Hier handelt es
sich um Ort und Zeit der That, um Schwierigkeiten und günstige Gelegenheiten, um Mittel und Werkzeuge. Lässt sich erweisen, dass keine Möglichkeit zur Ausführung der That vorhanden war, so ist die Sache damit erledigt. War sie vorhanden, so frägt es sich drittens, ob der Angeklagte die That
getban hat? Hierbei geht man aus von der Zeit, zu welcher
die That geschah, und der, die darauf folgte; Schall, Geschrei,
Gesenfz, die bei der That vernommen wurden, Verbergen, Flucht,
Furcht des Angeklagten nach derselben, weitere Indicien, auch
Worte und Handlungen, die der That vorangingen, oder auf
sie folgten. Eigne Worte schaden uns mehr und nützen uns
weniger als fremde, fremde nützen mehr und schaden weniger
als eigene. Bei eignen Handlungen ist der Schaden immer
grösser als bei fremden. Bei Worten kömmt es auch darauf an,
ob sie unzweideutig oder zweideutig waren; zweideutige sind

14

nach beiden Seiten hin von geringerem Belaug, doch schaden uns eigne nicht selten; fremde zweideutige Worte können nur schaden, wenn der, der sie sprach, ungewiss oder todt ist, sonst lässt sich ja durch einfache Befragung die Zweideutigkeit entfernen. §. 46—50.

Wenden wir uns schliesslich zu Hermogenes. Er unterscheidet zwischen einem στοχασμὸς τέλειος und στ. ἀτελής (coniectura perfecta oder plena und imperfecta, non plena, Sulp. Vict. p. 327. Jul. Vict. p. 376). Bei ersterem wird die Person und die That ermittelt (vgl. Quint. VII, 2, 15). Bei letzterem wird blos die That ermittelt, Hermog. p. 149, z. B. Jemand wird in einer Einöde betroffen, indem er einen frischgetödteten Leichnam begräbt, und des Mordes angeklagt. Hier ist nämlich die Person ein πρόσωπον ἀόριστον, und über sie nichts zu ermitteln, Sopat. bei Walz. Rh. Gr. T. V p. 139, Planud. ibid. p. 288. Beide Arten sind nun entweder ἁπλοῖ oder διπλοῖ, je nachdem es sich um eine Person und Sache, oder um mehrere Personen und Sachen handelt. Einen ἁπλοῦς στοχασμὸς ἐκ μόνων προσώπων kann es, wie Hermogenes gegen Minucianus behauptete (Planud p. 243, 16), nicht geben. Noch giebt es aber drei besondere Arten von στοχασμοὶ διπλοῖ, welche συνεζευγμένοι heissen (controversiae complexivae Fortun. p. 101), nämlich der στοχασμὸς ἐμπίπτων, προκατασκευαζόμενος und συγκατασκευαζόμενος. Beim στοχασμὸς ἐμπίπτων (status oder vielmehr coniectura incidens, Fortun. p. 101) tritt in den Verlauf der Untersuchung noch ein Punkt ein, der erst selbst wieder durch Conjectur zu erledigen ist. Bemerkenswerth ist es, dass Menander den status in des Demosthenes bereits besprochner Rede de falsa legatione für einen στοχασμὸς ἐμπίπτων erklärte. Es fällt nämlich bei dieser Ansicht der durch Conjectur zu erweisende, und von Demosthenes auch wirklich, wie wir oben sahen, wenngleich ungenügend erwiesene Punkt, dass Aeschines zu seiner Verschuldung gegen den Staat in Folge seiner Bestechung durch Philipp gekommen sei, in die übrige Conjectur, dass er am traurigen Frieden und dem Verlust Thraciens Schuld sei, hinein. Natürlich hat man an die Durchführung des mittelst eines Conjectural-Beweises zu erledigenden Incidenzpunktes dieselben Anforderungen zu richten, wie an die Durchführung jeglicher Conjectur, so dass selbst die Richtigkeit von Menanders Behauptung zugestanden, das im obigen über des Demosthenes Beweis gefällte Urtheil nicht im mindesten modificirt zu werden braucht. Nur müsste dann der Beweis der eigentlichen Conjectur in der narratio gesucht werden, und dann würde das Urtheil über die von Demosthenes gegen Aeschines in Ermangelung wirklicher Beweise angewandte Sophisterei noch viel ungünstiger ausfallen. Beim στοχασμὸς προκατασκευαζόμενος ist ein Incidenzpunkt vorher zu erledigen, ehe die eigentliche Conjectur anfängt. Vgl. Sulp. Vict. p. 329. Beim συγκατασκευαζόμενος endlich werden die Indicien der That durch einander begründet und stützen sich gegenseitig. Vgl. Sulp. Vict. p. 331. Eine besondere Art ist auch der στοχασμὸς ἀπὸ γνώμης, bei welchem die Zurechnungsfähigkeit des Angeklagten im Augenblicke der That zu ermitteln ist, über That und Thäter aber weiter kein Zweifel herrscht. Vgl. Sulp. Vict. c. 37 p. 334. Andere Unterarten des Conjectural-Status weist Hermogenes als überflüssig von der Hand. Seine Commentatoren zählen noch mehrere auf, Sopat. p. 146, Planud. p. 298, doch verlohnt es sich nicht der Mühe, darauf hier näher einzugehen.

Als beim στοχασμός und zwar zunächst dem τέλειος στοχασμός anzuwendende κεφάλαια, nennt Hermog. p. 143 z e h n, nämlich τὸ παραγραφικόν, ἐλέγχων ἀπαίτησις, βούλησις, δύναμις, τὰ ἀπ᾽ ἀρχῆς ἄχρι τέλους, ἀντίληψις, μετάληψις, μετάθεσις αἰτίας, πιθανὴ ἀπολογία, ποιότης κοινή*). Davon sind βούλησις, δύναμις, κοινὴ ποιότης Topen, welche die Person angehen, προσωπικὰ κεφάλαια (Planud. p. 270), dagegen ἐλέγχων ἀπαίτησις, τὰ ἀπ᾽ ἀρχῆς ἄχρι τέλους, μετάθεσις αἰτίας, πιθανὴ ἀπολογία Topen, welche die Sache angehen, πραγματικὰ κεφάλαια, — παραγραφικόν, μετάληψις, ἀντίληψις endlich gemeinsame, κοινά. Ferner kömmt von diesen Topen die μετάληψις ausschliesslich dem Ankläger, παραγραφικόν, ἐλέγχων ἀπαίτησις, ἀντίληψις, μετάθεσις τῆς αἰτίας, πιθανὴ ἀπολογία ausschliesslich dem Angeklagten zu, die übrigen vier sind beiden gemeinsam. Da Hermogenes παραγραφικόν sagte und nicht παραγραφή, so hätte er consequenter Weise auch ἀντιληπτικὸν und μεταληπτικὸν

---

*) Nach Fortunat. p. 105 wird die Conjectur nach folgenden 10 Topen eingetheilt: παραγραφῇ, ἀντιπαραγραφῇ, non verisimili quaestione, ἐλέγχων ἀπαιτήσει, voluntate, facultate, ab initio ad finem, derivatione causae, verisimili defensione, epilogica quaestione. Vgl. Sulp. Vict. p. 325. Jul. Vict. p. 386.

κεφάλαιον statt *ἀντίληψις* und *μετάληψις* sagen sollen, als welche ja Bezeichnungen vollständiger *στάσεις* sind. Das *παραγραφικόν* ist, wie der Name besagt, eine translatio (s. oben S. 25) im kleinen. Es geht darauf aus, die Einleitung und Erhebung der Klage überhaupt zu tadeln, natürlich ohne sich dabei auf ein bestimmtes Gesetz zu stützen. Die Ausdrücke *ἐλέγχων ἀπαίτησις* (vgl. Cic. pro Roscio 13, 38), *βούλησις*, *δύναμις* bedürfen keiner Erklärung. Unter *τὰ ἀπ᾽ ἀρχῆς ἄχρι τέλους* werden *αὐτὰ τὰ πράγματα* verstanden, also die Darstellung des Sachverhalts, aber natürlich nicht *ψιλῶς*, sondern *μετὰ κατασκευῆς*, also im Interesse der betreffenden Partei. Es gehören also auch die signa und argumenta dazu, s. Kayser zu Cornif. S. 241. Die *ἀντίληψις* ist gegen die Indicien des Anklägers gerichtet und sucht sie als unverfänglich darzustellen, als solche, für die man keine Rechenschaft zu geben brauche und nicht verantwortlich sei. *ὠνόμασται δὲ ἡ ἀντίληψις ἀπὸ μεταφορᾶς τῶν ὑπὸ ῥεύματος παραφερομένων, ξύλου δὲ ἢ λίθου ἀντιλαμβανομένων, καὶ διὰ τούτου τὴν σωτηρίαν ποριζομένων*, Planud. p. 278. Die *μετάληψις* ist gegen die *ἀντίληψις* gerichtet, was denn freilich auch umgekehrt gilt. Sie wird mit *ἔνστασις* und *ἀντιπαράστασις* durchgeführt. Die *ἔνστασις* sagt, es ist nicht erlaubt, die *ἀντιπαράστασις* sagt, wenn es auch im allgemeinen erlaubt ist, so doch nicht auf diese Weise, unter diesen Umständen. Man kann aber auch die *ἀντιπαράστασις* voran nehmen. Die *μετάθεσις αἰτίας* sucht die Vorwürfe des Gegners und seine Anschuldigungen, die er in den *ἀπ᾽ ἀρχῆς ἄχρι τέλους* gegeben, durch Zurückführung auf eine unverfängliche oder sogar lobenswerthe Ursache zu entkräften. Die *πιθανὴ ἀπολογία* ist damit verwandt. Dieselben Indicien, aus denen der Ankläger die Schuld des Angeklagten folgert, werden von diesem zum Beweis seiner Unschuld gebraucht. Wenn also der Kläger aus dem Umstand, dass Jemand bei der Leiche eines Erschlagenen betroffen wurde, folgert, dass er der Mörder sei, so sagt der Angeklagte gerade umgekehrt, wenn ich der Mörder gewesen wäre, würde ich nicht dabei geblieben sein. Vgl. Ernesti Lex. techn. Gr. S. 263. Diese Art der Vertheidigung lässt sich natürlich nicht überall anwenden, aber wo sie sich anwenden lässt, ist sie von grosser Wirkung. Die *κοινὴ ποιότης* endlich ist der Epilog mit seinen bekannten Bestandtheilen. Max. Planud. p. 284: *ἡ δὲ κοινὴ ποιότης οὗτοί εἰσιν οἱ ἐπίλογοι, τὸ τελευταῖον τοῦ λόγου μέρος. ποιότητα μὲν οὖν αὐ-*

τὴν ἐκάλεσεν ἴσως διὰ τὴν αὔξησιν, κοινὴν δὲ διὰ τὸ κοινὸν τόπον παρέχειν, ὃς οὐκ ἐπὶ προσώπου φέρεται ὁρισμένου, ἀλλὰ κοινῶς κατὰ πάντων τῶν τοῦ αὐτοῦ μετεχόντων ἐγκλήματος, ἢ διὰ τὸ κοινὸν ἀμφοτέρων τῶν μερῶν (der beiden streitenden Parteien) εἶναι τὸ κεφάλαιον.

§. 35.
Der status finitivus.

Beim status finitivus*) hat man nach Cornif. II, 12, 17 zuerst von einer kurzen Definition des streitigen Gegenstandes oder Begriffs auszugehen. „Primum igitur vocabuli sententia breviter et ad utilitatem causae accomodate describetur: deinde factum nostrum cum verbi descriptione coniungetur: deinde contrariae descriptionis ratio refelletur, si aut falsa erit, aut inutilis, aut turpis, aut iniuriosa.“ Von der Definition im engeren Sinne spricht Cornif. auch noch IV, 25, 35, wo er sie, wie Rutil. Lup. p. 14 und Herod. p. 98 den ὁρισμός, als σχῆμα λέξεως behandelt, was Quint. IX. 3, 91 mit Recht tadelt. Er sagt daselbst: „definitio rei alicuius proprias amplectitur potestates breviter et absolute“. Cic. Top. 5, 25: „definitio est oratio, quae id, quod definitur, explicat quid sit“. Man definirt Concreta und Abstracta, und zwar mittelst der partitio oder der divisio, wobei im Allgemeinen die Regel gilt: „cum sumpseris ea, quae sunt ei rei, quam definire velis, cum aliis communia, usque eo persequi, dum proprium efficiatur, quod nullam in aliam rem transferri possit“. Dazu werden Beispiele gegeben. de orat. I, 42, 190: „est enim definitio rerum earum, quae sunt eius rei propriae, quam definire volumus, brevis et circumscripta quaedam explicatio“. Eine schlechte Definition ist entweder zu gross, z. B. „seditiosus est is, qui malus atque inutilis est civis“, unter diese Definition könnte man auch den ambitiosus, calumniator, überhaupt jeden homo improbus befassen, oder sie ist falsch, z. B. „sapientia est pecuniae quaerendae intellegentia“, oder sie ist zu klein, z. B. „stultitia est immensa gloriae cupiditas“, dies gilt

---

*) August. p. 142: „rationalis quaestio, quam Hermagoras finem vocat, Theodorus, περὶ τῆς ἰδιότητος, i. e. de proprietate, quidam quid sit, nonnulli de eodem et altero, i. e· περὶ τοῦ αὐτοῦ καὶ θατέρου“.

nur von einem Theile der stultitia, Cic. de inv. I, 49, 91. S. oben S. 104.

Mit dem, was Cornificius über den status finitivus sagt, stimmt genau Cic. de inv. II, 17, 52. Der Ankläger giebt zuerst eine kurze Definition des streitigen Gegenstandes oder Begriffs, und weist die Richtigkeit seiner Definition ausführlich nach. Dann überträgt er seine Definition auf die dem Angeklagten zur Last gelegte That, und amplificirt diese That selbst durch einen locus communis. Demnächst wird die Definition des Gegners widerlegt durch Anwendung der τελικὰ κεφάλαια. Ist der status complicirt, so werden mehrere Definitionen gegeben; im übrigen ist die Behandlung dieselbe. Locus communis gegen die Bosheit dessen, der sich nicht blos willkürliche Handlungen, sondern auch willkürliche Benennungen anmasst. Der Vertheidiger eröffnet seine Rede gleichfalls mit einer Definition und deren Begründung und Ausführung durch Gleichnisse und Beispiele. Dann zeigt er, dass seine Definition unter diese That nicht fällt. Locus communis, um das nützliche, oder ehrenwerthe seiner That hervorzuheben. Widerlegung der gegnerischen Definition. Locus communis gegen den Ankläger, dass er, um ihn in Gefahr zu bringen, nicht blos die Thatsachen, sondern auch die Bezeichnungen zu entstellen versucht. Unter Cicero's Reden lässt sich die Rede pro L. Cornelio Balbo zur Veranschaulichung des status finitivus heranziehen. Dem Angeklagten wird von einem Landsmann aus Gades das ihm von Pompeius ertheilte Römische Bürgerrecht aberkannt, nicht als ob Pompejus nicht befugt gewesen wäre es zu ertheilen, sondern weil er bei der Ertheilung gewisse rechtliche Nebenbestimmungen ignorirt habe, sei dieselbe als ungültig zu betrachten. Cicero versäumt nicht, in §. 20 und §. 33 die fraglichen juristischen Begriffe zu definiren, seine Definition als die richtige ausführlich zu begründen, und zu zeigen, dass der vorliegende Fall mit ihnen gar nichts zu thun habe, die Ertheilung des Bürgerrechts also als rechtskräftig zu betrachten sei. Wenn wir aber de orat. II, 25, 108 lesen: *atque in hoc genere causarum nonnulli praecipiunt, ut verbum illud, quod causam facit, lucide breviterque definiatur. quod mihi quidem perquam puerile videri solet. alia est enim, cum inter doctos homines de eis ipsis rebus, quae versantur in artibus, disputatur, verborum definitio, ut cum quaeritur, quid sit ars, quid sit lex, quid sit civitas. in quibus hoc praecipit ratio atque doctrina, ut vis eius rei, quam definias, sic exprimatur, ut neque absit quidquam neque supersit. — Etenim definitio primum reprehenso verbo uno aut addito aut dempto saepe extorquetur e manibus, deinde genere ipso doctrinam redolet exercitationemque paene puerilem, tum in sensum et in mentem iudicis intrare non potest, ante enim praeterlabitur, quam percepta est* — so ist dies nicht buchstäblich zu verstehen. Cicero verwirft hier nicht die Anwendung der Definition beim status definitivus schlechthin, das wäre ja absurd und unausführbar, sondern blos die allzustrenge, rein wissenschaftliche Definition, als pedantisch und für den Redner unpassend, für diesen verlangt er vielmehr die Wiedergabe des Begriffs in mannigfachen Umschreibungen, wie das der ganze Zusammenhang der angeführten Stelle erweist. Uebrigens liebt es Cicero, gerade in den Büchern de oratore, in denen die Rhetorik eine mehr geistreiche philosophische Besprechung erfährt, auf die präcisen, schlichten Vorschriften der Technik etwas vornehm herabzublicken.

Nach Quint. VII, 3, 2 ist Definition eine zutreffende, deutliche und kurzgefasste Bezeichnung irgend einer Sache, *est finitio rei propositae propria et dilucida et breviter comprehensa verbis enuntiatio.* Sie besteht in der Hauptsache aus dem Genus, der Species, dem Unterschied, dem Eigenthümlichen, z. B. *equus est animal mortale irrationale hinniens.* Es ist aber durchaus nicht nöthig, dass der Redner die Definition immer in der strictesten und knappsten Fassung gebe, was vielleicht nur auf Kosten der richterlichen Ueberzeugung geschehen würde; oft wird dieselbe Definition in verschiedener, bald kürzerer, bald längerer Fassung gegeben. Hier haben wir den richtigen Commentar zu den obigen Worten Cicero's. — Die bei der Behandlung eines status finitivus bestimmt inne zu haltende Ordnung liegt in den beiden Fragen, quid sit? an hoc sit? — und es ist in der Regel schwieriger, seine Definition zu begründen, als die gegebene Definition auf den bestimmten Gegenstand anzuwenden. Bei der Frage nach dem was es sei, hat man die eigne Definition zu begründen, die des Gegners zu widerlegen. Wir werden dann richtig definiren, wenn wir zuvor bei uns überlegen, was wir beweisen wollen, damit die Worte unsrer Absicht angepasst werden. Eine Definition kann man angreifen als nicht zur Sache gehörig, dies wird aber in Wirklichkeit nicht vorkommen, oder als falsch, oder als unvollständig. Hierbei kömmt es besonders auf den Unterschied und das Eigenthümliche an,

wobei man mit der grössten Genauigkeit verfahren muss, auf
die Etymologie wird man sich selten berufen können. Mit Erledigung dieser ersten Frage ist die zweite nach dem ob es
das sei, also nach der Anwendbarkeit der Definition auf den
vorliegenden Fall fast von selbst erledigt. Es handelt sich dabei um die Beschaffenheit des Falles, und es werden alle die
Beweise zur Anwendung kommen, die oben als der Definition
eigenthümlich angegeben wurden, aus dem vorhergehenden, folgenden, verbundenen u. s. w.

Ὁ ὅρος, sagt Hermog. p. 153, διαιρεῖται προβολῇ, ὅρῳ, ἀνθο-
ρισμῷ, συλλογισμῷ, γνώμῃ νομοθέτου, πηλικότητι, πρός τι, μιᾷ τῶν
ἀντιθετικῶν ἔστιν ὅτε — ἥτις εἰ ἐμπέσοι, εὑρεθήσεται καὶ μετάληψις
καὶ ἀντίληψις εὐθὺς ἑπόμεναι — εἶτα ποιότητι καὶ γνώμῃ. Die
προβολή ist dasselbe wie τὰ ἀπ᾽ ἀρχῆς ἄχρι τέλους. Genauer
ist sie der Schluss der κατάστασις (s. oben S. 46), welcher dem
Richter das eigentliche κρινόμενον vorhält, also die propositio.
Der Ausdruck ist entlehnt. von der προβολή im Attischen Process, Max. Planud. p. 300. Ὅρος und ἀνθορισμός sind klar. Der
συλλογισμός vereinigt ὅρος und ἀνθορισμός und will zeigen, dass
im Grunde zwischen beiden kein Unterschied sei; man beachte,
dass der ὅρος auf das Gewicht legt, was geschehen ist, der ἀνθορισμός dagegen auf das, was an der That, um ihr den fraglichen Namen beizulegen, zu ihrer Vollständigkeit fehlt; der
συλλογισμός ist also dasselbe, was die älteren Rhetoren als
Widerlegung der gegnerischen Definition bezeichnen, nur auf eine
bestimmte Form der Widerlegung zurückgeführt. Die γνώμη
νομοθέτου giebt gleichsam ein Zeugniss für die Richtigkeit der
bisherigen Darlegung. Der Kläger wird zu erweisen suchen,
dass nach der Absicht des Gesetzgebers auch der vorliegende
Fall mit unter das Gesetz zu subsumiren sei, der Angeklagte
wird dies leugnen und vielmehr auf den grossen Unterschied der
Fälle hinweisen. Die beiden folgenden Punkte geben eine Amplification der That, resp. ihre Verminderung. Und zwar fasst
die πηλικότης die Qualität der That schlechthin, amplificirend
ins Auge, das πρός τι dagegen im Vergleich zu dem, was an
ihrer Vollständigkeit fehlt, es zeigt also, dass die That, so wie
sie geschehen ist, eigentlich noch grösser, oder bewunderns-
werther, oder was sonst gerade sei, als wenn die vermissten
Umstände sie begleitet hätten. Die ἀντιθετικαί (d. h. ἀντιθέσεις,
Sopat. p. 159, genauer einer von den Punkten, um welche es

sich bei den στάσεις ποιότητος handelt, welche ἀντιθέσεις heissen, constitutiones iuridiciales assumptivae, also ἀντίστασις, ἀντέγκλημα, μετάστασις und συγγνώμη, Hermog. p. 161) finden nur dann statt, wenn sich die Definition auf eine Person bezieht. Es wird dann ihrer Uebelthat eine vernünftige Ursache untergelegt. Kläger und Verklagter wechseln dabei ihre Rollen. Μετάληψις und ἀντίληψις sind bereits bei der constitutio coniecturalis erklärt. Die ποιότης, nicht zu verwechseln mit der κοινὴ ποιότης des Epilogs, behandelt die Person des Angeklagten nach Vergangenheit, Gegenwart und Zukunft, je nachdem seine Freisprechung oder Verurtheilung ins Auge gefasst wird. Die γνώμη endlich, welche zum Epilog überleitet, giebt die Absicht des Thäters bei seiner That zu*).

Auch beim status finitivus werden verschiedene Unterarten unterschieden. Entweder es handelt sich bei dem Rechtshandel um ein Vergehen, dann habe ich einen ὅρος κατὰ κρίσιν, oder um eine Forderung, dann habe ich einen ὅρος κατὰ αἴτησιν. Beide sind entweder ἁπλοῖ, oder διπλοῖ, wie beim στοχασμός. Die ἁπλοῖ lassen weiter keine Eintheilung zu**). Die διπλοῖ aber zerfallen in fünf Klassen, den ὅρος ἀντονομάζων, ὅρος κατὰ

---

*) Wenn aber Fortunat. p. 105 schreibt: *definitio quot locis dividitur? sex: collectione, quantitate, comparatione, coniectura, qualitate, quae spectatur iusto utili honesto, epilogica quaestione*, so kann bei ihm der Text unmöglich richtig sein. Denn dass die Erwähnung der Definition und Gegendefinition vor der *collectio* nicht fehlen konnte, liegt auf der Hand. Wenn nun die Berner Handschrift nach Halm's Angabe das Wort *definitione* von erster Hand noch über der Zeile hat, so ist wohl klar, dass *sex* erst geschrieben ist, nachdem der Text bereits durch eine Lücke entstellt war. Es würde aber voreilig sein, die ganze Stelle gewaltsam nach Hermogenes zu reconstruiren. Die Definitions-Topen des Sulp. Vict. p. 337 sind: finis, contraria definitio, ex voluntate legislatoria, maius, voluntatis coniectura, qualitas conclusiva. Jul. Vict. p. 388 nennt: definitio, collectio, quantitas, comparatio, qualitas, coniectura. Hier wie bei Fortunatian entspricht der Ausdruck quantitas dem Griechischen πηλικότης.

**) bei Max. Planud. T. V p. 311, 4 ist τὰ μὲν οὖν ἁπλᾶ statt ἄλλα zu lesen. Ebendaselbst p. 163, 15 lies κατὰ τὰ πρόσωπα statt καὶ τὰ πρ. Bei Sopater T. VIII p. 110, 18 muss die Ueberschrift ἐμπίπτων ὅρος statt ἐμπ. στοχασμός heissen. Man begreift oft nicht, wie Walz im Stande war, die handgreiflichsten Schreibfehler der Handschrift im Text stehen zu lassen.

σύλληψιν, ὅρος κατὰ πρόσωπα διπλοῦς, ὅρος ἐμπίπτων und δύο ὅροι. Beim ὅρος ἀντονομάζων wird eine That vom Kläger unter diesen, vom Verklagten unter jenen Begriff subsumirt, also ein ὄνομα dem andern entgegengesetzt. Beim ὅρος κατὰ σύλληψιν oder συμπλοκήν geschieht dies in der Art, dass beide Bezeichnungen zu einander sich verhalten, wie Species zum Genus. Der Kläger adoptirt die Definition des Angeklagten, aber subsumirt sie unter einen höheren Begriff. Dies ist der Fall in der Midiana des Demosthenes, s. oben S. 21. Beim ὅρος κατὰ πρόσωπα διπλοῦς vindiciren sich zwei Personen eine That, oder streiten sich um ein und dieselbe Sache. Er heisst auch ὅρος διπλοῦς κατ' ἀμφοσβήτησιν, Max. Planud. p. 311. 312. Sopat. διαίρ. ζητ. p. 328 bei Walz. Rh. Gr. T. VIII p. 98. Beim ὅρος ἐμπίπτων fällt in die constitutio finitiva noch eine andere vollständige Frage dazwischen. z. B. ein nicht in die Mysterien eingeweihter sieht die Mysterien im Traume, und fragt einen Eingeweihten, dem er das, was er gesehen hat, mittheilt, ob es sich mit ihnen so verhält. Der Gefragte bejaht es und wird als Verräther der Geheimnisse angeklagt. Hier frägt es sich, was heisst die Geheimnisse verrathen? Die constitutio finitiva nimmt bis zum πρός τι ihren Verlauf, dann tritt aber die andere Frage ein, was ist ein Uneingeweihter? Bei der fünften Art, den δύο ὅροι, haben wir eine Verbindung von zwei ὅροι ἁπλοῖ, es wird bei einer Person nach zwei Definitionen gefragt; also, das Gesetz lautet τὸν καθαρὸν καὶ ἐκ καθαροῦ ἱερᾶσθαι; jemand wird auf Grund dieses Gesetzes von der Priesterwürde ausgeschlossen, weil er seinen ehebrecherischen Vater getödtet hat; es fragt sich, ob er noch als καθαρός und als Sohn eines καθαρός gelten kann. Hermog. p. 156 f. Oder das Gesetz sagt, wer auf ein fremdes Grab einen Weiheguss trägt, soll gestraft werden; ein verstossener Sohn wird nach dem Tode seines Vaters weinend auf dessen Grabe gefunden, und auf Grund des Gesetzes angeklagt; es fragt sich erstens, sind die Thränen als Weiheguss, und zweitens, ist der verstossene Sohn als ein dem Grabe fremder zu betrachten, Sopat. διαίρ. ζητ. T. VIII p. 124 ff.

Einen ὅρος διπλοῦς κατὰ ἀμφισβήτησιν haben wir in der ersten Rede des Isaeus, de Cleonymi hereditate. Nach dem Tode des Cleonymus treten die Söhne seiner Schwester dessen hinterlassene Erbschaft als nächste Verwandte an. Weitläufige Vettern machen ihnen jedoch die Erbschaft streitig auf Grund eines gerichtlich deponirten Testamentes, in welchem nicht die Tochtersöhne, sondern sie zu Erben eingesetzt waren. Erstere geben das Vorhandensein des Testaments und seine Richtigkeit zwar zu, behaupten aber, Cleonymus habe damals das Testament nur aus Zorn gegen ihren Vormund Dinias aufgesetzt, späterhin habe er es aufheben wollen, habe den Astynomen kommen lasssen, sei aber inzwischen plötzlich verstorben, Polyarch aber, Cleonymos Vater, habe befohlen im Falle von Cleonymus Ableben, solle das Vermögen seinen Enkeln eingehändigt werden. ἡ στάσις ὅρος διπλοῦς κατὰ ἀμφισβήτησιν, heisst es in der Hypothesis, οἱ μὲν γὰρ ἄλλοι ταῖς γενομέναις ἐξ ἀρχῆς διαθήκαις διισχυρίζονται, οἱ δέ, λέγοντες ὅτι μετεκαλέσατο τὸν ἄρχοντα, ἵνα λύσῃ αὐτάς, τοῖς τελευταῖον παρὰ τοῦ Κλεωνύμου γενομένοις. Zum Beleg, wie selbst grosse Philologen aus mangelnder Kenntniss in Sachen der Rhetorik geirrt haben, möge hier Schömanns Anmerkung zu den angeführten Worten des alten Commentators stehen, in seiner Ausgabe des Isaeus p. 176: „statum causae in duplici finitione positum dicit propterea, quod, cum tabulas a Cleonymo relictas esse constet, has adversarii pro iusto ac vero testamento habendas atque observandas contendunt, petitores autem verum testamentum esse negant, quod ipse testator, quantum quidem in eo esset, resciderit; κατὰ ἀμφισβήτησιν autem addit, quoniam hoc ipsum ambigitur, utrum rescindere testamentum, an corrigere et confirmare voluerit. plura de hoc status genere vid. ap. Sopatrum διαίρ. ζητ. p. 328". Das Citat aus Sopater nimmt sich in der That etwas wunderlich aus. Ist ein Testament als gültig zu betrachten, welches der Erblasser nachweislich hat ändern wollen, aber formell nicht geändert hat, ist die Frage, um die es sich in diesem Falle handelt. So haben wir einen ὅρος, und zwar einen ὅρος κατ᾽ αἴτησιν. Der ὅρος ist διπλοῦς, weil es sich dabei nicht um eine Sache und eine Person, sondern um eine Sache und mehrere Personen handelt, und weil sich diese Personen um den Besitz ein und derselben Sache, nämlich der Hinterlassenschaft des Kleonymus, streiten, so ist es ein ὅρος διπλοῦς κατ᾽ ἀμφισβήτησιν. Der Commentator hätte eben so gut auch ὅρος διπλοῦς κατὰ πρόσωπα sagen können. Allerdings bestreiten die Kläger, dass Kleonymus zum Archon geschickt habe, um das Testament aufzuheben, er habe es vielmehr zu ihrem Gunsten nachträglich noch einmal bestätigen wollen. Keineswegs ist dies aber der streitige Punkt der constitutio, sondern das ist eine Antithese, μία τῶν ἀντιϑετικῶν nach der Terminologie des Hermogenes.

Einem Zweifel war der status in der Rede Lykurgs gegen Leokrates unterworfen. Leokrates hatte nach der Schlacht bei Chaeronea trotz eines Volksbeschlusses, welcher den Athenern verbot die Stadt zu verlassen, oder Weib und Kinder fortzu-schicken,. seine Vaterstadt verlassen, sich darauf Jahre lang in Rhodus und Megara aufgehalten, und war dann wohlgemuth nach Athen zurückgekehrt. Hier klagte ihn aber Lykurg auf Grund jenes Volksbeschlusses der Verrätherei an. Heisst das nun seine Vaterstadt verrathen, wenn man sie (allerdings in bedrängter Lage) verlässt? Uebrigens machte Leokrates geltend, er habe sie lediglich aus Rücksicht für sein kaufmännisches Ge-schäft verlassen. Nun heisst es in der Hypothesis: ἡ στάσις ὅρος ἀντονομάζων· ὁμολογεῖ γὰρ καὶ Λεωκράτης ἀπολιπεῖν τὴν πόλιν, οὐ μέντοι προδιδόναι. ἄλλοι στοχασμὸν ἀπὸ γνώμης, ὡς τοῦ μὲν ἐξελϑεῖν ὁμολογουμένου, ἀμφιβαλλομένης δὲ τῆς προαιρέσεως, ποίᾳ γνώμῃ ἐξῆλϑεν, εἴτ᾽ ἐπὶ προδοσίᾳ εἴτ᾽ ἐπ᾽ ἐμπορίᾳ. ἄλλοι δὲ ἀντί-στασιν· λέγει γὰρ οὐκ ἐπὶ προδοσίᾳ τῆς πόλεως ἐξελϑεῖν, ἀλλ᾽ ἐπὶ ἐμπορίᾳ. Vergessen wir nicht, dass die Lehre von den status und der darauf zu errichtenden Oekonomie der Rede erst der nach-Aristotelischen Rhetorik angehört. Man kann deshalb, wo bei einer klassischen Rede wirklich ein Zweifel über den status vorliegt, denselben nicht mit Sicherheit aus der Disposition der Rede selbst erledigen. Wir sind also auch bei dieser Frage weniger auf Lykurgs Rede, als auf die darin zu verhandelnde Sache an sich angewiesen. Nun lautete allerdings die Eisangelie des Ly-kurgus auf Verrath (§. 29). Leokrates leugnete die Anschuldi-gung, demnach haben wir einen στοχασμός, bei dem es darauf ankommen wird, die gegen Leokrates sprechenden Indicien und Vorgänge aus einer bösen Absicht herzuleiten. Erwägt man aber, dass die Eisangelie auf der von Leokrates zugegebenen Thatsache beruht, dass er zur Zeit der Noth seine Vaterstadt verlassen, so wird man sich dafür entscheiden, dass wir es hier mit einer constitutio definitiva zu thun haben. Denn nicht die Form der Klage, sondern ihre thatsächliche Veranlassung giebt das Material der constitutio an die Hand. Von einer ἀντίστασις aber kann hier nicht gut die Rede sein, wie die weitere Dar-legung dies zeigen wird.

§. 36.

Der status qualitatis oder iuridicialis.

Wichtiger als bei den vorhergehenden Arten der constitutio ist die Eintheilung in Unterarten beim status qualitatis. Sie geht hier auch auf Hermagoras selbst zurück, wurde also von Hermogenes alt überliefert vorgefunden, während eine Theilung der Conjectur und Definition, wie aus dem übereinstimmenden Schweigen von Cornificius, Cicero und Quintilian mit Bestimmtheit zu entnehmen ist, dem Hermagoras noch fremd war.

Die *constitutio iuridicialis*, sagt Cornif. I, 14, 24 zerfällt in zwei Arten, die *absoluta* und *assumptiva*. Bei der absoluta wird die Gerechtigkeit der eingestandenen That an sich behauptet. Bereits oben S. 20 wurde ein Beispiel aus Cic. de inv. II, 23, 69 angeführt. Bei der assumptiva wird die That eingestanden, auch an sich nicht, oder nur wenig vertheidigt, wohl aber durch Nebenumstände gerechtfertigt, und zwar durch *concessio, remotio criminis, translatio criminis* und *comparatio*. Bei der concessio verlangt der Angeklagte Verzeihung. Sie ist entweder *purgatio*, oder *deprecatio*. Die purgatio leugnet die Absichtlichkeit der That und lässt sie aus Zufall, Unwissenheit oder Nothwendigkeit geschehen sein. Die deprecatio muss die Absichtlichkeit der That zugeben und legt sich nun schlechterdings aufs Bitten. Sie kann in der Praxis des Gerichts nicht vorkommen, wohl aber im Senat angewendet werden. Bei der remotio criminis übertragen wir die Schuld auf eine andere Person, oder Sache, wie wenn der Mörder des P. Sulpicius (vgl. Vellej. II, 19) erklärt, er habe dies auf Befehl der Consuln gethan. Bei der translatio criminis (Cic. de inv. I, 15 sagt relatio criminis, einmal an sich bezeichnender und dann wohl, um eine Verwechslung der translatio mit der constitutio translativa zu verhüten, Kayser zu Cornif. S. 233) erklären wir zu unsrer That durch das Vergehen andrer gezwungen zu sein, wie etwa Orestes den Muttermord als durch die Unthat der Mutter selbst veranlasst bezeichnet. Bei der comparatio endlich erklären wir, bei der uns gestellten Wahl zwischen zwei Uebeln sei es besser gewesen, gerade die vorliegende That zu vollbringen, welche den Gegenstand der Anklage bildet. Als z. B. C. Popilius (vgl. Liv. epit. LXV) von den Galliern eingeschlossen war und auf keine Weise entfliehen konnte, kam er mit dem feindlichen Führer zu einer Unterredung und erlangte gegen Zurücklassung des Gepäcks den Abzug seines Heeres; da er es für besser hielt das Gepäck zu verlieren als das Heer, so zog er mit Zurücklassung seines Gepäcks ab, und wird nun maiestatis angeklagt.

Cicero weicht zunächst darin von Cornificius ab, dass er die constitutio generalis, d. h. die ποιότης, den status qualitatis, in zwei Arten eintheilt, die constitutio *iuridicialis* und constitutio *negocialis*. Wenn nun, wie wir gleich sehen werden, Hermog. p. 139, die ποιότης λογική in ποιότης πραγματική und δικαιολογία eintheilt, so würde sich ergeben, dass dies eben schon die Eintheilung des Hermagoras war, auf welche Cornificius sich nicht bewogen fand, vollständig einzugehen. Aber wir bemerkten auch oben S. 156, dass die ποιότης πραγματική den .Stoff des genus deliberativum umfasst. Cicero erkannte richtig, wenn er dies nicht stillschweigend von den ihm bereits vorliegenden Gegnern des Hermagoras entlehnte, dass hier Verwirrung herrsche, indem, was einerseits den Inhalt eines genus ausmacht, andrerseits als Untertheil einer constitutio erscheint, die doch selbst nur den Kernpunkt eines einzelnen in einem der drei genera zu behandelnden Falles ausmacht. Wie die Verwirrung entstanden, ist leicht zu sehen. Hermagoras hatte es unterlassen, sich über die Frage völlige Klarheit zu verschaffen, ob bei allen drei Arten der Beredsamkeit, oder nur beim genus iudiciale von einer constitutio causae überhaupt die Rede sein könne. Hätte er den Grundsatz aufgestellt, beim genus deliberativum und demonstrativum ist die causa an sich gegeben und klar, so dass sie nicht erst constituirt zu werden braucht, wie dies beim genus iudiciale nöthig ist, so würde er nicht in Verwirrung gerathen sein. So ist denn auch Cicero's Polemik gegen Hermagoras de inv. I, 9, 12—14 gerechtfertigt. Wenn er selbst aber trotz dem hinterher bei der constitutio generalis die Eintheilung in negocialis und iuridicialis beibehielt, negocialis aber erklärte als constitutio, in qua, quid iuris ex civili more et aequitatis sit, consideratur, cui diligentiae praeesse apud nos iuris consulti existimantur, de inv. I, 11, 14, II, 21, 62 ff. — so hat er damit dem Grundübel noch keineswegs abgeholfen, vgl. Kayser zu Cornif. S. 232, wie ihm denn auch in den part. orat. 30, 106 seine negotialis constitutio mit der causa deliberativa wieder zusammenfällt. Cornificius half sich einfach damit, dass er den allgemeinen Begriff der ποιότης aufgab, die ποιότης πραγματική fallen liess und die species der δικαιολογία selbst wieder zum Constitutions-Genus erhob. Freilich laufen dann auch bei ihm die constitutiones vom γένος νομικόν neben denen vom γένος λογικόν unvermittelt her. Hermogenes hütete sich weislich, an dem überlieferten System zu rütteln, vielleicht weil er dessen angedeuteten Mangel gar nicht sah. Was nach Cicero constitutio negocialis ist, das heisst, wie wir weiter unten aus Beispielen sehen werden, auch bei den Hermogenianern στάσις πραγματική. — Abgesehen davon stimmt Cicero hinsichtlich der Unterarten der constitutio iuridicialis mit Cornificius vollständig überein, nur dass bei ihm comparatio dann stattfindet „cum aliud aliquod alicuius factum rectum aut utile contenditur, quod ut fieret, illud, quod arguitur, dicitur esse commissum". Kürzer sagt er de inv. II, 24, 72: „comparatio est, cum aliquod factum, quod per se ipsum non sit probandum, ex eo, cuius id causa factum est, defenditur."

Aus Quint. VII, 4 ist zu dem gesagten nicht besonders viel hinzuzufügen. Wichtig ist, dass er die Griechische Terminologie der Hermagoreer in einigen Fällen mittheilt, im Ganzen dieselbe, die wir, wie bereits erwähnt, bei Hermogenes wiederfinden. Die constitutio absoluta hiess στάσις κατ' ἀντίληψιν. Der Angeklagte stellt die ihm vorgeworfene Handlungsweise als eine ehrenwerthe und gerechte dar, sei es, dass er ihre Gerechtigkeit aus dem was Moralität und Billigkeit verlangt, sei es aus Gesetz, Sitte, richterlicher Entscheidung, Vertrag herleitet. Der ἀντίληψις steht als assumptiva gegenüber die στάσις κατ' ἀντίθεσιν; wir stützen eine an sich verwerfliche That durch Herbeiziehung äusserer Hülfsmittel. Das stärkste ist dabei das ἀντέγκλημα, die relatio criminis. Wir schützen das Verbrechen mit den Ursachen der That und unsre ganze Vertheidigung besteht in einer Anklage dessen, zu dessen Gunsten der Rechtshandel eingeleitet ist. Daran schliesst Quintilian alle die Fälle an, wo compensatio*) eintritt, wo das gesetzwidrige und straffällige einer Handlung durch ihren anderweitigen Nutzen überwogen wird. Wir vertheidigen eine Sache wegen ihres Nutzens für den Staat, für viele Menschen, für den Gegner selbst, endlich auch für uns, nur muss es dann überhaupt erlaubt sein, dergleichen in unserm Interesse zu thun.

---

*) ohne jedoch diesen Ausdruck zu gebrauchen, den wir erst bei Fortunat. p. 93. Sulp. Vict. p. 345 antreffen.

Es kann dies bei Familienstreitigkeiten von Nutzen sein, z. B. wenn ein Sohn sich gegen seinen Vater wegen Enterbung beschwert, eine Frau gegen ihren Mann wegen schlechter Behandlung. Freilich ist dabei die Sache desjenigen besser, der Nachtheile vermeidet, als dessen, der Vortheile sucht. Das genus comparativum heisst ἀντίστασις, die Vertheidigung einer That, weil im Falle einer Unterlassung sich etwas schlimmeres hätte zutragen können, denn bei Vergleichung zweier Uebel mit einander erscheint das kleinere fast wie ein Gut. Als Beispiel dient der Consul Mancinus, der den Abschluss des Numantinischen Bündnisses damit vertheidigt, dass das Heer im Falle des nicht-Abschlusses würde zu Grunde gegangen sein. Die remotio criminis heisst μετάστασις, das Vergehen wird auf einen andern übertragen. Für purgatio und deprecatio wird der Griechische Name nicht angegeben. Aber es ist bemerkenswerth, dass Quintilian an die purgatio die Fälle anschliesst, bei denen man die Schuld zu verkleinern sucht. Er nennt dies στάσις ποσότητος, einen Ausdruck, den Hermogenes nicht kennt (man vgl. aber Fortunat. p. 107). Es wird ja auch bei jeglichem Qualitätsstatus der Verklagte die Schuld möglichst zu verkleinern suchen. Durch die deprecatio, bemerkt Quintilian, kann natürlich die Freisprechung eines Angeklagten von seinen Richtern nicht erfolgen, aber sie ist als genus causae überall da anwendbar, wo Gnade für Recht ergehen kann, also im Senat, vor dem Princeps; man denke an Cicero's Rede pro Ligario*); als locus communis wird sie im Epilog einer Vertheidigungsrede oft zu benutzen sein. Wirkung wird die Abbitte dann haben, wenn das frühere unbescholtene und verdienstvolle Leben des Angeklagten auch seine gute Führung für die Zukunft garantirt; ferner, wenn er durch andere Nachtheile, durch seine gegenwärtige Gefahr (vgl. Cic. de inv. II, 34, 104) oder Reue hinlänglich bestraft erscheint, wenn ihn ausserdem sein Adel, seine Würde, seine Verwandten und Freunde empfehlen.

Am klarsten aber wird die Zertheilung des Qualitäts-Status in seine Unterarten von Hermogenes p. 139 dargelegt. Sie lässt

---

*) Es ist keine blose rhetorische Floskel, wenn Cicero in dieser Rede c. 10, 30 sagt: „causas, Caesar, egi multas equidem tecum, dum te in foro tenuit ratio bonorum tuorum, certe nunquam hoc modo." vgl. Halm zu dieser Stelle.

sich durch folgendes Schema veranschaulichen (vgl. Cassiod. p. 396):

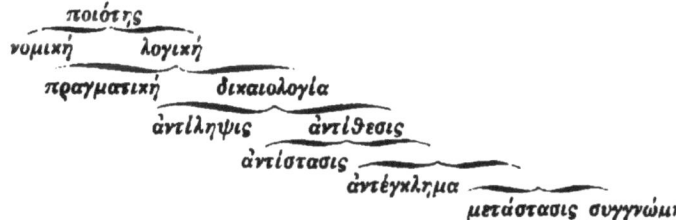

Die Qualität nämlich fragt entweder auf Grund einer That, oder eines ῥητόν, einer gesetzlichen Urkunde (s. oben S. 22). Fragt sie auf Grund eines ῥητόν, so haben wir die στάσις νομική, das genus legale. Fragt sie auf Grund einer That, so haben wir die στάσις λογική, das genus rationale. Diese That ist aber entweder zukünftig, oder bereits geschehen. Die zukünftige That giebt die στάσις πραγματική, das genus deliberativum, die geschehene giebt die δικαιολογία, die constitutio iuridicialis. Nun giebt der Verklagte seine That entweder als Vergehen zu, oder nicht. Giebt er sie nicht als Vergehen zu, sondern erklärt er sie für eine erlaubte Handlung, so haben wir die ἀντίληψις, die constitutio iuridicialis absoluta. ἔστι γὰρ ἀντίληψις ἀνευθύνου πράγματος εἶναι δοκοῦντος ὡς ὑπευθύνου κατηγορία. Giebt er sie als Vergehen zu, so haben wir die ἀντίθεσις, die constitutio iuridicialis assumptiva. Entweder der Verklagte nimmt nun die als ein Vergehen eingestandene That ganz auf sich, oder er überträgt sie auf etwas äusseres. Im ersteren Falle haben wir die ἀντίστασις, die comparatio (compensatio). γίνεται γὰρ ἀντίστασις, ὅταν ὁμολογῶν ὁ φεύγων πεποιηκέναι τι ὡς ἀδίκημα ἀνθιστᾷ ἕτερόν τι εὐεργέτημα μεῖζον δι᾽ αὐτοῦ τοῦ ἀδικήματος πεπραγμένον. Im letzteren Falle fehlt es an einer gemeinsamen Bezeichnung. Entweder aber der Angeklagte überträgt das Vergehen auf den durch ihn Beeinträchtigten selbst, oder auf etwas anderes. Ersteres giebt das ἀντέγκλημα, die relatio criminis. γίνεται γὰρ ἀντέγκλημα, ὅταν ὁμολογῶν ὁ φεύγων πεποιηκέναι τι ὡς ἀδίκημα ἀντεγκαλῇ τῷ πεπονθότι ὡς ἀξίῳ παθεῖν, ἃ πέπονθεν. Für letzteres fehlt wieder die gemeinsame Bezeichnung. Aber er überträgt es entweder auf eine Person oder Sache, die zur Verantwortung gezogen werden kann, oder auf eine solche, die es nicht kann. Ersteres giebt die μετάστασις, die remotio cri-

15

minis; letzteres die συγγνώμη, dies ist aber nicht deprecatio, sondern purgatio, wie das von Hermogenes angeführte Beispiel lehrt, die angeklagten zehn Strategen, welche durch den Sturm verhindert, die Leichen der Ertrunkenen nicht aufgesammelt haben. Dass die Unterscheidung zwischen deprecatio und purgatio lediglich auf Römischem Boden entstanden sei, wage ich deshalb noch nicht zu behaupten.

Höchst interessant für die Lehre vom Qualitäts-status ist Cicero's Rede pro Milone. Asconius sagt in seiner Einleitung §. 30: „*cum quibusdam placuisset ita defendi crimen, interfici Clodium pro re publica fuisse, quam formam M. Brutus secutus est in ea oratione, quam pro Milone composuit et edidit, quasi egisset**), *Ciceroni id non placuit, quod non, qui bono publico damnari, idem etiam occidi potuisset Itaque cum insidias Milonem Clodio fecisse posuissent accusatores, quia falsum id erat, nam forte illa rixa commissa fuerat, Cicero apprehendit et contra Clodium Miloni fecisse insidias disputavit, eoque tota oratio eius spectavit*". Nun deutet Cicero die verschiedenen status, nach denen er die Sache behandeln konnte, in der Rede c. 2, 6**) selbst an. Er sagt nämlich: „*quamquam in hac causa, iudices, T. Annii tribunatu rebusque omnibus pro salute rei publicae gestis ad huius criminis defensionem non abutemur. Nisi oculis videritis insidias Miloni a Clodio esse factas, nec deprecaturi sumus, ut crimen hoc nobis propter multa praeclara in rem publicam merita condonetis, nec postulaturi, ut, si mors P. Clodii salus vestra fuerit, idcirco eam virtuti Milonis potius quam populi Romani felicitati assignetis. Sin illius insidiae clariores hac luce fuerint, tum denique obsecrabo obtestaborque vos, iudices, si cetera amisimus, hoc saltem nobis ut relinquatur, vitam ab inimicorum audacia telisque ut impune liceat defendere*". In diesen Worten weist Cicero die deprecatio und compensatio zurück und entscheidet sich für *relatio criminis*. Dass dies bei der constitutio generalis assumptiva die wirksamste Art der Vertheidigung sei, wusste Brutus so gut wie Cicero. Sicherlich würde er sie auch angewandt haben, wenn er sie für durchführbar gehalten hätte. Dass Cicero sie dennoch anwandte und so meisterhaft durchführen konnte, giebt uns einen Beleg

---

*) s. Westermann Gesch. der Röm. Beredsamkeit S. 216. Der status seiner Rede war also ἀντίστασις.

**) vgl. Halm zu dieser Stelle.

für seine rednerische Genialität. Die compensatio benutzt er übrigens extra causam, §. 72—83.

Zeigt uns die Miloniana, dass der Redner unter Umständen zwischen den Unterarten des Qualitäts-status wählen konnte, so zeigt uns die Sestiana, dass sich auch mehrere Unterarten mit einander vereinigen lassen, denn wir haben hier eine „qualitas specici duplicis relativa et compensativa", wie es in dem alten Argument dieser Rede heisst. Cicero setzt nämlich einmal auseinander, des Sestius Verdienst um den Staat, das er sich durch die Unterstützung von Cicero's Zurückberufung erworben, sei so gross, dass der Vorwurf, er habe sich dazu gewaltthätiger Mittel bedient, geradezu verstummen müsse, zweitens weist er nach, dass das gewaltthätige Vorgehen des Clodius und die wiederholten Anschläge desselben auf Sestius Leben diesen erst zur Nothwehr gezwungen habe. Sehr geschickt sind beide Theile aber so mit einander verbunden, dass Cicero einem genaueren Eingehen auf des Sestius Gewaltthätigkeiten vollkommen aus dem Wege gehen konnte. Ein Beispiel für *remotio criminis* giebt uns Lysias in seiner 22. Rede gegen die Getraidehändler. Diese waren auf den Tod angeklagt, weil sie gegen das bestehende Gesetz mehr als 50 Lasten Getraide aufgekauft hatten. Sie gaben die That zu, sagten aber, sie hätten das Getraide auf Befehl der σιτοφύλακες aufgekauft, übertragen also ihre Schuld auf diese (§. 8: ἐπειδὴ γὰρ οὗτοι τὴν αἰτίαν εἰς ἐκείνους ἀνέφερον). Allein diese Ausflucht ist nicht stichhaltig, denn erstens giebt es kein Gesetz, das die Getraidehändler verpflichtet, auf Befehl der Sitophylakes Getraide aufzukaufen (§. 6), zweitens ist die Angabe selbst falsch; denn zwei der Sitophylakes wollen von der Sache überhaupt nichts wissen, der dritte aber erklärt, den Getraidehändlern etwas ganz anderes angerathen zu haben, als diese behaupten (§. 7—9). Aber selbst wenn ihre Aussage richtig wäre, so würde daraus für sie keine Vertheidigung sich ergeben, sondern nur eine Anklage der Beamten; sie sind deshalb nicht weniger schuldig, gegen das bestimmt formulirte Gesetz gehandelt zu haben, §. 10. — §. 11—16 giebt die Zurückweisung einer Entschuldigung, welche die Angeklagten für ihr Verhalten vorbringen werden, sie hätten aus guter Gesinnung gegen den Staat so gehandelt, um das Getraide an die Consumenten so wohlfeil als möglich verkaufen zu können. §. 17—22 enthalten den Epilog. *Μετάστασις* haben wir ferner in Antiphons zweiter

Tetralogie, die eine unvorsätzliche Tödtung behandelt. Zwei Knaben werfen in der Ringschule mit dem Speere; während der eine das Geschoss abwirft, läuft der andre dem Wurf entgegen und wird getroffen. Der Vater des Getödteten klagt den ersteren des Mordes an, dieser aber überträgt die Schuld auf den Getroffenen, der ihm in den Weg gelaufen sei. Da jedoch der Getroffene ἀνυπεύθυνος ist, so könnte man hier wohl auch von συγγνώμη sprechen, d. h. von purgatio. Wenn es nun aber in der Hypothesis ausdrücklich heisst, ἔστι δ'ἡ στάσις μετάστασις, οὐ συγγνώμη, ὥς τινες ἐνόμιζον, so findet dies seine Erklärung in Hermog. p. 163, wo es heisst: ἔτι τὴν συγγνώμην ἀπὸ τῆς μεταστάσεως οὐ τῷ ἀνευθύνῳ καί ὑπευθύνῳ ἐχώρισάν τινες, ἀλλ' ἁπλῶς τὰ μὲν εἴς τι τῶν ἔξωθεν μεθιστάντα τὸ ἀδίκημα πάντα μεταστατικὰ εἰρήκασιν εἶναι —, τὰ δὲ εἰς ἴδιόν τι πάθος ψυχῆς μόνα συγγνώμης εἶναι ὡρίσαντο, οἷον ἔλεον ἤ οἴκτον ἤ τι τοιοῦτον, καὶ ἴσως ταῦτα οὐ κακῶς. Ein ἀντέγκλημα giebt uns Antiphons dritte Tetralogie. Ein Jüngling geräth mit einem bejahrten Mann in einen Wortwechsel, der zu Thätlichkeiten fortschreitet; an einem Schlage des Jünglings stirbt der Alte. Der Jüngling aber vertheidigt sich gegen die Anschuldigung der Tödtung damit, dass er sagt, der Alte habe zuerst mit ungerechten Thätlichkeiten angefangen.

Eine constitutio qualitatis *absoluta* giebt uns des Isaeus zweite Rede de Meneclis hereditate. Des Menekles hinterlassene Erbschaft beansprucht sein Bruder gegen des Erblassers Stiefsohn, indem er gegen das Erbschaftsrecht, das dieser auf seine Adoption gründet, einwendet, die Adoption sei nicht in der gesetzmässigen Weise vor sich gegangen, Menekles habe sie als schwacher und nicht recht zurechnungsfähiger Greis auf Eingeben seiner damaligen Frau, der Schwester des Adoptivsohns vorgenommen; dergleichen Adoptionen seien eben gesetzlich nicht gültig. Als Anwalt des von ihm aufgestellten, aber vom Bruder des Menekles angegriffenen Zeugen führt der Adoptivsohn seine eigene Vertheidigung. Ἡ στάσις, heisst es in der Hypothesis, ἀντίληψις κατὰ στοχασμόν. λέγει γὰρ ὅτι ἐξῆν αὐτῷ ποιεῖν ἑαυτῷ υἱόν· εἶτα τὸ στοχαστικόν, ὅτι οὐ πεισθεὶς γυναικὶ ἐποιήσατό με. Hierzu bemerkt Schömann ganz richtig S. 200: „ἀντίληψις κατὰ στοχασμόν. Nam adversario adoptionem rite factam esse neganti opponit actor se legitime adoptatum, cum neque desipuerit Menecles neque mulieris fraude ac blanditiis illectus sit; hoc ipsum autem coniectura (κατὰ στοχασμόν) probatur §. 19 sqq. Cf. Ernesti Lex. techn. rhet. Gr. p. 277. 318*.

Es bleibt noch übrig, einige Beispiele für die constitutio *negotialis* zu geben, d. h. diejenige στάσις πραγματική, die nicht zum genus deliberativum gehört. Nehmen wir, um bei solchen Reden stehen zu bleiben, deren status uns aus dem Alterthum überliefert ist, des Isaeus zehnte Rede gegen Xenaenetus wegen der Erbschaft des Aristarch. Es handelt sich dabei um die Frage, ob ein Testament als gültig betrachtet werden könne, in welchem Jemand über ein Vermögen disponirt, das auf unrechtmässige Weise in seinen Besitz gekommen. Aristarchus nämlich hatte von seiner Frau, der Tochter des Xenaenetus vier Kinder, zwei Söhne und zwei Töchter. Von diesen Söhnen trat noch bei Lebzeiten des Vaters der eine, Cyronides, durch Adoption in das Haus seines Grossvaters Xenaenetus über. So blieben ihm denn bei seinem Tode seine drei Kinder als Erben. Von diesen stirbt der zweite Sohn Demochares und die eine Tochter kinderlos. So kömmt das ganze Vermögen von Rechtswegen der zweiten Tochter zu. Der Vormund aber, Aristomenes, Aristarchs Bruder, verheirathet seine eigene Tochter an Cyronides und verspricht diesem, die ganze Erbschaft seines Bruders zuzuwenden. Dies geschieht auch. Cyronides Sohn nämlich wird nach dem Grossvater Aristarch benannt, und angeblich nach einem Auftrage desselben durch Adoption in dessen Familie übergeführt und bekömmt nun von Aristomenes die ganze Erbschaft des Grossvaters. Bei seinem frühen Tode setzte nun dieser jüngere Aristarch testamentarisch seinen Bruder Xenaenetus zum Erben ein, und so tritt dieser in den Besitz vom Vermögen des alten Aristarch. Aber gegen diese Besitzergreifung protestirt der Sohn von des Aristarch eigentlicher Erbtochter, welche der Vormund, ohne von dem ihm zustehenden Rechte sie selbst zur Frau zu nehmen oder sie seinem Sohne Apollodorus zur Frau zu geben, Gebrauch zu machen, mit einer unbedeutenden Mitgift, inzwischen an einen dritten verheirathet hatte. Ihr Sohn also tritt jetzt vor Gericht gegen Xenaenetus auf und bestreitet die Gültigkeit des Testaments, kraft dessen dieser die Erbschaft des alten Aristarch angetreten hatte. Ἡ στάσις πραγματικὴ ἔγγραφος. ζητεῖ γὰρ εἰ δεῖ τὰς τοιαύτας συνεστάναι διαθήκας, καὶ τίς δικαιότερα λέγει. Die στάσις ist πραγματική, denn es wird hier über etwas zukünftiges, über die fernere Gültigkeit des Testaments berathen, und zwar *πραγματικὴ ἔγγραφος* als *ἀπὸ ῥητοῦ τὸ ζήτημα ἔχουσα*. So werden denn auch die Reden des Demosthenes vom Kranze, die Leptinea, Aeschines Rede gegen Ktesiphon der *στάσις* nach als *πραγματικαὶ ἔγγραφοι* bezeichnet. Ebenso des Demosthenes Rede gegen Timokrates, so weit sie gegen das Gesetz gerichtet ist als *πραγματικὴ* (natürlich *ἔγγραφος*), so weit sie die Ursache untersucht, wegen deren das Gesetz gegeben ist, als *στοχαστική*. Endlich heisst Cicero's divinatio in Caecilium eine qualitas negocialis comparativa de constituendo accusatore.

§. 32.

Die Behandlung des status qualitatis.

Fassen wir schliesslich das kurz zusammen, was über die Behandlung der einzelnen Fälle vom Qualitäts-status gelehrt wird, und zwar zunächst der Fälle vom genus rationale. Bei der constitutio iuridicialis absoluta wird nach Mittheilung des Sachverhaltes gefragt, ob die Sache mit Recht geschehen sei, Cornif. II, 13, 19. Man muss wissen, aus welchen Theilen das Recht besteht: *constat igitur ex his partibus: natura, lege, consuetudine, iudicato, aequo et bono, pacto. — his igitur partibus iniuriam demonstrari, ius confirmari convenit.* Damit vergleiche man Cic. de inv. II, 22. 23, der für die constitutio iuridicialis absoluta dieselbe Behandlung wie für die constitutio negocialis verlangt, und bei dieser ähnlich wie Cornificius die Bestandtheile des Rechts angiebt. Zum Schluss sagt er: „his ergo ex partibus iuris, quidquid aut ex ipsa re aut ex simili aut ex maiore minoreve nasci videbitur, adtendere atque elicere pertemptando unam quamque iuris partem oportebit". Hermog. p. 157 sagt: *ἡ δὲ ἀντίληψις διαιρεῖται προβολῇ, μορίοις δικαίου, προσώπῳ, ὅρῳ καὶ τοῖς ἑπομένοις τῷ ὅρῳ μέχρι τοῦ πρός τι, αὐτῇ τῇ ἀντιλήψει, μεταλήψει, ἀντιθέσει, ἑτέρᾳ μεταλήψει, θέσει, ποιότητι καὶ γνώμῃ*[*]). Zur Erläuterung dient Sopat. T. V p. 163 ff. *διαίρ.*

---

[*]) Dagegen Fortunat. p. 105: „absoluta qualitas quot locis fit? quinque: definitione, a summo ad imum, a partibus, iusta voluntate, epilogica quaestione: aliquando et locis scripti et voluntatis, cum scriptum recipit quaestionem". Auch hier ist vieles falsch. Statt a partibus, iusta voluntate ist wohl zu lesen *a particula iuris . . . . voluntate;* vgl. p. 95, 32. 106, 23. Wieder anders Sulp. Vict. p. 344.

ζητ. T. VIII p. 127 ff. Max. Planud. T. V p. 314 ff. Der
Gang hat grosse Verwandschaft mit dem Gange des Definitions-
status. *Μόριον δικαίου, πρόσωπον* und *ὅρος* oder *ὁρικὸν κεφάλαιον*
gehören eng zusammen und kommen dem Verklagten zu. Das
μόριον δικαίου ist eine vorläufige Andeutung der *ἀντίληψις*, eine
Art *παραγραφή*, man erklärt, dass man die fragliche That nicht
für schuldig halte. Das *πρόσωπον*, von den späteren Rhetoren
ὁρικὸν παραγραφικὸν ἐκ προσώπου genannt, zeigt, dass die Person
des Angeklagten schon an sich nicht recht für die erhobene Anklage passe; es kann natürlich nur angewandt werden, wenn der
Angeklagte eben keine hervorragende Persönlichkeit ist. Der
ὅρος, auch *ὁρικὸν παραγραφικὸν ἐκ πράγματος* genannt, zeigt,
dass die That nicht unter die Kategorie strafbarer Vergehen zu
rechnen ist. Dies ist im einzelnen wie bei der Definition auszuführen oder vom Ankläger zu widerlegen. Die *θέσις* giebt
eine Amplification der ausgesprochenen Berechtigung zur That
durch einen locus communis. — Uebrigens unterschied man wieder mehrere Unterarten auch dieses Status, zwei Arten *ἀντιλήψεις ἁπλαῖ* und zwei Arten *ἀντιλήψεις διπλαῖ*, Hermog. p. 158 ff.
Die *ἁπλαῖ* haben den Gegenstand der Beurtheilung entweder an
der That selbst, oder an der That und noch einem besonderen
Nebenumstand. Von den *διπλαῖ* heisst die eine *κατὰ συμπλοκήν*,
die andere *κατὰ διαίρεσιν*; bei ersterer kann von den zwei Anschuldigungen nicht jede für sich, sondern nur in Verbindung
mit der andern als Anschuldigung bestehen.

Die Fälle der constitutio iuridicialis assumptiva werden von
Cornif. II, 14, 21 ff. einzeln behandelt. Bei der comparatio muss
zuerst gefragt werden, welche von beiden Handlungsweisen die
ehrenvollere, leichtere und vortheilhaftere, mit einem Worte die
nützlichere gewesen sei. Dann ist zu fragen, ob es dem Angeklagten zukam, selbst zu entscheiden, welche die nützlichere war,
oder ob er die Entscheidung darüber anderen überlassen musste.
Demnächst sucht der Ankläger durch Conjectur zu erweisen, dass
das bessere dem schlechteren nicht mit Ueberlegung vorgezogen
sei, sondern dabei dolus malus im Spiele gewesen. Der Angeklagte hat diesen Conjectural-Beweis zu widerlegen. Zum Schluss
locus communis des Anklägers gegen den, der ohne Berechtigung
darüber zu entscheiden, das unnütze dem nützlichen vorzieht.
Locus communis per conquestionem des Angeklagten gegen diejenigen, welche verlangen, das gefährliche dem nützlichen vor-

zuziehen, Frage an die Ankläger und Richter, was sie in seiner
Stelle gethan haben würden, mit lebhafter Schilderung von Zeit,
Ort, Sache und seiner Ueberlegung. — Bei translatio criminis
ist zuerst zu fragen, ob die Anschuldigung der Wahrheit gemäss
auf einen andern übertragen wird, zweitens, ob das auf einen
andern übertragene Vergehen eben so gross sei, als das dem
Angeklagten zur Last gelegte; drittens, ob er ein Vergehen habe
wiederholen müssen, was ein andrer vor ihm begangen und ob
über das Vergehen des andern nicht zuerst richterliche Entscheidung einzuholen war; ob, da dies nicht geschehen sei, die Sache
jetzt noch zu entscheiden sei. Locus communis des Anklägers
gegen den, der Gewalt vor Recht gehen lässt; der Angeklagte
sucht sich durch Amplification zu helfen und zu zeigen, dass er
nicht anders habe handeln können. — Bei purgatio ist zuerst zu
fragen, ob wirklich eine Nothwendigkeit zur That vorhanden
war; ob die Gewalt sich irgendwie habe vermeiden oder mindern
lassen; ob der Angeklagte auch in Erwägung gezogen, was er
habe dagegen thun oder ersinnen können; ob sich auf dem Wege
der Conjectur erweisen lasse, dass da, wo Nothwendigkeit vor-
geschützt wird, Absicht im Spiele gewesen; endlich, wenn wirklich Nothwendigkeit vorhanden gewesen, ob sie für eine zwingende zu erachten. Entschuldigt der Angeklagte sein Vergehen
mit Unwissenheit, so ist zu fragen, ob er es wirklich nicht wissen
konnte, oder nicht; ob er sich bemüht, sich Kunde zu verschaffen;
ob er aus Zufall es nicht gewusst, oder an seinem Nichtwissen
Schuld sei; dann ist durch Conjectur zu erweisen, dass er es
dennoch gewusst, und endlich zu fragen, ob Nichtwissenheit als
ausreichender Entschuldigungsgrund zu betrachten sei. Sucht
sich der Angeklagte mit Zufall zu rechtfertigen, so tritt dieselbe
Behandlung wie bei der Nothwendigkeit ein. Loci communes
sind bei allen drei Arten dieselben; auf Seiten des Klägers gegen
den, der die That eingesteht und doch noch Weitläufigkeiten
machen will. Der Angeklagte appellirt an die Humanität und
das Mitleiden, überall müsse man auf die Absicht sehen, wo
diese fehle, da liege auch kein Vergehen vor. — Bei deprecatio wird
der Angeklagte in Erwägung geben, erstens die Zahl seiner sonstigen Verdienste, guten Eigenschaften u. s. w.; dann was man im
Falle seiner Freisprechung für Vortheile zu erwarten habe; dass
der Bittsteller selbst in einflussreicher Stellung nachsichtig und
milde gewesen; dass seinem Vergehen keine unedle Absicht zu

Grunde gelegen; dass in ähnlichen Fällen bereits andre Verzeihung erlangt haben; dass aus seiner Freisprechung kein Nachtheil und keine üble Nachrede bei Mitbürgern oder einem fremden Staate erwächst. Alle diese Punkte kehrt der Ankläger um
mit Amplification und Aufzählung der Vergehen. — Bei remotio
criminis endlich wird die Schuld entweder auf eine Sache oder
eine Person zurückgeschoben. Im letzteren Falle ist zu fragen,
ob die Person wirklich so einflussreich auf den Angeklagten war,
wie er es darstellt, und wie er ihr auf ehrenwerthe und gefahr-
lose Weise hätte widerstehen können; ob aber durch diese Ausflucht in der That die Schuld des Angeklagten aufgehoben wird;
Conjectural - Beweis der Absichtlichkeit der That. Wird die
Ursache der That auf eine Sache geschoben, so tritt dieselbe
Behandlung ein wie bei purgatio mit Nothwendigkeit.

Dieselbe Theorie nur mit grösserer Ausführlichkeit wird von
Cicero vorgetragen de inv. II, 24 — 36. Ein Anhang in c. 37—
39 behandelt die Fälle, bei denen es sich um Ertheilung oder
Verweigerung einer verlangten Belohnung handelt; in der Kürze
werden sie auch von Quint. VII, 4, 21 ff. berührt. — Hermogenes
fasst p. 161 die einzelnen Fälle der constitutio assumptiva als
ἀντιθετικαί zusammen, und sagt: αἱ ἀντιθετικαὶ πᾶσαι διαιροῦν-
ται προβολῇ, ὅρῳ, ἔστιν ὅτε καὶ τοῖς ἑπομένοις τῷ ὅρῳ μέχρι
τοῦ πρός τι, διανοίᾳ, αὐτῇ ἀντιθέσει, ἥ ἐστιν ὁμώνυμος τῇ στά-
σει αὐτῇ τοῦ ζητήματος ἀντιστατικὴ ἢ ἀντεγκληματικὴ ἢ μετα-
στατικὴ ἢ συγγνωμονικῇ, πάλιν διανοίᾳ, μεταλήψει, πρός τι, ὅρῳ
βιαίῳ, θέσει, ἑτέρᾳ μεταλήψει, ἀντιλήψει, ποιότητι καὶ γνώμῃ.
Dazu nehme man Sopat. T. V p. 173 ff. und die einschlagenden
Beispiele aus der διαιρ. ζητ., Max. Planud. p. 324 ff. Die einzelnen Topen fanden schon früher ihre Erklärung. Der ὅρος
βίαιος, vom Kläger, wie vom Beklagten angewendet, ist die
peremptorische Behauptung, dass auf die in Rede stehende That
weder die vorgebrachte Anschuldigung noch Entschuldigung Anwendung haben könne. Die ἑτέρα μετάληψις hat es nicht mit
der That, sondern mit der Person des Angeklagten zu thun, er
in seiner Stellung habe keinesfalls so handeln dürfen.

Schemata zur Behandlung der vier Fälle vom genus legale
geben Cornif. II, 9—11. Cic. de inv. II, 40—50. Hermog. p. 168
ff. Fortunat. p. 105 ff. Sulp. Vict. p. 351. Quintilian VII, 6—9
begnügt sich mit allgemeinen Andeutungen. Da von den erhaltenen Reden des Alterthums nur wenige das genus legale be-

handeln (Beispiel einer *ἀντινομία* ist Demosthenes Rede gegen Androtion, für scriptum et voluntas Cicero pro Caecina und pro M. Tullio*), so dürfte es ermüdend und überflüssig sein, auf die speciellen Einzelheiten hier weiter einzugehen. Die translatio endlich wird von Quintilian ganz übergangen. Man vgl. Cornif. II, 12, 18. Cic. de inv. II, 19. 20. Hermog. p. 166. Sulp. Vict. p. 339. Mehr oder weniger laufen alle Translationen auf einen Definitions- oder Qualitäts-status hinaus, oder es wird durch Conjectur die Nichtigkeit der vom Ankläger erhobenen Einreden dargethan, wie in des Lysias Rede gegen Pankleon (or. XXIII). Weitere Beispiele für *παραγραφή* oder *μετάληψις* geben Isokrates gegen Kallimachus, Demosth. or. XXXII — XXXVIII. Da die blosse *παραγραφή* leicht den Schein erwecken konnte, als getraue sich der Angeklagte nicht seine Sache durchzuführen, so wurde in vielen Fällen damit zugleich eine förmliche Vertheidigung gegen die erhobene Anklage überhaupt verbunden. Man nannte sie *εὐθυδικία* oder *ἡ εὐθεῖα* schlechthin. So heisst es in der Hypothesis zu Demosth. or. XXXIV: *ὁ ἀγὼν ὀνόματι μέν ἐστι παραγραφικός, τῷ δὲ ἀληθεῖ τὴν εὐθεῖαν γίγνεται.* Vgl. Ernesti Lex. techn. rhet. Gr. p. 214. Meier und Schömann der Att. Proc. S. 649.

Einen Versuch, an gewissen Kategorien von Vergehen und Anklagen, wie *κατασοφισμοῦ*, *δήμου ἀπάτης*, *κακώσεως*, *κακοῦ βίου*, *κακοῦ ἔθους*, *ἀχαριστείας* u. a. die möglicherweise zur Anwendung kommenden Status im Voraus zu bestimmen, macht die Schrift des Rhetor Cyrus *περὶ διαφορᾶς στάσεως* bei Walz Rhet. Gr. T. VIII p. 387 ff., vermuthlich eines Zeitgenossen des Sopater.

---

*) Tac. dial. de orat. c. 20: quis de *exceptione et formula* perpetietur illa immensa volumina, quae pro M. Tullio et A. Caecina legimus?

Dritter Theil.

Die Lehre vom Ausdruck oder von der Darstellung.

§. 38.

Allgemeines.

Von nicht minderer Wichtigkeit als die beiden vorangehenden Theile der Rhetorik, ist der jetzt folgende dritte, die Lehre vom Ausdruck oder von der Darstellung, von den Griechen φράσις, meist λέξις, seltener ἀπαγγελία oder ἑρμηνεία*), von den Lateinern *elocutio* genannt. Erst an der Darstellung erkennt man, ob Jemand wirkliche Beredsamkeit besitzt oder nicht. Οὐ γὰρ ἀπόχρη τὸ ἔχειν, ἃ δεῖ λέγειν — sagt Arist. Rhet. III, 1 — ἀλλ' ἀνάγκη καὶ ταῦτα ὡς δεῖ εἰπεῖν, καὶ συμβάλλεται πολλὰ πρὸς τὸ φανῆναι ποιόν τινα τὸν λόγον. Durch die Darstellung gewinnt der sachliche Inhalt der Rede erst Licht und Leben, Anmuth und Wirksamkeit, vgl. Longin. Rh. p. 304. ff. Wenn nun auch der Lernende auf diesen Theil der Rhetorik ganz besondern Fleiss und unablässige Uebung verwenden muss, so darf er deshalb die Rücksicht auf die Worte doch nicht zur Hauptsache, die auf den Inhalt dagegen zur Nebensache machen wollen. Inhalt und Darstellung müssen Hand in Hand gehen. „Curam ergo verborum rerum volo esse sollicitudinem" sagt Quint. VIII prooem. §. 20, da wo er nachdrücklich vor einer Bevorzugung der Form auf Kosten des Inhalts seine Leser warnt.

Eine vorläufige Uebersicht über das ganze Gebiet der λέξις, auf welchem Isokrates als bahnbrechender Führer zu betrachten ist, s. Spengel Art. script. p. 149, wenngleich sein Ausbau im einzelnen, namentlich was die Lehre von den Tropen und Figuren, sowie von den Stilarten anlangt, erst der nach-Aristotelischen Rhetorik angehört, giebt uns Dionys von Halikarnas

---

*) Diese vier Ausdrücke werden völlig synonym gebraucht. vgl. Intpp. Demetr. de eloc. 1 p. 91 ed. Göller.

de Thuc. hist. iud. c. 22 T. VI p. 90: ὅτι μὲν οὖν ἅπασα λέξις
εἰς δύο μέρη διαιρεῖται τὰ πρῶτα, εἴς τε τὴν ἐκλογὴν τῶν ὀνομάτων, ὑφ' ὧν δηλοῦται τὰ πράγματα, καὶ εἰς τὴν σύνθεσιν τῶν
ἐλαττόνων τε καὶ μειζόνων μορίων· καὶ ὅτι τούτων αὖθις ἑκάτερον
εἰς ἕτερα μόρια διαιρεῖται· ἡ μὲν ἐκλογὴ τῶν στοιχειωδῶν μορίων,
ὀνοματικῶν λέγω καὶ ῥηματικῶν καὶ συνδετικῶν, εἴς τε τὴν κυρίαν
φράσιν, καὶ εἰς τὴν τροπικήν· ἡ δὲ σύνθεσις εἴς τε τὰ κόμματα,
καὶ τὰ κῶλα, καὶ τὰς περιόδους· καὶ ὅτι τούτοις ἀμφοτέροις συμβέβηκε, λέγω δὴ τοῖς τε ἁπλοῖς καὶ ἀτόμοις ὀνόμασι, καὶ τοῖς ἐκ
τούτων συνθέτοις, τὰ καλούμενα σχήματα· καὶ ὅτι τῶν καλουμένων
ἀρετῶν αἱ μέν εἰσιν ἀναγκαῖαι, καὶ ἐν ἅπασιν ὀφείλουσι παρεῖναι
τοῖς λόγοις, αἱ δ' ἐπίθετοι, καὶ ὅταν ὑφεστῶσιν αἱ πρῶται, τότε
τὴν ἑαυτῶν ἰσχὺν λαμβάνουσιν, εἴρηται πολλοῖς πρότερον. Zu
den nothwendigsten Tugenden der Darstellung gehört, dass sie
rein, deutlich, kurz sei und den Dialekt inne halte, zu den
accessorischen Tugenden der Schmuck, ὕψος, καλιρρημοσύνη,
σεμνολογία, μεγαλοπρέπεια, dass sie ferner τόνον, βάρος, πάθος
und τὸ ἐρρωμένον καὶ ἐναγώνιον πνεῦμα habe, welches die δεινότης zu Wege bringt, ib. p. 92. 175. Schon oben S. 194 bemerkten wir, dass sich nach Dionys die Lehre von der Zusammenstellung der Wörter zur Lehre von der Auswahl derselben ver-
halte, wie die Lehre von der Anordnung zur Lehre von der
Erfindung.

Nach Cornif. IV, 12, 17 ff. muss eine gute Darstellung drei
Eigenschaften haben, *elegantia, compositio, dignitas.* Die Eleganz
bewirkt „ut unum quidque pure et aperte dici videatur"; sie zerfällt in *latinitas* und *explanatio.* Die latinitas hält die Rede frei
von jeglichem Fehler, und zwar von Soloecismen, d. h. syntak-
tischen Verstössen, und Barbarismen, Verstössen gegen die For-
menlehre*), sie sorgt also für grammatische Correctheit. Die
explanatio macht durch verba usitata et propria die Rede ver-

---

*) Soloecismus est, cum in verbis pluribus consequens verbum supe-
riori non accomodatur; barbarismus est, cum verbum aliquod
vitiose ecfertur. Prisc. XVII, 6 p. 111: si ratio contextus in-
congrua sit, soloecismum faciet, quasi elementis orationis incon-
cinne coeuntibus, quomodo inconcinnitas litterarum vel syllabarum
vel eis accidentium in singulis dictionibus facit barbarismum.
Donat. p. 1768 P.: soloecismus est vitium in coutextu partium
orationis contra regulam artis grammaticae factum. Vgl. Quint. I,
5, 6. 34. August. de doctr. christ. II, 13 p. 45 ed. Bruder.

ständlich und deutlich. — Die Composition ist die gleichmässig geglättete Zusammenstellung der Wörter; sie sieht auf Vermeidung des häufigen Hiatus, allzuhäufiger Wiederholung desselben Buchstabens, desselben Wortes, vieler gleichmässig endender Wörter, verzwickter Wortstellung, ungeschickter schleppender Perioden. Die dignitas endlich schmückt die Rede durch passende Mannigfaltigkeit, „reddit ornatam orationem varietate distinguens“; sie zerfällt in würdevollen Schmuck der Worte, und würdevollen Schmuck der Rede.

Nach Quint. VIII, 1 befasst sich die Elocutio mit Betrachtung der einzelnen Wörter und ihrer Verbindung. Es ist dies die Zweitheilung des Dionysius, der wir auch noch bei den späteren lateinischen Rhetoren begegnen, wie bei Fortunat. p. 121: „elocutio constat quantitate verborum et structurae qualitate“, desgleichen August. p. 137, 13, wo quantitas wohl mehr dem Griechischen πηλικότης als ποσότης entsprechen soll. Bei einzelnen Wörtern muss man darauf sehen „ut sint latina, perspicua, ornata, ad id quod efficere volumus accomodata“. Bei verbundenen „ut emendata, ut collocata, ut figurata“. Die Latinität und das emendatum zeigt sich zunächst in der vollkommenen grammatischen Correctheit, demnächst darin, dass die Worte möglichst wenig fremd und ausländisch sind, überhaupt die nicht näher zu definirende Farbe der Urbanität an sich haben, über welche Cic. Brut. 46, 171 zu vergleichen. Wenn nun bereits Arist. Rhet. III, 5 sagt: ἀρχὴ τῆς λέξεως τὸ ἑλληνίζειν, so werden wir uns nicht wundern, dass wie die lateinischen Rhetoren auf die Latinität und Urbanität, so die Griechischen auf den Atticismus einen grossen Werth legten, nicht ohne darin bis zur Affectation zu gehen, vgl. Cresoll. Th. Rh. p. 161 *). Und wenn die Rhetorik die Kenntniss der grammatischen Regeln und des Sprachschatzes voraus setzen darf, so ist es ihre weitere Aufgabe über die Deutlichkeit und den Schmuck der Rede im allgemeinen, wie im besonderen durch Sentenzen, Tropen und Figuren, dann über die Composition der Rede zu sprechen. Daran fügt Quintilian praktische Winke für die Lernenden, sich in den Besitz einer rhetorisch guten Diction zu setzen.

---

*) Man affectirte sogar die Attische Aussprache, Tat. adv. gent. c. 26.

§. 39.

Die Deutlichkeit.

Die Deutlichkeit des Ausdrucks, *perspicuitas*, beruht vorzugsweise auf der Proprietät desselben. Doch ist dieser Begriff selbst ein vielfacher. Erstens versteht man unter proprietas die natürliche, eigenthümliche Bezeichnung jedes Dinges, die wir aber nicht immer anwenden, denn wir vermeiden obscönes, schmutziges und niedriges. Niedrig ist das, was unter der Würde der Dinge, wie der redenden und hörenden Personen ist. In dieser Hinsicht kann man aber durch unbegründete Vermeidung herkömmlicher Ausdrücke vielfach zu weit gehen, wie jener, der statt *spartum* zu sagen, von *Ibericae herbae* sprach, oder wie ein andrer *duratos muria pisces* statt *salsamentum* sagte. Vernachlässigt man diese Art der Proprietät, so begeht man den Fehler der Akyrologie oder Akyrie (Ernesti Lex. techn. rh. Gr. p. 12), wie Vergil Aen. IV, 419 in der Wendung: ,tantum sperare dolorem‘, oder Dolabella, wenn er ,mortem ferre‘ sagte, ein Ausdruck, den ihm Cicero verbesserte. Man muss aber diese Art der Improprietät des Ausdrucks immer nach dem Sinne, und nicht blos nach dem Gehör abwägen. Denn mitunter fehlt es der Sprache geradezu an einem passenden Ausdruck. Man hat im Lateinischen das Zeitwort *lapidare*, mit Steinen werfen, aber kein besonderes, um das Werfen mit Klösen und Scherben zu bezeichnen. So ist eben in manchen Fällen die *abusio*, κατάχρησις durch die Sprache selbst geboten. So beruht ja auch alle Uebertragung, die doch besonders zum Schmuck der Rede beiträgt, auf Improprietät des Ausdrucks. — Zweitens bezeichnet proprietas die Grundbedeutung eines Wortes; so ist ,vertex‘ eigentlich ,contorta in se aqua, vel quidquid aliud similiter vertitur‘, demnächst der Scheitel, und weiter der Gipfel des Berges. Drittens spricht man von proprietas, wenn eine Bezeichnung, die eigentlich mehreren Gegenständen zukömmt, überwiegend einem beigelegt wird, wie wenn *naeniae* ein Leichengedicht, *augurale* das Feldherrnzelt, ähnlich *urbs* die Stadt Rom, *Corinthia* Corinthische Erz-Gefässe bezeichnen. Ueberwiegend versteht man aber unter Proprietät im rhetorischen Sinne den Ausdruck, der eine Sache am vollständigsten bezeichnet, ,quo nihil inveniri potest significantius‘.

Der Deutlichkeit gegenüber steht die Dunkelheit des Ausdrucks. Sie entsteht zunächst durch den affectirten Gebrauch veralteter Wörter und Ausdrücke, sowie Provincialismen. Πεφύλαξο δὲ τοῖς λίαν ἀρχαίοις καὶ ξένοις τῶν ὀνομάτων καταμιαίνειν τὸ σῶμα τῆς λέξεως, sagt Longin p. 306, und doch kam es bei Griechen nicht minder als bei Römern vor, dass manche im Gebrauch veralteter und entlegener Wörter etwas suchten, s. Dionys. Halic. Rhet. 10, 7 p. 202. Cresoll. Th. Rhet. III, 22 p. 158*). Auch entlegene termini technici machen die Rede dunkel; man hat sie entweder zu vermeiden, oder zu interpretiren, was auch bei der Anwendung von Homonymen nöthig ist. — Grössere Dunkelheit und zwar verschiedener Art entsteht aber aus der zusammenhängenden Rede, wie durch unübersichtliche Länge, bei der man den Faden der Rede verliert, durch allzu verschränkte Wortstellung. Noch schlechter ist die mixtura verborum, wie bei Verg. Aen. I, 109:

saxa vocant Itali, mediis quae in fluctibus, aras

in welchem Verse Quintilian wohl an dem doppelten Hyperbaton Anstoss nahm. Auch zu lange Einschiebsel verursachen Dunkelheit. Ebenso ist jedwede Zweideutigkeit des Ausdrucks zu vermeiden, selbst diejenige, die zu einem rein absichtlichen Missverständniss Anlass geben könnte. Daher tadelt Quint. VIII, 2, 16 den Ausdruck ‚visum a se hominem librum scribentem‘**). So ist es auch verkehrt, um nicht alltäglich zu sprechen, sich in geschwätzigen, weitschweifigen Umschreibungen zu ergehen, ferner jede affectirte Kürze des Ausdrucks, die selbst zum Verständniss nothwendige Worte unterdrückt, verkehrte Anwendung von Figuren. Ganz verwerflich sind die ἀδιανόητα, wo hinter klaren Worten ein ganz andrer, versteckter Sinn liegt. — So ergiebt

---

*) Ueber Provincialismen sagt Fortunat. p. 123: ‚gentilia verba — propria sunt quorundam gentium, sicut Hispani non cubitum vocant, sed Graeco nomine ancona, et Galli facundos pro facetis, et Romani vernaculi plurima ex neutris masculino genere potius enuntiant, ut hunc theatrum et hunc prodigium‘. Eine merkwürdige Stelle über das Schwanken des Geschlechts und der Declination im Lateinischen findet sich bei Arnob. I, 59, 36.

**) Solche Unbestimmtheiten des Ausdrucks, bei denen allerdings der Zusammenhang vor einem Misverständnis schützt, finden sich bei Livius nicht selten, s. Weissenborn zu XXII, 18, 2.

sich also die Regel: man spreche deutlich, mit bezeichnendem Ausdruck, in richtiger Ordnung, ohne breit ausgedehnte Schlussfolgerung, so dass nichts überflüssig ist und nichts fehlt, so dass die Rede den Beifall der Gebildeten findet, und den wissenschaftlich Ungebildeten verständlich ist.

§. 40.

Der Schmuck.

Der Schmuck der Rede ist für den Redner ganz besonders wichtig, denn gerade an ihm zeigt sich das Talent und die Genialität des Vortragenden. Wer blos correct und deutlich spricht, kann damit auf keinen besonderen Beifall rechnen, er hat mehr Fehler vermieden, als Vorzüge gezeigt. Ebenso werden die vollständige Invention, die richtige Disposition als im Interesse der Sache begründet vorausgesetzt. Die genaue Befolgung der hierüber gültigen Regeln verschafft das beifällige Urtheil der Sachverständigen, durch den Schmuck der Rede aber empfiehlt der Redner sich persönlich und er erlangt durch ihn den Beifall der grossen Menge. Nicht blos starke, sondern auch glänzende Waffen zieren den Kämpfer. Auch liegt der Schmuck der Rede nicht minder im Interesse der Sache. Wer gern zuhört, der passt auch mehr auf und ist leichter zum Glauben geneigt, sein Vergnügen nimmt ihn gefangen, seine Bewunderung reisst ihn hin. Und nicht mit Unrecht schreibt daher Cicero an Brutus: „nam eloquentiam, quae admirationem non habet, nullam iudico", oder Longin. p. 305: οὐ γὰρ ψυχαγωγήσεις μὴ γοητεύων μετά τινος χάριτος καὶ ἡδονῆς. Demnach ist es keinem Redner zu verargen, wenn er besondere Sorgfalt auf den Schmuck seiner Darstellung verwendet. Aber aller Schmuck muss männlich, kräftig und würdig (sanctus) sein, frei von weibischer Leichtfertigkeit und falscher Schminke, frei von allem eitlen Schein.*) Indes gerade bei diesem Theile der Beredsamkeit grenzen die Fehler hart an die Tugenden, und auch Fehler werden oft als Tugenden bezeichnet.

---

*) Tac. dial. de orat. c. 21: oratio, sicut corpus hominis, ea demum pulchra est, in qua non eminent venae nec ossa numerantur, sed temperatus ac bonus sanguis implet membra et exurgit toris ipsosque nervos rubore tegit et decore commendat.

Nun ist der Schmuck ein verschiedener, zunächst nach den drei Gattungen der Beredsamkeit. Es ist klar, dass die epideiktische Beredsamkeit mehr Schmuck verlangt und verträgt, als jede der beiden anderen Arten. So sagt schon Arist. Rhet. III, 12: δεῖ δὲ μὴ λεληθέναι, ὅτι ἄλλη ἑκάστῳ γένει ἁρμόττει λέξις· οὐ γὰρ ἡ αὐτὴ γραφικὴ καὶ ἀγωνιστική· οὐ δὲ δημηγορικὴ καὶ δικανική· ἄμφω δὲ ἀνάγκη εἰδέναι· — ἔστι δὲ λέξις γραφικὴ μὲν ἡ ἀκριβεστάτη, ἀγωνιστικὴ δέ, ἡ ὑποκριτικωτάτη. Zweitens sind hier die Stilgattungen in's Auge zu fassen, von denen weiter unten die Rede sein wird. Es beruht aber der Schmuck der Rede, wie die Deutlichkeit derselben auf einzelnen Wörtern sowohl, als auf ihrem Zusammenhang. Wenn es nun auch im allgemeinen richtig ist, dass es bei der Deutlichkeit mehr auf Proprietät, beim Schmuck mehr auf Uebertragung der Worte ankommt, so ist doch nichts geschmückt, was eine Improprietät wäre. Es kömmt nun zunächst hierbei auf den richtigen Gebrauch der Synonyma an, in Hinsicht auf Würde, Erhabenheit, Glanz, Anmuth, schönen Klang. Für gewaltige Gegenstände passen mehr Worte, die schon an sich einen rauhen Klang haben. Stets ist das Würdevolle dem Gemeinen vorzuziehen. Bei der Erhabenheit kommt es auf den Gegenstand an. Was einerseits grossartig ist, ist andrerseits schwülstig. Was bei grossen Gegenständen niedrig erscheint, kann bei kleinen passend erscheinen. Wie an einer glänzenden Rede ein zu niedriges Wort zu tadeln und gleichsam ein Fleck ist, so ist in der dünnen Rede ein erhabenes und glänzendes Wort ein Widerspruch und unpassender Schwulst. Mitunter trägt die Niedrigkeit des Ausdrucks dazu bei, auch die Bedeutung der Sache herabzusetzen, was oft durch ein Witzwort geschehen kann.

Die Wörter sind entweder im eigentlichen Sinne gebraucht, oder neu gebildet, oder übertragen (propria, ficta, translata, Quint. VIII, 3, 24). Die im eigentlichen Sinne gebrauchten erhalten Würde durch ihre Alterthümlichkeit, ein Schmuck, auf den sich Vergil meisterhaft verstanden hat. Doch muss man dabei Maass halten, und nicht wirklich Veraltetes aus allen Winkeln zusammenlesen. S. oben S. 238. Sen. ep. 114, 13: „adice nunc, quod oratio certam regulam non habet: consuetudo illam civitatis, quae nunquam in eodem diu stetit, versat: multi ex alieno saeculo petunt verba: duodecim tabulas loquuntur. Gracchus illis et Crassus et Curio nimis culti et recentes sunt, ad Appium usque

et ad Coruncanium redeunt: quidam contra, dum nihil nisi tritum
et usitatum volunt, in sordes incidunt". Vgl. Tacit. dial. c. 23.
Sidon. Apoll. ep. VIII, 16: „in hoc stilo, cui non urbanus lepos
inest, sed pagana simplicitas. Unde enim nobis illud loquendi
tetricum genus ac perantiquum? unde illa verba Saliaria, vel
Sibyllina vel Sabinis abusque Curibus accita, quae magistris
plerumque reticentibus promptius Fetialis aliquis aut flamen, aut
veternosus legalium quaestionum aenigmatista patefecerit? nos
opuscula sermone edidimus arido, exili certe maxima ex parte
vulgato (l. *et* m. ex p. *vulgari*)". — Worte neu bilden, ist mehr
den Griechen erlaubt, die ja auch für einzelne Laute und Affecte
Worte ersonnen haben (Dionys. Halic. de comp. verb. c. 16), als
den Lateinern. Doch haben auch diese theils in Uebertragungen
aus dem Griechischen, theils in der Zusammensetzung und Ab-
leitung ab und zu etwas gewagt, ohne damit rechte Aufnahme
zu finden, während andres sich erhalten hat. Cicero hielt *beatitas*
und *beatitudo* für hart, glaubte aber, es könne durch den Gebrauch
erweicht werden. Die Zeitwörter *sullaturit* und *proscripturit* hat
er ep. ad Att. IX, 10, 6 selbst gebildet; ebenso *solivagus* Tusc.
V, 38 und das von ihm öfter gebrauchte *perpessio*. Cato de re
rust. V, 8 bildete *autumnitas* (s. Fortunat. p. 122). *Ens* und
essentia hatte Sergius Flavius nach Griechischer Analogie gebildet, doch beruft sich Sen. ep. 68, 6 wegen des zweiten Wortes
auf die Auctorität von Cicero und Papirius Fabianus. Vgl. V o s s.
Comment. Rhet. IV, 8 p. 18. Quintilian hält diese Bildungen
für zulässig, während andre sich gegen ihre Zulässigkeit sträubten.
Reatus, was zuerst Messalla, *munerarius*, was Augustus aufge-
bracht hatte, waren bald in allgemeinen Gebrauch übergegangen.
Am Worte *piratica* nahmen noch Quintilians Lehrer Anstoss.
Cicero hielt die Worte *favor* und *urbanus* für neu (vgl. Spalding
zu Quint. l. l. p. 239). Der Redner also, meint Quintilian im
Gegensatz zu Celsus, der dies ganz und gar verbot, könne
immerhin etwas wagen, im Nothfalle könne man mit einem „ut
ita dicam" und ähnlichen Wendungen das Wagniss beschönigen.
Uebertragene Wörter können nur im Zusammenhang der Rede
gebilligt werden. Obscoene Dinge darf man nie mit ihrer nack-
ten Bezeichnung belegen, sondern man muss das Anstössige der
Sache durch λόγου σεμνότης verhüllen (Hermog. p. 255), wogegen man sehr mit Unrecht einwarf, dass an sich kein Wort

unanständig sei, und man doch auch durch eine andre Bezeichnung an der Sache nichts ändere, Quint. §. 38 f.

Der Schmuck der zusammengesetzten Rede ist nach den
zwei Rücksichten einzurichten, welchen Ausdruck wir beabsichtigen, und wie wir den beabsichtigten Ausdruck erreichen wollen.
Erst müssen wir mit uns darüber im Klaren sein, was wir vergrössern oder verkleinern, ob wir erregt oder gemässigt, scherz-
haft oder streng, mit Fülle oder knapp, rauh oder sanft, erhaben
oder scharfsinnig, ernst oder witzig sprechen wollen. Dann
durch welche Art der Uebertragung, durch welche Figuren, durch
welche Sentenzen, auf welche Art und zuletzt durch welche Stellung wir das beabsichtigte erreichen können.

Zuerst ist hier auf einige Fehler hinzuweisen, denn fehlerfrei sein, das ist die erste Tugend. Keine Rede kann geschmückt
sein, die nicht *probabilis* ist. „*Probabile autem genus est orationis
si non nimis est comptum atque expolitum, si est auctoritas et pon-
dus in verbis, si sententiae vel graves vel aptae opinionibus hominum
ac moribus*", sagt Cic. part. or. 6, 19. Mit Berufung auf diese
Stelle versteht Quint. §. 42 also unter der oratio probabilis eine
Rede, die nicht mehr noch weniger sei, als recht ist, kurz eine
angemessene Darstellung. So stellt auch Arist. Rhet. III, 2 an
die gute Darstellung nächst der Deutlichkeit die Anforderung,
dass sie nicht niedrig oder übertrieben, sondern passend sei,
ὡρίσθω λέξεως ἀρετὴ σαφῆ εἶναι καὶ μήτε ταπεινὴν μήτε ὑπὲρ
τὸ ἀξίωμα, ἀλλὰ πρέπουσαν. Erst bei einer angemessenen Darstellung also kann man an weiteren Schmuck denken. Ein besonders zu vermeidender Fehler ist nun zunächst das κακέμφατον, d. h. eine Form der Rede, bei welcher theils einige Wörter
an sich, theils die zufällige Trennung oder Verbindung von Silben
Obscönitäten zum Vorschein kommen lässt, wie etwa *cum hominibus notis loqui* „quia ultima prioris syllabae littera, quae ex-
primi nisi labris coeuntibus non potest, aut intersistere nos in-
decentissime cogit, aut continuata cum insequente in naturam
eius corrumpitur" — im letzteren Falle hört man ‚cunno‘. Mart.
Cap. p. 475 giebt als Beispiele aus Ter. Andr. 933 (V, 4, 30):
‚arrige aures Pamphile‘ und aus Verg. Aen. II, 413: ‚atque ere-
ptae virginis ira‘. Aus demselben Grunde beanstandete Charis.
IV p. 242 den Ausdruck bei Sallust. Cat. 39, 3: ‚arrexit animos
militum‘. vgl. Corte z. d. St. Aber wenn man darauf ausgeht,
kann man schliesslich hinter allem eine Obscoenität finden, wie

16*

Celsus an den Worten Vergils Georg. I, 357: ‚incipiunt agitata tumescere‘ Anstoss nahm. Was man selbst den harmlosesten Dichterworten für einen Sinn unterlegen kann, zeigen des Ausonius schamlose Fescenninen im cento nuptialis zur Genüge. Der nächste Fehler ist die ταπείνωσις *) oder *humilitas*, d. h. der Gebrauch eines Wortes, durch welches die Grösse oder Würde der zu bezeichnenden Sache beeinträchtigt wird, wie in der Wendung: ‚saxea est verruca in summo montis vertice‘. Gleich gross ist der entgegengesetzte Fehler, kleinen Dingen übermässig grosse Benennungen beizulegen, ausser wenn man dadurch Gelächter erregen will. Man darf also einen Mörder nicht als *nequam*, oder Jemand, der mit einer Hetäre ein Verhältniss hat, als *nefarius* bezeichnen. — Man hat ferner die μείωσις zu vermeiden, bei der es der Rede zu ihrer Vollständigkeit an etwas fehlt, obgleich es dieser Fehler mehr mit der Undeutlichkeit, als mit der Schmucklosigkeit der Rede zu thun hat. Desgleichen die ταυτολογία d. h. die Wiederholung desselben Wortes, oder derselben Wendung, ausser wenn sie in der beabsichtigten Figur der ἐπανάληψις auftritt. Quintilian führt ein Beispiel aus Cicero**) an: „non solum igitur illud iudicium indicii simile, iudices, non fuit“, vgl. Aquil. Rom. p. 34. Die Griechischen Techniker, wie Phoebam. p. 46. Zon. p. 165. Anon. de fig. p. 182 verstehen unter Tautologie die Nebeneinanderstellung gleichbedeutender Wörter in demselben Satzgliede, z. B. ὀξύς ἐστι καὶ ταχύς, ἀλλ' οὐ νωθὴς καὶ βραδύς. Noch schlechter als die Tautologie ist die ὁμοιολογία, der Mangel jeglicher Abwechslung, die vollständige Monotonie und somit Kunstlosigkeit des Ausdrucks. Vgl. Ernesti Lex. techn. rh. Gr. v. ὁμοειδής p. 230. Zu vermeiden ist ferner die μακρολογία — nicht zu verwechseln mit der untadelhaften περίφρασις —, id est longior, quam oportet sermo. Als Beispiel citirt Quintilian aus Livius: ‚legati non impetrata pace retro domum, unde venerunt, abierunt“. Wenigstens ähnliche Stellen finden sich bei diesem Schrift-

*) Bei Anax. Rhet. 3 p. 187, 3 ist ταπείνωσις das Gegentheil der αὔξησις oder Amplification, also die Verkleinerung einer Sache, wofür man später μείωσις sagte. Ebenso gebraucht Arist. Rhet. III, 19 das Zeitwort ταπεινοῦν. Quintilian hätte wohl richtiger von ταπεινότης gesprochen.

*) pro Cluent. 35, 96. in unsern Ausgaben lautet die Stelle: non fuit illud igitur indicium rell.

steller z. B. XXIV, 20, woselbst **Fabri** zu vergleichen. Der Ausdruck *retro abire* mag schon an sich als pleonastisch erscheinen, doch findet man *retro redire* Ovid. Met. XV, 249, *retro pedem referre*, Phaedr. II, 1, *retro se recipere* Eutr. II, 1, 3. *rursus revertere* Just. 36, 1, 8, und ähnliches oft. Man vgl. Benecke z. d. St. Barth. zu Claud. IV cons. Hon. v. 68. Kritz zu Sall. Cat. 18, 6. Fabri zu Liv. XXI, 52. 10. XXII, 6, 7. Der Pleonasmus, ,cum supervacuis verbis oratio oneratur', wie in der Wendung ,ego oculis meis vidi', statt des einfachen ,vidi', ist natürlich auch zu vermeiden. Dass es aber auch einen berechtigten Pleonasmus giebt, lehrt Dion. Halic. de adm. vi c. 58 T. VI p. 248. Eben dahin gehört die περιεργία, eine supervacua operositas, vgl. Ernesti l. l. p. 256. Kurz, jedes Wort, das weder den Sinn noch den Schmuck des Ausdrucks unterstützt, kann als fehlerhaft bezeichnet werden.

Der schlimmste Fehler ist das κακόζηλον. Es ist eine verkehrte Affectation, bei der es dem Geist an Urtheil fehlt, so dass er durch einen guten Schein getäuscht, sich zu einer verkehrten Anwendung hinreissen lässt, sei es nun kleinliche Spielerei, Süsslichkeit, Ueberfluss, Gesuchtheit, oder ein ähnlicher Fehler. Das κακόζηλον zeigt sich nach Quintilian §. 56—58 lediglich im Ausdruck, und zwar im Ausdruck der gegen die Natur verstösst, der anders spricht, als nöthig und genug ist; denn der Ausdruck darf, wie schon Arist. Rhet. III, 2 lehrte, niemals als gemacht, sondern muss immer natürlich erscheinen. Das κακόζηλον entsteht aus einer übertriebenen Neigung, den Stil anmuthig und blühend zu machen, wodurch er ins manirirte verfällt, Demetr. de eloc. §. 186. Auch Isokrates ist von diesem Fehler nicht frei, denn sehr richtig bemerkt Dion. Halic. l. l. p. 176 über ihn: ἀνθηρὰν δὲ καὶ θεατρικὴν ἐκ παντὸς ἀξιῶν εἶναι τὴν διάλεκτον, ὡς τῆς ἡδονῆς ἅπαν ἐχούσης ἐν λόγοις τὸ κράτος, ἀπολείπεταί ποτε τοῦ πρέποντος. οὐχ ἅπαντα δέ γε τὰ πράγματα τὴν αὐτὴν ἀπαιτεῖ διάλεκτον· ἀλλ' ἔστιν ὥσπερ σώμασι πρέπουσά τις ἐσθής, οὕτως καὶ νοήμασιν ἁρμόττουσά τις ὀνομασία. τὸ δ' ἐκ παντὸς ἡδύνειν τὰς ἀκοάς, εὐφώνων τε καὶ ἐκλέκτων ὀνομάτων ἐκλογή, καὶ πάντα ἀξιοῦν εἰς εὐρύθμους κατακλείειν περιόδων ἁρμονίας, καὶ διὰ τῶν θεατρικῶν σχημάτων καλλωπίζειν τὸν λόγον, οὐκ ἦν πανταχῇ χρήσιμον. Von Demetrius übrigens und noch mehr von Hermog. de inv. IV, 12 p. 256, wird das κακόζηλον keineswegs auf den Ausdruck allein beschränkt,

sondern es fällt ihnen jedwede Uebertreibung in Inhalt und Form
der Rede unter diese Bezeichnung.

Zu den Fehlern der Darstellung gehört ferner das ἀνοικο-
νόμητον, alles was schlecht disponirt ist, Ernesti p. 24, das
ἀσχήματον, wo Figuren schlecht angewandt sind, das κακοσύν-
θετον, was schlecht gestellt ist, richtiger, was gegen die Regeln
der guten Composition verstösst. Hierher gehört auch der σω-
ρισμός (so wird jetzt bei Quint. §. 59 statt κοινισμός gelesen),
die Vermischung der Dialekte, also Attisches unter Dorischem,
Ionischem, Aeolischem. Dem stellt Quintilian die Vermischung
von erhabenem mit niedrigem, altem mit neuem, poetischem mit
gewöhnlichem zur Seite.

§. 41.

Fortsetzung.

Ornatum, geschmückt, ist nun dasjenige, was mehr ist
als deutlich und probabile. Man drückt nicht blos das aus,
was man ausdrücken will, sondern drückt es auch glänzend aus.
Daher gehört auch die bereits bei der Erzählung berücksichtigte
ἐνάργεια, die mehr ist als blose Deutlichkeit, mit zum Schmucke
der Darstellung. Es ist ein grosser Vorzug, die Dinge, über
die wir sprechen, deutlich und so anschaulich zu schildern, dass
man sie eben mit eignen Augen zu sehen glaubt. Als Beispiele
giebt Quintilian eine Stelle aus Cic. in Verr. V, 33: *stetit solea-
tus praetor populi Romani cum pallio purpureo tunicaque talari
muliercula nixus in litore*, und eine andre aus der Rede pro
Q. Gallio: *videbar videre alios intrantes, alios vero exeuntes, quosdam ex vino vacillantes, quosdam hesterna ex potatione oscitantes.
humus erat immunda, lutulenta vino, coronis languidulis et spinis
cooperta piscium.* Er selbst giebt ein schönes Beispiel von der
Schilderung einer zerstörten Stadt: *At si aperias haec, quae
verbo uno inclusa erant* (nämlich expugnatam esse civitatem),
*apparebunt effusae per domus ac templa flammae et ruentium tecto-
rum fragor et ex diversis clamoribus unus quidam sonus, aliorum
fuga incerta, alii extremo complexu suorum cohaerentes et infantium
feminarumque ploratus et male in illum usque diem servati fato
senes; tum illa profanorum sacrorumque direptio, efferentium prae-
das repetentiumque discursus et acti ante suum quisque praedonem
catenati et conata retinere infantem suum mater et, sicubi maius*

lucrum est, pugna inter victores. Eben das Zerlegen in die Theile lässt bei der Schilderung die Sache selbst grösser erscheinen, wie Arist. Rhet. I, 7 p. 30 unter Anführung von Homer Il. I 592—94 bemerkt:

κήδε᾽ ὅσ᾽ ἀνθρώποισι πέλει, τῶν ἄστυ ἁλώῃ.
ἄνδρας μὲν κτείνουσι, πόλιν δέ τε πῦρ ἀμαθύνει,
τέκνα δέ τ᾽ ἄλλοι ἄγουσι βαθυζώνους τε γυναῖκας.

einer überhaupt vielfach im Alterthum citirten Stelle, s. Heyne zu Hom. Il. T. V p. 667. Hermog. p. 453 citirt sie als Beleg des tragischen Ausdrucks und findet ihre Paraphrase bei Demosth. de fals. leg. 65 p. 361, wie schon vor ihm Theo Progym. p. 63. Der Weg zur Erlangung dieses Hauptvorzugs der Darstellung ist nach Quintilian ein ganz leichter, man blicke auf die Natur und folge ihr.

Sehr wesentlich, um einer Sache Licht zu verschaffen, sind die Gleichnisse, von denen die einen unter den Beweismitteln ihre Anwendung finden (S. 113), andre zur Veranschaulichung einer Sache dienen. Das, was man der Aehnlichkeit halber herbeizieht, darf nie dunkel oder unbekannt sein; denn alles, was zur Beleuchtung einer andern Sache herangezogen wird, muss selbst heller sein, als das, was es erleuchtet, gegen welche Regel wohl ein Dichter sich Ausnahmen gestatten darf (Verg. Aen. IV, 143), nie aber ein Redner. Auch darf das Gleichniss kein zu alltägliches sein. Natürlich muss es wirklich passen und darf nicht an sich falsch sein. Dabei ist es am besten Sache und Gleichniss in correspondirenden Gliedern gleich miteinander zu verknüpfen. Dies giebt die ἀνταπόδοσις, die *reddítio contraria*, wie bei Cic. pro Mur. 13, 29: „ut aiunt in Graecis artificibus eos auloedos esse, qui citharoedi fieri non potuerint: sic nonnullos videmus, qui oratores evadere non potuerunt, eos ad iuris studium devenire" oder c. 17, 36: „nam ut tempestates saepe certo aliquo coeli signo commoventur, saepe improviso nulla ex certa ratione, obscura aliqua ex causa excitantur: sic in hac comitiorum tempestate populari saepe intellegas, quo signo commota sit; saepe ita obscura est, ut casu excitata videatur".

Nicht genug aber, eine Sache anschaulich zu schildern, muss man dies auch bündig (circumcise) und schnell thun, nicht sowohl durch die Figur der Brachylogie, die eben nur das sagt,

was nöthig ist, sondern durch eine Kürze, die mit wenigen
Worten vieles umfasst, wie bei Sallust ‚Mithridates corpore in-
genti, proinde armatus‘, wozu Burmann aus Flor. III, 2, 2:
‚atrox coelum, perinde ingenia‘ anführt. Freilich darf man bei
dem Streben nach Kürze nicht in Dunkelheit verfallen. Ein
dem verwandter, aber bedeutenderer Vorzug ist die ἔμφασις, die
einen tieferen Sinn gewährt, als die Worte an sich enthalten.
Die eine Art derselben deutet mehr an, als sie sagt, die andre
selbst das, was sie nicht sagt. Ein Beispiel der ersteren Art
giebt Homer Od. λ 523, wo Ulysses zu Achill in der Unterwelt
sagt εἰς ἵππον κατεβαίνομεν, hier zeigt der Dichter mit einem
Zeitwort des Pferdes Grösse an. Plut. de vit. et poes. Hom. II, 26:
ἐν τῷ κατεβαίνομεν, τὸ μέγεθος τοῦ ἵππου ἐμφαίνει. Eustathius
zu Hom. Il. E p. 576 erklärt ἔμφασις als λέξις δι᾽ ὑπονοίας
αὔξουσα τὸ ζητούμενον, vgl. Ernesti Lex. techn. rh. Gr. p. 104.
Den Homerischen Ausdruck ahmte Verg. Aen. II, 262 nach, wenn
er sagt: ‚demissum lapsi per funem‘. Die zweite Art der Emphase zeigt sich in der Unterdrückung eines Wortes, oder der
absichtlichen Unterbrechung der Rede. Cic. pro Lig. 5, 15:
„Si in hac tanta tua fortuna lenitas tanta non esset, quam tu
per te, per te inquam, obtines: intellego, quid loquor“. Cicero
verschweigt hier, aber nichts desto weniger verstehen wir, dass
es nicht an Leuten fehlt, welche den Cäsar zur Grausamkeit
antreiben. Das eigentliche Unterbrechen der Rede findet durch
die Figur der Aposiopese statt, von welcher bei den Figuren
die Rede sein wird. Auch in der Sprache des gewöhnlichen
Lebens bedienen wir uns beim praegnanten Gebrauch einzelner
Ausdrücke der Emphase, etwa in Wendungen, wie: *virum* esse
oportet (vgl. Wunder zu Soph. Oed. Col. 389), *homo* est ille
(homo sum wird emphatisch öfter zur Entschuldigung mensch-
licher Schwäche gebraucht, vgl. Ruhnken ad Rutil. p. 114. Pe-
tron. 75. 130. Juven. VI, 284), vivendum est. Aus Schriftstellern liesse sich dergleichen noch manches anführen, z. B.
der Gebrauch von *via* für *recta via*, ganz so wie ὁδός bei Eurip.
Med. 765, vgl. Ruhnken Dict. Terent. p. 27. So sehr, bemerkt Quintilian, gleicht die Natur meistentheils der Kunst.

So ist denn auch die natürliche Einfachheit, ἀφέλεια
(Ernesti p. 51), nicht ohne eigenthümlichen Reiz, wie man ja
auch an Frauen die natürliche Schönheit liebt. Kraft und
Nachdruck aber gewinnt die Rede auf mancherlei Art; durch

δείνωσις, Uebertreibung des Unwillens, im übrigen aber eine gewisse Erhabenheit (Quint. VI, 2, 24. Ernesti p. 70), durch φαντασία im Entwerfen anschaulicher Schilderungen (in concipiendis visionibus, Quint. §. 88, vgl. VI, 2, 29), durch ἐξεργασία Sorgfalt in der Ausführung (in efficiendo velut opere proposito), wozu die ἐπεξεργασία*) kömmt, die nochmalige gleichsam gegipfelte Wiederholung eines Beweises. Verwandt damit ist die ἐνέργεια, der zu Folge das, was man sagt, nicht müssig, sondern eben wirksam ist. Man bedient sich ferner der Bitterkeit und Schärfe. In der Hauptsache kömmt aber alles darauf hinaus, eine Sache zu vergrössern oder zu verkleinern, was auf beiderseitig bestimmte Weise geschehen kann. Dabei vergegenwärtige man sich das, was hierüber in der Lehre von der Erfindung gesagt worden ist.

Die erste Art eine Sache zu vergrössern oder zu verkleinern, erstreckt sich auf die Benennung derselben. Ein schönes Beispiel giebt Cic. in Verr. I, 3: „non enim furem sed ereptorem, non adulterum sed expugnatorem pudicitiae, non sacrilegum sed hostem sacrorum religionumque, non sicarium sed crudelissimum carnificem civium sociorumque in vestrum indicium adduximus". Ausserdem zerfällt die Amplification hauptsächlich in vier Arten, *incrementum*, *comparatio*, *ratiocinatio*, *congeries*.

Davon ist das *incrementum* oder die Steigerung (nicht mit der Klimax oder gradatio zu verwechseln) am wirksamsten, durch welche auch das geringere gross erscheint. Sie findet durch eine oder mehrere Stufen statt, und man gelangt durch sie mitunter gleichsam über das höchste noch hinaus, wie Cic. in Verr. V, 66: „facinus est vincire civem Romanum, scelus verberare, prope parricidium necare: quid dicam in crucem tollere?" Eine zweite Art der Hinzufügung über das Höchste ist bei Verg. Aen. VII, 649:

quo pulchrior alter
non fuit excepto Laurentis corpore Turni.

Hier wird nämlich das höchste ‚quo pulchrior alter non fuit' vorweggenommen, und dann noch etwas besonderes hinzugefügt. Eine dritte Art bezeichnet ohne Stufengang etwas gleich von vornherein als das höchste. Quintilian VIII, 4, 7 giebt als Bei-

---

*) fehlt bei Ernesti.

spiel aus einem ungenannten Verfasser: „matrem tuam cecidisti. quid dicam amplius? matrem tuam cecidisti". Eine andere Art der Steigerung lässt, ohne die Rede zu gliedern, immer ein grösseres Wort auf das andere folgen. So Cic. Phil. II, 25 vom Erbrechen des Antonius: „in coetu vero populi Romani negotium publicum gerens, magister equitum", wozu Quintilian bemerkt: „singula incrementum habent. per se deforme vel non in *coetu* vomere, in coetu etiam non *populi*, populi etiam non *Romani*, vel si nullum *negotium* ageret, vel si non *publicum*, vel si non *magister equitum*".

Die Amplification durch Vergleichung hat ihre Steigerung aus kleinerem. Durch Vergrösserung des kleineren muss nothwendig auch das darüber stehende gehoben werden. Bei Cicero geht besagten Worten vorher: „si hoc tibi inter coenam et in illis immanibus poculis tuis accidisset, quis non turpe duceret?" Ferner in Cat. I, 7: „servi mehercules mei si me isto pacto metuerent, ut te metuunt omnes cives tui, domum meam relinquendam putarem". vgl. Halm z. d. St. Aehnlich wie beim Beweis kann auch bei der Amplification durch Heranziehung eines verwandten Beispiels eine Sache vergrössert werden. Auch hier gilt die Regel, dass nicht blos Ganzes mit Ganzem, sondern auch Theile mit Theilen verglichen werden. Cic. Cat. I, 1: „num vero vir amplissimus P. Scipio pontifex maximus Gracchum mediocriter labefactantem statum rei publicae privatus interfecit, Catilinam orbem terrae caede atque incendio vastare cupientem nos consules perferemus?"

Die dritte Art geschieht per *ratiocinationem*, sachlich verwandt mit der ἔμφασις. Aus der vergrössernden Hervorhebung eines Nebenumstandes überlassen wir es dem Hörer, auf die Grösse der Sache selbst, um die es sich hier handelt, einen Schluss zu machen. Wenn Cic. Phil. II, 25 dem Antonius seine Völlerei vorwerfen will und zu ihm sagt: „tu istis faucibus, istis lateribus, ista gladiatoria totius corporis firmitate", so können wir uns einen Begriff davon machen, welche colossalen Quantitäten Wein er bei einem Hochzeitsmahle zu sich genommen hat. Wenn Aeolus bei Verg. Aen. I, 81 auf Bitten der Juno

cavum conversa cuspide montem
impulit in latus, ac venti velut agmine facto
qua data porta ruunt —

so sehen wir, welch ungeheurer Sturm sich erheben muss. Wie

schön mag Helena gewesen sein, dass sie sogar auf die Troischen Greise einen solchen Eindruck hervorbringen konnte!

Endlich kann man die Amplification auch durch die Anhäufung von gleichbedeutenden Wörtern und Sentenzen erreichen, entsprechend der Figur des συναϑροισμός. Cic. pro Lig. 3, 9: „quid enim tuus ille, Tubero, destrictus in acie Pharsalica gladius agebat? cuius latus ille mucro petebat? quis sensus erat armorum tuorum? quae tua mens, oculi, manus, ardor animi? quid cupiebas? quid optabas?" Ferner in Verr. V, 51: „aderat ianitor carceris, carnifex praetoris, mors terrorque sociorum et civium Romanorum, lictor Sextius" — wobei noch die einzelnen Wörter höher und höher wachsen.

Die Arten der Verkleinerung sind dieselben; auf so viel Stufen man hinaufsteigt, auf ebenso vielen steigt man hinab. Beispiel bei Cic. de leg. agr. 2, 5: „pauci tamen, qui proximi adsteterunt, nescio quid illum de lege agraria voluisse dicere suspicabantur".

§. 42.

Die Sentenzen.

„Sententia (γνώμη) est vox universalis, quae etiam citra complexum causae possit esse laudabilis" definirt Quint. VIII, 5, 3. Cornif. IV, 17, 24, der die Sentenz fälschlich mit zu den Figuren rechnet, was Quint. IX, 3, 98 zurückweist, definirt sie als „oratio sumpta de vita, quae aut quid sit, aut quid esse oporteat in vita, breviter ostendit". Anaxim. Rhet. II, p. 198 sagt: γνώμη δέ ἐστι μὲν ὡς ἐν κεφαλαίῳ καϑ' ὅλων τῶν πραγμάτων δόγματος ἰδίου δήλωσις. δύο δὲ τρόποι τῶν γνωμῶν εἰσιν, ὁ μὲν ἔνδοξος, ὁ δὲ παράδοξος. ὅταν μὲν οὖν ἔνδοξον λέγῃς, οὐδὲν δεῖ τὰς αἰτίας φέρειν (l. ἐπιφέρειν)· οὔτε γὰρ ἀγνοεῖται οὔτε ἀπιστεῖται τὸ λεγόμενον. ὅταν δὲ παράδοξον λέγῃς, χρὴ φράζειν τὰς αἰτίας συντόμως, ἵνα τὴν ἀδολεσχίαν καὶ τὴν ἀπιστίαν διαφύγῃς. Nach Arist. Rhet. II, 21 ist Gnome eine ἀπόφανσις οὐ μέντοι περὶ τῶν καϑ' ἕκαστον, οἷον ποῖός τις Ἰφικράτης, ἀλλὰ καθόλου, καὶ οὐ περὶ πάντων, οἷον ὅτι τὸ εὐϑὺ τῷ καμπύλῳ ἐναντίον, ἀλλὰ περὶ ὅσων αἱ πράξεις εἰσὶ, καὶ αἱρετὰ ἢ φευκτά ἐστι πρὸς τὸ πράττειν. Fügt man zu einer Sentenz den Grund und das warum hinzu, so ist das Ganze ein Enthymem (S. 91). Eines Beweises bedürfen aber alle diejenigen, welche etwas pa-

radoxes enthalten; diejenigen, bei denen dies nicht der Fall ist,
bleiben ohne Beweise. Für die Anwendung der Sentenzen ist
zu beherzigen, was Aristoteles ebendaselbst p. 101 sagt: *ἁρμόττει δὲ γνωμολογεῖν ἡλικίᾳ μὲν πρεσβυτέρῳ, περὶ δὲ τούτων
ὧν ἔμπειρός τις ἐστίν, ὡς τό μὲν μὴ τηλικοῦτον ὄντα γνωμολογεῖν
ἀπρεπές, ὥσπερ καὶ τὸ μυθολογεῖν, περὶ δ'ὧν ἄπειρος, ἠλίθιον
καὶ ἀπαίδευτον.* Der Nutzen der Gnome für den Vortrag besteht
nach Aristoteles in zweierlei. Einmal freuen sich die Zuhörer,
in einer allgemeinen Form das ausgesprochen zu hören, was sie
schon vorher als besondere Vorstellung in sich haben. Zweitens
aber verleiht die Gnome der Rede Charakter, *ἠθικοὺς ποιεῖ τοὺς
λόγους,* weil sie die Gesinnung des Redenden bekundet. Drücken
also Gnomen eine gute Gesinnung aus, so stellen sie auch den
Sprechenden als Mann von guter Gesinnung dar.

Eine selbständige Behandlung erfuhr die Gnome als Pro-
gymnasma, als welches sie in derselben Weise wie die Chrie
bearbeitet wurde. Die Progymnasmatiker definirten sie im Anschluss an Aristoteles als *λόγος κεφαλαιώδης ἐν ἀποφάνσει καθο-
λικῇ ἀποτρέπων τι ἢ προτρέπων ἐπί τι, ἢ ὁποῖόν ἐστιν ἕκαστον
δηλῶν.* So Hermog. Progymn. p. 7. *ἐν ἀποφάνσει* heisst in einer
entweder bejahenden, oder verneinenden Aussage. Die bei der
Chrie zulässige Form der Frage ist bei der Gnome ausgeschlossen, Schol. Aphthon. bei Walz Rh. Gr. T. II p. 22. Dies
stimmt freilich nicht mit Quint. VIII, 5, 6. Kürzer sagt Aphth.
p. 25: *γνώμη ἐστὶ λόγος ἐν ἀποφάνσεσι* (l. *ἐν ἀποφάνσει* nach
Hermog. und Matth. Camar. p. 123) *κεφαλαιώδης ἐπί τι προτρέπων.* Gleich mit Berücksichtigung der verschiedenen Arten der
Gnome definirte Sopater, s. Doxop. Homil. p. 288: *γνώμη ἐστὶν
ἀπόφασις καθολικὴ περὶ ποιότητα πραγμάτων ἢ προσώπων ἢ
τοῦ συναμφοτέρου*). Dem Inhalte nach bezieht sich nämlich die
Gnome entweder auf eine Sache, z. B. „nihil est tam populare

---

*) Die Gnome ist also nichts weiter als eine besondere Art der
Chrie, nur dadurch von ihr unterschieden, dass sie sich nie auf
eine Begebenheit beziehen, somit nie *πρακτική*, sondern immer
nur *λογική* sein kann, ferner dass die Chrie immer von einer
bestimmt angegebenen Person ausgehen muss, die Gnome aber
nicht. *πᾶσα γνώμη, σύντονος εἰς πρόσωπον ἀναφερομένη
χρείαν ποιεῖ,* Theon. Progymn. p. 201 extr. Weitere Unterschiede der Gnome von der Chrie giebt Doxop. Homil. p. 305.
Vgl. Ernesti lex. techn. rh. Gr. p. 63.

quam bonitas" — oder auf eine Person, wofür Quintilian den Ausspruch des Domitius Afer anführt: „princeps, qui vult omnia scire, necesse habet multa ignoscere". Sie kann ferner einfach sein (ἁπλῆ), wie in den angeführten Beispielen, oder doppelt (διεζευγμένη) z. B. Ter. Andr. 41: ‚obsequium amicos, veritas odium parit'. Auch kann beiden Arten eine Begründung zugefügt werden, z. B. „in omni certamine, qui opulentior est, etiamsi accipit iniuriam, tamen, quia plus potest, facere videtur", Sall. Jug. c. 10 (von Quintilian angeführt).

Ueber die Anwendung der Sentenzen sagt Cornificius sehr richtig: „sententias interponi rare convenit, ut rei actores, non vivendi praeceptores esse videamur: cum ita interponentur, multum afferent ornamenti et necesse est animo comprobet tacitus auditor, cum ad causam videat accomodari rem certam ex vita et moribus sumptam". Leider beherzigten gerade die Römer diese weise Lehre in ihrer späteren Litteratur sehr wenig. Bereits zu Quintilians Zeiten hielt man die Sentenzen wo nicht für den einzigen, so doch für den Hauptschmuck der Rede. Daneben fehlte es freilich auch nicht an solchen, welche alle Sentenzen schlechthin verwarfen, weil sie der alten, ursprünglichen Beredsamkeit fremd gewesen. Soviel ist richtig, dass sie erst durch die Asianische Beredsamkeit in Menge zur Anwendung kamen, Cic. Brut. 95. 325. Danach beurtheile man, was es mit dem neuerdings dem Cicero gemachten Vorwurf auf sich hat, er sei in seinen Reden arm an Sentenzen. Quintilian, auch hier seiner Richtung getreu, schlägt einen Mittelweg ein, und empfiehlt gute Sentenzen in mässiger Zahl und an passender Stelle als würdigen Schmuck der Rede. Man nannte sie ja eben auch lumina orationis. Natürlich ist alles frostige, gesuchte, so wie übertriebene an ihnen zu vermeiden. Daher sagt Cic. de opt. gen. 3, 7: „est enim vitiosum in sententia, si quid absurdum, aut alienum, aut non acutum, aut subinsulsum est". Sen. ep. 114, 16: „non tantum in genere sententiarum vitium est, si aut pusillae sunt et pueriles aut improbae et plus ausae, quam pudore salvo licet: sed si floridae sunt et nimis dulces, si in vanum exeunt et sine effectu nihil amplius quam sonant". Dunkelheit der Sentenzen in seinen Reden macht Cicero orat. 9, 30 dem Thucydides zum Vorwurf. Als ganz fehlerhaft bezeichnet Quintilian eine Sentenz, die von einem Worte ausgeht, z. B.: „patres conscripti, sic enim incipiendum est mihi, ut memineritis patrum".

Eine sententia *ex contrariis* wurde gleichsam κατ' ἐξοχήν, ἐνθύμημα genannt, wie der Satz aus Cic. pro Lig. 4, 10: „quorum igitur impunitas, Caesar, tuae clementiae laus est, eorum te ipsorum ad crudelitatem acuet oratio?" S. oben S. 91. — Eine Sentenz am Schlusse einer längeren Auseinandersetzung gleichsam der letzte Strich, der das Ganze vollendet, oder wie Quintilian mit einem anderen Bilde sagt „non tam probatio, quam extrema quasi insultatio", heisst ἐπιφώνημα. Z. B. Verg. Aen. I, 33:

tantae molis erat, Romanam condere gentem! oder Cic. pro Mil. 4, 9: „facere enim probus adulescens periculose, quam perpeti turpiter maluit". Vgl. Hermog. p. 252. Ernesti Lex. techn. rh. Gr. p. 132. Voss. Comm. Rhet. V, 4 p. 419 ff. Bemerkenswerth ist, dass der Anon. de fig. bei Spengel Rh. Gr. T. III p. 173 am Epiphonem als charakteristisch die Abwesenheit der Conjunction hervorhebt.

§. 43.

Die Tropen.

Tropus, manche Lateiner sagten dafür *motus*[*], wird von Quint. VIII, 6, 1 definirt als „verbi vel sermonis a propria significatione in aliam cum virtute mutatio". Die Griechen sagten: τρόπος ἐστι λόγος κατὰ παρατροπὴν τοῦ κυρίου λεγόμενος κατά τινα δήλωσιν κοσμιωτέραν ἢ κατὰ τὸ ἀναγκαῖον, Tryph. bei Spengel Rh. Gr. T. III p. 191. Desgl. Greg. Cor. ib. p. 215: τρόπος ἐστι λέξεως φράσις ἐκ τῆς καθ' ἑαυτὴν ὁπωσοῦν ἰδιότητος μετατροπὴν εἰληφυῖα, διὸ καὶ τρόπος καλεῖται, παρείληπται δὲ ἤτοι χρείας ἕνεκα ἢ κόσμου περὶ τὴν φράσιν. Bei Cornificius fallen noch Tropen und Figuren als exornationes zusammen, nur werden IV, 31, 42 eine Anzahl zusammengestellt „in quibus ab usitata verborum potestate receditur atque in aliam rationem cum quadam venustate oratio confertur". Cicero Brut. 17, 69. Orat. 24, 81 ff. unterscheidet aber bereits nach Griechischem Vorgange Tropen von Figuren. Mit den Regeln der Tropen be-

---

[*] Auch *mores* und *modi* findet sich als Bezeichnung der Tropen, Ruhnken. ad Aq. Rom. p. 141. — Statt des handschriftlichen *illorum* bei Aq. Rom. p. 22, 7, das Halm in *usitatorum* verwandelt hat, ist wohl singulorum zu lesen.

fassten sich behufs der Dichtererklärung auch die Grammatiker.
Ueber Zahl, Arten und Unterarten derselben führten sie mit den
Philosophen einen erbitterten Streit. Ohne sich darauf einzulassen, bemerkt Quintilian im allgemeinen, dass die einen Tropen der Bedeutung, andere des Schmuckes wegen angewandt
werden, dass die einen ferner im eigentlichen, die anderen im
übertragenen bestehen, und dass dabei nicht blos die Formen
der Wörter, sondern auch der Gedanken und der Composition
verändert werden. Er selbst behandelt darauf in verschiedener
Ausführlichkeit vierzehn Arten von Tropen, nämlich Metapher,
Synekdoche, Metonymie, Antonomasie, Onomatopoeie, Katachresis, Metalepsis, das Epitheton, die Allegorie mit dem Räthsel,
die Ironie mit ihren Unterarten, die Periphrasis, das Hyperbaton
und die Hyperbel. Auch Trypho p. 191 nennt vierzehn, er lässt
aber von den genannten die Antonomasie, und das Epitheton,
die Ironie und Hyperbel weg und führt dafür Anastrophe, Pleonasmus, Ellipse und Parapleroma auf. In der Schrift selbst,
wie sie uns vorliegt, folgen nach Behandlung der genannten
noch Hyperbel, Emphasis, Energeia, Parasiopesis, Homoeosis
mit Unterarten, Charakterismus, Eikasmus, Syntomie, davon
verschieden die βραχύτης, die Syllepsis, Epanalepsis, Proanapho-
nesis, Parekbasis, Amphibolie, Antiphrasis, Metatyposis, Antonomasie, Ironie nebst Sarkasmus, Μυκτηρισμός, Χαριεντισμός,
Epikertomesis, Ἀστεισμός und Παροιμία, zusammen also acht
und dreissig. Die Schrift des Tryphon bildet die Grundlage für
die Compilationen späterer Rhetoren, die bald welche von den
bereits genannten Tropen weglassen, bald neue hinzufügen. Neu
hinzugefügt sind vom Anonymus bei Spengel T. III p. 207 ff.
ἐξοχή, ἀνταπόδοσις. Gregor. Corinth. nennt 27 Tropen, darunter
die Enantiosis, Epanxesis, Hysterologie und das σχῆμα, worunter
er einen zu entschuldigenden Soloecismus versteht (p. 226). Bei
einem andern Anonymus p. 227 wird das πεποιημένον von der
Onomatopoeie unterschieden. Als Unterarten des πεποιημένον
erscheinen bei Kokondrios p. 231 Metonomasie, Metaschemati-
smus und Metatyposis. Er theilt die Tropen überhaupt in drei
Klassen, solche, die sich auf ein Wort, solche, die sich auf die
Syntax, und solche, die sich auf beides beziehen. Bei Georg.
Choeroboskus endlich erscheint p. 254 auch das Paradigma unter
den Tropen. In einem Anhange zu dieser Schrift werden noch
Epexegese, ἀπὸ κοινοῦ, ἑτερογενές und ἑτεροπρόσωπον aufgeführt.

Die Zahl ist durch Spaltung der Arten in Unterarten, dann durch Hinzunahme von mancherlei Figuren so gross geworden, da die beiderseitigen Gebiete von einander nicht scharf abzusondern sind, endlich hat man manches als Tropus aufgeführt, was weder unter Tropen, noch Figuren eine Stelle verdient. Eine nähere Betrachtung verdienen in der That blos die von Quintilian genannten.

Der häufigste und schönste Tropus ist die Metapher, Quint. VIII, 6, 18, über welche einiges unbedeutende auch bei Cornif. IV, 34, 45 zu finden ist. Als lateinischen Ausdruck gebraucht zuerst Cicero translatio. Sie ist so naturgemäss, dass auch Ungebildete unbewusst sich ihrer häufig bedienen, in Ausdrücken, wie gemmantes vites, lacteae segetes, sitientes agri, luxuriosa frumenta, und ähnlichen, Cic. orat. 24, 81. de orat. III, 38, 155. Daher sagt Demetr. de eloc. §. 86 ἡ συνήθεια καὶ μάλιστα μεταφορῶν διδάσκαλος. Sie ist ferner, nach Quintilian, so lieblich und glänzend, dass sie selbst in einer noch so schönen Rede, dennoch ihr eigenthümliches Licht ausstrahlt. Denn richtig herbeigeholt kann sie weder gewöhnlich, noch niedrig, noch unangenehm sein, auch vermehrt sie die Wortfülle, und gewährt schliesslich jedem Dinge eine eigenthümliche Bezeichnung. Man überträgt nun ein Haupt- oder Zeitwort von seinem ihm eigenthümlichen an einen solchen Ort, wo es an einem eigentlichen Ausdruck fehlt, oder wo ein übertragner Ausdruck besser als ein eigentlicher ist. Dies thut man, entweder weil es nothwendig, oder weil es bezeichnender, oder wie gesagt, weil es zierlicher ist. Wenn der übertragene Ausdruck nichts von alledem leistet, dann ist er nicht an seinem Platze. Im Allgemeinen ist die Metapher ein kürzeres Gleichniss (similitudo), dadurch von einem solchen unterschieden, dass dieses mit der Sache, die wir ausdrücken wollen, verglichen, jene für die Sache selbst gesetzt wird. Dabei lassen sich vier Fälle unterscheiden. Erstens man setzt von zwei belebten Dingen das eine für das andre, wie wenn Livius sagt, Scipio sei von Cato gewöhnlich „angebellt“ worden. Zweitens wird unbelebtes für andres unbelebte gebraucht, z. B. Verg. Aen. VI, 1: ‚classi immittit habenas‘. Drittens wird unbelebtes für belebtes gesetzt, wie wenn Homer Il. A 284 und sonst den Achill ἕρκος Ἀχαιῶν nennt. Endlich wird belebtes für unbelebtes gesetzt. Gerade dies ist eine Quelle der Erhabenheit, wenn durch eine kühne Metapher den empfindungslosen Dingen

Handlung und Bewusstsein beigelegt wird, z. B. Verg. Aen. VIII,
728: ‚pontem indignatus Araxes‘. Cic. pro Lig. c. 7: „quid enim
tuus ille, Tubero, destrictus in acie Pharsalica gladius agebat?
cuius latus ille mucro petebat? qui sensus erat armorum tuorum?" In dieser Art der Metapher ist Homer unübertroffenes
Muster, wie schon von Arist. Rhet. III, 11 p. 141 bemerkt worden, der folgende Beispiele anführt: αὖτις ἐπὶ δάπεδόνδε κυλίνδετο
λᾶας ἀναιδής Od. λ 598. ἔπτατ' ὀιστός Il. N 588. ἐπίπτεσθαι
μενεαίνων, Δ 126. ἐν γαίῃ ἵσταντο λιλαιόμεναι χροὸς ἆσαι, Δ 574.
αἰχμή δὲ στέρνοιο διέσσυτο μαιμώωσα, Ο 542, vgl. Demetr. de
eloc. §. 81 ff. So giebt es auch doppelte Metaphern, z. B. Verg.
Aen. IX, 773: ‚ferrumque armare veneno‘ — und natürlich lassen
sich diese vier Arten wieder in verschiedene Unterarten zerlegen.
Verfehlt heisst es bei Arist. Poet. c. 21: μεταφορὰ δ' ἐστὶν ὀνόματος ἀλλοτρίου ἐπιφορὰ ἢ ἀπὸ τοῦ γένους ἐπὶ εἶδος, ἢ ἀπὸ τοῦ
εἴδους ἐπὶ γένος, ἢ ἀπὸ τοῦ εἴδους ἐπὶ εἶδος, ἢ κατὰ τὸ ἀνά-
λογον. Wie die angeführten Beispiele zeigen, wird hier der Ausdruck μεταφορά in einem allgemeinen Sinne gebraucht, denn nur
die dritte und vierte Art umfasst das, was man sonst Metaphern
nennt*).

Nun ist aber zu bemerken, dass so sehr ein mässiger und
passender Gebrauch der Metapher die Rede schmückt, ebenso
sehr ein häufiger sie verdunkelt und uns verleidet. Ein unausgesetzter führt zur Allegorie und zum Räthsel. Schon Aristoteles
sagte: τοὺς πάντα μεταφέροντας αἰνίγματα γράφειν, Longin.
fragm. 2. Es giebt auch niedrige Metaphern. So der von Quintilian wiederholt getadelte, charakteristisch genug von Voss
Comment. Rhet. IV, 6, 9 p. 103 in Schutz genommene Ausdruck:
‚saxea est verruca in summo montis vertice‘. Ferner schmutzige.
Richtig sprach Cicero von sentina rei publicae, unschön sagte
dagegen ein andrer alter Redner: ‚persecuisti rei publicae vo-

---

*) Man vergleiche im weiteren die interessante Abhandlung von
C. Hense Poetische Personification in griechischen Dichtungen.
Parchim 1864. Jean Paul S. W. 3 S. 204; „Indem der Dichter
durch die Metapher einen Körper zur Hülle von etwas geistigem
macht — z. B. Blüthe einer Wissenschaft: so zwingt er uns, dieses Körperliche, also hier ‚Blüthe‘ heller zu sehen, als in einer
Botanik geschähe. Und wieder umgekehrt giebt er, wie vermittelst der Metapher dem Körperlichen durch das Geistige, ebenso
vermittelst der Personification dem Geistigen durch das Körperliche höhere Farben."

17

micas'. Vortrefflich zeigt Cic. de orat. III, 41, dass die Metapher nicht unschön sein dürfe, und giebt selbst dafür die Beispiele *castratam* morte Africaui rem publicam, *stercus* curiae Glauciam. Sie darf nicht zu gross, oder was häufiger ist zu klein, nicht unähnlich, nicht hart d. h. zu weit hergeholt sein. So tadelte Quintilian den Ausdruck *capitis nives*. Er findet sich später bei Prudent. prooem. Cathem. v. 27. Desgleichen den Vers des Furius Bibaculus (Schol. Hor. Sat. II, 5, 41).

Iuppiter hibernas cana nive conspuit Alpes,

in welchem die Metapher obenein schmutzig ist. Eine gute Regel giebt Arist. Rhet. III, 11 p. 142, wenn er sagt, man müsse Metaphern bilden mit nahe und doch nicht ganz offen liegenden Dingen, δεῖ μεταφέρειν ἀπὸ οἰκείων καὶ μὴ φανερῶν, wie es ja auch in der Philosophie Sache des Scharfsinns sei, das Aehnliche selbst an weit auseinander liegenden Dingen wahrzunehmen. Sehr richtig warnt endlich Quintilian vor der Ansicht, dass alle Metaphern, die den Dichtern erlaubt sind, auch für die Prosa passen. In Prosa muss die Metapher entweder einen leer stehenden Platz einnehmen, oder mehr Gewicht haben als das, was sie vertritt. Interessant ist es zu erfahren, dass auch Aeschines dem Demosthenes den Gebrauch mehrerer falscher Metaphern vorwarf, doch vermochte Dionys von Halikarnas (T. VI p. 246) diese im Demosthenes selbt nicht nachzuweisen.

Der zweite Tropus ist die Synekdoche, Quint. VIII, 6, 19, bei Cornif. IV, 33, 44 *intellectio* genannt (cum res tota parva de parte cognoscitur, aut de toto pars). Durch sie kömmt Abwechslung in den Ausdruck, indem wir aus einem mehreres, aus dem Theile das Ganze, aus der Species das Genus, aus dem Stoffe das daraus gefertigte (wird wenigstens von Trypho mit zur Synekdoche gerechnet), aus dem Vorhergehenden das Folgende, oder dies alles umgekehrt verstehen. Die Griechischen Rhetoren zählten im Ganzen dreizehn Unterarten auf, s. Anon. bei Walz Rhet. Gr. T. VIII p. 691. Ihr Gebrauch ist natürlich freier für die Dichter als für die Redner. Die Prosa erträgt *mucro* als Schwerdt, *tectum* als Haus*), aber nicht *puppis* als Schiff, *abies*

---

*) *tectum* bedeutet eigentlich das bedeckte, also das Haus. Da aber die Participialia an sich am genus verbi keinen Antheil haben, so kann es natürlich auch das bedeckende, also das Dach bedeuten. Von einer Synekdoche ist hier, genau genommen, keine Rede.

als Brieftafel (Plaut. Pers. II, 2, 66), und andrerseits wohl *ferrum* als Schwerdt, aber nicht *quadrupes* als Pferd. Am meisten zulässig ist noch die freie Anwendung des Numerus. Häufig sagt Livius Romanus statt Romani, und oft spricht Cicero von sich allein im Plural. Namentlich die silberne Latinität liebt es nach dem Vorgang der Dichter *aes, aurum, argentum* für eherne, goldene und silberne Gefässe zu gebrauchen, s. H e i n d o r f. ad Hor. Sat. I, 4, 28. Verg. Georg I, 480: templis ebur aeraque sudant. Hor. Ep. I, 6, 17: i nunc argentum et marmor vetus aeraque et artes suspice. Valer. Flacc. I, 148: vacuo condit caput Hippasus auro, im leeren goldenen Becher. Sen. ep. 5, 2. de brev. vit. 12, 5. de vit. beat. 17, 2. de tranq. 1, 7. Mart. VII, 6, 3. 34, 1. Bei Sen. de prov. 3, 13 ist ‚suspensa auro nix‘ der in einem goldenen Gefäss geschmolzene Schnee, welches von den Händen der Diener hochgehalten wird. Ebendaselbst *gemma* für ein aus Edelstein gefertigtes Gefäss, wie de benef. VIII, 9, 3 woselbst Gronov unter anderen Luc. X, 160: „gemmaeque capaces excepere merum“, und Drepan. Paneg. c. 14, 1 anführt „parum se lautos putabunt, nisi aestivam in gemmis capacibus glaciem Falerna fregissent“. Aber selbst für einen Dichter fast zu kühn sagt Claud. de VI. cons. Honor. v. 526 von einer Mutter, die ihre Tochter zur Ankunft des Freiers sorgfältig schmückt: „viridi angustat iaspide pectus“, wo *iaspis* eine mit Jaspis besetzte Binde oder Schnalle bezeichnet. Dies erinnert an Mart. IX, 43, 1: „hic qui dura sedens porrecta saxa leone mitigat“ d. h. mit einer Löwenhaut. Merkwürdig ist August. Confess. II, 4, 9: „arbor erat pirus in vicinia vineae nostrae, ad hanc excutiendam atque asportandam“, um diesen Baum zu schütteln, und sein Obst wegzutragen. Man könnte zur Synekdoche auch alle die Fälle rechnen, in denen verkürzte Vergleiche vorliegen, wie bei Homer κόμαι Χαρίτεσσιν ὁμοῖαι gleich Χαρίτων κόμαις, oder bei Comparativen, wie Juv. 3, 202: lectus Procula minor, zu klein, als dass Procula darauf hätte sitzen können. Justin. IV, 3 sagt facinus nulli tyranno comparandum. Vgl. R ü d i g e r zu Dem. Olynth. II, 10, 4. W o p k e n s. Lectt. Tull. II, 3 p. 189. H e i n r i c h zu Juven. S. 136. B u r m a n n zu Lucan. VIII, 747. Ferner das von R u h n k e n sogenannte genus loquendi, quo quis facere dicitur, quod factum narrat, wie wenn Tert. adv. Nat. 1, 10 gegen Homer sagt: „ille opinor, qui de deis favore diversis gladiatoria quodammodo paria commisit, Venerem sauciat sagitta humana". Weitere Belege giebt Heinr. zu Juven. S. 85.

Verwandt mit der Synekdoche und eigentlich nur eine besondere Unterart derselben ist die Metonymie, die Setzung eines Hauptwortes für ein anderes, auch Hypallage genannt, und zwar ist Metonymie mehr der grammatische, Hypallage mehr der rhetorische Ausdruck, Cic. orat. 27, 93. Cornif. IV, 32, 43 nennt diesen Tropus *denominatio.* „Eius vis est", sagt Quint. VIII, 6, 23 „pro eo, quod dicitur, causam, propter quam dicitur, ponere". Nach Trypho p. 195 ist Metonymie eine λέξις ἀπὸ τοῦ ὁμωνύμου τὸ συνώνυμον δηλοῦσα. Man benennt also dabei die erfundenen Dinge nach ihren Erfindern, die unterworfenen nach ihren Beherrschern u. s. w., also Ceres für Brod. *Neptunus* für Meer, sagt Quintilian, *Vulcanus* für Feuer sei ganz gewöhnlich, *vario Marte pugnare* sei gebildete Ausdrucksweise, *Venus* sei anständiger als coitus, aber *Liber* und *Ceres* für Wein und Brod dürfe sich der Redner nicht erlauben. So habe man sich eine Hypallage des enthaltenden oder des Behälters für das darin enthaltene allgemein gefallen lassen, wie bene moratae urbes, poculum epotum und saeculum felix (Justin. XI, 10, 9: operam oblocare ad puteos exhauriendos. Valer. Flacc. II, 521: totaque pharetrae nube premit, mit einer Wolke von Pfeilen), aber das umgekehrte, wie Verg. Aen. II, 311: ‚iam proximus ardet Ucalegon' dürfe sich nur ein Dichter erlauben. Gewöhnliche Arten der Hypallage seien caesa sexaginta milia, der Dichter statt seiner Gedichte, Ausdrücke, wie venit commeatus statt affertur, sacrilegium deprehensum statt sacrilegus, armorum scientiam habere statt artis armorum. Eine ganz häufige Art endlich sei es, das bewirkende, aus dem, was bewirkt wird, zu zeigen, also pallida mors, pallentes morbi, tristis senectus, praeceps ira, hilaris adulescentia, segne otium. — Eine kaum zu rechtfertigende Hypallage ist es, wenn bei Liv. XXII, 17 die Ochsen, zwischen deren Hörnern sich Reisbündel befanden, welche in Brand gesteckt wurden, *accensis cornibus* die gegenüberliegenden Berge hinaufgetrieben werden. Weitere Beispiele giebt Wopkens Lectt. Tull. III, 1 p. 324, doch sehe man dazu die einschränkende Bemerkung von Hand n. 178. Für die von Quintilian angeführte Art der Hypallage, bei welcher Substantiva abstracta statt der concreta gesetzt werden, z. B. *servitium* statt *servi*, geben Beispiele in Menge die Ausleger zu

Liv. III, 15, 9. Corte zu Sall. Cat. 24, 3. Graev. zu Just. XLI, 2, 5.

Auch die Antonomasie ward von einigen zur συνεκδοχή gerechnet, Tryph. p. 204, ebenso wie die Ellipse, die Quintilian §. 21 bei dieser zwar erwähnt, deren Besprechung er aber in den Abschnitt von den Figuren verweist. Die Antonomasie definirt Trypho als λέξις ἢ φράσις διὰ συνωνύμων ὀνομάτων τὸ κύριον παριστῶσα. Statt eines Eigennamens setzt man ein ihn kennzeichnendes Epitheton, wohin von Quintilian auch die Patronymika gerechnet werden, wie Pelides, Tydides, oder eine ihn nach seinen Thaten oder besonderen Eigenschaften bezeichnende Apposition, wie Romanae eloquentiae princeps für Cicero, Africani nepotes als Bezeichnung der Gracchen. Cic. de prov. consul. 9: „an vero in Syria diutius est illa Semiramis retinenda?" In mässigem Umfange ist auch dieser Tropus — Cornif. IV, 31, 42 nennt ihn *pronominatio* — dem Redner erlaubt.

Die Onomatopoeie dagegen, d. h. das Selbstbilden eines Wortes, das bei den Griechen für eine grosse Tugend galt, ist den Römern kaum erlaubt. Dies sahen wir schon oben. Trypho versteht unter Onomatopoeie überhaupt eine λέξις κατὰ παραγωγὴν τοῦ καθωμιλημένου ἐξενηνεγμένη, und unterscheidet sieben Arten derselben, κατὰ ἐτυμολογίαν, z. B. λίθος εὐλαβὴς für εὔληπτος, κατὰ ἀναλογίαν, wie das Sophokleische γερονταγωγῶ nach der Analogie von παιδαγωγῶ gebildet, κατὰ παρονο μασίαν, dahin rechnet er Bildungen wie μελλώ bei Aeschylus*), κατὰ σύνθεσιν, wie ποδάρκης, νεφεληγερέτα, (Quintilian führt als schlecht und hart ὀπισθενακόλουθος gegenüber dem Lateinischen *septentriones* an), κατ᾽ ἐναλλαγήν, wie γύνανδροι bei Sophokles für ἀνδρόγυνοι, κατὰ διαίρεσιν, wie πόλις ἄκρη statt ἀκρόπολις, endlich κατὰ πεποιημένον, Ausdrücke wie τετριγῶτας, κελαρύζει, λάψοντες γλώσσῃσιν. Das von Quintilian angeführte *postes laureati* für lauro coronati wäre wohl als ὀνοματοποιία κατὰ παρονομασίαν zu betrachten. Manche Rhetoren gebrauchten den Gattungsnamen der Onomatopoeie blos für das πεποιημένον, vgl. Anon. p. 210: ὀνοματοποιία ἐστὶ λέξις ἢ μέρος λόγου πεποιημένον κατὰ μίμησιν τῶν ἀποτελουμένων ἤχων, Gregor. Cor. p. 220.

---

*) dass das vorhergehende χρυσῶ ἀπὸ τοῦ χρυσοῦ nicht richtig sein kann, ist klar. Mindestens verlangt man χρυσώ „die Goldigkeit".

Cocondr. p. 231. — Dass die Katachresis nothwendig sei, ist gleichfalls oben bemerkt worden. Eigentlich kann hierbei von einem Tropus gar keine Rede sein, denn sie tritt ein, wo es der Sprache an einem Ausdruck fehlt, wo ein *ἀκατονόμαστον κατὰ τὸ οἰκεῖον* vorliegt, beim Tropus dagegen und zwar bei der Metapher, an die man hier zuerst denken würde, wird ein Wort an Stelle eines andern gesetzt, also keine sprachliche Lücke ausgefüllt. Wenn aber einige in solchen Fällen von Katachrese sprachen, wo vielmehr das Vertauschen eines Begriffs mit einem andern vorliegt, wie wenn man virtus statt temeritas, liberalitas statt luxuria sagt, so ist das nicht richtig. Weniger genau ist es auch, wenn Cornif. IV, 33, 45 die *abusio* definirt als diejenige exornatio „quae verbo simili et propinquo pro certo abutitur, hoc modo: vires hominis breves sunt; aut parva statura; aut longum in homine consilium, aut: oratio magna, aut: uti pauco sermone". S. Kayser's Commentar S. 300.

Ein selbst bei Griechen sehr seltener Tropus ist die Metalepsis, *transsumptio*, die von einem Tropus zum andern gleichsam einen Weg darbietet. „Est enim haec in metalepsi natura, ut inter id, quod transfertur, sit medius quidam gradus, nihil ipse significans sed praebens transitum." Eine Metalepsis würde es sein, wollte man den Verres durch sus, den Laelius schlechtweg durch doctus bezeichnen. Dann müsste man es aber auch als Metalepsis betrachten, wenn Magnus vereinzelt bei Cicero, wie pro Mil. 25, 68, und stehend bei Lucan zur Bezeichnung des Pompeius dient. Nach Trypho p. 195 ist Metalepsis *λέξις ἐκ συνωνυμίας τὸ ὁμώνυμον δηλοῦσα*, wie wenn die *νῆσοι ὀξεῖαι* bei Homer Od. ο 299 *θοαί* heissen. *θοόν* und *ὀξύ* ist synonym, homonym aber mit *ὀξύ* sind die *νῆσοι ὀξεῖαι*. Vgl. Eust. zu Il. *A* p. 79. Oder wenn ein uns unbekannter Dichter sagt:

Τεῦκρος δὲ τόξου χρώμενος φειδωλίᾳ
ὑπὲρ τάφρου πηδῶντας ἔστησε Φρύγας

wo *φειδωλίᾳ* statt *ἀκριβείᾳ* gesagt sein soll, was der Anon. p. 209 erklärt, *τῇ γὰρ φειδωλίᾳ συνωνυμεῖ ἡ κατὰ δόσιν ἀκρίβεια, τῇ δὲ ὁμωνυμεῖ ἡ κατὰ τέχνην ἀκρίβεια, ἤγουν ἡ εὐστοχία.*

Nur uneigentlich kann das Epitheton, lateinisch *appositum*, von einigen auch *sequens* genannt, zu den Tropen gerechnet werden. Von den Griechischen Schriftstellern wird es daher auch übergangen. Es gehört eben nur in sofern zu den Tropen, weil es einmal metaphorisch sein kann, wie cupiditas effrenata, insanae substructiones, und solche übertragenen Epitheta dienen ganz besonders zum Schmuck der Rede, dann weil manche Epitheta mit Weglassung ihres Hauptwortes an sich als Antonomasie dienen können. Vielleicht dass dies der Sinn der sehr verdorbenen Stelle bei Quint. VIII, 6, 40 ff. ist. Die Dichter, heisst es daselbst weiter, bedienen sich der Epitheta in reichem Masse, ihnen ist es genug, wenn sie überhaupt nur zu ihren Hauptwörtern passen, beim Redner dürfen sie aber nur dann angewandt werden, wenn ohne dieselben etwas fehlen und wirklich weniger gesagt sein würde, also „o scelus abominandum, o deformem libidinem". Müssige Epitheta sind dagegen zu verwerfen. Ohne Epitheta erscheint die Rede nackt und ungeschmückt, durch viele wird sie überladen.

Die Allegorie, *inversio*, verbirgt hinter dem wörtlichen Sinn entweder einen anderen, tieferen, oder auch geradezu den entgegengesetzten. „Aut aliud verbis, aliud sensu ostendit, aut etiam interim contrarium". Der zweite Fall giebt den besonderen Tropus der Ironie mit ihren Unterarten, der erste Fall entsteht durch eine fortgesetzte Reihe von Uebertragungen, wie in der Horazischen Ode I, 14: „o navis, referent in mare te novi fluctus". Bei Cornif. IV, 34, 46 werden *similitudo* (Allegorie), *argumentum* (Antonomasie) und *contrarium* (Ironie) als Unterarten der *permutatio* aufgestellt, der „oratio aliud verbis aliud sententia demonstrans". So definirt auch Trypho p. 193 die Allegorie als λόγος ἕτερον μέν τι κυρίως δηλῶν, ἑτέραν δὲ ἔννοιαν παριστάνων καθ᾽ ὁμοίωσιν ἐπὶ τὸ πλεῖστον. Bekanntlich wurde der Allegorie seit den ältesten Zeiten ein grosser Spielraum bei Erklärung der Homerischen Gedichte, späterhin der Mythologie überhaupt eingeräumt, doch ist hier nicht der Ort darauf näher einzugehen. Zu beachten ist es, dass der Anon. p. 215 von einer nothwendigen Katachrese der Allegorie spricht. Dies giebt den sermo figuratus, auf den wir in §. 47 zurückkommen. Rein für sich, sagt Quint. §. 47, wird die Allegorie in der Rede selten angewandt, sondern meist mit apertis d. h. mit nicht allegorischen Bestandtheilen gemischt. Rein ist die Allegorie in einem Ciceronischen Fragment: „hoc miror, hoc queror, quemquam hominem putavi esse subeundas". Ohne den Zusatz in illis dumtaxat fluctibus contionum würde die Allegorie rein sein. Am schönsten wird die Rede, wenn in ihr das Angenehme von dreien, nämlich von Gleichniss, Allegorie und Uebertragung gemischt ist, wie bei Cic. pro Mur. 17, 35: „quod enim fretum, quem Euripum tot motus, tantas, tam varias habere putatis agitationes, commutationes, fluctus, quantas perturbationes et quantos aestus habet ratio comitiorum? dies intermissus unus, aut nox interposita saepe perturbat omnia, et totam opinionem parva non nunquam commutat aura rumoris". Hierbei muss man besonders darauf sehen, mit derselben Art der Uebertragung aufzuhören, mit der man angefangen hat, d. h. nicht aus dem Bilde zu fallen. Viele, sagt Quintilian, fangen mit Sturm an und hören mit Feuer oder Einsturz auf, was sehr hässlich ist. In manchen Redensarten, wie pedem conferre, iugulum petere, sanguinem mittere, war die Allegorie schon etwas alltägliches geworden. Desgleichen in manchen historischen Beispielen, die zu reinen Redensarten geworden sind, wie Dionysium Corinthi esse. — Eine Allegorie, die zu dunkel ist, giebt das Räthsel, αἴνιγμα. Eine räthselhafte Ausdrucksweise ist natürlich in Prosa fehlerhaft. Dichter, welche ja die Räthsel zu einer besonderen Dichtungsart ausgebildet hatten, können sich derselben auch unter der übrigen Darstellung bedienen, wie Verg. Ecl. 3, 104. Das Räthsel ist nach Trypho p. 193 eine φράσις ἐπιτετηδευμένη κακοσχόλως εἰς ἀσάφειαν ἀποκρύπτουσα τὸ νοούμενον, ἢ ἀδύνατόν τι καὶ ἀμήχανον παριστάνουσα. Bei der Allegorie ist Ausdruck oder Gedanke dunkel, beim Räthsel beides. Vom αἴνιγμα verschieden ist der γρῖφος, wenngleich viele keinen Unterschied anerkannten, und der Begriff γρῖφος ein sehr vieldeutiger war. Doch sagt Schol. Aristid. p. 508: γρῖφος δέ ἐστιν οὐχ, ὡς ἔνιοί φασι, ταὐτὸν τῷ αἰνίγματι· διαφέρουσι γὰρ, ὅτι τὸ μὲν αἴνιγμα ὁμολογεῖ τις ἀγνοεῖν, τὸν δὲ γρῖφον ἀγνοεῖ δοκῶν ἐπίστασθαι, οἷον αἴνιγμα μέν ἐστι τὸ τί δίπουν, τί τρίπουν, τί τετράπουν; ἐνταῦθα δῆλον τὸ ἐρώτημα. γρῖφος δὲ οἷον Ἕκτορα τὸν Πριάμου Διομήδης ἔκτανεν ἀνήρ. ἐνταῦθα δοκεῖ μὲν εἰδέναι τὸ ῥηθέν, ἀγνοεῖ δέ, ὅτι διομήδης ἦν ἀνὴρ ὁ Ἀχιλλεύς. Wahrhaft ergetzliches über die Griphen ist bei Athen. X p. 448 ff. zu lesen. Vgl. Krause in Pauly's Real-Encycl. T. III. S. 967 ff.

Zur zweiten Art der Allegorie also, wo die Worte gerade das Gegentheil von dem besagen, was sie zu besagen scheinen,

Dem. φθ. Σ. 7.

gehört die Ironie, *illusio*. Anaxim. Rhet. 21 p. 208: εἰρωνεία
δέ ἐστι λέγειν τι μὴ προσποιούμενον λέγειν, ἢ ἐν τοῖς (l. ἢ τοῖς)
ἐναντίοις ὀνόμασι τὰ πράγματα προσαγορεύειν. Hier wird die
Figur der παράλειψις mit zur Ironie gerechnet. Trypho p. 205:
εἰρωνεία ἐστὶ λόγος διὰ τοῦ ἐναντίου τὸ ἐναντίον μετά τινος ἠθι-
κῆς ὑποκρίσεως δηλῶν. Man merkt die Ironie an der Aussprache,
an der Person selbst, oder an der Natur der Sache. Wenn
etwas davon mit den Worten nicht stimmt, so ist klar, dass die
Rede eine ganz andre Absicht hat. Der Gebrauch der Ironie
ist dem Redner verstattet, namentlich die ironische Anwendung
von Lob oder Tadel. Als Unterarten führt Quintilian σαρ-
κασμός, ἀστεισμός, ἀντίφρασις und παροιμία an, endlich den
μυκτηρισμός als „*dissimulatus quidam sed non latens derisus*". Der
Sarkasmus ist bittere Ironie, *plena odio atque hostilis irrisio* (Beda
p. 616) μετὰ σεσηρότος τοῦ προσώπου λεγόμενος Herod. de fig.
p. 591, bei dem sich also das Gesicht zu einem grinsenden
Lachen verzieht, wenn anders diese Etymologie die richtige ist.
Nach Jul. Rufin. p. 40 dagegen ist es eine versteckte Obscoenität, wie in dem Verse des Vergil Ecl. 3, 8: *novimus et qui te
transversa tuentibus hircis.* Als lateinische Bezeichnung finden
wir bei dem angeblichen Jul. Rufin. p. 62 den Ausdruck *exacer-
batio.* Der ἀστεισμός ist eine witzige Selbst-Ironie, μυκτηρισμός
und χλευασμός dagegen bezeichnet die auf andre gerichtete Ironie. In der Form eines leisen Spottes giebt sie den χαριεντισμός. Die ἀντίφρασις ist eine λέξις διὰ τοῦ ἐναντίου ἢ παρακειμένου τὸ ἐναντίον παριστῶσα χωρὶς ὑποκρίσεως. Durch diesen
Zusatz wird sie von der Ironie unterschieden und zum selbständigen Tropus gemacht, Tryph. p. 204. Hom. Il. O, 11: ἐπεὶ
οὔ μιν ἀφαυρότατος βάλ᾽ Ἀχαιῶν, oder A 330: οὐδ᾽ ἄρα τώ γε
ἰδὼν γήθησεν Ἀχιλλεύς. Zur Antiphrasis gehört auch der
Euphemismus. Auch die Litotes, welche in den neueren
Lehrbüchern der Rhetorik als Redefigur definirt wird, bei der man
weniger sagt, als gemeint ist, würde von der Antiphrasis nicht
verschieden sein. Ich habe diesen Ausdruck (mit der fehlerhaften
Variante *liptotes*) überhaupt nur bei Servius gefunden, bei dem
es zu Verg. Aen. 1, 77 heisst: „*litotes* fit, quotienscunque minus
dicimus, et plus significamus per contrarium intellegentes". Kürzer zu I, 387: „litotes, figura per contrarium significans". Die
παροιμία ist nach Trypho p. 206, der sie unter allen Griechischen Technikern allein erwähnt, die ironische Anwendung

17**

eines Sprichworts, oder einer sprichwörtlichen Redensart, vgl. Beda p. 616.

Die Periphrasis, *circumlocutio, circuitio, circuitus eloquendi,* drückt durch mehrere Worte das aus, was sich mit einem oder doch wenigeren sagen lässt. Manchmal ist sie nothwendig, wenn man etwas anstössiges zu bezeichnen hat. Anderwärts dient sie rein zum Schmuck, wie besonders bei den Dichtern. Bekannt sind die Homerischen Beispiele βίη Ἡρακλείη, μένος Ἀτρείδαο, ἴς Τηλεμάχοιο und ähnliches. Beispiel bei Cornif. IV, 32, 43: *Scipionis providentia Karthaginis opes fregit: nam hic, nisi ornandi ratio quaedam esset habita, Scipio potuit et Karthago simpliciter appellari.* Als περισσολογία wird die Periphrasis zum Fehler.

Das Hyperbaton, *verbi transgressio,* ist eine freiere Wortstellung des Schmuckes halber, um der Rede Rhythmus zu verleihen, z. B. Cic. pro Cluent. 1: „animadverti iudices omnem accusatoris orationem in duas divisam esse partes" statt in duas partes divisam esse. Ein Hyperbaton durch Auflösung der Composition, wie Verg. Georg. III, 381:

Hyperboreo septem subiecta trioni

ist dem Redner nicht erlaubt. Die Dichter bedienen sich dieses Tropus überhaupt in freierer Weise. Hom. Il. *B* 333:

ὣς ἔφατ' Ἀργεῖοι δὲ μέγ' ἴαχον, ἀμφὶ δὲ νῆες
σμερδαλέον κονάβησαν ἀυσάντων ὑπ' Ἀχαιῶν
μῦθον ἀγασσάμενοι Διομήδεος ἱπποδάμοιο.

Merkwürdiges Beispiel bei Juven. XII, 70:

tum gratus Iulo
atque novercali sedes praelata Lavino
conspicitur sublimis apex.

Bei blos zwei Wörtern, wie *mecum, secum, quibus de rebus* heisst das Hyperbaton Anastrophe. Doch rechnet Trypho p. 197 dazu auch Fälle, wie Hom. Il. *A* 11: οὕνεκα τὸν Χρύσην ἠτίμησ' ἀρητῆρα Ἀτρείδης, denn er sagt διαφέρει δὲ ὑπέρβατον τῆς ἀναστροφῆς, ὅτι ἡ μὲν τὰ τελευταῖα τοῖς πρώτοις συνάγει, τὸ δὲ τὰ τελευταῖα ἐπὶ τὰ πρῶτα ἀνάγει. Auch alle die Fälle, in denen Tmesis stattfindet, rechnet er zum Hyperbaton. Genau genommen, sagt Quintilian, ist aber das Hyperbaton kein Tropus, sondern eine Figur, denn es wird bei ihm selten etwas am Sinne

geändert. Wohl aber ist die von ihm übergangene Hysterologie, oder das πρωθύστερον (ὑστερονπρότερον Serv. ad
Verg. Aen. XI, 243) ein Tropus, bei welchem man das, was
man zuerst sagen müsste, an späterer Stelle sagt, Greg. Cor.
p. 225. Georg. Choerob. p. 255. Beispiele aus Homer Il.
A 251: ἅμα τράφεν ἠδ' ἐγένοντο. Od. τ 535: ἀλλ' ἄγε μοι
τὸν ὄνειρον ὑπόκριναι καὶ ἄκουσον. vgl. Γ 318. E 118. ε 264.
Das für den Gedanken wichtigere wird vorausgestellt, das neben-
sächliche, wenngleich der Zeit nach vorhergehende, folgt nach.
Vgl. Nitzsch Anm. Th. 2 S. 19. Schömann zu Plut. Cleom.
S. 238.

Der letzte Tropus, die Hyperbel, ὑπερβολή, ist eine
zierliche Uebertreibung der Wahrheit, um eine Sache zu vergrössern, oder zu verkleinern, Quint. VIII, 6, 67. Cornif.
IV, 33, 44. Kayser S. 300. Sie entsteht auf verschiedene
Weise. Entweder man sagt mehr, als geschehen ist, z. B. Cic.
Phil. II, 25: „vomens frustis esculentis gremium suum et totum
tribunal implevit" und Verg. Aen. I, 162: ‚geminique minantur
in coelum scopuli'. Oder wir heben die Dinge durch ein mehr
oder minder ausgeführtes Gleichniss, wie Aen. VIII, 691: ‚cre-
das innare revulsas Cyclades', oder durch eine Vergleichung, wie
Aen. V, 319: ‚fulminis ocior alis'. Hom. Il. A 249: τοῦ καὶ ἀπὸ
γλώσσης μέλιτος γλυκίων ῥέεν αὐδή, oder durch eine einfache
Metapher. Man kann auch Hyperbel auf Hyperbel häufen, z. B.
Cic. Phil. II, 27: „quae Charybdis tam vorax? Charybdis dico?
quae si fuit, fuit animal unum: Oceanus, medius fidius, vix videtur tot res, tam dissipatas, tam distantibus in locis positas, tam
cito absorbere potuisse". Die Hyperbel darf aber nie masslos
sein, gerade dadurch verfällt man am leichtesten in Kakozelie.
Sie ist am meisten dann am Platze, wenn die Sache wirklich
das natürliche Mass überschreitet. Dann können wir eben nicht
sagen, wie sie ist, und es ist uns verstattet, mehr zu sagen, um
nicht zu wenig zu sagen. Im Allgemeinen bemerkt Arist. Rhet.
III, 11, p. 145 von der Hyperbel, sie sei von jugendlicher Art
(μειρακιώδης), da sie eine gewisse Heftigkeit andeute, daher sie
auch von Zornigen besonders angewandt werde. Er verweist
auf Hom. Il. I 385.

§. 44.

Unterschied zwischen Tropen und Figuren und Eintheilung der letzteren.

Grosse Schwierigkeit macht in der Rhetorik die Lehre von den Figuren. Einmal wegen ihrer grossen Zahl; manche Rhetoren behaupteten geradezu, es gebe deren unzählige, andere sprachen wenigstens von einer grossen, schwer zu übersehenden Anzahl derselben. Zweitens, weil es nicht leicht ist, das Gebiet der Figuren von dem Gebiete der Tropen scharf und bestimmt abzusondern. Drittens ist eine Vertheilung der Figuren über die zwei Hauptgattungen der Sinn-und Wort-Figuren mit Schwierigkeiten verbunden. Endlich frägt es sich, nach welchen Gesichtspunkten sollen die Figuren innerhalb dieser beiden Hauptgattungen im einzelnen gruppirt werden.

Was ist eine Figur*)? Alexander bei Spengel Rhet. Gr. T. III p. 11 sagt: σχῆμά ἐστιν ἐξάλλαξις λόγου ἐπὶ τὸ κρεῖττον κατὰ λέξιν ἢ κατὰ διάνοιαν ἄνευ τρόπου. Der Zusatz ἐπὶ τὸ κρεῖττον ist gemacht, weil eine ἐξάλλαξις λόγου ἐπὶ τὸ χεῖρον den Soloecismus giebt. Tiber. p. 59: ἔστι σχῆμα τὸ μὴ κατὰ φύσιν τὸν νοῦν ἐκφέρειν μηδὲ ἐπ᾽ εὐθείας, ἀλλ᾽ ἐκτρέπειν καὶ ἐξαλλάσσειν τὴν διάνοιαν κόσμου τινὸς τῇ πλάσει ἢ χρείας ἕνεκα. Figur ist also eine kunstmässig geänderte Form des Ausdrucks, eine bestimmte und von der gewöhnlichen und zuerst sich darbietenden Art entfernte Gestaltung der Rede, Quint. IX, 1, 4. 14: „figura sit arte aliqua novata forma dicendi." Wenn nun auch die Figuren viel mit den Tropen gemein haben, denn auch sie sind eigenthümliche Wendungen, durch welche die Rede geändert wird, auch sie verleihen ihr Nachdruck und Anmuth, so ist doch zwischen beiden ein bestimmter Unterschied. Denn der Tropus ist ein zum Schmuck der Rede von seiner ursprünglichen, natürlichen Bedeutung auf eine andre übertragener Ausdruck, oder, wie die Grammatiker meist definiren, eine von der Stelle, wo sie eigentlich ist, auf eine andre, wo sie un-

---

*) figura ist feststehender Ausdruck bei den Rhetoren nach Cicero. Er selbst schwankt und sagt figurae de opt. gen. 14. formae Brut. 17, 69. lumina Orat. 25, 83. Brut. 79, 275. formae et lumina Orat. 181. ib. 25, 83: luminibus, quae Graeci quasi aliquos gestus orationis σχήματα vocant.

eigentlich ist, übertragene Redeweise. So werden denn bei den Tropen Wörter statt anderer Wörter gesetzt, wie bei der Metapher, Metonymie, Antonomasie, Metalepsis, Synekdoche, Katachrese, Allegorie, meist auch bei der Hyperbel. Auch die Onomatopoeie gehört dahin, hätten wir kein neues Wort gebildet, so würden wir ein andres gebraucht haben — und die Periphrasis. Auch das Epitheton kann als Theil der Antonomasie zum Tropus gerechnet werden, selbst das Hyperbaton, insofern es ein Wort oder einen Theil desselben von seinem Orte an einen fremden überträgt. Von einer Uebertragung findet sich aber bei den Figuren eben gar nichts. Dass aber hiermit der Unterschied zwischen Tropen und Figuren nicht erschöpft ist, beweist die Ironie, die beides sein kann. Nach Alexander verhält sich der Tropus zur Figur, wie der Barbarismus zum Soloecismus. Der Tropus hat es also mit dem einzelnen Worte zu thun, an dessen Stelle ein andres gesetzt wird, die Figur dagegen mit der inneren Verbindung der Wörter unter einander, welche verändert wird, ohne dass die ursprüngliche Bedeutung der Wörter verändert würde.

Die Figuren zerfallen in zwei Hauptgattungen, σχήματα διανοίας und σχήματα λέξεως, figurae sententiarum und figurae verborum. Schon dem Cicero war diese Eintheilung bekannt. Sie geht also mindestens bis auf Hermagoras zurück. Nur scheinbar hat Fortunatian eine andere Eintheilung, wenn er nämlich p. 126 die Figuren in σχήματα λέξεως, λόγου und διανοίας zerfallen lässt und über ihren Unterschied sagt: „σχήματα λέξεως in singulis verbis fiunt, ut nuda genu, quas uno verbo ἐξηλλαγμένας possumus dicere: λόγου vero in elocutionis compositionibus, quae pluribus modis fiunt, ut πολύπτωτον, ἐπαναφορά, ἀντιστροφή, παρονομασία: διανοίας autem in sensibus, ut προθεράπευσις, ἠθοποιία, ἀποστροφή: quibus etiam, sive elocutionem mutaveris, aut verborum ordinem inverteris, eaedem tamen figurae permaneant, verum utraque λέξεως et λόγου non ita". Vgl. Mar. Victor. p. 201 ed. Pith. Denn man kann es wohl nur billigen, dass die σχήματα λόγου, soweit sie nicht rein grammatischer Art sind, und daher unberücksichtigt blieben, von den übrigen Rhetoren gleich mit zu den σχήματα λέξεως gerechnet wurden, vgl. Quint. IX, 3. Ausserdem wissen wir aus Quintilian IX, 1, 18, dass Cornelius Celsus in verkehrter Neuerung zu den figurae sententiarum und verborum auch noch figurae colorum hinzufügen wollte. Was dies eigentlich auf sich hat, wird die weitere Betrachtung in §. 47 ergeben. Den Unterschied zwischen Wort-und Sinn-Figuren giebt am bündigsten Aquil. Rom. p. 28 an: „sententiae figura immutato verborum ordine vel translato manet nihilominus, elocutionis autem si distraxeris vel immutaveris verba vel ordinem eorum non servaveris, manere non poterit". Es ist dies aus Alex. p. 10 geschöpft, wo es heisst: τὸ δὲ τῆς λέξεως σχῆμα τοῦ τῆς διανοίας διαφέρει, ὅτι τὸ μὲν*) κινηθείσης τῆς λέξεως τῆς συσχούσης τὸ σχῆμα ἀπόλλυται — τοῦ δὲ τῆς διανοίας σχήματος, κᾶν τὰ ὀνόματα κινῇ τις, κᾶν ἑτέροις ὀνόμασιν ἐξενέγκῃ, τὸ αὐτὸ πρᾶγμα μένει, ὁμοίως δὲ κᾶν ἡ σύνταξις κινηθῇ ἢ προστεθῇ καὶ ἀφαιρεθῇ τι, λύεται τὸ σχῆμα τῆς λέξεως.

Innerhalb der beiden Hauptgattungen werden nun die verschiedenen Figuren von den meisten Rhetoren ganz empirisch aufgezählt. Einen Gesichtspunkt zur Eintheilung kann man in den Worten des Fortunat. p. 127 finden: „opera figurarum sunt quinque: ut augeas, ut abicias, ut probus existimeris, ut inparatus, ut ornes elocutionem." Eine durchgeführte Eintheilung giebt aber von allen Rhetoren allein Phöbammon bei Spengel Rhet. Gr. T. III p. 43 ff. Innerhalb der beiden Hauptarten nämlich vertheilt er alle Figuren unter die vier Kategorien der ἔνδεια, des πλεονασμός, der μετάθεσις und ἐναλλαγή und erhält so 18 σχήματα διανοίας und 26 σχήματα λέξεως in folgender Ordnung: I. Σχήμ. διανοίας. 1) ἐνδείας: ἀποσιώπησις, ἐπιτροχασμός. 2) πλεονασμοῦ: προδιόρθωσις, ἐπιδιόρθωσις, προκατάληψις, παράλειψις (ὑποσιώπησις), διατύπωσις, ἐπιμονή. 3) μεταθέσεως: προσωποποιία, ἠθοποιία, μικτόν, ἐρώτησις, πεῦσις, ἀποποίησις. 4) ἐναλλαγῆς: εἰρωνεία, διαπόρησις, διασυρμός, ἀποστροφή. II. σχήμ. λέξεως. 1) ἐνδείας: ἀσύνδετον, ἀπὸ κοινοῦ, ἔλλειψις. 2) πλεονασμοῦ: ταυτολογία (interpretatio, Kayser zu Cornif. S. 296), δίπλωσις, ἐπαναφορά, ἐπανάδοσις, ἐπανάληψις, περίφρασις, ἐπίφρασις, παρονομασία, ἐπεξήγησις, ἐπιμονή, ἐπίτασις. 3) μεταθέσεως: ὑπερβατόν, ἀναστροφή, πρόληψις αἰτίας, προεπίζευξις. 4) ἐναλλαγῆς: ἑτερογενές, ἑτεράριθμον, ἑτερόπτωτον, ἑτεροσχημάτιστον, ἑτερόχρονον, ἑτεροπρόσωπον, ἀποστροφὴ προσώπου, ἀντιστροφή. Eine stattliche Zahl, und doch sind bei weitem nicht alle Figuren

---

*) Die nach τὸ μὲν auch noch bei Spengel folgenden Worte τῆς λέξεως halte ich für ein Glossem.

aufgezählt, die man hatte, andrerseits ist die Uebersicht durch unnöthige Spaltung, wie namentlich bei der Enallage unter den Wort-Figuren erschwert, endlich liesse sich gegen die Unterbringung der Figuren unter die aufgestellten Kategorien im einzelnen manches einwenden.

Es widerspricht dem Plane vorliegender Schrift, eine vollständige Aufzählung und Erläuterung aller von den Alten aufgestellten Figuren, etwa nach Rutilius Lupus und Aquila Romanus zu geben, die beide bekanntlich frei nach Griechischen Quellen gearbeitet sind. Auch hier werden wir uns auf eine Mittheilung und theilweise Erläuterung des von Quintilian zwar nicht sehr übersichtlich aber dafür mit weiser Auswahl gegebenen Materials zu beschränken haben. Für das Griechische ist zu merken, dass die Behandlung der Wort-Figuren den Sinn-Figuren der Zeit nach voraufging. Erstere wurde durch Gorgias in die Rhetorik eingeführt, der in seinen eigenen Ausarbeitungen einen übermässigen Gebrauch von ihnen machte, Cic. orat. 52, 175. Diod. Sic. XII, 53. Dion. Halic. de Thuc. 24. Cresoll. Theatr. Rhet. III, 24 p. 163. Erst Isokrates liess auch hier eine besonnene Mässigung eintreten. Für die Sinn-Figuren ist zu beachten Longin fragm. 3: ὅτι τροπὴ ἐκ τοῦ πανούργου καὶ ἐξάλλαξις οὐδεμία ἦν ἐν τοῖς ἀρχαίοις, ἀλλὰ καὶ τοῦ (l. τὰ τοῦ) νοῦ σχήματα ὀψέ ποτε εἰς τοὺς δικανικοὺς λόγους παρεισῆλθεν· ἡ πλείων γὰρ αὐτοῖς σπουδὴ περὶ τὴν λέξιν καὶ τὸν ταύτης κόσμον ἦν καὶ τὴν συνθήκην καὶ τὴν ἁρμονίαν. So wurde besonders in den Reden des Antiphon die Abwesenheit der Sinn-Figuren hervorgehoben, Cäcilius bei Phot. p. 485 Bekk. Spengel Art. Scriptt. p. 12. Noch in späterer Zeit gab es Leute, welche den Gebrauch der Figuren grundsätzlich vermieden, worin sie freilich ebenso fehl gingen, als diejenigen, die in ihrem Gebrauch weder Mass noch Ziel kannten, Dion. Halic. Rhet. 10, 11. Schliesslich sei erwähnt, dass Longin p. 310, 10, offenbar nach älterem Vorgange, die Sinn-Figuren, als Prodiorthosis, Epidiorthosis, Aposiopesis, Paraleipsis, Ironie und Ethopoeie gar nicht als Figuren betrachtet haben will, sondern als ἔννοιαι καὶ ἐνθυμήματα καὶ λογισμοὶ τοῦ πιθανοῦ χάριν καὶ πίστεων εἴδη.

§. 45.

Die Sinn-Figuren.

Die Sinn-Figuren, σχήματα διανοίας, stehen billig voran, ἐπεὶ δεῖ τὸν νοῦν πάντως τοῦ λόγου προηγεῖσθαι, Tiber. p. 59. Sie sind für den Redner von ausserordentlichem Nutzen, und, wie auch Cicero im Brutus wiederholt hervorhebt, die bei weitem wirksameren. In ihrer Handhabung zeigte sich Demosthenes als der mit Recht von allen bewunderte Meister, s. Cic. de orat. 39, 136 ff., woselbst auch die verschiedenen ornamenta sententiarum ähnlich wie de orat. III, 53, 202 ff. in der Kürze aufgezählt werden.

Eine höchst wirksame Figur ist gleich die Frage. Die Griechen unterschieden zwischen ἐρώτημα und πύσμα. Auf ersteres hat man einfach mit ja oder nein zu antworten, auf letzteres ist eine ausführlichere Antwort nöthig. Alex. p. 24 f. Zon. p. 163. Anon. p. 179. Dafür sind die lateinischen Ausdrücke bei Aq. Rom. p. 25 interrogatum und quaesitum. Der Anon. de fig. sent. p. 76 übersetzt πύσμα durch percontatio, erklärt aber fälschlich gerade sie für die Frage „ubi tantum una voce vel a negante vel a confitente respondetur", vgl. Quint. IX, 2, 6. Zur Figur wird die Frage, wenn wir nicht fragen, um eine Antwort zu erhalten, sondern um den Gegner zu drängen, wie bei Cic. pro Lig. 3, 9: „quid enim tuus ille, Tubero, destrictus in acie Pharsalica gladius agebat", und im Eingange der ersten Catilinarischen Rede. Auch fragt man nach Dingen, die nicht geleugnet werden können, auf die es schwer ist zu antworten, um Gehässigkeit und Mitleid zu erregen. Für besonders wirksam hält Cornif. IV, 15, 22 diejenige Frage „quae, cum enumerata sunt ea, quae obsunt causae adversariorum, confirmat superiorem orationem". Vgl. Kayser S. 289. So giebt es auch eine Frage des Unwillens, der Verwunderung, eine Frage, die nur ein verschärfter Befehl ist, eine Frage, die wir an uns selbst richten. Schickt der Redner mit einer an ihn selbst gerichteten Frage einer vorangegangenen Behauptung ihre Begründung nach, so giebt dies die Figur der Aetiologie, ὅταν προθέντες τι πρὸς τὸ γενέσθαι σαφέστερον αὐτὸ τὴν αἰτίαν προσαποδιδῶμεν, Alex. p. 17 mit dem Beispiel aus Dem. Aristocr. 54 p. 637: ἄν τις ἐν ἄθλοις ἀποκτείνῃ τινά, τοῦτον (ὁ νομοθέτης) ὥρισεν οὐκ ἀδικεῖν. διὰ τί; οὐ τὸ σύμβαν ἐσκέψατο, ἀλλὰ τὴν τοῦ δεδρακότος διάνοιαν. ἔστι δὲ αὕτη τίς. ζῶντα νικῆσαι, οὐκ ἀποκτεῖναι. vgl. Jul. Rufin. p. 40. Cornif. IV, 16, 23 nennt diese Figur „ratiocinatio, per quam ipsi a nobis rationem poscimus, qua re quidque dicamus et crebro nos- met a nobis petimus unius cuiusque propositionis explanationem", und bemerkt von ihr: „haec exornatio ad sermonem vehementer accomodata est et animum auditoris retinet attentum cum venu- state sermonis, tum rationum expectatione". Als weitere Bei- spiele giebt Kayser Dem. or. Phil. III, 36. Cic. in Pis. 65. Allerdings verstand man unter Aetiologie auch ganz allgemein jedwede Begründung einer Behauptung „ad propositum subiecta ratio", Quint. IX, 3, 93. Zon. p. 162. Anon. p. 175 mit dem Beispiele τὸν αὐτὸν πνεῦμα καὶ σάρκα, πνεῦμα διὰ τὴν χάριν, σάρκα κατὰ τὴν ἔπαρσιν. So erklärt auch Rut. Lup. p. 21: „hoc schema efficitur ratione brevi et sententiosa, ita ut, quod dubium est visum, ad certam fidem adduci videatur", mit Beispiel aus Isokr. de pace §. 10. vgl. Anon. de fig. sent. p. 73. Nur diese letztere Bedeutung der Aetiologie hat Ernesti Lex. techn. rh. Gr. p. 8 berücksichtigt.

Auch die Antwort, ἀπόκρισις (Carm. de fig. v. 31) kann zur Figur werden, indem dadurch der Frager auf einen andern Punkt hingelenkt wird, theils um ein Vergehen zu vergrössern, theils, und das ist das häufigere, um es zu mildern. Bisweilen richtet man an sich selbst eine Frage und giebt sich auch die Antwort, z. B. Cic. pro Lig. c. 3: „apud quem igitur hoc dico? nempe apud eum, qui, cum hoc sciret, tamen me antequam vidit, rei publicae reddidit". Oder man richtet an Jemand eine Frage, und ohne die Antwort abzuwarten, schiebt man ihm seine eigne unter. Cic. orat. 67, 223: „domus tibi deerat? at habebas. pe- cunia superabat? at egebas". Einige nannten dies das *schema per suggestionem*. Quint. §. 15. Beide Arten von Fragen be- zeichnet Cornif. IV, 23, 33 als *subiectio* (erscheint auch bei Quin- tilian als Variante einiger geringer Handschriften) „cum inter- rogamus adversarios aut quaerimus ipsi a nobis, quid ab illis, aut quid contra nos dici possit, deinde subicimus id, quod opor- tet dici,' quod aut nobis adiumento futurum sit, aut illis obfutu- rum e contrario". Die Griechen nennen diese Figur ὑποφορά oder ἀνθυποφορά, Tiber. p. 77. vgl. Kayser S. 293, der auch Beispiele nachweist. Man sprach indes von einer ἀνθυποφορά auch in dem Falle, wo nicht ausdrücklich eine Frage vorherging,

s. Ps. Rufin. p. 60, wo Verg. Aen. IV, 603. IX, 140 angeführt und die lateinischen Ausdrücke *oppositio, obiectio* gegeben werden.

Die Prolepsis (Anaxim. 41, 22 woselbst Spengel zu vergleichen, nennt sie προκατάληψις, s. oben S. 42), *praesumptio* nimmt dem Gegner einen Einwurf vorweg und spielt in den Gerichtsreden, namentlich im Prooemium, eine grosse Rolle. Quint. §. 16 vgl. IV, 1, 49. Man unterschied einzelne Unterarten, die *praemunitio*, προϋπεργασία, auch προδιόρθωσις, προθεραπεία genannt (Alex. p. 14. Tiber. p. 62. Ernesti p. 288. 290, das Gegentheil der προδιόρθωσις ist die ἐπιδιόρθωσις), wie bei Cicero gegen Caecilius, dass er als Ankläger auftrete, während er sonst immer vertheidigt habe. Jul. Rufin. p. 46: „Cicero pro Milone ante praemunit, licere hominem occidere, et tum subicit occisum P. Clodium iure, et sine invidia, cum ita dicit: negant intueri lucem esse fas ei, qui a se esse hominem occisum fateatur. in qua tandem civitate hoc homines stultissimi disputant?"— Die *confessio*, wie Cicero für Rabirius, den er selbst eingesteht tadeln zu müssen, dass er dem Könige Geld geliehen; ferner die *praedictio*, die *emendatio* oder ἐπιδιόρθωσις (superioris rei correctio Anon. p. 72), wie Cic. pro Lig. 3, 8: „atque haec propterea de me dixi, ut mihi Tubero, cum de se eadem diceret, ignosceret"— am häufigsten die *praeparatio* oder *praestructio*, προκατασκευή oder προπαρασκευή „cum pluribus verbis, vel quare facturi quid simus vel quare fecerimus, dici solet," Quint §. 17. Anon. p. 60: „cum rei, de qua acturi sumus, colorem praeparamus atque praetendimus, ut in illo: ‚Anna soror, quae me suspensam insomnia terrent!‘ usque: ‚quae bella exhausta canebat‘ (Verg. Aen. IV, 9 — 14). Nam primo de insomniis questa est, dein admirari se virtutem hospitis dixit et veram fidem esse, a diis illum genus ducere: misereri etiam casus et errores, ut verecundius postea de amore fateretur, quasi in affectum hospitis vel insomniis, vel admiratione virtutis, vel miseratione calamitatis inducta sit". Wie sich die praedictio von der praeparatio unterscheiden soll, ist nicht recht abzusehen.

Zur Vermehrung der Glaubwürdigkeit dient die Figur des Zweifels, *dubitatio*, διαπόρησις oder ἀπορία, bei welcher wir scheinbar in Ungewissheit sind, von wo wir anfangen, wo wir aufhören, was wir hauptsächlich sagen, ob wir überhaupt sprechen sollen. Quint. IX, 2, 19. 3, 88. Cornif. IV, 29, 40. Kayser

Cluentio dienen. Ferner in Verr. IV, 35. pro domo §. 22. — Verwandt mit dieser Figur ist die sogenannte *communicatio*, ἀνακοίνωσις oder κοινωνία, Quint. §. 20. Jul. Rufin. p. 41, (von den Griechischen Technikern übergangen), welche entweder die Gegner selbst um Rath frägt, oder bei der wir, was das häufigste ist, mit den Richtern gleichsam berathen. Beispiele Cicero in Caecil. §. 37. pro Quint. §. 53. Nachdem man dies letztere gethan, fügt man wohl noch etwas unerwartetes hinzu, sei dieses nun etwas unerwartet grosses, oder kleines. Dies nannte Celsus als besonderes Schema *sustentatio*. Von dieser Figur aber sprachen andere, auch wenn keine communicatio vorherging. Cic. pro Lig. 9, 27: „hinc prohibitus non ad Caesarem, ne iratus, non domum, ne iners, non aliquam in regionem, ne condemnare causa millam, quam secutus erat, videretur: in Macedoniam ad Cn. Pompei castra venit, in eam ipsam causam, a qua erat reiectus iniuria". Es ist dies das παράδοξον oder die ὑπομονή, Jul. Rufin. p. 46, von den Griechischen Technikern gleichfalls übergangen. Hierher gehört ferner die *permissio*, ἐπιτροπή, bei der man eine Sache völlig dem Ermessen der Richter anheimstellt, sehr geeignet um Mitleid zu erregen. Quint. §. 25. Cornif. IV, 29, 39. Rut. Lup. p. 20. Ernesti p. 130. Beispiele giebt Kayser zu Cornif. p. 297.

Die Figuren, welche geeignet sind, die Affecte zu vergrössern, beruhen grösstentheils auf *simulatio*. Wir thun, als ob wir zürnten, uns freuten, fürchteten, wunderten, Schmerz empfänden, unwillig wären, wünschten u. dgl. m. Dahin gehört auch die Ausrufung, *exclamatio*, von Quint. §. 97 gegen Cic. de orat. III, 54, 207 für eine Sinn-Figur erklärt. Bei Cornif. IV, 15, 22 ist sie mit der ἀποστροφή identificirt, die genau genommen etwas anderes ist. Sie bewirke „significationem doloris aut indignationis alicuius per hominis aut urbis aut loci aut rei cuiuspiam compellationem". Man solle diese Figur selten gebrauchen, und nur wo es die Grösse der Sache verlange, dann werde sie von grossem Einfluss auf den Zuhörer sein. — Hierher gehört ferner die freimüthige Rede, *licentia* παρρησία, Quint. §. 27. Cornif. IV, 36, 48. Jul. Rufin. p. 46. Wenn Cic. pro Lig. 3, 7 sagt: „suscepto bello, Caesar, gesto iam etiam ex parte magna, nulla vi coactus consilio ac voluntate mea ad ea arma profectus sum, quae erant sumpta contra te", so sorgt er nicht blos für dasjenige, was dem Ligarius nützt, sondern er konnte auch die

18*

Milde des Siegers nicht mehr loben. Im engeren Sinne verstand man unter παρρησία das Gegentheil der ἐπιτροπή, einen an den Richter freimüthig gewendeten Tadel, Rut. Lup. p. 20.

Von grösserer Kraft und Bedeutung ist die προσωποποιΐα, *fictio personarum*, welche der Rede grosse Abwechslung und Spannung verleiht. Durch sie bringen wir die Gedanken unsrer Gegner wie im Selbstgespräch ans Licht (natürlich müssen die Worte, die wir ihnen leihen, den Gedanken die sie muthmasslich gehabt haben, entsprechen), ebenso tragen wir Unterredungen zwischen uns und anderen, oder anderer unter sich auf glaubwürdige Weise vor. Dabei kann man auch Götter und Unterwelt in Scene setzen, auch Städte und Völker können personificirt werden und reden. Quint. §. 29 ff. Rut. Lup. p. 15. Aq. Rom. p. 23.

Auch die ἀποστροφή, *aversus a iudice sermo*, ist von grosser Kraft, mögen wir die Gegner angreifen — „quid enim tuus ille, Tubero, in acie Pharsalica gladius" —, oder irgend wen anrufen. Quint. §. 38. Aq. Rom. p. 25: „acutissimum exemplum in Philippicis Demosthenis/(II, 19), ubi quibus verbis populum Atheniensem monitum vult, ea se dicit apud Argivos et Arcadas et Messenios contionatum. Invidiose et M. Tullius cum saepe alias, tum pro Roscio convertit orationem ad Chrysogonum". — *Aversio* (*conversio* Ps. Rufin. p. 54) nannte man überhaupt auch alles das, wodurch der Zuhörer von der vorliegenden Frage abgezogen wird, was auf verschiedene Weise geschehen kann „cum aut aliud expectasse nos aut maius aliquid timuisse simulamus aut plus videri posse ignorantibus, quale est prooemium pro Caelio". Die ἀποστροφή ist verschieden von der μετάστασις „quod metastasis personarum multiplicata variatio est et ab alia ad aliam, deinde rursus ad aliam et deinceps gradatione transitur: at in apostrophe commutatio est personae fere unius". Alex. p. 26 versteht unter μετάστασις diejenige Figur, bei welcher der Redner die Verantwortung für irgend eine Sache von sich auf einen andern überträgt, wie bei Dem. de fals. leg. p. 230. 232. vgl. Zon. p. 164. Anon. p. 180.

Die Hypotyposis, *sub oculos subiectio* (*demonstratio* bei Cornif. IV, 55, 68. S. oben S. 58) schildert genau und deutlich den Hergang einer Sache, so dass man sie mehr zu sehen als zu hören glaubt, und nicht blos vergangenes und gegenwärtiges, sondern auch zukünftiges, und was zukünftig hätte sein können.

Mit grosser Kunst von Cicero in der Rede pro Milone behandelt, was Clodius würde gethan haben, wenn er zur Prätur gelangt wäre. Auch die Beschreibung von Oertlichkeiten wird mit hierher gerechnet, wofür einige den Namen τοπογραφία (τοποθεσία Cic. ad Att. 1, 13. 16) aufstellten. Man vgl. Voss. Comm. rhet. V, 9, 2 p. 377 ff.

Die Ironie als Figur unterscheidet sich von der Ironie als Tropus zunächst durch ihre Länge — sie ist eine fortgesetzte Reihe ironischer Tropen — dann durch die grössere Versteckt-heit des eigentlichen Sinnes, endlich dadurch, dass die Ironie als Figur auch ohne alle Tropen zu Stande kommen kann, z. B. in der Art der ἀντίφρασις oder *omissio* „cum quaedam negamus nos dicere et tamen dicimus", Ps. Rufin. p. 62, wie bei Verg. Georg. II, 161:

quid memorem portus Lucrinoque addita claustra
oder bei Cic. Verr. V, 2: „non agam summo iure tecum: non dicam id, quod debeam forsitan obtinere". Vgl. pro Cluent. c. 60. — oder wenn wir scheinbar etwas befehlen oder erlauben — Verg. Aen. IV, 381; ‚i, sequere Italiam ventis' — auch wohl loben. Quint. §. 44—53.

Die Aposiopese (*reticentia* sagte Cicero, *obticentia* Celsus, einige *interruptio, praecisio* Cornif. IV, 30, 41. s. Kayser S. 297), das plötzliche Abbrechen der Rede, zeigt Affect oder Zorn an, z. B. Verg. Aen. I, 135: ‚quos ego — sed motos praestat com-ponere fluctus', auch wohl Besorgniss und Scheu, wofür Quintilian als Beispiel eine Stelle aus Cicero anführt: „an huius ille legis, quam Clodius a se inventam gloriatur, mentionem facere ausus esset vivo Milone, non dicam consule? de nostrum enim omnium — non audeo totum dicere". Aehnlich im Prooemium der Rede des Demosthenes für Ktesiphon: ἀλλ' ἐμοὶ μέν — οὐ βούλομαι δὲ δυσχερὲς εἰπεῖν οὐδέν. Man kann sie auch brauchen, um auf etwas anderes überzugehen, wie Cicero in einem Fragment der Corne-liana: „Cominius autem — tametsi ignoscite mihi, iudices". Quint. §. 54—57. Aq. Rom. p. 24. Alex. p. 22.

Die ἠθοποιία oder μίμησις, *imitatio morum alienorum* (*figu-ratio, expressio* Ps. Ruf. p. 62), kann zu den milderen Affecten gezählt werden. Aq. Rom. p. 24: „certis quibusdam personis verba accommodate adfingimus, vel ad improbitatem earum de-monstrandam vel ad dignitatem". Vgl. Cic. pro Quint. §. 55. Auch unsre eignen Thaten und Worte können wir nachahmen durch *relatio*. Sehr angenehm sind auch die Figuren, welche unsrer Rede den Anstrich des einfachen, unstudirten geben. Man bereut also gleichsam einen Ausspruch, man frägt sich, ob man etwas ausgelassen hat, wodurch man namentlich angenehme Uebergänge gewinnt. Die Verbesserung eines Ausspruchs, eines vorangegangenen Wortes durch ein folgendes, die *correctio* (z. B. „quod si iste suos hospites rogasset, immo adnuisset modo, facile hoc perfici posset", oder: „o virtutis comes invidia, quae bonos sequeris plerumque atque adeo insectaris", Cornif. IV, 26, 36) heisst bei den Griechen (ἐπιδιόρθωσις (Tiber. p. 62 mit Beispielen aus Demosth. p. 324: ταύτης τοίνυν τῆς οὕτω αἰσχρᾶς καὶ περιβοήτου συστάσεως καὶ κακίας, μᾶλλον δὲ προδοσίας und de cor. p. 519: ὀψὲ γὰρ ποτε· ὀψὲ λέγω; χθὲς μὲν οὖν καὶ πρώην ἅμα Ἀθηναῖος καὶ ῥήτωρ γέγονε), ἐπιτίμησις und ὑπαλλαγή, Alex. p. 40, ἐπανόρθωσις bei Ps. Rufin. p. 52, μετάνοια bei Rut. Lup. p. 10. Kayser S. 295 führt als Beispiele an Cic. pro Cael. 69. Phil. III, 3. Natürlich kann die correctio auch so vorgenommen werden, dass man einen voraufgegangenen hyperbolischen Ausdruck etwas mildert, wofür Kayser die malitiöse Stelle aus Cic. pro Cael. 32 anführt: „nisi intercederent mihi inimicitiae cum istius mulieris viro: fratrem volui dicere, semper hic erro". Den Einwurf, den man gegen die Berechtigung dieser Figur vorbringen könnte, es wäre doch besser gleich das richtige zu sagen, weist Cornif. a. a. O. zurück.

Endlich gehört auch die Emphasis zu den Figuren, bei welcher aus einem Ausspruche etwas verborgenes herausgeholt wird. Wie aus dem Ausspruche der Dido bei Verg. Aen. IV, 550:

non licuit thalami expertem sine crimine vitam
degere more ferae? —

Obgleich sich hier Dido über die Ehe beklagt, so bricht doch ihre Leidenschaft dahin aus, dass sie ohne Ehegemach das Leben nicht für ein Leben von Menschen, sondern von Thieren hält. Aehnlich, wenn Smyrna bei Ovid. Met. X, 422 ihrer Amme die Liebe zu ihrem Vater mit den Worten gesteht:

— o dixit, felicem coniuge matrem.

Quint. §. 64. vgl. VIII, 2, 11 und das über significatio bei Cornif. IV, 53, 67 gesagte.

§. 46.

Die Wort-Figuren.

Quint. IX, 3 unterscheidet zunächst eine **grammatische** und eine **rhetorische** Klasse von Wort-Figuren. Die erstere begreift alle grammatischen und phraseologischen Eigenthümlichkeiten auch wohl Neuerungen der Autoren. Würden sie nicht durch Autorität, Alter, Gewohnheit, oft auch durch eine gewisse ratio vertheidigt, wären sie ferner nicht beabsichtigt, so würden es Fehler, nämlich Soloecismen sein. Wir sahen schon oben, dass Gregor. Cor. p. 226 unter σχῆμα einen zu entschuldigenden Soloecismus versteht. In diesem Sinne spricht die Grammatik von einem σχῆμα καθ᾽ ὅλον καὶ μέρος, einem σχῆμα ἐτυμολογικόν, einem σχῆμα Ἀλκμανικόν, einer Enallage casuum, personarum, numeri, modorum, einer constructio κατὰ σύνεσιν u. s. w.*) Für die Rhetorik sind auch diese rein grammatischen Figuren insofern zu beachten, als sie mässig und gehörigen Ortes angewandt, die Rede gleichsam pikant machen, und eine angenehme Abwechslung in das herkömmliche Einerlei der Ausdrucksweise bringen. Quintilian führt unter andern als schematische Wendungen an: gladio pugnacissima gens Romani. Cui non risere parentes, nec deus hunc mensa, dea nec dignata cubili est. Magnum dat ferre talentum. Virtus est vitium fugere. Neque ea res falsum me habuit. Saucius pectus. Tyrrhenum navigat aequor. Plus satis statt plus quam satis u. s. w. *Haec schemata*, sagt er, *aut his similia, quae erunt per mutationem, adiectionem, detractionem, ordinem, et convertunt in se auditorem, nec languere patiuntur subinde aliqua notabili figura excitatum, et habent quandam ex illa vitii similitudine gratiam, ut in cibis interim acor ipse iucundus est. Quod continget, si neque supra modum multae fuerint nec eiusdem generis aut iunctae aut frequentes, quia satietatem ut varietas earum, ita raritas effugit.* Bereits unter den Tropen kamen einige dieser rein grammatischen Wortfiguren vor. Aus ihnen, die ἀντίφρασις aus-

---

*) Ueber die grammatischen Figuren handeln mit mehr oder minderer Ausführlichkeit die grammatischen Lehrbücher alter und neuer Zeit. Für die lateinischen Schriftsteller ist noch immer werthvoll die Zusammenstellung von Th. Linacre de emendata structura liber VI, sive de constructionis figuris, Lips. 1559 p. 380 ff.

genommen, besteht die vierte Klasse der Wort-Figuren bei Phöbammon.

Wichtiger aber sind die eigentlichen rhetorischen Wort-
Figuren, von Fortunatian, wie wir oben sahen, zum Unterschied
von jenen als σχήματα λέξεως, σχήματα λόγου genannt, ein Ausdruck, dessen sich auch Hermogenes bedient. Bei ihnen handelt
es sich nicht mehr blos um die ratio loquendi, sondern um eine
Behufs des Sinnes absichtlich gewählte Gestaltung des Ausdrucks.
„Illud est acrius genus", sagt. Quint. §. 28, „quod non tantum
in ratione positum est loquendi, sed ipsis sensibus cum gratiam
tum etiam vires accommodat". Die erste Art dieser rhetorischen
Wortfiguren entsteht durch Hinzufügung. Worte werden verdoppelt, theils um zu vergrössern, wie Cic. pro Mil 27: „occidi,
occidi Sp. Maelium", oder um zu bemitleiden, wie Verg. Ecl. 2,
69: ‚Ah Corydon, Corydon'. πάϑος ποιοῦσιν οἱ διπλασιασμοί,
sagt allgemein Apsin. p. 406, daher diese Figur auch ironisch
verwendet werden kann. Es ist dies die παλιλλογία, auch ἀναδίπλωσις oder ἐπανάληψις, von der man jedoch gewöhnlich nur dann
spricht, wenn mehr als ein Wort wiederholt wird, von Cornificius
conduplicatio genannt, der IV, 28, 34 von ihr sagt: vehementer
auditorem commovet eiusdem redintegratio verbi et volnus maius
efficit in contrario causae, quasi aliquod telum saepius perveniat in
eandem partem corporis. Vgl. Kayser S. 296, woselbst auch Beispiele gegeben sind. Noch nachdrücklicher ist die Wiederholung
desselben Wortes nach einer Einschaltung, wie bei Cic. Phil. II,
26, 64: bona, miserum me, consumptis enim lacrimis tamen infixus
animo haeret dolor, bona, inquam, Cn. Pompei acerbissimae voci
subiecta praeconis. — Heftig und mit Nachdruck fangen mehrere
Glieder der Rede nach einander mit denselben Worten an, z. B.
Cic. Cat. I, 1: nihilne te nocturnum praesidium palatii, nihil urbis
vigiliae, nihil timor populi, nihil consensus bonorum omnium, nihil
hic munitissimus habendi senatus locus, nihil horum ora vultusque
moverunt? Dem. de cor. p. 268: τί οὖν, ὦ ταλαίπωρε, συκοφαν-
τεῖς; τί λόγους πλάττεις; τί σαυτὸν οὐκ ἐλλεβορίζεις ἐπὶ τούτοις;
Es ist dies die Epanaphora, auch wohl Anaphora, von
Cornif. IV, 13, 19 repetitio genannt, cum continenter ab uno eo-
demque verbo in rebus similibus et diversis (d. h. entgegengesetzten)
principia sumuntur. Diesem Schmuck wird nicht blos Anmuth,
sondern auch gravitas und acrimonia vindicirt, er sei daher anzuwenden et ad ornandam et ad augendam orationem. Sein Ge-

gentheil ist die Antistrophe, bei Cic. de or. III, 53, 205 nnd Cornif. l. l. convorsio genannt. *Convorsio est, per quam non primum repetimus verbum, sed ad postremum continenter revertimur hoc modo: Poenos populus Romanus iustitia vicit, armis vicit, liberalitate vicit.* Kayser giebt dazu als Beispiel Cic. Phil. I, 24: *de exilio reducti a mortuo, civitas data a mortuo, sublata vectigalia a mortuo.* Aus Demosth./I, 11. II, 29. III, 19. VIII, 66. XVIII, 199. Bei Rut. Lup. p. 6 heisst diese Figur Epiphora, bei Demetr. de eloc. §. 268 p. 319 Anaphora, bei anderen griechischen Technikern auch Epanastrophe. — Die Wiederholung derselben Anfangs- und Schlussworte, also die Vereinigung von Epanaphora und Antistrophe giebt die Symploke oder *complexio*. Alex. p. 30. Zon. p. 166. Anon. p. 183. Cornif. IV, 14, 20. Beispiel aus Aeschines bei Alexander und Demetrius *ἐπὶ σαυτὸν καλεῖς, ἐπὶ τοὺς νόμους καλεῖς, ἐπὶ τὴν δημοκρατίαν καλεῖς.* Cic. pro Mil. 22, 29: *quis eos postulavit? Appius. quis produxit? Appius.* Bei Rut. Lup. heisst diese Figur *κοινότης.* — Die *ἐπάνοδος* oder *regressio* ist diejenige Art der Wiederholung, welche einmal ausgesprochenes wiederholt und theilt, z. B. Verg. Aen. II, 435:

> Iphitus et Pelias mecum, quorum Iphitus aevo,
> iam gravior, Pelias et volnere tardus Ulixi.

vgl. Ernesti p. 117. — Drückt sich die Wiederholung desselben Wortes in verschiedenen casus aus, so giebt dies das *πολύπτωτον*, von Cornif. IV, 22, 30 mit bei der Paronomasie behandelt. Vgl. Rut. Lup. p. 7. Aq. Rom. p. 33. Alex. p. 34. Beispiele Demosth. XVIII, 298. Cic. pro. Quint. 94. — Wenn das erste Wort als letztes wiederkehrt, Anfang und Ende aber in Beziehung zur Mitte stehen, so giebt dies die *πλοκή.* Quintilian giebt ein Beispiel aus Cicero: *vestrum iam hic factum deprehenditur, patres conscripti, non meum: ac pulcherrimum quidem factum: verum, ut dixi, non meum, sed vestrum.* Diese Bedeutung der *πλοκή*, welche von Ernesti gar nicht erwähnt ist, kennt aber nur Quintilian, und es irrt Spalding, wenn er T. III p. 476 bemerkt: *Aquila Rom. p. 171 et Rufin. p. 236 eodem fere modo definiunt.* Das blose Wiederkehren des Anfangswortes eines Satzes oder einer Periode als Schlusswort, aber ohne Veränderung in Casus und Numerus wird von Hermog. p. 252 *κύκλος* genannt, vgl. Eust. ad Hom. Il. K. p. 818. — Endlich kann auch das Schlusswort eines Satzes als Anfangswort des nächsten dienen, wie Verg. Ecl. 10, 72:

Pierides, vos haec facietis maxima Gallo,
Gallo, cuius amor tantum mihi crescit in horas.

Cic. Cat. I, 1: „hic tamen vivit. vivit? immo vero etiam in senatum venit". Auch hier wurde von παλιλλογία oder *regressio* gesprochen, Ps. Rufin. p. 50.

An die Wiederholungsfiguren schliessen sich diejenigen Figuren an, in denen gleiches oder ähnliches bedeutende Wörter gehäuft werden, z. B. Cic. Cat. II, 1: „abiit, excessit, evasit, erupit". Einige, darunter Caecilius, bezeichneten dies verkehrterweise als Pleonasmus. Es ist vielmehr die Figur des συναθροισμός oder der ἐξεργασία, die *congeries* von welcher ebenso wie von dem *incrementum*, der αὔξησις bereits in §. 41 die Rede war. Man häuft auch verschiedenes theils in der Figur des ἀσύνδετον *dissolutum* (Cornif. IV, 30, 41. Kayser S. 297) oder der διάλυσις, *dissolutio*, Tiber. p. 77. Alex. p. 32. Herod. p. 99, theils des πολυσύνδετον, wie bei Verg. Georg. III, 344: „tectumque laremque, armaque, Amyclaeumque canem, Cressamque pharetram". — Künstlicher und deshalb auch seltener anzuwenden ist die κλῖμαξ, *gradatio, gradatus, ascensus*. Das gesagte wird, bevor man zu etwas anderem übergeht, wiederholt, meist so, dass das Schlusswort eines Komma oder Kolon das Anfangswort des nächsten bildet. Ein berühmtes, viel citirtes Beispiel (s. Dissen's Comment. S. 348) steht bei Demosth. pro cor. p. 288: οὐκ εἶπον μὲν ταῦτα, οὐκ ἔγραψα δέ, οὐδ' ἔγραψα μέν, οὐκ ἐπρέσβευσα δέ, οὐδ' ἐπρέσβευσα μέν, οὐκ ἔπεισα δὲ Θηβαίους, ἀλλ' ἀπὸ τῆς ἀρχῆς διὰ πάντων ἄχρι τῆς τελευτῆς διεξῆλθον. Cic. pro Mil. 23, 61: *neque vero se populo solum, sed etiam senatui commisit, neque senatui modo, sed etiam publicis praesidiis et armis, neque his tantum, verum etiam eius potestati, cui senatus totam rem publicam, omnem Italiae pubem, cuncta populi Romani arma commiserat*. pro Rosc. Am. 27, 75: *in urbe luxuries creatur; ex luxuria existat avaritia necesse est; ex avaritia erumpat audacia; inde omnia scelera ac maleficia gignuntur*. Die Griechischen Techniker führen auch die Genealogie des Scepters aus Hom. Il. B. 101 ff. an, obgleich hier in Κρονίων und Ζεύς, Ἀργειφόντης und Ἑρμῆς Synonyma eintreten. Man vgl. über diese Figur (Hermog. π. ἰδ. p. 286 nennt sie τὸ κλιμακωτὸν σχῆμα) Cornif. IV, 25, 34. Alex. p. 31. Tiber. p. 72. Herod. p. 99. Aq. Rom. p. 34. Rut. Lup.

p. 8 nennt sie ἐπιπλοχή, und giebt zwei beachtenswerthe Beispiele derselben aus Lysias und Lykurg. Fälschlicherweise wurde, wie Tiberius berichtet, die κλῖμαξ von einigen für identisch mit der ἀναδίπλωσις gehalten.

Eine dritte durch ihre Kürze und Neuheit angenehme Art von Figuren entsteht durch Weglassung, Quint. §. 58 — 65, wo also in der Rede etwas zu ergänzen ist. Manches der Art ist rein grammatisch. Anderes greift in das Gebiet der Synekdoche zurück. Das ἀσίνδετον wurde bereits erwähnt. Verwandt damit ist das συνεζευγμένον „figura, in qua unum ad verbum plures sententiae referuntur, quarum unaquaeque desideraret illud, si sola poneretur. id accidit aut praeposito verbo, ad quod reliqua respiciant: ‚vicit pudorem libido, timorem audacia, rationem amentia‘ (Cic. pro Cluent. 15); aut illato, quo plura cluduntur: ‚neque enim is es, Catilina, ut te aut pudor unquam a turpitudine aut metus a periculo, aut ratio a furore revocaverit‘ (Cic. Cat. I, 22) medium quoque potest esse, quod et prioribus et sequentibus sufficiat. iungit autem et diversos sexus, ut cum marem feminamque *filios* dicimus, et singularia pluralibus miscet. sed haec adeo sunt vulgaria, ut sibi artem figurarum asserere non possint“. Quint. IX, 3, 62. Statt συνεζευγμένον sagen die Grammatiker gewöhnlich ζεῦγμα. Der Anon. Seguer. p. 437 hat den Ausdruck ἐπεζευγμένον. Cornif. IV, 27, 38 versteht unter *adiunctio* diejenige Figur, wo ein zu mehreren gehöriges Verbum zuerst, oder zuletzt steht. Wenn es in der Mitte steht, z. B. „formae dignitas aut morbo deflorescit aut vetustate“, im Gegensatz zu defl. form. dign. rell. oder form. dign. rell. deflorescit, so heisst sie *coniunctio*. Das Gegentheil des συνεζευγμένον ist das διεζευγμένον, die *disiunctio*, ‚cum eorum, de quibus dicimus, aut utrumque, aut unum quodque certo concluditur verbo, sic: populus Romanus Numantiam delevit, Karthaginem sustulit, Corinthum disiecit, Fregellas evertit. nihil Numantinis vires corporis auxiliatae sunt, nihil Karthaginiensibus scientia rei militaris adiumento fuit, nihil Corinthiis erudita calliditas praesidii tulit, nihil Fregellanis morum et sermonis societas opitulata est“. Vgl. Aq. Rom. p. 36. Als Beispiel führt Kayser zu Cornif. S. 295 Cic. in Pis. 96 an: „Achaia exhausta, Thessalia vexata rell“. Recht eigentlich gehören zum συνεζευγμένον diejenigen Fälle, in denen von einem Verbum verschiedene grammatische Constructionen abhängig sind, wie bei Verg. Aen. III, 234:

sociis tunc, arma capessant,
edico, et dira bellum cum gente gerendum.

Eine vierte Art der Figuren entsteht durch gewisse Klang-
gebilde. Hierhin gehört die παρονομασία, annominatio, mit
ihren Unterarten, über welche zu vgl. Quint. IX, 3, 66. Cornif.
IV, 21, 29. Alex. p. 36. Tiber. p. 71. Rut. Lup. p. 4. Aq.
Rom. p. 31*). Uebrigens war dem Aristoteles dieser Ausdruck
noch unbekannt. Vgl. Rhet. III, 6. — Die Wiederholung desselben Wortes mit verschiedener Bedeutung, eiusdem verbi contraria significatio, wird von Quintilian ἀντανάκλασις, von anderen
wie Alex. p. 37 ἀντιμετάθεσις, σύγκρισις oder πλοκή genannt. Bei
Rutilius Lupus heisst sie διαφορά, bei Ps. Rufinianus ἀντίστασις.
Sie ist bei Cornif. IV, 14, 20 eine Art der traductio, worunter
er überhaupt die absichtliche Wiederholung desselben Wortes
auch bei gleicher Bedeutung versteht. Kayser giebt ein Beispiel
aus Isocr. VIII, 101: πολὺ ἄν τις ἀληθέστερα τυγχάνοι λέγων,
εἰ φαίη τότε τὴν ἀρχὴν αὐτοῖς γεγενῆσθαι τῶν συμφορῶν, ὅτε
τὴν ἀρχὴν τῆς θαλάττης παρελάμβανον. Beispiele aus Demosthenes
finden sich IX, 17. 18. XVIII, 289, angeführt von Hermog. π. ἰδ. 326,
aus Cicero Verr. II, 3, 105. 2, 155. pro Mur. 8. Phil. III, 27. V, 20.
Quintilian bezeichnet diese Figur als fehlerhafte Spielerei, wenn
dabei die Quantität vernachlässigt wird, wofür er zwei von Cornificius gebrauchte Beispiele anführt: „amari iucundum est, si
curatur, ne quid insit amari" — und „avium dulcedo ad avium
ducit". — Eleganter sind die Figuren mit Wechsel der Praepo-
sitionen in Compositis: „non emissus ex urbe, sed immissus in
urbem esse videatur" oder mit Einführung eines Compositi nach
seinem Simplex. Nicht blos Seneca, sondern auch Augustin, und
zwar dieser im Uebermass, haben sich gerade in diesen beiden
Formen der Paronomasie gefallen. Hierher gehören ferner das
πάρισον, ὁμοιοτέλευτον und ὁμοιόπτωτον, ἰσόκωλον. Das ἰσόκωλον
(compar Cornif. IV, 20, 27) ist eine Periode, deren Glieder im
Ganzen und Grossen aus gleichviel Silben bestehen, Rut. Lup.
p. 19. Aq. Rom. p. 30, mit dem Beispiel: „classem speciosissi-
mam instruxit, exercitum pulcherrimum et fortissimum elegit".
Namentlich reich an solchen Beispielen ist Isocr. or. XXI. vgl.

*) Ueber Paronomasie u. s. w. vergleiche man die gute Bemerkung
nebst nöthigem litterarischen Nachweis bei Seyffert pal. Cic.
4. Aufl. Leipz. 1859. S. 73.

Philost. v. Soph. 214, 20. Kayser zu Cornif. S. 292. Diejenigen Rhetoren, welche im *ἰσόκωλον* in den correspondirenden Gliedern wirklich gleich viel Silben verlangten (Beispiele aus Thucydides bei Demetr. de eloc. §. 25), unterschieden noch besonders das *πάρισον, prope aequalum*, d. h. diejenige Form, bei welcher eins der Glieder, meist das letzte, die übrigen mehr oder weniger an Länge übertrifft, Aq. Rom. p. 30. Man vgl. was Anaxim. 27 p. 213 über die Parisosis sagt: *παρίσωσις δέ ἐστι μέν, ὅταν δύο ἴσα λέγηται κῶλα. εἴη δ᾽ ἂν ἴσα καὶ πολλὰ μικρὰ ὀλίγοις μεγάλοις, καὶ ἴσα τὸ μέγεθος ἴσοις τὸν ἀριθμόν.* Bei Arist. III, 9 p. 137 verlangt die *παρίσωσις* gleiche *κῶλα*, die *παρομοίωσις* ähnlichen Anfang oder ähnliches Ende der *κῶλα*. Aehnlich Demetr. de eloc. §. 25. Beispiele der *παρίσωσις* aus Plato bei Dionys. Halic. T. VI p. 191, 192. Beispiel eines *πάρισον*, durch welches eine ausserordentliche Concinnität erreicht ist, aus Cic. pro Mil. 4, 20: „est enim, iudices, haec non scripta, sed nata lex, quam non didicimus accepimus legimus, verum ex natura ipsa arripuimus hausimus expressimus; ad quam non docti, sed facti, non instituti sed imbuti sumus", von ihm selbst angeführt Orat. 49, 165. — Das *ὁμοιόπτωτον (similiter cadens* Cornif. IV, 20, 28) besteht in der mehrfachen Wiederholung desselben Casus innerhalb einer Periode. Nach Aq. Rom. p. 30 hat der gleiche Casus am Ende der *κῶλα* zu stehen, und ist demnach nur eine Art des *ὁμοιοτέλευτον* (similiter desinens), des Reims, bei welchem überhaupt entsprechende Wortformen an das Ende der *κῶλα* treten. Ebenso Alex. p. 36, Tiber. p. 74, welcher in seinem aus Isocr. Hel. 17 entlehnten Beispiele: *καὶ τοῦ μὲν ἐπίπονον καὶ ἐπικίνδυνον τὸν βίον ἐποίησε, τῆς δὲ περίβλεπτον καὶ περιμάχητον τὴν φύσιν κατέστησεν* noch besonders hervorhebt, dass *ἐποίησε* und *κατέστησε* gleichviel Silben und gleichen Accent haben. Beide Figuren fasst er zusammen unter dem genus der *παρίσωσις*, ebenso wie Arist. Rhet. III, 9 p. 137 und Anaxim. 28 p. 213 unter dem der *παρομοίωσις*. Auch Cicero fasst sie zusammen, orat. 38, 135. de or. III, 206. Auch das *πολύπτωτον* wird von Cornificius mit unter die Paronomasie gerechnet. Uebrigens hat er über die Anwendung aller dieser Figuren goldene Worte 22, 32: „perraro sumenda sunt, cum in veritate dicimus, propterea quod non haec videntur reperiri posse sine elaboratione et sumptione operae; eiusmodi autem studia ad delectationem quam ad veritatem videntur accommodatiora; qua re fides et gravitas et severitas oratoria minuitur his exornationibus frequenter collocatis et non modo tollitur auctoritas dicendi, sed offenditur quoque in eiusmodi oratione, propterea quod est in his lepos et festivitas, non dignitas neque pulcritudo. qua re quae sunt ampla et pulcra, diu placere possunt; quae lepida et concinna, cito satietate afficiunt aurium sensum fastidiosissimum. quomodo igitur, si crebro his generibus utemur, puerili videbimur elocutione delectari, item, si raro interseremus has exornationes et in causa tota varie dispergemus, commode luminibus distinctis illustrabimus orationem". So nennt auch Dionys. Halic. T. VI p. 59 die ἀντίθετα, von denen gleich die Rede sein wird, die παρόμοια und παρισώσεις, in denen sich besonders Polus, Licymnius, Gorgias und seine Schüler im Unmass gefielen, kindische Figuren (θεατρικά p. 94) und macht ihren Gebrauch dem Thucydides, als zu seiner ganzen Art nicht passend, zum Vorwurf. Ebenso verwirft Demetr. de eloc. §. 27 den Gebrauch des ὁμοιοτέλευτον als bedenklich und der δεινότης hinderlich, auch hält er sie für ungeeignet im ἦθος und πάθος. Ein artiges Homoioteleuton führt er aber §. 29 aus Aristoteles an: ἐγὼ ἐκ μὲν Ἀθηνῶν εἰς Στάγειρα ἦλθον διὰ τὸν βασιλέα τὸν μέγαν, ἐκ δὲ Σταγείρων εἰς Ἀθήνας διὰ τὸν χειμῶνα τὸν μέγαν. Bei Dichtern finden sich Homoioteleuta natürlich häufig. Man sehe ausser Voss. Comm. Rhet. V, 5 p. 328, Schrader zu Mus. S. 139 ff., sowie die Ausleger zu Verg. Aen. 256. Horaz Sat. II, 8, 1. Epist. I, 2, 17, insbesondere Obbarius S. 34.

Endlich werden Figuren durch Entgegensetzung gebildet. So das ἀντίθετον, über welches zu vergl. Anaxim. 26 p. 212. Cornif. IV, 45, 58. Quint. IX, 3, 81. Cornificius nennt diese Figur *contentio*, Quintilian scheint dem Ausdruck *contrapositum* den Vorzug zu geben. Nach ihm lassen sich mehrere Arten von Entgegengesetzten unterscheiden, „nam et singula singulis opponuntur et bina binis et sententiae sententiis". Ein schönes Beispiel giebt Cornificius: „in otio tumultuaris, in tumultu es otiosus; in re frigidissima cales, in ferventissima friges; tacitorum opus est, clamas, cum tibi loqui convenit, obmutescis; ades, abesse vis, abes, reverti cupis, in pace bellum quaeritas, in bello pacem desideras; in contione de virtute loqueris, in proelio prae ignavia tubae sonitum perferre non potes". Antiph. Tetr. Γ, γ, 3 nach Kaysers Verbesserung: τοῖς μὲν γὰρ ὅ τε φόβος ἥ τε ἀδικία ἱκανὴ ἦν παῦσαι τὸ δεδιὸς τῆς προμηθίας, τοῖς δὲ ὅ τε κίνδυνος

ἥ τε αἰσχύνη ἀρχοῦσα ἦν σωφρονίσαι τὸ θυμούμενον τῆς γνώμης.
Cicero führt orat. 50, 167 ein Beispiel aus Verr. IV, 52, 115 an:
„conferte hanc pacem cum illo bello, huius praetoris adventum
cum illius imperatoris victoria, huius cohortem impuram cum
illius exercitu invicto, huius libidines cum illius continentia: ab
illo, qui cepit, conditas, ab hoc, qui constitutas accepit, captas
dicetis Syracusas“. vgl. pro Cluent. 15, 4. 5. Diejenige Art
des Gegensatzes, welche durch Umkehrung des Gedankens gebildet wird, z. B. „non ut edam vivo, sed ut vivam edo“, heisst
ἀντιμεταβολή, Cornif. IV, 28, 39. Kayser S. 296. Cic. pro
Cluent. 2: „ut et sine invidia culpa plectatur, et sine culpa invidia ponatur“.

Aus der nicht geringen Anzahl sonstiger Figuren, möge es
genügen, noch die παράλειψις oder *occultatio* hervorzuheben. Es
ist diejenige Figur, bei welcher man unter dem Schein etwas zu
verschweigen, es nichts desto weniger nennt, Tiber. p. 60. Aq.
Rom. p. 24. Rut. Lup. nennt sie παρασιώπησις. Nach Phoe-
bamm. p. 51 wurde sie auch ὑποσιώπησις genannt. Anaxim.
47, 3 betrachtet sie als eine besondere Art der Ironie. Cornif.
IV, 27, 37 sagt von dieser Figur: „haec utilis est exornatio, si
aut ad rem non pertinet planius ostendere, quod occulte admo-
nuisse prodest, aut si longum est, aut ignobile, aut planum non
potest fieri, aut facile potest reprehendi, ut utilius sit occulte
fecisse suspicionem, quam eiusmodi intendisse orationem, quae
redarguatur“. Beispiele weist Kayser nach S. 295.

§. 47.

Der sermo figuratus.

Wir können jedoch die Lehre von den Figuren nicht schliessen, ohne noch auf einen andern als den bisherigen Sinn des
Wortes figura oder σχῆμα aufmerksam zu machen, von welchem
auch Quint. IX, 2, 65 ff. bei den Sinn-Figuren im Anschluss an
die Emphasis handelt. Damit verwandt sei nämlich diejenige
Art der Figuren „in quo per quandam suspicionem, quod non
dicimus, accipi volumus, non utique contrarium, ut in εἰρωνείᾳ,
sed aliud latens et auditori quasi inveniendum“. Quintilians
Zeitgenossen meinten fast ausschliesslich diese Art der Figuren,
wenn sie von schema sprachen. Synonym mit σχῆμα war hierbei der Ausdruck χρῶμα, color (S. oben S. 56). Es ist mir nicht

bekannt, wer diesen Ausdruck zuerst in die Rhetorik eingeführt hat. Wäre er von Hermagoras ausgegangen, so würde er sich wohl auch bei Cicero vorfinden, was nicht der Fall ist. Die Aeusserung von A. Schott aber in seiner Vorrede zum Rhetor Seneca: „Hermagorei, a quibus coloris nomen manasse primum scribit Porphyrius" — muss ich auf sich beruhen lassen, da mir eine derartige Stelle des Porphyrius nicht zur Hand ist. Zunächst verstand man nun unter χρῶμα die Entschuldigungs- oder Vertheidigungsgründe, mit welchen der Angeklagte seine That beschönigt und ihr einen guten Anstrich zu geben versucht, umgekehrt aber auch die Gründe oder Beweise auf welche gestützt der Kläger sein Verfahren gegen den Gegner überhaupt rechtfertigen kann. Diesen Sinn hat der Ausdruck color bei Seneca. Daher sprach man auch in der Lehre von den ἀσύστατα von einer στάσις ἄχρωμος (τὸ ἀχρώματον ἀναπολόγητον bei Planud. Schol. Hermog. T. V p. 250), bei welcher der Angeklagte seine That mit gar nichts beschönigen kann, folglich auch keine streitige Verhandlung möglich ist, Fort. p. 83. Späterhin aber wurde der Ausdruck χρῶμα synonym mit σχῆμα etwa dem entsprechend, was wir verblümte Redeweise nennen, s. Goeller zu Demetr. de eloc. S. 153, auf eine bestimmte Art von künstlichem Ausdruck übertragen, bei der der Redner nicht geradezu seine Meinung heraussagt, sondern sie mehr dem Zuhörer zu errathen giebt. Er kann dies aber in einzelnen Theilen, oder blos an einzelnen Stellen, aber auch im ganzen Verlauf einer Rede thun. Im ersten Falle haben wir den λόγος ἐσχηματισμένος, sermo figuratus, gleichbedeutend wie gesagt mit χρῶμα, color, im zweiten das πρόβλημα ἐσχηματισμένον oder σχηματισμός, ductus genannt. Mart. Cap. p. 464: „ductus a colore hoc separantur, quod color in una tantum parte, ductus in tota causa servatur". Hiermit wird es klar, wie Celsus in seiner Rhetorik ausser den figurae sententiarum et verborum auch noch die figurae colorum behandeln konnte. Aber Quintilian hatte Recht, dies als unnütze Neuerung zu verwerfen. Schon der blose Ausdruck an sich war confus.

An einzelnen Stellen, oder in einzelnen Theilen der Rede bedient man sich nun des *sermo figuratus* nach Quintilian auf dreifache Weise. Einmal, wenn es gefährlich ist, seine Meinung gerade heraus zu sagen, Tyrannen und hochgestellten Personen gegenüber; wenn es unschicklich ist, bei obscönen oder das sittliche Gefühl beleidigenden Dingen, drittens rein des Schmuckes wegen, um der Darstellung einen pikanten Anstrich zu geben, also etwa, um einen feinen Tadel anzubringen, wie Plato nach Demetr. de eloc. §. 288 im Anfange seines Phädon. Er wollte es dem Aristipp und Kleombrotos vorwerfen, dass sie sich in Aegina erlustigt hätten, während Sokrates zu Athen Tage lang im Kerker sass, ohne ihren Freund und Lehrer zu besuchen, obgleich sie doch noch keine 200 Stadien von Athen entfernt waren. Dies sagt er nun alles nicht gerade heraus, dies würde Schmähung sein, sondern er lässt es unter einer schicklichen Hülle fein durchschimmern. Er lässt den Phädon nach denen befragt werden, die beim Sokrates anwesend waren, nachträglich auch nach Aristipp und Kleombrotos, die er selbst nicht mit genannt hatte, ob auch sie dabei gewesen; und hier giebt er zur Antwort nein, denn sie waren in Aegina. Dies ist dann für den Leser verständlich genug. Wenn Quintilian eine Stelle aus Cicero anführt, worin dieser gegen Clodius sagt: „quibus iste, qui omnia sacrificia nosset, facile ab se deos placari posse arbitrabatur" — hier wird der Zuhörer durch omnia sacrificia auf feine Weise auch an die sacra der Bona Dea erinnert — so tritt uns die Verwandschaft des sermo figuratus mit der Allegorie und Emphase deutlich entgegen.

Die Durchführung des sermo figuratus als *ductus* in einer ganzen Rede war dem Quintilian auch schon bekannt. Denn er spricht von figuratae controversiae und versteht darunter, wie seine Auseinandersetzung in §. 81 ff. lehrt, durchgängig verblümt gesprochene Reden. Wenn aber das achte und neunte Capitel der Rhetorik des Dionysius (de oratione figurata tractatus I. II) wirklich den Dionys von Halikarnas zum Verfasser hat, woran zu zweifeln für mich wenigstens kein Grund vorhanden ist, so war dies zur Zeit dieses Rhetors noch nicht allgemein üblich. Diese Capitel geben nämlich zwei offenbar von demselben Verfasser herrührende, in der Ausführung nicht allzu verschiedene, aber doch selbständige Bearbeitungen desselben Gegenstandes, und stellen beide als nächsten Zweck des Verfassers seine Absicht hin, den Beweis zu liefern, dass es ganze figurirte Reden gebe und schon bei den Alten gegeben habe. Es wurde dies eben von manchen in Abrede gestellt; es könne nur figurirte Theile von Reden, nicht aber figurirte Reden selbst geben; in einer ganzen Rede müsse man entweder einfach, oder gar nicht

19

sprechen. Hermogenes fand zu seiner Zeit die Durchführung des sermo figuratus fertig vor. Nach ihm giebt es drei Arten, ἐσχηματισμένα προβλήματα oder σχηματισμοί, nämlich ἐναντία, πλάγια und κατὰ ἔμφασιν, Hermog. p. 258, danach Anon. p. 118.

Bei der ersten Art beabsichtigen wir in unsrer Rede gerade das Gegentheil von dem, was wir sagen. Die Athener bitten die Lacedaemonier um Frieden, diese verlangen dafür die Auslieferung des Perikles. Bei der darüber sich entspinnenden Debatte befürwortet Perikles selbst seine Auslieferung; natürlich nur zum Schein, denn gerade mit dem, was er sagt, will er sie hintertreiben. Dionys p. 142 nennt dieses σχῆμα, τὸ οἷς λέγει τὰ ἐναντία πραχθῆναι πραγματευόμενον. Durch Widersprüche, in welche sich der Redner absichtlich verwickelt, ohne dies jedoch allzu deutlich hervortreten zu lassen, lässt er seine wahre Absicht auf die Zuhörer einwirken. Er unterstützt das, was er wirklich sagt, mit schwachen, leicht zu widerlegenden Gründen, mit starken absichtlich die angebliche Meinung des Gegners, die in der That seine eigene ist, die er dann selbst nur schwach, oder gar nicht widerlegt. Oder aber er bringt absichtlich argumenta commutabilia vor, die auch der Gegner mit Erfolg für sich ausbeuten könnte. Dies belegt Dionys mit einem Homerischen Beispiel, nämlich mit der Rede des Agamemnon an die Griechen, in welcher er sie scheinbar zur Heimkehr auffordert, so jedoch, dass er für diese seine scheinbare Meinung lauter εὐδιάλυτα und ἀντίστροφα vorbringt, so dass ein vernünftiger Leser oder Zuhörer über seine wahre Meinung keinen Augenblick in Zweifel sein kann. Er macht hierüber S. 164 ff. 172 ff. allerlei geistreiche Bemerkungen im einzelnen, die von den neueren Interpreten Homers noch nicht in ihrem vollen Umfange gewürdigt sind.

Πλάγιον nennt man das σχῆμα, wenn der Redner ausser der Durchführung des Gegentheils von dem, was er sagt, in seiner Rede noch etwas andres zu Stande bringt. Ein Reicher verspricht bei einer Hungersnoth die Stadt mit Getraide zu versehen, wenn ihm ein Armer zur Tödtung ausgeliefert wird. Das Volk liefert den Armen nicht aus, dieser aber klagt sich selbst an. Er will das Gegentheil von dem, was er sagt, er will nämlich nicht sterben, und führt nebenbei noch aus, dass der Reiche kein Getraide hat und dass, wenn er welches hat, man es ihm einfach nehmen solle. Des σχῆμα πλάγιον bedient man sich also z. B. wenn man die Annahme eines Antrages dadurch hintertreiben will, dass man den Antragsteller gleichsam überbietet, und die Durchführung des Antrags von einer Seite aus betreibt, bei welcher das Absurde und Schädliche desselben gleichsam von selbst in die Augen springt. Dionys nennt dieses σχῆμα, πλαγίως ἕτερα μὲν λέγον, ἕτερα δὲ ἐργαζόμενον ἐν λόγοις und macht es an Beispielen klar. So aus der Rede des Demosthenes de falsa legatione. Demosthenes erzählt, wie er es nach des Aeschines ganzem Verhalten unmöglich habe merken können, dass jener schon auf seiner ersten Gesandschaftsreise bestochen gewesen sei. Er stellt aber den Hergang der Sache so dar, dass jeder Zuhörer sich sagen muss, du hättest es an Demosthenes Stelle ebenso wenig gemerkt. Diesen Eindruck auf den Zuhörer zu machen, war aber des Demosthenes eigentliche Absicht, die er nicht auf geradem Wege, sondern höchst geschickt auf einem Umwege zu erreichen sucht. In dieser Weise ist die ganze Rede περὶ συμμοριῶν figurirt. Die Athener wollten gegen den Perserkönig sich in kriegerische Unternehmungen einlassen, gegen Philipp aber nicht. Demosthenes wollte das Volk gerade zum Gegentheil bewegen. Was thut er? Er sagt, man müsse gegen den Perserkönig kämpfen, geht also scheinbar auf die Absichten der Athener ein, aber man dürfe noch nicht gegen ihn kämpfen. Zuvor müsse man sich gehörig rüsten. Dies sagt er aber nur, weil er weiss, dass wenn das Unternehmen erst aufgeschoben wird, es zuletzt ganz und gar ins Stocken kömmt, ganz ähnlich wie König Archidamus bei Thucydides durch seine Ermahnung zu sorgfältiger Rüstung die Lacedaemonier ganz und gar vom Kriege gegen die Athener zurückhalten will. Im weiteren Verlaufe der Rede belehrt Demosthenes die Athener über die Zurüstung, durch welche sie zu einem Kriege gegen Philipp in den Stand gesetzt würden, und macht sie so mit diesem Gedanken vertraut. Es besteht also diese Art des σχῆμα eigentlich aus einer Verflechtung verschiedener Hypothesen. Dionys. p. 186: ἔστι γὰρ ἡ τέχνη τῶν ἐσχηματισμένων λόγων μάλιστα αὕτη, τὸ ἄλλαις κατασκευαῖς συμπλέκειν τὰ οἰκεῖα. So ist Plato's Apologie des Sokrates dem Namen nach eine Vertheidigung des Sokrates, im Anschluss daran aber auch zugleich eine Anklage der Athener, dass sie einen solchen Mann vor Gericht gestellt, drittens ein Lob des Sokrates, viertens endlich die Darlegung, wie beschaffen ein wahrer Philosoph sein müsse.

19*

Aehnlich giebt Demosthenes in der Rede vom Kranze seine Vertheidigung, eine Anklage der Gegner, sein eigenes Lob und eine Darlegung, wie beschaffen ein Staatsmann und guter Berather seines Vaterlandes sein müsse. So hat auch Thucydides in der Leichenrede des Perikles zwei Hypothesen mit einander verflochten. Er lobt nicht sowohl die Todten, als er die Lebenden zum Kriege auffordert.

Die dritte Art ist das von Dionys nicht berücksichtigte σχῆμα κατ᾿ ἔμφασιν. Es tritt ein, wenn wir aus irgend einem meist sittlichen Grunde verhindert sind, unsere Meinung gerade heraus zu sagen, sie aber im Verlauf unsrer Rede durch allerlei Zweideutigkeiten des Ausdrucks für den Zuhörer verständlich genug durchblicken lassen. Man sehe die von Hermog. p. 260 f. gegebenen Beispiele selbst nach.

Die Lehre vom *sermo figuratus* bei ganzen Hypothesen finden wir nun auch bei den Lateinischen Rhetoren, zunächst bei Fortunatian, der p. 84 von einem fünffachen *ductus causae* spricht, d. h. von einer fünffachen Art die ganze Sache zu führen, nämlich einem *ductus simplex, subtilis, figuratus, obliquus, mixtus.* Beim ductus simplex entsprechen die Worte der Absicht des Redenden, er führt sein Thema einfach durch. Ist das nicht der Fall, so tritt der ductus subtilis ein „si aliud fuerit in themate, aliud in voluntate agentis", der ductus figuratus „si pudor impedit palam dicere", der ductus obliquus „si periculum prohibet aperte agere", der mixtus endlich, wo mehrere Arten mit einander verbunden sind. Offenbar haben wir hier im ductus subtilis den σχηματισμὸς ἐναντίος, im ductus obliquus den σχηματισμὸς πλάγιος, im ductus figuratus endlich den σχηματισμὸς κατ᾿ ἔμφασιν des Hermogenes. Zugleich erfahren wir, dass man gewöhnlich diese sämmtlichen ductus (doch wohl mit Ausnahme des ductus simplex) *ductus figurati* genannt hat. Im Einzelnen ist die Darlegung des Fortunatian nicht frei von allerlei Verwirrung. Klar und verständlich wird das, was er meint, erst durch die entsprechende Stelle bei Mart. Cap. p. 463 f., der entweder eine bessere Quelle benutzt hat als Fortunatian, oder die ihm mit diesem gemeinsame Quelle besser verstanden hat, dessen Text endlich uns in minder fehlerhafter Gestalt überliefert ist. Martianus Capella sagt: „Ductus est agendi per totam causam tenor sub aliqua figura servatus. Sunt autem ductus quinque: simplex, subtilis, figuratus, obliquus, mixtus. Simplex est

cum non aliud est in agentis consilio, aliud in verbis, ut si bene
meritum laudes ac noxium accuses. Subtilis, cum aliud vult
animus, aliud agit oratio, ut: quidam abdicat filium, quod amicos non habeat: hic non vere abdicat, sed ut amicos habeat,
terret. Figuratus est, cum aperte quid dicere prohibet verecun-
dia propter obscena, et significatione alia atque integumentis
vestita monstrantur. Obliquus est, cum metus impedit aliquid
dicere libere et per quosdam fandi cuniculos obicienda monstra-
mus, ut in hoc: ‚tyrannus, qui sub abolitione tyrannidem posue-
rat, fortiter fecit, petit praemii nomine armorum arcisque custodiam; magistratus contra dicunt‘. Mixtus autem ex utroque
componitur, cum et pudor et metus impedit libertatem, ut: ‚tyrannus, qui duos filios habuit, quorum uni uxor, in qua infamis
fuit, cuius maritus se suspendit, cogit alterum filium eam ducere:
contra dicit‘. Hic non incestum libere, nec tyrannidem potest
obicere. Hi sunt ductus artificiose tractandi et per totam orationem subtiliter diffundendi. — Ductus reperitur ex causativo litis,
hoc est ex re, quae controversiam facit, quae aut praeteriti temporis est, ut ‚an Aiacem Ulixes occiderit‘, quae ductum simplicem
tenet: aut, si praesentis vel futuri temporis fuerit, omnes ductus
admittit. Ergo ductus de consilio nascitur, consilium ex causativo litis exoritur. Causativum est, quod facit dubitationem, ut
in illo tyranni causativum litis est, quod tyrannus custodiam et
arcis postulat et armorum. Ductum servatum testatur prima
Philippica, quae mira subtilitate dominatum Antonii latenter in-
simulat, ut omnia dicens nihil aspere dixisse videatur“.

Die praktische Durchführung figurirter Hypothesen war
natürlich mit erheblichen Schwierigkeiten verknüpft, und konnte
selbst im günstigsten Falle nichts als eine frostige Künstelei
geben. Denn wie selten mochte es vorkommen, dass die συμπλοκή
in der Natur der Sache selbst, wie bei Plato in der Apologie,
oder bei Demosthenes in der Rede vom Kranze begründet war.
In den Hörsälen der Declamatoren und Sophisten wurde sie rein
zur Ostentation mit geflissentlicher Absicht in mühsam figurirte
Themata hineingelegt. So kann es auch nur als günstiges Zeichen für Geschmack und Urtheil des Sophisten Polemo angesehen
werden, wenn dieser, wie wir bei Philostr. vit. Soph. p. 542 lesen,
grundsätzlich sich der Behandlung solcher Themen enthielt. Ihre
Schwierigkeit war allgemein anerkannt. χαλεπὴ ἡ ἰδέα αὕτη
ἑρμηνεῦσαι, sagt derselbe Philostr. p. 597, δεῖ γὰρ ἐν ταῖς κατὰ

σχῆμα συγκειμέναις τῶν ὑποθέσεων τοῖς μὲν λεγομένοις ἡνίας, τοῖς δὲ σιωπωμένοις κέντρου. — Schliesslich muss noch darauf hingewiesen werden, dass der Ausdruck χρῶμα in den rhetorischen Schriften der Griechen nicht immer in dem oben angegebenen Sinn eines bestimmten Kunstausdrucks zu fassen ist. Häufig bezeichnet er nichts weiter als das, was auch wir unter Farbe oder Colorit der Darstellung verstehen, vgl. Hermog. p. 331. Phot. bibl. c. 214. Ernesti. Lex. techn. Gr. rh. p. 384.

§. 48.
Composition und Rhythmus der Rede.

Die Rede verlangt einen fortlaufenden Zusammenhang, eine kunstmässige Verbindung der Worte unter einander, anders als das Gespräch oder der Brief, in denen die Verbindung zwar auch nothwendig ist, aber doch freier und einfacher sein kann. Die Rede muss stets in innerlich verbundenen Reihen sich ergehen. Diese Reihen haben drei Formen: κόμματα *incisa*, κῶλα *membra* und περίοδοι, wofür es an einem eigentlichen lateinischen Ausdruck fehlt. Quint. IX, 4, 19 ff. Kommata und Kola sind Theile der Periode, wie sich aber beide von einander unterscheiden, was insbesondere ein Komma sei, ist schwer zu definiren. Es ist ein kleines Kolon, oder das, was kleiner ist als ein Kolon, Demetr. de eloc. §. 9. Cornif. IV, 19, 26 übersetzt κόμμα durch „articulus, cum singula verba intervallis distinguuntur caesa oratione hoc modo: acrimonia voce vultu adversarios perterruisti.“ Wir sprechen in diesem Falle von zusammengezogenen Sätzen. Das Komma kann aus einem (Quint. IX, 4, 122. Cic. orat. 67, 225), aber auch aus mehreren Wörtern bestehen, giebt aber für sich keinen abgeschlossenen Sinn, und unterscheidet sich hierdurch vom Kolon, welches grösser ist, und einen in sich abgeschlossenen Sinn hat, Aq. Rom. p. 27: „membrum est pars orationis ex pluribus verbis absolute aliquid significans. caesum autem est pars orationis nondum ex duobus aut pluribus verbis quidquam absolute significans. nonnunquam tamen caesam dicimus orationem, quotiens non efficiuntur membra ex conexione verborum, sed singula quodvis significantia proferuntur“. — Suidas giebt die Definition κῶλον ὁ ἀπηρτισμένην ἔννοιαν ἔχων στίχος. Alex. p. 27: κῶλον δ' ἐστὶ περιόδου μέρος, ὃ λέγεται μὲν καθ' ἑαυτό, ἀντικείμενον δὲ πληροῖ περίοδον. Nach Cornificius ist *κῶλον* oder membrum orationis — „res breviter absoluta sine totius sententiae demonstratione, quae denuo alio membro orationis excipitur, hoc pacto: et inimico proderas — id est unum, quod appellamus membrum; deinde hoc excipiatur oportet altero: et amicum laedebas.“ Cornificius betrachtet eine solche zweigliedrige Gestaltung der Rede als Figur, hält jedoch die dreigliedrige für besser und vollendeter, also „et inimico proderas et amicum laedebas et tibi non consuluisti“, oder: „nec rei publicae consuluisti nec amicis profuisti nec inimicis restitisti“. Bei näherer Betrachtung erweist sich aber die Unterscheidung des Komma vom Kolon nach Abgeschlossenheit oder Nicht-Abgeschlossenheit des Sinnes als keineswegs stichhaltig. Denn man nannte auch Sätze wie *γνῶϑι σαυτόν, μέτρον ἄριστον, ἕπου ϑεῷ* Kommata, umgekehrt Wortverbindungen wie *ἀνὴρ γὰρ ἰδιώτης* ein Kolon. Ja Quint. §. 123 sagt: „membrum est sensus numeris conclusus, sed a toto corpore abruptus et per se nihil efficiens“. Richtiger sagt daher Demetr. §. 3 das *κῶλον* füllt bald einen Gedanken vollständig aus, z. B. *Ἑκαταῖος Μιλήσιος ὧδε μυϑεῖται*, bald aber nur einen vollständigen Theil eines Gedankens. Die Kola entsprechen in der prosaischen Darstellung den Versen in der Poesie; durch sie gewinnen der Sprecher und das von ihm gesprochene Pausen, die Rede Gliederung. Sie dürfen weder zu lang sein, wie ja auch die Poesie nur selten das hexametrische Maass überschreitet, aber auch nicht zu kurz, denn die Rede darf nicht zerhackt sein, was die fehlerhafte *ξηρὰ σύνϑεσις* giebt. Als Beispiel eines langen Kolons, bei welchem mit der äusseren Grösse die Grösse des Gedankens harmonirt, wird von Demetrius Plat. Polit. p. 269 augeführt: *τὸ γὰρ δὴ πᾶν τόδε ποτὲ μὲν αὐτὸς ὁ ϑεὸς ξυμποδηγεῖ πορευόμενον καὶ συγκυκλεῖ*, als Beispiel eines Kolons von wirksamer Kürze Xen. Anab. IV, 4, 3, wo es vom Flusse Teleboas heisst: *οὗτος δὲ ἦν μέγας μὲν οὔ, καλὸς δέ*. Durch die Kleinheit und den Abschnitt des Rhythmus, meint Demetrius, wird zugleich die Kleinheit und Anmuth des Flusses veranschaulicht. Auch um der Rede *δεινότης*, überhaupt Nachdruck zu verleihen, sind solche kurzen Kola, Kommata genannt, am Platze. Hermog. p. 234 legt die *κόμματα* der *σφοδρότης* bei, eine kommatische Rede hat natürlich den Charakter des heftigen, ungestümen. Ein übermässiger Gebrauch von kleineren Einschnitten lässt die Rede unstät und springend, in Folge dessen kleinlich und kraftlos erscheinen. Dies wurde besonders an Hegesias, dem Begründer

der Asianischen Beredsamkeit ausgesetzt, Cic. l. l. 226. 230, dessen
Composition überhaupt von Dion. Halic. de comp. verb. 4. 18
heftig getadelt wird.

Aus der Verbindung von Kola und Kommata erhält man
Perioden. Demetr. §. 10: ἔστι γὰρ περίοδος σύστημα ἐκ κώλων
ἢ κομμάτων εὐκαταστρόφων πρὸς τὴν διάνοιαν τὴν ὑποκειμένην
ἀπηρτισμένον. Cicero drückt Periode durch *comprehensio et ambitus verborum* aus, aber nicht, ohne diesen Ausdruck zu entschuldigen. Brut. 44, 162. orat. 61. 204. 208. de orat. III, 48,
186. Im orator meist blos durch *comprehensio*, O. Jahn zu 44,
149. In den part. orat. 19 sagt er *circumscriptio*. Quintilian
giebt uns noch ausserdem die Ausdrücke *ambitus, circumductum,
continuatio, conclusio*. *Continuatio* wird sie von Cornificius genannt
und bezeichnet als „densa frequentatio verborum cum absolutione
sententiarum". Sie könne die Form einer Sentenz, eines Gegensatzes und eines Schlusses haben.

Nach Aristoteles wird der Zusammenhang der Rede entweder blos durch die Conjunction zu Stande gebracht, so dass
sie keinen Ruhepunkt hat, wenn nicht die Sache selbst, über
welche geredet wird, zu Ende kommt. Dies giebt die λέξις
εἰρομένη (spätere, wie Demetr. §. 12. Dion. Halic. Rhet. 5, 7 sagten διηρημένη, auch wohl διαλελυμένη), deren sich die Alten und
noch Herodot bedienten. Durch ihren Mangel an Begrenzung
ist sie unangenehm. Oder aber die Rede ist in sich abgerundet
und periodisch, λέξις κατεστραμμένη, ἡ ἐν περιόδοις. Arist. Rhet.
III, 9 vergleicht ersteres mit den ἀναβολαί der Dithyramben (s. zu
Plut. de Mus. p. 122), letztere mit der antistrophischen Composition der alten Dichter. Er definirt die Periode als λέξις ἔχουσα
ἀρχὴν καὶ τελευτὴν αὐτὴν καθ᾽ ἑαυτὴν καὶ μέγεθος εὐσύνοπτον,
eine Definition, die von Demetr. §. 11 sehr gelobt wird. Iu
Folge ihrer Begrenztheit ist die periodische Sprache angenehm,
in Folge ihres Rhythmus ist sie leicht zu behalten, ist sie auch
leicht aufzufassen. Natürlich muss sie auch ihrem Sinne nach
geschlossen sein, und darf nicht durchschnitten werden. Sie ist
nun theils gegliedert (ἐν κώλοις) theils einfach (ἀφελής). Die
einfache hat nur ein Glied, sie ist also μονόκωλος. Es ist nicht
recht einzusehen, wie sich nun aber die περίοδος ἀφελής oder
μονόκωλος von der λέξις εἰρομένη unterscheiden soll, denn die
Erklärung der Aristotelischen Stelle, welche Schneider zu
Demetr. S. 100 der Göllerschen Ausgabe giebt, wonach auch die

μονόκωλος eine solche sei, die aus zwei mit einander verbundenen Theilen bestehe, scheint mir nicht richtig zu sein. Manche Rhetoren sträubten sich daher auch gegen die Zulässigkeit einer eingliedrigen Periode. So Aq. Rom. p. 28. Nach Demetrius muss in derselben das Kolon einmal lang sein, zweitens am Schlusse eine Abrundung (καμπή) haben. Glieder wie Perioden dürfen weder zu lang, noch zu kurz sein. Ueber vier Kola darf die Rede nicht hinausgehen. Nach Martianus Capella, und demnach auch wohl Aquila Romanus, fanden sich jedoch mitunter auch sechsgliedrige Perioden. Bei einer zusammengesetzten Periode muss das letzte Glied länger sein als die andern, und sie gleichsam umschliessen. Es gilt dies selbst schon von der zweigliedrigen Periode, wie in dem von Demetr. §. 18 angeführten Beispiele: οὐ γὰρ τὸ εἰπεῖν καλῶς καλόν, ἀλλὰ τὸ εἰπόντα δρᾶσαι τὰ εἰρημένα. Die Eintheilung der Perioden in steigende und sinkende war den Alten fremd. Dagegen hatte man von den Demosthenischen Perioden bemerkt, dass sie je zwei Hebungen in der aufsteigenden und dem entsprechend je zwei Senkungen in der sinkenden Hälfte enthielten, Cic. de or. I, 61, 261. — Eine weitere Eintheilung der Perioden bei Aristoteles in διηρημέναι, getheilte, und ἀντικείμεναι, antithetische, sich in Gegensätzen bewegende, ist auffallender Weise von den Rhetoren fast gar nicht beachtet. Nach K. L. Roth zu seiner Uebersetzung der Aristotelischen Rhetorik S. 251, bezieht sich diese Eintheilung auf den Inhalt, je nachdem in der Periode entgegengesetzte Dinge unter einen Gesichtspunkt zusammengestellt werden, oder ein ganzes als getheilt nach verschiedenen, neben einander stehenden Rücksichten betrachtet wird. Es scheint diese Erklärung durch Demetr. §. 22 ff. bestätigt zu werden, der von ἀντικείμενα κῶλα spricht. Genaueres und ausführlicheres darüber giebt Dissen in der vortrefflichen Abhandlung ‚de structura periodorum oratoria‘ vor seiner Ausgabe von Demosth. de cor. besonders p. XXXIV ff.

Die Rede darf nun weder durchweg periodisch sein, wie bei Gorgias, noch durchweg εἰρομένη, sondern aus beiden gemischt, um kunstvoll und doch auch einfach, weder kunstlos noch gekünstelt zu sein, Demetr. §. 15. Eine Redeweise mit überwiegend künstlichem Periodenbau eignet sich, wie das Isokrates richtig erkannt, und in seinen eignen Reden mit unermüdlicher Consequenz praktisch dargethan hat, besonders für die epideiktische

Beredsamkeit, Cic. orat. 61, 207. In der gerichtlichen und berathenden Rede ist sie am Platz, wenn etwas besonders gelobt
wird (Lob Siciliens bei Cic. Verr. II, 1, 2), bei einer längeren
Erzählung „die mehr Würde als Schmerz verlangt" (Erzählung
von der Ceres in Henna, Verr. IV, 48, 106 ff. der Diana in
Segesta, ib. 33, 72 ff. Lage von Syrakus, ib. 52, 115 ff.), ferner
bei Amplificationen.

Bei jeder Zusammenstellung von Wörtern ist nach Quint.
IX, 4, 22 ff. dreierlei nöthig, Ordnung, Verbindung, Rhythmus. —
Die Ordnung ist zu beobachten an einzelnen und verbundenen
Wörtern. Die einzelnen sind die sogenannten ἀσύνδετα. Dabei
darf die Rede nie abnehmen, auf ein stärkeres ein schwächeres
folgen lassen, sondern sie muss immer zunehmen und anschwellen.
Auf das weniger deutliche muss das deutlichere folgen, Demetr.
§. 50. Cic. Phil. II, 25: „tu istis faucibus, istis lateribus, ista
gladiatoria totius corporis firmitate". Ferner giebt es eine gewisse natürliche Ordnung, die ein für allemal inne zu halten ist,
also Mann und Frau, Tag und Nacht, Aufgang und Untergang.
Einige Wörter werden bei veränderter Ordnung überflüssig.
Fratres gemini ist richtig, *gemini fratres* ist pleonastisch. Dagegen
gehen diejenigen zu weit, welche verlangen, dass man die Haupt-
wörter stets vor die Zeitwörter, diese wieder vor die Adverbien,
die nomina vor die Adjectiva und Pronomina setzen solle. Eben
so ist es ein engherziges Verlangen, alles, was der Zeit nach
das frühere ist, auch zuerst zu stellen. So weit es irgend angeht, muss man den Satz immer mit einem Verbum schliessen,
denn in den Verbon liegt die Kraft der Rede. Zu Gunsten des
Rhythmus kann man indes von dieser Regel abweichen und sich
ein Hyperbaton erlauben. Hat aber sonst ein Wort irgend einen
besonderen Nachdruck oder Werth, der bei einer Stellung desselben in der Mitte des Satzes verdunkelt werden und unbeachtet
bleiben könnte, so setzt man dieses ans Ende, um den Hörer
darauf aufmerksam zu machen, z. B. Cic. Phil. II, 25: „ut tibi
necesse esset in conspectu populi Romani vomere postridie".

Die Verbindung erstreckt sich auf Worte, Kommata, Kola
und Perioden. Die Worte anlangend, so dürfen nie die Schluss-
Silben eines Wortes und die Anfangssilben des darauf folgenden ein unschickliches, obscoenes Wort bilden. Dies giebt das
sogenannte κακέμφατον, S. 243. Aus diesem Grunde, meint Cicero,
habe man auch eingeführt *nobiscum, vobiscum* zu sprechen, und

erst der Analogie zu Liebe dann auch *mecum, tecum* gesprochen.
Cic. or. 14. 154: „quid? illud non olet unde sit, quod dicitur
‚cum illis, ‚cum‘ autem ‚nobis‘ non dicitur, sed ‚nobiscum‘? quia
si ita diceretur, obscenius concurrerent litterae (man würde *cunno*
hören), ut etiam modo, nisi ‚autem‘ interposuissem, concurri-
ssent?“ — Zweitens ist der *Hiat* zu beachten, das Zusammen-
treffen von Vocalen am Ausgange und Anfange eines darauf
folgenden Wortes. Es entsteht hierbei für die Sprache eine Un-
bequemlichkeit, indem man genöthigt wird, eine Pause eintreten
zu lassen, wo eine solche sinnstörend wirkt, vgl. Dion. Halic. de
adm. vi Dem. T. VI, p. 213. 217. Am schlechtesten klingen dieselben langen Vocale nach einander, namentlich wenn sie mit
hohlem oder offenem Munde hervorgebracht werden, also a, o, u,
weniger e und i. Weniger fehlerhaft ist es auf lange Vocale
kurze, oder auf kurze lange folgen zu lassen. Am wenigsten
nimmt man Anstoss am Zusammentritt zweier kurzen Vocale.
Allemal aber wird beim Hiat der Anstoss grösser sein, wenn die
zusammenstossenden Vocale mit verschiedener Stellung des Mun-
des hervorgebracht werden. Doch darf man es mit dem Vermeiden des Hiats nicht bis zur pedantischen Aengstlichkeit treiben,
wie dies Isokrates (Longin. p. 306, 9. Demetr. de eloc. §. 68.
Cic. orat. 44, 151), Theopomp und deren Nachahmer gethan.
Des Isokrates Vorschrift ist uns noch mit seinen eigenen Worten
erhalten von Iohannes Siciliota bei Walz Rh. Gr. T. VI p. 156:
δεῖ τῇ μὲν λέξει τὰ φωνήεντα μὴ συμπίπτειν, χωλὸν γὰρ τοιόνδε.
Demosthenes und Cicero, sagt Quintilian, haben es mit dem Hiat
nicht zu genau genommen, wenn sie ihn auch im ganzen und
grossen vermieden. Ja der Hiat kann sogar einzelnen Wörtern
grösseren Nachdruck verleihen, eben weil man gezwungen wird,
eine gewisse Pause zu machen, z. B. „publica oratione acta“.
Daher sagt Demetr. de eloc. §. 72: ἐν δὲ τῷ μεγαλοπρεπεῖ χαρα-
κτῆρι σύγκρουσις παραλαμβάνοιτ᾽ ἂν πρέπουσα — ὡσαύτως καὶ
τὸ ‘μὴ ἤπειρος εἶναι᾽ τὸ Θουκυδίδειον, und bemerkt dasselbe
§. 299 von der δεινότης. Von einem andern Gesichtspunkt aus
sagt Cic. orat. 23: „habet ille tamquam hiatus et concursus vo-
calium molle quiddam, et quod indicet non ingratam neglegentiam
de re hominis magis quam de verbis laborantis“. Für die Kritik
namentlich der griechischen Autoren ist es von nicht unerhebli-
chem Belang, zu wissen, wie weit sie den Hiat für zulässig er-
achteten, oder nicht. Für Plutarch ist dies bekanntlich mit grossem

Erfolge in Erwägung gezogen von Sintenis, de hiatu in Plu-
tarchi vitis paralellis epistola ad Hermannum Sauppium, Zerbst
1845. Isokrates ist seit J. Bekkers Vorgang durch seine neusten
Herausgeber theils mit, theils ohne Hülfe der Handschriften vom
Hiat fast gänzlich befreit worden, s. O. Schneider zu Isokr.
ausgew. Reden p. VII. So hat auch Philo, der Verfasser der
kleinen Schrift de septem orbis spectaculis, den Hiat sorgfältig
vermieden, s. R. Hercher praef. p. LXX. Benselern gebührt
das Verdienst in neuerer Zeit zuerst auf die Wichtigkeit dieses
an sich unbedeutend erscheinenden Punktes aufmerksam gemacht
zu haben.

Auch auf den Zusammenstoss härterer Consonanten, lehrt
Quintilian ferner, hat man bei zwei aufeinander folgenden Wörtern zu achten, also des s mit x, oder nochmals mit s, wie in
ars studiorum. Isid. p. 516 fügt noch den Buchstaben r hinzu.
Einige ältere liessen in solchen Fällen nach dem Vorgange der
Dichter das s geradezu weg. Cic. orat. 45, 153 führt in dieser
Hinsicht an: *multi' modis, vas' argenteis, palm' et crinibus, tecti'
fractis*. Wichtig ist, was wir bei Mart. Cap. p. 474 lesen: „com-
positionis vitium maximum est, hiulcas et asperas, frenos etiam,
iotacismos, mytacismos, labdacismos, homoeoprophora, dyspro-
phora et polysigma non vitare, vel cuiuslibet litterae assidui-
tatem in odium repetitam". Die nimia assiduitas eiusdem litterae
wie in dem Verse ‚o Tite, tute Tati, tibi tanta tyranne tulisti'
verwirft auch Cornif. IV, 12, 18. Denselben Vers des Ennius
führt Martianus als Beispiel des homoeoprophoron an. Die Freni
entstehen durch den Zusammenstoss ganz harter Buchstaben,
wie in den Anfangsversen der Hecyra des Terenz:

per pol quam paucos reperias meretricibus
fidelis evenire amatores, Syra —

oder wenn Wörter hintereinander mit denselben Buchstaben anfangen, wie Cic. pro Cluent. §. 96: „non fuit istud iudicium iudicii simile iudices". Dies ist ein Beispiel des Iotacismus, der
häufigen Wiederholung des i, wie Labdacismus, Mytacismus und
Polysigma Bezeichnungen für die häufige Wiederholung des l,
m und s sind. Alles also, was eine der Allitteration verwandte
Erscheinung bietet, ist für die prosaische Darstellung zu vermeiden. Es ist also zu tadeln, wenn Sen. ep. 90, 18 schreibt: „nos
omnia nobis difficilia facilium fastidio ferimus". Ueber das s
sagt Dion. Halic. de comp. verb. p. 44: ἄχαρι δὲ καὶ ἄηδες τὸ

σ, καὶ εἰ πλεονάσειε, σφόδρα λυπεῖ· θηριώδους γὰρ καὶ ἀλόγου μᾶλλον ἢ λογικῆς ἐφάπτεσθαι δοκεῖ φωνῆς ὁ συριγμός· τῶν γοῦν παλαιῶν σπανίως ἐχρῶντό τινες αὐτῷ καὶ πεφυλαγμένως. εἰσὶ δὲ οἳ ἀσίγμους ᾠδὰς ὅλας ἐποίουν. Zu den freni gehört auch die Verbindung vieler Wörter mit gleichen Flexionsendungen, namentlich die Häufung pluralischer Genetive, Fortun. p. 127. Das sind eben δυσπρόφορα, wie in dem Beispiel ‚flentes plorantes lacrimantes obtestantes‘ bei Cornificius, oder ‚persuasitrices praestigiatrices atque inductrices strigae‘ bei Martianus. Merkwürdig ist es, dass bei Isidor. p. 516 auch m im Auslaut vor folgendem Vocal, wie in verum enim, als fehlerhaft bezeichnet wird.

Fehlerhaft ist die Wiederholung ein und desselben Wortes rasch hintereinander, z. B. „nam cuius rationis ratio non extat, ei rationi ratio non est fidem habere", ausser wenn eine bestimmte Wort-Figur dadurch beabsichtigt wird. Minder auffallende Beispiele finden sich indes bei Römischen Autoren nicht selten, s. Wopkens Lectt. Tull. II, 11, p. 107. Bremi ad Corn. Nep. Epam. 6, 4. Kritz Prolegg. Vellej. p. LXVII. Noch weniger dürfen die Schlusssilben eines Wortes zugleich die Anfangssilben des nächsten sein*), und doch hat Cicero in einem Briefe geschrieben: „res mihi invisae visae sunt, Brute", anderswo „pleniore ore" und in einem Verse: „o fortunatam, natam me consule Romam". Freilich konnte sich hier Cicero auf Homer berufen, Il. B. 758: τῶν μὲν Πρόθοος θοὸς ἡγεμόνευε, was von Herod. p. 95 als Beispiel der Paronomasie angeführt wird. So sagt Pers. 3, 92: ‚de maiore domo modice sitiente lagena‘, und die Ausleger bemerken dazu, dass die Römer solche παρηχήματα (παρηχήσεις Hermog. p. 251) nicht vermieden, oft absichtlich gesucht haben, vgl. ausser O. Jahn z. d. St. Drakenb. ad Liv. XXVI, 46, 6. Benecke ad. Cic. Cat. I, 1 p. 12. Kühner ad Cic. Tusc. IV, 17, 38. Sicherlich klingt es nicht schön, was Cic. orat. 3, 11 geschrieben hat: „ea quae quaerimus". —

Entschieden ist es fehlerhaft, und daher von allen Autoren sorgfältig vermieden, eine Reihe einsilbiger Wörter hintereinander folgen zu lassen „quia necesse est compositio multis clausulis concisa subsultet." Man vgl. darüber Lobeck Paralipo-

---

*) Für Isokrates vgl. Spengel Art. Script. p. IX. ff.

mena, in der dissertatio de linguae Graecae verbis monosyllabis *). Wenn Oedipus bei Soph. Oed. Rex v. 370 sagt:

$$\ddot{\alpha}\lambda\lambda\ \ddot{\varepsilon}\sigma\tau\iota,\ \pi\lambda\dot{\eta}\nu\ \sigma o\acute{\iota}.\ \sigma o\grave{\iota}\ \delta\grave{\varepsilon}\ \tau o\tilde{v}\tau'\ o\dot{v}\kappa\ \ddot{\varepsilon}\sigma\tau'\ \dot{\varepsilon}\pi\varepsilon\grave{\iota}$$
$$\tau\upsilon\varphi\lambda\grave{o}\varsigma\ \tau\acute{\alpha}\ \tau'\ \ddot{\omega}\tau\alpha\ \tau\acute{o}\nu\ \tau\varepsilon\ \nu o\tilde{v}\nu\ \tau\acute{\alpha}\ \tau'\ \ddot{o}\mu\mu\alpha\tau'\ \varepsilon\tilde{\iota},$$

so ist dies eben eine $\tau\varrho\alpha\chi\varepsilon\tilde{\iota}\alpha\ \sigma\acute{v}\nu\vartheta\varepsilon\sigma\iota\varsigma$, welche zu der rauhen Stimmung, in welcher Oedipus die Töne aus der zornerregten Brust gleichsam einzeln hervorstösst, vortrefflich passt. Dabei dürfen wir auch nicht übersehen, dass nach der Regel $\ddot{o}\tau\iota\ \dot{\eta}$ $\dot{\alpha}\pi\acute{o}\sigma\tau\varrho o\varphi o\varsigma\ \dot{\varepsilon}\nu o\tilde{\iota}$ die Wörter $\tau o\tilde{v}\tau'$ und $\ddot{\varepsilon}\sigma\tau'$ nicht als einsilbige zu betrachten sind. Aus einem ähnlichen Grunde hat man auch eine fortgesetzte Reihe kurzer Haupt- und Zeitwörter und umgekehrt langer zu vermeiden, wodurch die Rede schleppend wird. Dahin gehört auch die bereits erwähnte Verbindung vieler Wörter mit gleichen Flexions-Endungen.

§. 49.

Fortsetzung.

Was im obigen über die Verbindung der Wörter mit einander gesagt ist, gilt natürlich alles auch für die Verbindung der Kommata und Kola zu Perioden. Ganz besonders aber kömmt es hier darauf an, was man voranstellt, und was nachfolgen lässt. Dies führt uns auf die Betrachtung des Rhythmus. — Alle Verbindung von Wörtern überhaupt besteht entweder aus Rhythmen, *numeri*, oder Metren. Die letzteren sind ausschliesslich der Poesie eigen. Rhythmisch aber muss bis auf einen gewissen Grad auch die Prosa sein. Dies lehrte, nachdem

---

*) Es wäre zu wünschen, dass Deutsche Stilisten sich diese Regel etwas mehr zu Herzen nähmen, als dies im Ganzen der Fall zu sein pflegt. Fünf bis sechs Einsilbler hintereinander wird man bei der Eigenthümlichkeit der deutschen Sprache kaum vermeiden können, aber es übersteigt doch alles Mass, wenn Thümmel, ein sonst leidlicher Stilist, Reise in die mitt. Prov. B. 2 S. 248 (1853) schreiben konnte: „halten diese meine Geschichte für wahr, so ist mir nicht Angst, dass sie mir sie nicht aus den edelsten Grundsätzen vergeben sollten" — also vierzehn Einsilbler hintereinander! Dergleichen findet sich auch bei andern Schriftstellern nicht selten. Selbst ein Göthe konnte im letzten Gesange von Hermann und Dorothea schreiben: und ich folgt' ihm so gern, als nun er zur Magd mich geworben!

Thrasymachus aus Chalcedon darauf hingewiesen (Cic. or. 52, 175), zuerst Isokrates mit Nachdruck. Cic. Brut. 8, 32: *Isocrates primus intellexit, etiam in soluta oratione, dum versum effugeres, modum tamen et numerum quendam oportere servari.* vgl. de orat. III, 44, 173. orat. 52, 174. Seine eignen Worte giebt uns auch hier Johannes Siciliota bei Walz T. VI p. 165: ὅλως δὲ ὁ λόγος μὴ λόγος ἔστω, ξηρὸν γάρ, μηδὲ ἔμμετρος, καταφανὲς γάρ, ἀλλὰ μεμίχϑω παντὶ ῥυϑμῷ. Auch Arist. Rhet. III, 8 lehrt: ῥυϑμὸν δεῖ ἔχειν τὸν λόγον, μέτρον δὲ μή. Dasselbe hatten Theodektes und Theophrast gelehrt, Cic. orat. 51, 172. Die Nothwendigkeit des Rhythmus ist zuletzt in der Natur unsres Gehörs selbst begründet. Cic. Brut. 8, 34: *ipsa enim natura circumscriptione quadam verborum comprehendit concluditque sententiam: quae cum aptis constricta verbis est, cadit etiam plerumque numerose. nam et aures ipsae, quid plenum, quid inane sit, iudicant, et spiritu quasi necessitate aliqua verborum comprehensio terminatur, in quo non modo defici, sed etiam laborare turpe est.* vgl. orat. 58, 177 f. Eben durch den Rhythmus tritt die Prosa in eine gewisse Verwandschaft mit der Poesie, wie dies sehr schön Dion. Halic. de comp. verb. T. V p. 94 und de adm. vi in Dem. T. VI p. 236 auseinander gesetzt hat. Die Poesie ist an bestimmte in den einzelnen Versen oder Strophen sich gleichmässig wiederholende Metra gebunden, die Prosa dagegen περιπεπλανημένα μέτρα καὶ ῥυϑμοὺς ἀτάκτους ἐμπεριλαμβάνουσα, καὶ μήτ᾽ ἀκολουϑίαν αὐτῶν φυλάττουσα, μήτε ὁμοζυγίαν, μήτ᾽ ἄλλην ὁμοιότητα τεταγμένην μηδεμίαν, εὔρυϑμος μέν ἐστι καὶ εὔμετρος, ἐπειδὴ διαπεποίκιλται μέτροις τε καὶ ῥυϑμοῖς τισιν, οὐ μὴν ἔρρυϑμός γ᾽ οὐδ᾽ ἔμμετρος, ἐπειδὴ οὐχὶ τοῖς αὐτοῖς, οὐδὲ κατὰ ταὐτὰ ἔχουσι. τοιαύτην δέ φημι πᾶσαν εἶναι λέξιν πολιτικήν, ἐν ᾗ τὸ ποιητικὸν ἐμφαίνεται κάλλος, ᾗ καὶ τὸν Δημοσϑένη κεχρημένον ὁρῶ. Eine genügende Definition des Rhythmus darf man natürlich bei den Rhetoren nicht suchen. Oberflächlich genug sagt Cic. orat. 20, 67: „quidquid est, quod sub aurium mensuram aliquam cadit, etiamsi abest a versu (nam id quidem orationis est vitium), numerus vocatur, qui Graece ῥυϑμὸς dicitur." Aber auch die Griechischen Rhetoren geben nicht viel besseres, sie setzen das Wesen des Rhythmus als bekannt voraus. So werden auch wir gut thun, uns zu weiterer Belehrung an Aristoxenus zu wenden. Vgl. A. Rossbach Rhythmik S. 7 ff., der übrigens richtig bemerkt, dass wenn bei der Prosa von Rhythmus gesprochen wird,

dies nicht Rhythmus im technischen Sinne ist, sondern nur un-
gefähres Ebenmaass bezeichnet.

Am meisten wird der Rhythmus am Schlusse der Periode
verlangt, wo ein Ruhepunkt eintritt: eben das unrhythmische ist
ohne Ruhepunkte, Arist. Rhet. III, 8: hier tritt er auch am meisten hervor, indem der Hörer beim Schlusse Zeit gewinnt, auf
denselben zu achten. Hier ist eben jede Härte und Schroffheit
zu vermeiden. Demnächst erfordert der Anfang der Periode
Sorgfalt, denn auch hier ist der Zuhörer gespannt. Doch muss
auch die Mitte in gewisser Beziehung zu Anfang und Schluss
stehen, sie darf nicht träge und schleppend sein, ebensowenig
aber allzuviel Kürzen häufen. Es muss eben jede Periode eine
in sich zusammenhängende rhythmische Reihe bilden, die mit
dem Schluss der Periode selbst zum Abschluss kommt. Darauf
macht Cic. orat. 59, 199 aufmerksam: „solet autem quaeri, totone
in ambitu verborum numeri tenendi sint, an in primis partibus
atque in extremis. Plerique enim censent cadere tantum numerose oportere terminarique sententiam. Est autem, ut id maxime
deceat, non id solum; ponendus est enim ille ambitus, non abi-
ciendus. Quare cum aures extremum semper expectent in eoque
adquiescant, id vacare numero non oportet, sed ad hunc exitum
tamen a principio ferri debet verborum illa comprehensio et tota
a capite ita fluere, ut ad extremum veniens ipsa consistat".

So angenehm der Rhythmus, so fehlerhaft ist das Metrum
in der Prosa. Daher sind ganze Verse, selbst blos Theile von
Versen, namentlich Versanfang am Anfang und Versschluss am
Schlusse einer Periode durchaus zu vermeiden, während umgekehrt, Versschluss am Anfang, Versanfang am Schlusse einer
Periode sehr angenehm sein kann, Quint. IX, 4, 72. Verstösse
gegen diese Regel kommen indes sehr leicht vor. Cic. orat. 56,
189: „versus saepe in oratione per imprudentiam dicimus, quod
vehementer est vitiosum, sed non attendimus, neque exaudimus
nosmet ipsos: senarios vero et Hipponacteos effugere vix possumus, magnam enim partem ex iambis constat nostra oratio rell.".
Deshalb fällt denn auch der Schluss eines Trimeters weniger auf,
als der Schluss eines Hexameters, wie bei Brutus in einem Briefe:
„neque illi malunt habere tutores aut defensores, quamquam sci-
unt placuisse Catoni". Allein selbst Cicero hat in dieser Hinsicht gefehlt: ‚abesse videtur' lesen wir am Schlusse eines Satzes
pro Rosc. Am. 11, 30, ‚cui peccare licebat' Verr. IV, 110, und

ähnliches mehr, s. Zumpt zu Cic. Verr. p. 66, 259. Ja so wenig
wie andere Schriftsteller hat er ganze Verse zu vermeiden gewusst. Mart. Capella p. 474 führt aus Cat. 1, 2 an: „senatus
haec intellegit, consul videt", einen Senar, aus Verr. IV, 110:
„cum loquerer tanti fletus˙gemitusque fiebant", einen Hexameter,
aus Verr. III, 43: „succrescit tibi Lucius Metellus", einen muth-
willigen Hendecasyllabus. Ferner den Schluss eines Pentameters:
„oderat ille bonos". Quintilian führt uns die Anfangsworte der
Rede in Pis. vor: „pro dii immortales, quis hic illuxit dies".
Acad. II, 39 lesen wir: „latent ista omnia Varro, crassis occul-
tata et circumfusa tenebris". Interessant ist, was Theon progymn.
p. 71 berichtet, dass Ephorus in der Schrift περὶ λέξεως gerade
an der Stelle, wo er es untersagte μὴ τῇ εὐρύθμῳ (l. ἐν ρύθμῳ)
χρῆσθαι διαλέκτῳ, sich den Vers zu Schulden kommen liess:
πάλιν δὲ περὶ τῆς ἐνρύθμου διέξειμι. Bekanntlich beginnt Livius sein Werk mit den hexametrischen Worten: „facturusne
operae pretium sim". Es lassen sich aus ihm auch vollständige
Hexameter nachweisen, XXI, 9, 3: „arma: nec Hannibali
in tanto discrimine rerum". IV, 57, 7: „moenia conpulsis nec
defendentibus agros". Noch auffälliger XXII, 50, 10: „haec ubi
dicta dedit, stringit gladium cuneoque facto per medios vadit".
S. Weissenborn zu praef. 1. Fabri zu der zuletzt angeführten Stelle. Ebenso beginnt Tacitus seine Annalen mit dem Hexameter: „urbem Romam a principio reges habuere", wozu Nipperdey noch Ann. XV, 9: „subiectis campis magna specie voli-
tabant" und Germ. 39: „auguriis patrum et prisca formidine
sacram" anführt. Selbst im Nepos hat Nipperdey auf das
Vorkommen von Versen aufmerksam gemacht. Weiteres geben
Schaefer appar. in Demosth. V, p. 528 sq. A. Nauck Fragm.
Trag. praef. p. XIII. O. Schneider Nicandrea p. 23. Als
tadelnswerthes ἐνρυθμον findet sich bei Sallust: „falso queritur
de natura sua". Thucyd. I, 8 schreibt im weichlichsten Rhythmus,
indem er einen Anapäst mit zwei Päonen verbindet, ὑπὲρ ἥμισυ
Κᾶρες ἐφάνησαν. Aber wohl beabsichtigt ist die metrische Composition in den von Quintilian gleichfalls angezogenen Eingangs-
worten des Platonischen Timaeus: εἶς, δύο, τρεῖς˙ ὁ δὲ δὴ τέταρτος ἡμῖν ὦ φίλε. Hier hat man den Anfang eines Hexameters
εἶς — δή, ὁ δὲ δὴ τέταρτος ἡμῖν giebt ein Anacreonteum, δύο
—φίλε einen Trimeter.

Demnächst gingen die Rhetoren auf eine Besprechung der einzelnen Füsse ein. Die volleren aus langen Silben bestehenden machen die Rede nachdrucksvoll, die kurzen rasch und beweglich. Nimmt man also langsame Füsse, wo die Rede den Charakter der Schnelligkeit verlangt, oder umgekehrt, so ist dies fehlerhaft. Merkwürdigerweise haben einige Techniker gewisse Füsse ganz verworfen, andre bevorzugt. So liebte Ephorus den Päon und Dactylus (diese beiden Füsse werden gleichfalls empfohlen von Long. fr. 7) verwarf aber den Molossus, Spondeus und Trochaeus, Cic. orat. 57, 191. Aehnliches lehrten Theodectes, Theophrast, Dionys von Halikarnas. Es wird sich aber dies, meint Quintilian, nie consequent durchführen lassen, wenn auch eine richtige Stellung der Wörter hier manches wird erreichen und vermeiden können. Arist. Rhet. III, 8 verwirft den Dactylus als zu feierlich, den Iambus, und das ist auffallend — als zu gewöhnlich (vgl. Cic. or. 57, 192. Demetr. de eloc. §. 43), den Trochaeus als zu hüpfend, bevorzugt jedoch, wie dies zu seiner Zeit allgemein Sitte gewesen zu sein scheint, den Päon und zwar empfiehlt er für den Anfang den Paeon primus; — ⏑⏑⏑, für den Schluss den Paeon quartus, ⏑⏑⏑ —. Eine kurze Silbe lasse als unvollständig den Schluss verstümmelt erscheinen. Er müsse rhythmisch durch eine lange Silbe bezeichnet werden, nicht aber durch den Schreiber im Interpunctionszeichen, vgl. Cic. de or. III, 44, 173. Cicero freilich meinte, es sei gleichgültig, ob am Schlusse eine lange oder eine kurze Silbe stünde. Quint. IX, 4, 93 war jedoch nicht dieser Ansicht und stimmte vielmehr dem Aristoteles bei. Auch hinsichtlich des Paeon quartus als geeignetsten Schlussfusses war Cicero anderer Meinung als Aristoteles. Er gab am Schlusse dem Creticus den Vorzug. S. orat. 63, 214, 218. Sonst hielt auch er den von Demetr. §. 39 nachdrücklich empfohlenen Paeon für Anfang und Mitte am geeignetsten.

Lange Silben also sind nachdrücklich und gewichtig, kurze sind rasch; mit langen vermischt laufen sie, hintereinander gesetzt hüpfen sie. Scharf ist ein Aufsteigen von kurzen zu langen Silben, sanfter ein Absteigen von langen zu kurzen. Zum Schluss muss man lange Silben nehmen. — Ausser dem eigentlichen Schlussfuss hat man aber auch den vorhergehenden Fuss zu beachten. Es genügt ein Dichoreus an sich. Er wurde häufig von den Asianern verwandt. Vgl. Quint. IX, 4, 103. Cic. orat. 63, 212 ff. Der Volkstribun C. Papirius Carbo schloss einst in einer

Rede eine Periode mit den Worten: „patris dictum sapiens temeritas fili comprobavit", und Cicero erzählt: „hoc dichoreo tantus
clamor contionis excitatus est, ut admirabile esset*)". Ferner
genügen der erste und vierte Paeon an sich. Dann ist der Dochmius zum Schlusse sehr geeignet, von welchem Cic. orat. 64, 218
bemerkt: „dochmius quovis loco aptus est, dum semel ponatur,
iteratus aut continuatus numerum apertum et nimis insignem facit". Natürlich ist auch ein Molossus mit voraufgehender Kürze
geeignet. Desgleichen schliesst der Baccheus. Er kann verdoppelt werden „venenum timeres", oder vielmehr, er hat gern
Trochaeus und Spondeus vor sich, „ut venenum timeres". Auch
der Palimbaccheus schliesst, am besten mit Molossus oder Baccheus vor sich. Einem Dactylus am Schluss können Creticus
und Iambus vorhergehen, nicht aber Spondeus, noch weniger
Trochaeus. Einem Creticus geht am besten ein Anapäst oder
Paeon quartus vorauf; auch kann er verdoppelt werden. So ist
auch ein doppelter Anapäst am Schlusse gut, noch besser, wenn
ein Spondeus oder Baccheus vorhergeht. Auch ein Amphibrachys
schliesst. Im ganzen sind diejenigen Füsse, die auf mehrere
Kürzen ausgehen, für den Vers-Schluss minder geeignet, wenn
auch manche Theoretiker jede kurze Silbe am Schluss als eine
lange betrachteten. — Hinsichtlich der zweisilbigen Füsse ist zu
merken, dass ein Spondeus allein zum Schlusse genügt, wie
häufig bei Demosthenes. Am besten geht ihm ein Creticus vorher. Dabei kömmt es viel darauf an, ob die beiden Füsse ein
Wort bilden, oder nicht. Im ersteren Falle (archipiratae) ist der
Schluss weicher, als im letzteren (criminis causa). Noch weicher
ist Spondeus mit voraufgegangenem Tribrachys in einem Worte,
wie ‚facilitates, temeritates'. Weniger gut ist es, vor den Spondeus einen Anapäst zu setzen. Dagegen ist es richtig, einen
Iambus davor zu setzen, wie umgekehrt. Auch der Pyrrichius
macht sich vor einem Spondeus nicht gut, wie ‚iudicii Iuniani',
noch schlechter ein vorhergehender Päon, ‚Brute dubitavi'. Zwei
Spondeen hintereinander sind anstössig, sie müssten denn auf
drei Worte vertheilt sein, z. B. „cur de perfugis nostris copias

---

*) Bemerkenswerth ist, dass Cicero auch in dem Kolon: „quicumque
eum violavissent, ab omnibus esse ei poenas persolutas" aus derselben Rede, das Schlusswort unbeschadet der Länge der letzten
Silbe (also einen Epitritus secundus) für einen Dichoreus gelten
lässt.

comparat is contra nos". Auch ein Dactylus vor einem Spondeus
ist schlecht, weil das einen Versschluss giebt. Vor einem Trochaeus ist der Pyrrichius gestattet.

Recht praktische Angaben über den Schlussrhythmus finden
wir bei Mart. Cap. p. 476, nur dass seine Darstellung am Schlusse
lückenhaft ist. Vor einer langen Schlusssilbe, d. h. vor einem
einsilbigen Worte am Ende des Satzes, muss ein Trochaeus vorhergehen (nata lex, prima vox); ein passender Schluss für Kola
und Kommata. Vor einer kurzen Schlusssilbe ein Iambus oder
Anapäst. Eine Kürze dagegen vor einer kurzen, oder eine Länge
vor einer langen Endsilbe ist fehlerhaft. Wohl absichtlich sagte
Cic. pro Lig. 4, 11: „non tu eum patria privare, qua caret, sed
vita vis".

Bildet ein zweisilbiges Wort den Schluss, so darf bei iam-
bischer oder pyrrichischer Messung desselben nicht Iambus, Spondeus, oder gar Trochaeus vorhergehen, wodurch die clausula
pentametri entsteht. Nie dürfen zwei Iamben, noch weniger
zwei Pyrrichien, also vier kurze Silben, den Schluss einer Periode
bilden. Gut ist dagegen ein Iambus vor Schluss-Spondeus oder
Trochaeus, ferner zwei Trochaeen, oder Trochaeus und Spondeus.
Also:

    erlaubt   fehlerhaft

    ∪ — — —   — — ∪ ∪
    ∪ — ∪ —   — ∪ ∪ ∪
    — ∪ — ∪   ∪ ∪ ∪ ∪
    — ∪ — —

Bildet ein dreisilbiges Wort den Schluss, und zwar als Molossus oder Palimbaccheus, so geht gut ein Trochaeus vorher,
ganz schlecht ein Spondeus oder Pyrrichius. Bei einem Schluss-
Baccheus darf kein Trochaeus vorhergehen. Gut ist ein Trochaeus
vor einem Ionicus a minore, schlecht ein Spondeus. Gut ist
Trochaeus vor Choriambus oder Ionicus a minore, endlich Tribrachys vor Ionicus a minore. Also:

    zu empfehlen   zu vermeiden

Es muss der Detail-Forschung überlassen bleiben, nachzuweisen, welche rhythmischen Regeln die bedeutendsten Griechischen und Römischen Prosaiker beim Baue ihrer Perioden befolgt
haben, ein Punkt, für den es bis jetzt noch so gut wie ganz an
Vorarbeiten fehlt, dessen sorgfältige Beachtung indes wohl auch

für die Texteskritik nicht ganz ohne Belang sein dürfte. — Die letzte Entscheidung über den Numerus sagt Quintilian, fällt immer dem Ohre zu. Auch Cicero macht wiederholt hierauf aufmerksam und zeigt an einzelnen Beispielen, ohne sich dabei auf theoretische Regeln einzulassen, wie eine Aenderung der Wortstellung oft den ganzen rhetorischen Eindruck einer Periode vernichtet. Besonders lehrreich ist in dieser Hinsicht orat. 70, 232: „quantum autem sit apte dicere, experiri licet, si aut compositi oratoris bene structam collocationem dissolvas permutatione verborum; corrumpatur enim tota res, ut et haec nostra in Corneliana et deinceps omnia: ‚neque me divitiae movent, quibus omnes Africanos et Laelios multi venalitii mercatoresque superarunt‘; — immuta paullulum, ut sit ‚multi superarunt mercatores venalitiique‘, perierit tota res; — et quae sequuntur: ‚neque vestis aut caelatum aurum et argentum, quo nostros veteres Marcellos Maxumosque multi eunuchi e Syria Aegyptoque vicerunt‘; — verba permuta sic, ut sit ‚vicerunt eunuchi e Syria Aegyptoque‘; — adde tertium: ‚neque vero ornamenta ista villarum, quibus L. Paullum et L. Mummium, qui rebus his urbem Italiamque omnem referserunt, ab aliquo video perfacile Deliaco aut Syro potuisse superari‘; — fac ita ‚potuisse superari ab aliquo Syro aut Deliaco‘: videsne, ut ordine verborum paullulum commutato, eisdem verbis, stante sententia, ad nihilum omnia recidant, cum sint ex aptis dissoluta?“ Der Satz aus der von C. Gracchus vor den Censoren gehaltenen Rede: „abesse non potest, quin eiusdem hominis sit, probos improbare, qui. improbos probet“, würde sich viel besser so ausnehmen: ‚quin eiusdem hominis sit, qui improbos probet, probos improbare‘.

Der Redner muss aber wissen, wo er jede Art der Composition anzuwenden hat, und zwar hinsichtlich der Füsse, wie der aus Füssen bestehenden Reihen (comprehensiones) d. h. der Kommata, Kola und Perioden. Wo man nun heftig, drängend, kämpfend zu sprechen hat, also maxime in locis, cum aut arguas aut refellas, Cic. orat. 67, 225, da bedarf es vieler Einschnitte und Glieder und zwar bei rauhen Dingen mit rauhen Rhythmen. Auch die Erzählung verlangt Glieder, oder Auflösung der Perioden in grössere Zwischenräume. Eine Periode passt für die Prooemien grösserer Fälle, wo die Sache der Besorgniss, der Empfehlung, des Mitleids bedarf, ferner für loci communes und jegliche Amplification, eine rauhe Periode, wenn man anklagt, eine fliessende, wenn man lobt. Auch beim Schlusse ist sie von grosser Kraft. Je nach dem Charakter dessen, was man zu sagen hat, muss man auch die Rhythmen wählen. Für ernstes, erhabenes, geschmücktes passen mehr lange Silben; dagegen Beweise, Eintheilungen, Scherze und alles, was dem Gespräche gleicht, verlangt mehr kurze Silben. Das Prooemium muss in der Composition gemischt und je nach Bedürfniss verschieden sein. Die Erzählung will langsamere und so zu sagen bescheidenere Füsse und vor allem sehr gemischte haben. Sie besteht überhaupt aus grösseren Gliedern und kürzeren Perioden. Die scharfen und schlagenden Beweise müssen auch dem entsprechende Füsse haben, nur nicht Trochäen, die rasch, aber kraftlos sind, sondern solche, die aus langen und kurzen Silben gemischt sind, aber nicht mehr Längen als Kürzen haben. Das Erhabene liebt die Fülle des Dactylus und Päon. Das Rauhe tritt am meisten durch die Iamben hervor. Langsame, aber weniger auffällige Füsse verlangt der Schluss. Ueberhaupt muss die Composition der natürlichen Art des Vortrags entsprechen. Im ganzen ist eine harte und rauhe Composition immer einer weibischen und kraftlosen vorzuziehen. Und keine ist so gut, dass sie ausschliesslich anzuwenden wäre. Daraus entsteht Manier und Ueberdruss. Daher sagt Cic. orat. 63, 215 von der Anwendung des an sich so wirksamen Dichoreus: *sed id crebrius fieri non oportet. primum enim numerus agnoscitur, deinde satiat, postea cognita facilitate contemnitur.* Allen Anstrich des gemachten muss man sorgfältig vermeiden. Auch darf man nicht zu Gunsten der Composition allzulange Hyperbata sich erlauben, noch passende und bezeichnende Worte ihr opfern. Ein anderer Fehler ist es, zur Erreichung eines gewissen Rhythmus die Rede mit unnützen Flickwörtern zu überladen, Cic. orat. 69, 231. Fortunat. p. 128: *ne cessantem numerum verbis inanibus compleamus.* — Gerade weil die Lateiner weniger Mannigfaltigkeit und Anmuth in den Worten haben als die Griechen, haben sie auch grössere Sorgfalt auf die Composition verwandt als die Attiker.

§. 50.

Ueber die copia verborum.

Zur Kenntniss der im bisherigen abgehandelten rhetorischen Vorschriften, sagt Quint. X, 1, muss nun, um sie erspriesslich zu machen, noch eine gewisse ἕξις d. h. eine feste Leichtigkeit kommen, die man durch Lesen, Sprechen und Schreiben erlangt. Wie kann also Jemand, der mit den Regeln der Invention und Disposition vertraut ist, der es ferner versteht, die Wörter zu wählen und zu stellen, wie kann ein solcher, das was er gelernt hat, am besten und leichtesten ausführen?

Zunächst muss man sich einen gewissen Vorrath anschaffen, über den man erforderlichen Falls stets verfügen kann, einen Vorrath an Sachen und Worten. Die Sachen sind für jeden Fall besondere, oder für wenige gemeinsam; Worte muss man sich für alle anschaffen, und da es für die einzelnen Dinge mehr als einen Ausdruck giebt, von denen an einer bestimmten Stelle der eine mehr, der andere weniger geeignet ist, so bedarf es der vollständigen Kenntniss derselben, um mit Leichtigkeit erforderlichen Falls die passende Auswahl zu treffen. Man hat sich also Fülle mit Urtheil anzuschaffen, und das erreicht man, indem man sehr gutes liest und anhört. Das, was wir hören, ergreift uns zwar unmittelbar. Aber oft ist unser Urtheil dabei gefangen, wir richten uns mehr oder minder nach dem Urtheil anderer. Bei der Lectüre dagegen sind wir auf unser eignes Urtheil angewiesen, auch geht es langsamer; wir können eine Sache zwei, dreimal lesen, um sie uns klar zu machen, oder unserm Gedächtniss einzuprägen. Lange Zeit lese man nun die besten Autoren und zwar sorgfältig und wiederholt bis zum völligen Verständniss im einzelnen. Sehr nützlich ist es, die Processe zu kennen, über welche wir die Reden zur Hand nehmen, und wo irgend möglich die von beiden Parteien darüber gehaltenen Reden zu lesen, wie etwa die Gegenreden zwischen Demosthenes und Aeschines. Weil es zum Verständniss der Sachlage von Nutzem ist, hat man hierbei die Rede der Gegenpartei, selbst wenn sie von viel untergeordneterem Werthe ist, auch zu lesen. Uebrigens darf man keineswegs glauben, dass alles, was die besten Autoren sagen, nothwendig auch vollkommen sein müsse. Auch sie machen mitunter ihre Fehler, ermatten, oder lassen sich gehen. Wer also alles, was er bei ihnen findet, für unumstössliche Norm des Ausdrucks halten will, der kann leicht in den Fall kommen, gerade das schlechtere und die Fehler nachzuahmen. Andrerseits ist hier ein bescheidnes und vorsichtiges Urtheil über so grosse Männer anzurathen, damit man nicht, wie dies leider gar häufig der Fall ist, das verdammt, was man nicht versteht.

Schon Theophrast sagte, dass für den Redner die Lectüre der Dichter von grossem Nutzen sei, und zwar mit Recht. Von ihnen empfängt man eine gewisse Frische in der Auffassung, Erhabenheit im Ausdruck, leidenschaftlichen Schwung. An ihnen kann sich, wie schon Cicero sagte, unser von seiner täglichen Berufsarbeit ermatteter Geist erquicken und erholen. Nur vergesse man nicht, dass der Redner dem Dichter nicht in allen Stükken folgen darf, weder in der Freiheit des Ausdrucks, noch in der Licenz der Figuren; ferner, dass es dem Dichter lediglich auf Ergetzen und Beifall ankömmt, der Redner aber ausserdem auch siegen will. Auch die Geschichte kann dem Redner reiche Nahrung darbieten, aber auch bei ihr müssen wir mit dem Bewusstsein lesen, dass der Redner ihre meisten Tugenden zu vermeiden hat. Sie steht der Poesie zu nahe, ist selbst gleichsam ein in Prosa aufgelöstes Gedicht. Es kömmt ihr aufs Erzählen, nicht aufs Beweisen an. Sie kann oft eine entlegenere Ausdrucksweise und freiere Figuren anwenden. Von der Sallustischen Kürze, so vollendet sie in ihrer Art für ein müssiges und gebildetes Ohr ist, kann man dem von verschiedenen Gedanken beanspruchten und oft ungebildeten Richter gegenüber keinen Gebrauch machen. Auch die lactea ubertas des Livius ist nicht belehrend und glaubwürdig genug. So hält auch Cicero weder Thucydides noch Xenophon von Nutzen für einen Redner, obgleich er beide sehr hoch schätzt. Allerdings mag ab und zu in Digressionen der Glanz einer historischen Darstellungsweise angebracht sein. Natürlich wird hier ganz von dem positiven Nutzen abgesehen, welchen geschichtliche Kenntnisse dem Redner gewähren. Vieles hat der Redner aus der Lectüre der Philosophen zu schöpfen, überall da, wo es sich um ethische Fragen und um die göttlichen Dinge handelt. Auch für Altercatio und Fragestellung findet man in den Schriften der Sokratiker die beste Vorbereitung. Indes auch hier hat man in ähnlicher Weise wie bei der Poesie und Geschichte Urtheil anzuwenden und darf man über der Identität des Stoffes den Unterschied zwischen gerichtlichem Streit und Disputation, zwischen Forum und Auditorium u. s. w. nicht aus dem Auge setzen.

An diese Auseinandersetzung schliesst sich bei Quintilian

seine berühmte Kritik der bedeutendsten Autoren in den betreffenden Redegattungen.

§. 51.
Ueber Nachahmung, Stilübung u. dgl.

Aus den guten und mustergiltigen Autoren hat man Fülle des Ausdrucks, Mannigfaltigkeit der Figuren und die Art der Composition zu entnehmen, und nach dem Vorbilde ihrer guten Eigenschaften hat man sich zu richten, d. h. man hat sie nachzuahmen. Freilich reicht die Nachahmung allein nicht aus, auch wäre es Zeichen eines trägen Geistes, sich mit dem zu begnügen, was andere erfunden haben. Man muss auch seine eignen, selbständigen Versuche machen. Ferner muss die Nachahmung immer auf das wesentliche, den ganzen geistigen Gehalt, und nicht blos auf äusserliche Einzelheiten gerichtet sein. Desgleichen muss man bei aller Nachahmung sorgfältig die eigne Individualität berücksichtigen, und nicht nach etwas streben, was der eignen Natur entgegen ist. Auch darf die Nachahmung nie zur geistlosen Manier werden, die etwa auch dann wohl angewandt wird, wo sie gar nicht am Platze ist. Die ausschliessliche Nachahmung eines Musters macht einseitig. Sen. praef. Controv. I, 6: *quo plura exempla inspecta sunt, plus in eloquentiam proficitur. non est unus, quamvis praecipuus sit, imitandus, quia nunquam par fit imitator auctori. haec rei natura est: semper citra veritatem est similitudo.* Man hat das gute anzuerkennen, überall wo man es findet, und sich alles Schöne zu Nutzen zu machen.

Zur Uebung seines Stils muss man selbst möglichst viel und möglichst sorgfältig schreiben. „Stilus", sagt Cic. de orat. 1, 33, 150 „est optimus et praestantissimus dicendi effector et magister". Zuerst schreibe man sorgfältig und mit Bedacht; man suche nach dem Besten und gefalle sich nicht bei dem, was einem sofort einfällt, sondern gehe mit Urtheil zu Werke. Sorgfältig achte man auf Stellung und Numerus und vergegenwärtige sich dabei immer, was man zuletzt geschrieben hat, um Einheit in das Ganze zu bringen, und das Feuer der Conception, welches bei der Langsamkeit des Schreibens erkaltet, wieder anzufachen. Man mistraue im Ganzen einer allzugrossen Leichtigkeit, und arbeite das, was man geschrieben hat, noch einmal um. So hat Sallust geschrieben, und man merkt in der That seinem Werke

die Arbeit an. Auch Vergil componirte an einem Tage nur sehr
wenige Verse. Zunächst also setze man es sich zur Aufgabe, so
gut als möglich zu schreiben. Die Gewohnheit bringt Schnelligkeit. Mit der Zeit erscheint die Sache leichter, die Worte entsprechen ihr, die Composition findet sich, die ganze Arbeit endlich geht gut von statten. Nicht durch schnell schreiben erlangt
man gut zu schreiben, sondern durch gut schreiben kömmt man
zum schnell schreiben. Umgekehrt darf man im Mistrauen gegen
sich selbst und in dem Verlangen, es besser zu machen, auch
nicht zu weit gehen. Freilich soll man sich bemühen, bestmög-
lichst zu sprechen, aber immer mit Rücksicht auf unsere Fähigkeit. Man fasse nur, ohne viel zu grübeln, mit vernünftiger Ueberlegung das ins Auge, was die Sache von uns fordert, meistentheils kann doch darüber gar kein Zweifel sein. Umgekehrt
machen es die, welche, ohne sich viel zu besinnen, eine Sache
rasch hintereinander hinwerfen, sie nennen das *silva*, und dann
das, was sie geschrieben haben, nochmals vornehmen und verbessern. Das mag ihnen hinsichtlich des Ausdrucks und Numerus
gelingen, allein der Inhalt wird die Spur des eilfertigen, losen
Aneinanderfügens nicht verleugnen. Man schreibe also von Anfang an mit Sorgfalt und Ueberlegung. Nur bei den Affecten,
die mehr Feuer als Fleiss verlangen, kann man etwas schneller
arbeiten. Das Dictiren hält Quintilian natürlich aus mancherlei
Gründen für verwerflich (X, 3, 19—22). Man schreibe im Besitz
vollständiger Sammlung und ohne von aussen irgendwie gestört
zu werden. Freilich muss man sich auch üben, seine Aufmerksamkeit zu concentriren, und dadurch kleine, unvermeidliche Stö-
rungen zu bemeistern lernen. Bei der Emendation des von uns
geschriebenen kömmt es darauf an, hinzuzufügen, wegzunehmen
und zu ändern. Am besten ist es, man legt das, was man geschrieben hat, eine Zeit lang zurück, und macht sich dann wie
an etwas neues und fremdes wieder daran. Indes muss man
allmälig sich gewöhnen, auch gleich die bessernde Hand anzu-
legen. Das spätere nachcorrigiren kann ohnehin auch bisweilen
störend wirken, die ursprüngliche Einheit verwischen, der Arbeit
an einzelnen Stellen die Spuren von Narben geben, u. dgl. m.

Was soll man schreiben? Eine sehr gute Uebung ist es,
aus dem Griechischen ins Lateinische zu übersetzen. Cicero empfiehlt sie dringend, vgl. de orat. I, 34, 155, und hat sie selbst
betrieben. Bereits in früher Jugend übersetzte er zur Uebung

Xenophons Oekonomicus und Plato's Protagoras, noch im späteren Alter die Reden des Aeschines und Demosthenes vom Kranze. Ebenso ist es sehr gut, aus dem Lateinischen in die fremde Sprache zu übersetzen. Dann übe man sich an eignen Compositionen und zwar bei möglichst einfachen Aufgaben. Man behandle Thesen, in deren Anfertigung sich Cicero noch als hochgestellter Staatsmann übte (vgl. ad Att. IX, 4. Als Probe solcher Studien kann man die Paradoxen betrachten), ἀνασχευαί und κατασχευαί von Sentenzen, loci communes, endlich Declamationen; auch möge man sich etwas in der historischen Darstellung, sowie im anfertigen von Dialogen versuchen; selbst Verse machen wird von Nutzen sein.

Da man nun nicht immer und überall schreiben kann, so wird man gut daran thun, auch das blose Ueberdenken (cogitatio) zu beachten und als Uebung zu benutzen, gleichsam als Mittelstufe zwischen der schriftlichen Ausarbeitung und der extemporalen Beredsamkeit. Auch auf den Ausdruck kann sich die Meditation erstrecken, kurz sie kann die Rede soweit fertig machen, dass sie blos noch niedergeschrieben zu werden braucht. Zugleich wird hierdurch noch das Gedächtniss gestärkt. Man muss sich hierbei Schritt für Schritt üben, zuletzt kann man es dahin bringen, dass man sich zur wirklichen praktischen Verwendung eben so auf das verlassen kann, was man überdacht, als auf das, was man aufgeschrieben hat. Man vergleiche die interessante Schilderung, welche Seneca praef. controv. I p. 53 vom Porcius Latro giebt, von dem es unter anderem heisst: „supervacuos sibi fecerat codices: aiebat se in animo scribere. cogitata dicebat ita, ut in nullo unquam verbo eum memoria deceperit". — Die schliessliche Frucht und gleichsam der reiche Lohn für alle Mühen ist die Fähigkeit aus dem Stegreif zu sprechen, die für jeden, der im öffentlichen Leben mit Erfolg auftreten will, unentbehrlich ist. Aber dazu bedarf es unausgesetzter Uebung. Man darf überhaupt, um ein guter Redner zu werden, nicht einen einzigen Tag vorübergehen lassen, ohne sich irgendwie rhetorisch geübt zu haben. Gerade wo man viel aus dem Stegreif zu sprechen hat, muss man sich auch vielfach schriftlich üben. Vor allen Dingen aber hat man die goldne Vorschrift Cicero's zu beherzigen, man solle sich niemals eine Nachlässigkeit in seiner gewöhnlichen Unterhaltung zu Schulden kommen lassen; alles, was wir auch irgendwie und irgendwo sprechen, sei in seiner Art natürlich vollkommen.

§. 52.

Die Aufgabe, passend zu sprechen.

Cicero sagt im dritten Buche de oratore c. 55, 210 kurz, aber inhaltsvoll: „non omni causae, neque auditori, neque personae, neque tempori congruere orationis unum genus." Wir müssen vor allen Dingen wissen, was geeignet ist, den Richter zu gewinnen, zu belehren, zu bewegen, und was wir in jedem Theile der Rede beabsichtigen.. Um passend zu sprechen, muss man ferner nicht blos auf das sehen, was nützt, sondern auch auf das, was sich geziemt. Meist geht das Hand in Hand, aber nicht immer. Sokrates verschmähte es als seiner unwürdig, durch Bitten und Thränen auf seine Richter zu wirken. So wurde er verurtheilt. Aber die würdevolle Haltung seines Auftretens ist als erhabenes Beispiel auf die Nachwelt gekommen. Wo der Nutzen und das, was sich ziemt, collidiren, ist immer dem letzteren der Vorzug zu geben.

Vor allem ist jede Prahlerei fehlerhaft, namentlich mit seiner eigenen Beredsamkeit. Sie verletzt den Stolz und die Eigenliebe der Zuhörer. Ebenso ist für alle ein unverschämtes, aufgeregtes, jähzorniges Auftreten unziemlich. Man bedenke immer, dass die Rede ein Spiegel der Sitten und des Charakters ist. Οἷος ὁ λόγος, τοιοῦτος καὶ ὁ τρόπος. Es kömmt ferner darauf an, für wen und bei wem man spricht, zu welcher Zeit und an welchem Orte, vor allem aber in welcher Sache. Nie darf es scheinen, als hätten wir eine Freude an der Anklage. Alles unmässige, übertriebene ist unschön. Ebensowenig darf der Redner geflissentlich darauf ausgehen, seinen Gegner zu beleidigen. Anders hat der bejahrte Redner zu sprechen, dessen Rede das Gepräge einer gewissen Milde und Gereiftheit tragen muss, anders der junge Mann, an dem man Fülle und eine gewisse Kühnheit sich gefallen lässt, während Trockenheit und ein allzu knappes Maass der Darstellung als affectirt betrachtet wird. Militair-Personen müssen einfach und praecis sprechen. Ueberhaupt muss also die Rede dem Charakter des Redenden entsprechen, worauf besonders bei der Prosopopoeie zu achten ist. Manche an sich lobenswerthe Eigenschaften der Rede erscheinen durch die besondere Beschaffenheit der Sache als unpassend. So ist in einem Process auf Leben und Tod eine zu grosse Sorgfalt des Stils und eine zu

gekünstelte Composition verwerflich. Es ist aber klar, dass die
Rhetorik für das einzelne hierhergehörige nur gewisse Winke,
nicht aber bestimmte Vorschriften geben kann. Das Schickliche
und Passende überall zu treffen, muss Sache eines geläuterten
Urtheils und richtigen Tactes sein. Man vgl. die feine und geist-
volle Ausführung vorstehender Gedanken bei Quint. XI, 1..

§. 53.

Ueber die Stilarten.

Wir beschliessen diesen dritten Theil der Rhetorik mit einer
kurzen Angabe dessen, was die alten Techniker über die verschiedenen Arten des Stils innerhalb der rednerischen Darstellungsweise gelehrt haben. Es kömmt hierbei nicht auf die Angabe der
Unterschiede zwischen dem *genus Atticum, Asianum* und *Rhodium*
an (Quint. XII, 10, 16 ff. V.oss. Comm. Rhet. VI, 6 p. 466 ff.),
deren Betrachtung mehr einer Geschichte der Beredsamkeit im
Altertbume angehört, als einer übersichtlichen Darstellung der
rhetorischen Technik, sondern auf die Eintheilung der Darstellungsweise in die verschiedenen *genera dicendi.* Man stellte deren
gewöhnlich drei auf, und es mag diese Eintheilung wohl bis in
die Zeiten des Theophrast hinaufreichen.

Nach Cornif. IV, 8, 11 giebt es drei *genera verborum* —
figurae genannt — „in quibus omnis oratio non vitiosa consumitur; unam g r a v e m, alteram m e d i o c r e m, tertiam e x t e n u a t a m
vocamus. gravis est, quae constat ex verborum gravium levi et ornata
constructione; mediocris est, quae constat ex humiliore neque tamen
ex infima et pervulgatissima verborum dignitate; attenuata est, quae
demissa est usque ad usitatissimam puri consuetudinem sermonis".
Für alle drei Arten lässt er längere Beispiele folgen, ebenso wie
für die drei fehlerhaften Ausartungen des Stils, in welche man
durch Uebertreibung geräth. Durch sie wird nämlich die gravis
figura zur *sufflata*, das mediocre genus orationis zum *dissolutum*,
quod est sine nervis et articulis, das extenuatum endlich zum
exile, aridum et exangue genus orationis. In jeder Rede müssen
die drei Stilarten miteinander abwechseln. Nach der Beschaffenheit der Theile zunächst. Dies erhellt aus Cic. orat. 21, 69, wo
sich dieselbe Dreitheilung nur mit anderen Namen und zugleich
mit der Angabe ihrer Bestimmung findet: „quot officia oratoris
(s. oben S. 12), tot sunt genera dicendi: subtile in probando,

modicum in delectando, vehemens in flectendo, in quo uno vis
omnis oratoris est: magni igitur iudicii, summae etiam facultatis
esse debèbit moderator ille et quasi temperator huius tripertitae
varietatis: nam et iudicabit, quid cuique opus sit, et poterit, quo-
cunque modo postulabit causa, dicere". Vgl. 5, 20. de orat. III,
52, 199. 55, 212, wo auch der Ausdruck *figura* vorkömmt, der
sicherlich auch hier dem Griechischen σχῆμα entsprechen soll.
Die richtige Vereinigung dieser drei Stilarten und eine gleich-
mässige Meisterschaft in ihrer Behandlung bewunderte Cicero am
Demosthenes. Bei Quint. XII, 10, 58 finden wir das *genus subtile*, ἰσχνόν, das *genus grande atque robustum*, ἁδρόν, das *medium*
oder *floridum*, ἀνθηρόν. Das erste sei mehr zum belehren, das
zweite zum bewegen, das dritte zum ergetzen oder zum gewinnen
der Zuhörer geeignet. Beim lehren komme es auf Scharfsinn,
beim gewinnen auf Milde (lenitas), beim bewegen auf Nachdruck
und Kraft an. Allein es lassen sich zwischen diesen drei Hauptarten der Darstellung auch noch gewisse Spielarten unterscheiden. Von allen hat der Redner Gebrauch zu machen, je nach
der Sache, die er behandelt, und ihren Theilen, und immer mit
dem nöthigen Maass, um nicht in Uebertreibungen zu verfallen.
Genauere Kennzeichen zur Unterscheidung der Arten oder gar
der Spielarten von einander, werden von Quintilian nicht angegeben.

Der geläufigen Dreitheilung begegnen wir unter den lateinischen Rhetoren auch noch bei Fortunatian und C. Julius Victor.
Nach ersterem p. 125 giebt es drei *genera orationis* hinsichtlich
des ποσότης*), nämlich ἁδρόν *amplum*, *sublime*, ἰσχνόν *tenue*, *subtile*, μέσον *mediocre*, *moderatum*. Das ἁδρόν zerfällt wieder in
αὐστηρόν und ἀνθηρόν (bei Quintilian war das ἀνθηρόν identisch
mit dem μέσον). Ihm gegenüber steht das *tumidum* und *inflatum*,
dem ἰσχνόν gegenüber das *aridum* und *siccum*, dem μέσον das
tepidum ac dissolutum ac velut enerve. Das ἰσχνόν ist auch nicht
uniforme, sondern *aut severius aut floridius*, ebenso das μέσον
aut severum aut laetum. Jul. Vict. p. 438, der seine Weisheit
im einzelnen aus Cicero's Orator schöpfte, nennt als drei *genera
elocutionis*, *vehemens quod Graeci* βαρύ, *tenue quod Graeci* ἰσχνόν,
medium quod Graeci μέσον *vocant*. Als Beispiele für das genus

---

*) ebenso drei genera ποιότητος: δραματικόν, διηγηματικόν,
μικτόν — und drei genera πηλικότητος: μακρόν, βραχύ,
μέσον. Wegen des letzteren vgl. man Aristid. p. 502, 20.

tenue wird angeführt Cicero's Rede pro Ligario, für das medium
— de imperio Cn. Pompei, für das vehemens die Reden pro
Cornelio maiestatis, in Verrem und pro Cluentio.

Wichtig ist, was Demetr. de eloc. §. 36 ff. über die Stilarten lehrt. Es giebt nach ihm nicht drei, sondern vier χαρα-
κτῆρες der Darstellung, den ἰσχνός, μεγαλοπρεπής, γλαφυρός, δεινός. Sie können auch mit einander vermischt werden, der γλαφυρός mit dem ἰσχνός und μεγαλοπρεπής, ebenso der δεινός mit
beiden, nie aber der μεγαλοπρεπής mit dem ἰσχνός. Hierin sowohl als in dem, was über die verschiedenen Charaktere im
einzelnen gesagt wird, lassen sich unschwer die Keime der späteren Ideenlehre des Hermogenes erkennen. — Der χαρακτὴρ
μεγαλοπρεπής hiess später (d. h. im Zeitalter der Antonine; nach
Phryn. p. 198 Vulgärausdruck ἐπὶ τοῦ δεινοῦ εἰπεῖν καὶ ὑψηλοῦ)
auch λόγιος. Er besteht in dreierlei, dem Gedanken, dem Ausdruck und der Composition. Zur σύνθεσις μεγαλοπρεπής gehört
päonischer Rhythmus zu Ende und Anfang der Kola. An den
Anfangspäon muss sich das andere anschliessen. Beispiel aus
Thucyd. II, 48: ἤρξατο δὲ τὸ κακὸν ἐξ Αἰθιοπίας. Lassen sich
nicht reine Päonen anbringen, dann wenigstens Päonen-ähnliches.
Auch die Länge der Kola und Perioden bewirkt μεγαλοπρέπεια.
Vor Dysphonie, Hiat und harten Worten hat sie sich nicht zu
scheuen, ja der Hiat ist ihr sogar zu empfehlen (s. oben S. 299).
namentlich der Zusammenstoss derselben langen Vocale und
Diphthongen. Ferner wird die Rede μεγαλοπρεπής durch den
häufigen Gebrauch der Conjunctionen, durch gewisse Figuren,
wie Anthypallage, Epanaphora, Anadiplosis, die aber nich allzu
sehr gehäuft werden dürfen. Den Ausdruck anlangend, muss
man Metaphern brauchen, kräftige Composita, ὀνόματα πεποιη-
μένα, überhaupt ihm eine mässig poetische Färbung geben, die
Allegorie anwenden, doch nicht zu viel, damit die Rede nicht
dunkel und räthselhaft wird, desgleichen Epiphoneme: §. 38—
114. — Dem χαρακτὴρ μεγαλοπρεπής steht gegenüber der χαρακτὴρ ψυχρός. Das ψυχρόν wird nach Theophrast definirt als: τὸ
ὑπερβάλλον τὴν οἰκείαν ἀπαγγελίαν. Man vgl. die Schrift de
sublim. c. 4. 5 und was daselbst an der Darstellungsweise des
Timaeus getadelt wird. Auch das ψυχρόν zeigt sich im Gedanken, im Ausdruck und in der Composition. Bei Gedanken in
übertriebenen, unmöglichen Hyperbeln, wie wenn Jemand vom
Cyklopen sagte, als er den Stein auf das Schiff des Odysseus

schleuderte „als der Stein durch die Luft flog, weideten Ziegen auf ihm“. Bei der Composition im unrhythmischen, wie etwa wenn lauter lange Silben hintereinander gesetzt sind, oder wenn Verse vorkommen. §. 114—117.

Der χαραχτὴρ γλαφυρός ist anmuthig und lieblich. Anmuthig kann schon der Inhalt an sich sein. Der Reiz kann erhöht werden durch die Anmuth des Ausdrucks. Man erreicht ihn durch eine gewisse Kürze, durch prägnante Stellung, durch Anwendung der Anadiplosis, Anaphora und ähnlicher Figuren, durch Anwendung von Sprichwörtern, Fabeln, Gleichnissen, Hyperbeln, durch absichtliche Auswahl schöner Wörter (Theophr. in §. 173: κάλλος ὀνόματός ἐστι· τὸ πρὸς τὴν ἀκοὴν ἢ πρὸς τὴν ὄψιν ἡδὺ, ἢ τὸ τῇ διανοίᾳ ἔντιμον), der sogenannten λεῖα ὀνόματα, die entweder ganz oder überwiegend aus Vocalen bestehen. In der Composition ist ein leichter Anklang an das metrische am Platze. §. 128—185. Dem χαραχτὴρ γλαφυρός liegt gegenüber das κακόζηλον, das manirirte, schwülstige, s. oben S. 245. In der Composition ist besonders fehlerhaft das Hervortreten des anapästischen Rhythmus, §. 186—189.

Dem ἰσχνὸς χαραχτήρ ist es vor allem um Deutlichkeit und Einfachheit zu thun. Er vermeidet daher im Ausdruck alles metaphorische, den Mangel an Verbindung, alles zweideutige, er liebt die Epanalepsis der Partikeln, vermeidet die Kürze, verwickelte Constructionen, bedient sich der natürlichen Ordnung der Wörter, einfacher, nicht zu langer Perioden, vermeidet lange Kola, den Zusammenstoss langer Vocale, die σχήματα σημειώδη (vgl. Ernesti Lex. techn. Gr. p. 307), d. h. die auffallenden und seltnern Figuren. Es kömmt diesem Charakter auf ἐνάργεια und πιϑανότης an, also auf Deutlichkeit und Genauigkeit des Ausdrucks einerseits, der nichts zu viel sagt und nichts weglässt, auf Einfachheit des Ausdrucks andrerseits, jedoch mit Vermeidung aller Breite. Dem ἰσχνόν gegenüber liegt das ξηρόν.

Die δεινότης endlich liebt in der Composition Kommata statt der Kola, überhaupt nachdrückliche Kürze. Sie ist nicht allzubesorgt um Vermeidung des δύσφϑογγον, vermeidet aber Antithesen und Paromoia in den Perioden und sorgt für einen gewichtigen Schluss derselben. Ihre Perioden sind kurz, meist zweigliedrig. Die Vorliebe für Kürze lässt die Figur der Aposiopese erwünscht erscheinen. Es kann mitunter Undeutlichkeit, selbst Kakophonie zur δεινότης beitragen. Die Kola können mit τέ und δέ schliessen, was sonst nicht erlaubt ist. Nächst der Aposiopese trägt das σχῆμα παραλείψεως zur δεινότης bei, die Prosopopoeie, von den Wortfiguren die Anadiplosis, die Anaphora, besonders die διάλυσις d. h. die Weglassung der Verbindung, die Klimax. Was hinsichtlich der Wahl der Worte der Rede μεγαλοπρέπεια verleiht, verleiht ihr auch δεινότης, also Metaphern, kurze Vergleiche (εἰκασίαι), aber nicht ausgeführte Gleichnisse (παραβολαί), zusammengesetzte Wörter, möglichste Uebereinstimmung des gewählten Wortes mit der zu bezeichnenden Sache, Anwendung der Frageform, der sogenannten ἐπιμονή, des Euphemismus, der Emphase, Allegorie und Hyperbel, des λόγος ἐσχηματισμένος. Der Hiat wird nicht vermieden. Dem δεινὸς χαρακτήρ gegenüber steht der ἄχαρις, mit dem ψυχρός nahe verwandt.

§. 54.

Die Ideenlehre des Hermogenes.

Eine eigenthümliche und zwar, wie wir dies von ihm wiederholt zu hören bekommen, selbständige Ausbildung erhielt die Lehre von den Stilarten durch Hermogenes. Seine Ansicht ist aber genau besehen nur die consequente Entwicklung dreier Gedanken, denen wir schon bei den früheren Rhetoren begegneten. Erstens, dass die Stilarten in der besagten Drei- oder Viertheilung keineswegs erschöpft sind, dass es mindestens noch mancherlei Nebenarten giebt, allerlei Uebergänge in mannigfaltiger Abstufung von einer Art zur anderen. Zweitens, dass dem vollendeten Redner die vollkommene Herrschaft über sämmtliche Stilarten zukommen müsse. Drittens, dass die einzelne Stilart in ihrer Eigenthümlichkeit gleichmässig durch Inhalt und Form, dann durch einen bestimmten Gebrauch von Figuren und eine besondere Composition bedingt werde. Aus diesen Gedanken entwickelt nun Hermogenes seine Theorie von den Ideen und der δεινότης, die er uns mit ermüdender Weitschweifigkeit, aber nicht ohne Klarheit und Scharfsinn vorträgt. Seine Lehre läuft in der Hauptsache etwa auf folgendes hinaus.

Als vollendetes Muster rhetorischer Darstellung wird von Hermogenes die des Demosthenes betrachtet. In ihr sind alle Grundformen oder Ideen der Darstellung mit gleicher Meisterschaft und in der buntesten Mannigfaltigkeit behandelt, so dass

21

jede zu rechter Zeit und am gehörigen Ort zu ihrem Rechte gelangt. Solcher Grundformen giebt es sieben: σαφήνεια, μέγεϑυς,
κάλλος, γοργότης, ἦϑος, ἀλήϑεια, δεινότης (Hermog. p. 268. 274).
Dies also sind die Ideen der Darstellung, die theils für sich bestehen, theils in Unterarten zerfallen, theils mit einander in
Verbindung treten. Die Rede selbst aber, abgesehen von der
Form, in welcher sie dargestellt wird, kömmt durch acht bestimmte Elemente zu Stande, denen allen die jedesmalige Idee
ihr bestimmtes Gepräge aufdrückt, die aber auch umgekehrt
zur Ausprägung der Idee von Wichtigkeit sind. Es besteht
nämlich die Rede erstens aus einem, oder mehreren Gedanken,
zweitens aus der Methode, d. h. der Ausführung des Gedankens
(μέϑοδός ἐστι τρόπος ἐπιστημονικὸς· τοῦ πῶς δεῖ τὰ νοήματα
ἐξάγειν), drittens dem an beides sich anschliessenden Ausdruck,
der λέξις. An den Ausdruck schliesst sich ferner an die Figur,
die Gestaltung der Kola, die Composition und der Schluss (ἀνά-
παυσις, clausula), welche beide zusammen den Rhythmus geben,
der aber noch ausserdem etwas für sich bestehendes ist. Je
nach den verschiedenen Ideen sind diese Elemente von verschiedener Wichtigkeit. Im Ganzen kömmt es zunächst auf den Gedanken, dann auf den Ausdruck, demnächst auf die Wortfigur,
dann erst auf die Sinnfigur, welche die Methode ausmacht, an.
Bei der δεινότης freilich ist gerade die Sinnfigur von entschie-
denster Wichtigkeit. Zuletzt kömmt Composition und Schluss
(p. 272).

Die erste Idee ist die σαφήνεια d. h. die Deutlichkeit
der Darstellung. Sie kömmt zu Stande durch εὐκρίνεια, Klarheit (Uebersichtlichkeit) und καϑαρότης, Reinheit.· Rein ist
der Gedanke, wenn er an sich allgemein verständlich ist. Die
Methode besteht in der einfachen Mittheilung des thatsächlichen
ohne Herbeiziehung von Beiwerk. Die περιστατικά (S. 50 ff.) sind
ausgeschlossen. Der Ausdruck verlangt gemeinverständliche
Wörter mit Vermeidung der Tropen und der Wörter, die an
sich hart sind. Die Figur ist die ὀρϑότης, d. h. man erzählt
im Nominativ und nicht in abhängiger Participialconstruction.
Das Hyperbaton ist durchaus unzulässig. Die Kola müssen
klein, kommatisch und in sich abgeschlossenen Sinnes sein. Die
Composition ist einfach, ohne sich um Vermeidung des Hiats
zu kümmern. Der Rhythmus muss iambisch oder trochaeisch
sein — diese Rhythmen haben am meisten Verwandschaft mit

der gewöhnlichen Rede — zunächst am Anfange der Kola, im weiteren Verlaufe müssen sie zahlreicher vorhanden sein als Daktylen und Anapästen, am Schluss müssen sie wieder hervortreten, mit oder ohne Katalexis. — Der καθαρότης kömmt die εὐκρίνεια zu Hülfe. Sie besteht überwiegend in der Methode, die Dinge in der natürlichen Reihenfolge mitzutheilen, daher auch die Einwürfe eher zu bringen als deren Lösung. Klar sind alle Gedanken, welche einen Uebergang zum folgenden bilden und dasselbe gleichsam einleiten (Partitionen, Propositionen, Transitionen, für welche letztere Hermog. p. 283 und Arist. p. 484 den Ausdruck συμπλήρωσις haben), daher auch Eintheilung und Aufzählnng als Figuren der Uebersichtlichkeit bezeichnet werden. Zu ihnen gehören ferner Fragen, die der Redende an sich selbst richtet und dann beantwortet, auch kurze Recapitulationen und Zurückbeziehungen auf das gesagte (ἐπαναλήψεις vgl. Ernesti Lex. techn. Gr. p. 117). Das Gegentheil der σαφήνεια ist ἀσάφεια, ihre fehlerhafte Ausartung führt zum εὐτελές (oben S. 44) und ταπεινόν. Das Gegentheil der εὐκρίνεια ist die σύγχυσις.

Um die fehlerhafte Ausartung zu vermeiden, muss eine gewisse Grösse und Würde dazukommen. So schreitet denn Hermogenes zur Betrachtung der zweiten Idee, des μέγεθος, synonym mit ὄγκος und ἀξίωμα. Es möge hier bemerkt werden, dass ὄγκος bei den Rhetoren keineswegs wie unser Schwulst etwas schlechtes, sondern das *os magnum*, die *sublimitas* bezeichnet. Chrysost. de sacerd. IV p. 305, 50: εἰ μὲν τὴν λειότητα Ἰσοκράτους ἀπήτουν καὶ τὸν Δημοσθένους ὄγκον καὶ τὴν Θουκυδίδου σεμνότητα καὶ τὸ Πλάτωνος ὕψος. Vom ὄγκος des Aeschylus sprach ja schon Sophokles nach Plut. de prof. in virt. 7 p. 79 B. So heisst ὀγκοῦν die Rede mit erhabenem Ausdruck versehen, s. Goeller zu Demetr. S. 113. Das μέγεθος zerfällt aber in die Unterarten der σεμνότης, περιβολή, τραχύτης, λαμπρότης, ἀκμή und σφοδρότης, die mit der τραχύτης nicht durchaus identisch ist. Davon können die beiden zuerst genannten für sich bestehen, die übrigen berühren sich mehr oder minder gegenseitig. Zuerst also σεμνότης, die Würde. Würdevolle Gedanken sind die Gedanken von den Göttern ohne anthropopathischen Beisatz, überhaupt religiöse Gedanken, Gedanken über das Weltall und was in ihm ist, über Naturerscheinungen, dann ethische Gedanken, über die Seele und ihre

Unsterblichkeit, über Tugend, Gesetz u. dgl., Gedanken über wichtige Vorfälle der Geschichte und des Menschenlebens. Die würdevolle Methode ergeht sich in bestimmten Aeusserungen ohne Zweifel, aber sie liebt das allegorische und symbolische. Der würdevolle Ausdruck verlangt eine gewisse Breite und Fülle bei der Aussprache, namentlich also die Vokale a und ω besonders in den Endsilben, überhaupt Worte mit vielen langen Vokalen und Diphthongen — mit Ausnahme des $\varepsilon\iota$ — und entsprechender Schlusssilbe, auch Worte mit langer Schlusssilbe und dem Vokal o in der vorhergehenden. Er verlangt ferner Tropen, aber nur mässig. In der Rede muss der Gebrauch der Nomina und nominalen Wörter als Participien und Pronominen vorherrschen, so wenig als möglich Zeitwörter. Von den Figuren tragen alle diejenigen zur Würde bei, welche die Rede rein machen, dann die Epikrise, d. h. die ausdrückliche Bestätigung eines vorangegangenen Gedankens in allgemein gültiger, nicht blos subjectiver oder limitirender Form, während es sonst würdevoll ist $\varepsilon\dot{\iota}\varsigma\ \tau\grave{\eta}\nu\ a\dot{\upsilon}\tau o\tilde{\upsilon}\ \gamma\nu\acute{\omega}\mu\eta\nu\ \dot{a}\nu a\varphi\acute{\varepsilon}\rho\varepsilon\iota\nu\ \tau\iota\ \tau\tilde{\omega}\nu\ \dot{\rho}\eta\vartheta\eta\sigma o\mu\acute{\varepsilon}\nu\omega\nu$. Apostrophen und Hypostrophen d. h. parenthetische Einschaltungen (Hermog. p. 294. Ernesti p. 368) sind zu vermeiden. Die Kola müssen wie bei der Reinheit möglichst kurz sein. Die Composition nimmt es nicht zu ängstlich mit dem Hiat. Sie liebt daktylischen, anapästischen, päonischen, bisweilen iambischen, noch mehr spondeischen Rhythmus, auch Epitriten, vermeidet dagegen Trochaeen und Ionici. Einer dieser Rhythmen muss nun auch den Schluss bilden, aber ohne Katalexis, um die Trochaeen zu vermeiden, möglichst mit einem drei- oder mehrsilbigen Hauptwort mit überwiegenden Längen und womöglich volltönenden Vocalen.

Zweitens die $\tau\rho a\chi\acute{\upsilon}\tau\eta\varsigma$ d. h. die Herbigkeit oder Schroffheit der Darstellung (p. 297 ff.). Herbe sind alle Gedanken, in denen eine niedriger stehende Person einer höher stehenden, oder den Richtern, der anwesenden Versammlung, Vorwürfe macht und zwar in nackter, unverhüllter Form. Der Ausdruck wird herbe durch an sich harte Worte und derbe Metaphern. Als Figur passt die Form des Befehls oder der vorwurfsvollen Frage. Der Satzbau liebt das kommatische. In der Composition wird der Hiat geflissentlich gesucht, alles rhythmische vermieden. Der Schluss muss bald durch diesen, bald durch jenen Fuss gebildet werden. Verwandt mit der $\tau\rho a\chi\acute{\upsilon}\tau\eta\varsigma$ ist die $\sigma\varphi o$-

$\delta\varrho\acute{o}\tau\eta\varsigma$, die Heftigkeit des Ausdrucks (p. 301 ff.). Bei ihr sind Tadel und Vorwürfe nicht gegen höher stehende, sondern geringere Personen gerichtet, gegen die Gegner, oder gegen solche, deren Tadel auch den Anwesenden recht ist. Sie ergeht sich in Schmähungen (Demosthenes gegen Aristogiton). Die Methode ist dieselbe wie bei der Schroffheit, man spricht unverholen. Ebenso der Ausdruck. Hier kann der Redner harte Worte selbst bilden. Von den Figuren ist die Apostrophe am Platz, nebst der an den Gegner gerichteten Frage, wenn man ferner gleichsam mit Fingern auf ihn weist. Die Kommata werden so klein wie möglich gemacht. Auch die Composition ist dieselbe wie bei der Schroffheit.

Die $\lambda\alpha\mu\pi\varrho\acute{o}\tau\eta\varsigma$, der Glanz der Darstellung (p. 304 ff.) mildert in etwas die Schroffheit und Heftigkeit, dass sie nicht zur Rauhheit wird. Glänzend sind die Gedanken, welche der Redner mit einer gewissen Zuversicht aussprechen kann, indem er weiss, dass sie auf den Beifall der Hörer rechnen dürfen, Gedanken, die eine gewisse sittliche Grösse und einen berechtigten Stolz verrathen (Demosthenes vom Kranze), und die zuversichtlich ohne Zweifel und Schwanken vorgetragen werden, auch wohl Betheurungen zu Hülfe nehmen. Der würdevolle Ausdruck ist auch glänzend. Von den Figuren wendet man Negationen an, $\dot{\alpha}\nu\alpha\iota\varrho\acute{e}\sigma\epsilon\iota\varsigma$ „nicht mit Steinen und Ziegeln habe ich die Stadt ummauert", und $\dot{\alpha}\pi o\sigma\tau\acute{\alpha}\sigma\epsilon\iota\varsigma$ (vgl. Arist. p. 462, Ernesti p. 39) d. h. man trennt die Gedanken von einander und bildet aus ihnen einzelne Sätze. Die Kola müssen etwas lang sein und werden asyndetisch aneinander gefügt, die $\dot{o}\varrho\vartheta\acute{o}\tau\eta\varsigma$ wird durch $\pi\lambda\alpha\gamma\iota\alpha\sigma\mu\acute{o}\varsigma$ / d. h. durch Anwendung abhängiger Participial-Constructionen in den *casibus obliquis* unterbrochen. Die glänzende Darstellung liebt die Amplificationen. Die Composition ist dieselbe wie bei der $\sigma\epsilon\mu\nu\acute{o}\tau\eta\varsigma$. Bei einem würdevollen Schluss kann hier aber auch trochäischer Rhythmus voraufgehen. Die $\dot{\alpha}\kappa\mu\acute{\eta}$ oder Kraft der Darstellung (p. 308 ff.) besteht in einer Vereinigung des schroffen und heftigen mit dem glänzenden, und zwar sind Gedanken und Methoden dieselben wie bei dem schroffen und heftigen. Der Ausdruck ist aus ihnen und dem glänzenden gemischt, desgleichen die Figuren, alles andre ist wie bei dem glänzenden.

Die letzte Unterart der Grösse und Würde ist die $\pi\epsilon\varrho\iota\beta o\lambda\acute{\eta}$ die Ausführlichkeit der Darstellung (p. 315 ff.). Gerade von ihr hat Demosthenes den meisten Gebrauch gemacht. Ihr Gegentheil ist die zuerst besprochene Reinheit. Im Gedanken zeigt sich die Ausführlichkeit, wenn zu dem, wovon die Rede ist, noch von ausserhalb etwas dazu genommen wird, wie das Genus zur Species, das unbestimmte zum bestimmten, das Ganze zum Theil. Solche Zuthaten können auch zur Klarheit beitragen, so entgegengesetzt diese auch sonst der Ausführlichkeit ist. Ferner wenn man die Dinge nicht schlicht berichtet, sondern mit der gehörigen Berücksichtigung der περιστατικά und unter Heranziehung von allerhand amplificirenden Zuthaten, wenn man auch das berichtet, was geschehen sein würde, wenn das betreffende nicht geschehen wäre, sowie das, was nicht geschehen ist. Bei der Methode wird die natürliche Reihenfolge der Begebenheiten invertirt, das spätere zuerst gesagt, dann auf das bereits gesagte wieder Bezug genommen, die Begründungen und Amplificationen werden den Sätzen selbst voraufgestellt. Einen besonderen Ausdruck giebt es für diese Art der Darstellung nicht, wenn man nicht die Häufung von Synonymen hierher rechnen will, welche im Grunde mit der besagten Methode zusammenfällt, ebenso wie die ἐπιμονή, das längere Verweilen, oder auch die Wiederholung ein und derselben Figur. Von den Figuren eignen sich alle diejenigen für die Ausführlichkeit, durch welche an einen Gedanken andre herangezogen werden, also Aufzählungen, Eintheilungen, Gliederungen und alles was dem gleicht, Wiederaufnahme des durch eine Einschiebung unterbrochenen Fadens, hypothetische Eintheilungen, abhängige Participial - Constructionen, das σχῆμα κατ᾽ ἄρσιν καὶ θέσιν d. h. ein sondern nach voraufgegangener Negation, Parenthesen. Ueber Kola, Schluss und Rhythmus ist nichts besonderes zu bemerken. Jedwede Composition ist erlaubt, mit Ausnahme etwa derjenigen, welche für die καθαρότης charakteristisch ist. Eine sehr ausführliche περιβολή hat den besonderen Namen μεστότης, Fülle der Darstellung.

Zur Deutlichkeit und Grösse der Darstellung muss nun eine gewisse Schönheit, κάλλος, kommen (p. 330 ff.). Dies ist die dritte Idee. Die Darstellung muss ein bestimmtes Colorit haben (χρῶμα, s. oben S. 294). Ihre Schönheit zeigt sich in der Symmetrie der Glieder und Theile in Verbindung mit einer gefälligen Färbung, die wie ein gleichmässiges ἦθος über das ganze ausgebreitet ist. Dies meint Plato, wenn er im Phädros sagt, eine schöne Rede müsse einem lebendigen, gegliederten Organismus gleichen. Die Schönheit der Darstellung, übrigens nahe verwandt mit dem Glänzenden und Kräftigen, besteht aber lediglich im Ausdruck und der an ihn sich anschliessenden Composition (p. 332), nicht aber in der Besonderheit des Gedankens und der Methode. Schön ist der Ausdruck, wenn er rein ist. Daher denn auch Isokrates, dem es besonders um Schönheit des Ausdrucks zu thun war, nur einen mässigen Gebrauch von den Tropen gemacht hat. Ganz besondere Schönheit und den Charakter des Sorgfältigen haben kleine Wörter und solche, die aus wenig Silben bestehen. Von den Figuren gehört hierher das Gebiet der Parisosis, das bei Isokrates in reichem Masse, bei Demosthenes dagegen, dem es mehr auf δεινότης als gerade Schönheit der Darstellung ankam, in seiner Reinheit wenigstens nur spärlich vertreten ist. Dann die Epanaphora an der Spitze der Kola, die Antistrophe am Ende, Epanastrophe u. dgl., die Klimax, aber in seltener Anwendung, das Hyperbaton, die Figuren κατ' ἀντίφρασιν, doppelte Negationen, die sich aufheben, das Polyptoton. Die Kola verlangen eine mässige Länge und sorgfältige Vermeidung des Hiats. Wenn mehrere Kola zu einer Periode verbunden sind, so muss das letzte die vorhergehenden an Länge übertreffen. Die Composition muss durchaus rhythmisch sein und nahe Verwandschaft mit dem Vers haben, ohne wirklich Vers zu sein (p. 340). Zu dem Ende müssen die Füsse, aus denen die rhythmischen Reihen bestehen, unter sich verwandt sein und zu einander passen, die Redetheile, aus denen der Rhythmus besteht, dürfen nicht gleich viel Silben, gleiche Quantität und gleichen Accent haben. Der Schluss verlangt eine lange Endsilbe mit einer oder zwei vorhergehenden Kürzen. Ein einsilbiges langes Schlusswort ist von grosser Wirkung.

§. 55.

Fortsetzung.

Die vierte Idee ist die γοργότης (p. 343 ff.), die Lebhaftigkeit der Darstellung, Sie muss zu den drei besagten hinzukommen, damit diese allein angewandt nicht ermüden. Gedanken an sich können nicht als lebhaft bezeichnet werden, man müsste denn scharfsinnige, witzige Gedanken als solche hierher rechnen. Die Lebhaftigkeit liegt vielmehr in der Methode und im Ausdruck.

Erstere besteht hier darin, überall möglichst viele Einschnitte anzubringen. Dazu dienen kurze Einwürfe und deren eben so kurze Abfertigung, die Apostrophe. Der Ermüdung der Rede beugt man vor durch ὑποστροφή (p. 345 auch καταπλοκή genannt, welcher Ausdruck bei Ernesti fehlt), d. h. durch kurze Einschaltungen. Figuren, durch welche die Rede Einschnitte gewinnt, sind besonders das Kommatische Asyndeton, Kommatische Aufzählung von Namen, Kommatische Epanaphora, kurze Symploken, die sich aber nicht über eine ganze Periode erstrekken dürfen. Lebhaftigkeit gewinnt der Ausdruck ferner durch den bereits erwähnten πλαγιασμός und durch συστροφή d. h. durch Abrundung der Sätze. Die Worte müssen möglichst kurz sein. Die Composition verlangt sorgfältige Vermeidung des Hiat und trochäischen Rhythmus. Ein trochäisches Wort muss den Schluss bilden.

Die fünfte Idee ist das ἦθος (p. 350 ff.), man könnte sagen, das Charakteristische der Darstellung. Es kann über eine ganze Rede gleichmässig vertheilt sein, kann aber auch unter die andern Ideen gemischt auftreten. Es wird hervorgebracht durch ἐπιείκεια, ἀφέλεια und das in ihnen erscheinende wahrhaftige und innige (ἐνδιάθετον). Auch die βαρύτης gehört gewissermassen hierher, die aber nur in Verbindung mit anderen Arten der ethischen Darstellung auftreten kann. Die ἀφέλεια ist das, was wir mit Naivetät bezeichnen. Die Gedanken sind schlicht und einfach, kindlich, ja sie können sogar an das triviale gränzen. Naiv sind Beispiele, die der Thierwelt, überhaupt der Natur entnommen werden. Alles andre fällt mit der καθαρότης zusammen. Vereinigung von Naivetät und Schönheit führt zur γλυκύτης, zur Lieblichkeit der Darstellung, nicht verschieden von der ἁβρότης und dem λόγος ὡραῖος (p. 368). Lieblich sind alle mythischen Erzählungen (Demosth. Aristocr. 65 ff.), nur muss der Redner, wenn er von ihnen Gebrauch machen will, etwas lebhaft vortragen, sie also mit γοργότης versetzen, ferner Erzählungen aus der Heroenzeit, die an das rein mythische anstreifen, demnächst alles, was unsre Phantasie anspricht, wie Beschreibungen von schönen Gegenden, nicht minder aber auch das, was unsrer Eigenliebe schmeichelt. Auch sind Gedanken lieblich, in denen leb- und willenloses als beseelt und wollend behandelt wird, wie der naive Ausspruch des Sokrates im Platonischen Phaedrus p. 230 D: τὰ μὲν οὖν χωρία καὶ τὰ *δένδρα οὐδέν μ᾽ ἐθέλει διδάσκειν, οἱ δ᾽ ἐν τῷ ἄστει ἄνθρωποι,* oder die Anrede, die Herodot den Xerxes an das von ihm gezüchtigte Meer halten lässt, wenn ferner den Thieren menschliche Empfindungen und Gefühle beigelegt werden. Lieblich ist der naive und der poetische Ausdruck. Daher macht das Verflechten von Dichterworten in die Prosa einen lieblichen Eindruck, während dies von dem ausdrücklichen citiren einer Dichterstelle — Hermog. p. 364 nennt dies *ἐκ διαστάσεως παραπλέκεσθαι τῷ λόγῳ τὰ ποιήματα* — noch nicht gilt. Auch poetische Epitheta machen die Rede lieblich. Figuren und Composition sind wie bei der Schönheit; überwiegen müssen die würdevollen Rhythmen. An das Naive schliessen sich *δριμύτης* und *ὀξύτης,* Witz und Scharfsinn an, also die Gedanken, wie Hermogenes sagt, bei denen sich auf der Oberfläche eine gewisse Tiefe offenbart. Sie liegen aber mehr in der Methode und im Ausdruck als im Gedanken, wie etwa im doppelsinnigen Spiel mit den verschiedenen Bedeutungen eines Wortes, der Paronomasie, dem Ueberbieten einer einfachen Metapher durch eine kühnere. Die *ἐπιείκεια,* die wohlmeinende, bescheidene Billigkeit zeigt sich, wenn Jemand, statt sein strenges Recht zu verfolgen, sich unter Berücksichtigung mildernder Umstände mit billigen Forderungen begnügt, wenn der Redner sich auf gleiche Stufe mit den Zuhörern stellt, wenn er zeigt, dass diese gerade ebenso handeln würden, wie er selbst, wenn er hervorhebt, dass er zu seinem gerichtlichen Auftreten gewissermassen von dem Gegner gezwungen ist. Umgekehrt kann auch der Verklagte sagen, dass er nur, weil er sich zu härterem Auftreten nicht habe entschliessen können, in diese Lage gekommen sei. Die Methode besteht darin, von sich mit einer gewissen Bescheidenheit zu sprechen, freiwillig seine guten Eigenschaften, und das, was man gegen den Gegner heftiges sagen könnte, zu verkleinern, mit Ausschluss jedoch der Ironie. Der Redner spricht vorsichtig, mit Zweifel und Einschränkung. Figur der Paraleipsis. Im übrigen stimmt die *ἐπιείκεια* mit der *καθαρότης* und *ἀφέλεια* überein.

Das Gepräge der Wahrheit und Innigkeit, d. h. der innerlichen Betheiligung des Redners an dem, was er sagt, — die *ἀλήθεια* wurde von Hermogenes am Anfang seiner Entwicklung als sechste Idee aufgestellt, im zweiten Buche jedoch p. 375 erscheint der *λόγος ἀληθής* oder *ἀληθινός* als Unterart

des ἠϑικός — erhält die Darstellung, die Naivetät und Billigkeit des Gedankens vorausgesetzt, überwiegend durch Methode,
Figur, Ausdruck u. s. w., denn auch die Ausrufungen, die hier
am Platze sind, gleichsam unwillkürliche Betheurungen und An-
rufungen der Götter, Bezeugungen des Erstaunens und der Verwunderung, Schmähungen gegen den Gegner gehören dem Gebiet der Methode an. Hierbei muss man sich sorgfältig hüten,
die bevorstehende Aeusserung eines Affects vorher anzukündigen,
wodurch der ganze Effect verschwinden würde. Es muss alles
wie von selbst kommen. So müssen auch, um der Darstellung
das Gepräge des wahrhaften zu verleihen, die Beseitigungen
von Einwürfen asyndetisch eingeführt werden. Eine andere
Methode besteht in der absichtlichen Anakoluthie als Folge des
zu starken Affectes. Auch das nachholen von etwas, als habe
man es beinah vergessen, oder als falle es einem zur rechten
Zeit noch ein, gehört hierher. Der Ausdruck muss rauh, heftig
sein, darf selbstgebildete Wörter haben. Auch alle Figuren der
σφοδρότης können hier angewandt werden, ferner Aposiopese,
Epikrisis, Epidiorthosis. Die Composition ist wie bei der σφοδρότης. Will jedoch der Redner durch den λόγος ἐνδιάϑετος
Mitleid erregen, so muss die Darstellung den Charakter der
ἀφέλεια annehmen. Die βαρύτης beschwert sich über erlittenen
Undank, ergeht sich überhaupt oft in Vorwürfen, oft mit einer
ironischen ἐπιείκεια, die Ironie ist ja ihre hauptsächlichste Methode.

In der richtigen und rechtzeitigen Verwendung aller im
bisherigen aufgeführten Ideen, zugleich mit Benutzung aller sonstigen rhetorischen Regeln, besteht nun die letzte Idee, die δεινότης (p. 388), die wahre Beredsamkeit, wohl zu unterscheiden von der nur scheinbaren δεινότης alter und neuer Sophisten, die bei fehlendem innern Gehalt, überwiegend durch
die Kunst des Ausdrucks den Schein der Beredsamkeit zu
erwecken suchen (p. 395). Die echte δεινότης giebt den
λόγος πολιτικός, die vollkommen kunstmässige Darstellung, wie wir ihn bei den klassischen Rednern, vor allen
bei Demosthenes finden. Hermogenes charakterisirt p. 398 die
Mischung der Ideen in ihm folgendermassen: φημὶ δεῖν ἐν τῷ
τοιούτῳ λόγῳ πλεονάζειν μὲν ἀεὶ τόν τε τὴν σαφήνειαν ποιοῦντα
τύπον καὶ τὸν ἠϑικόν τε καὶ ἀληϑῆ, καὶ μετὰ τούτους τὸν γορ-
γόν, τῶν δ' αὖ τὸ μέγεϑος ποιουσῶν ἰδεῶν τὴν μὲν περιβολὴν
διόλου πλεονάζειν, καὶ οὐχ ἧττόν γε ἢ τὴν καϑαρότητά τε καὶ

εὐκρίνειαν, τὴν μέντοι τραχύτητα καὶ σφοδρότητα παρισοῦσθαι μέν πως τοῖς εἰρημένοις, κατὰ δεύτερον δὲ καὶ τρίτον λόγον. ἀκμὴ δὲ καὶ σεμνότης ἀπ᾽ αὐτῶν καὶ ἔτι λαμπρότης εἶναι μὲν ὀφείλει, οὐ μὴν οὕτως οὐδὲ ἐπὶ τοσοῦτον, ἐφ᾽ ὅσον καὶ αἱ προειρημέναι τῶν ἰδεῶν, ἀλλ᾽ ἐπ᾽ ἔλαττον, ὅπου γε τὴν σεμνότητα καὶ διακόπτειν ἐν τῷ πολιτικῷ χρὴ λόγῳ καὶ καθαιρεῖν ἀπὸ τοῦ μεγέθους κτλ. Er zerfällt in die drei Arten der gerichtlichen, berathenden und panegyrischen Rede. Bei der berathenden überwiegt die Idee der Grösse, das Ethos tritt zurück. In der eigentlichen Gerichtsrede überwiegt das Ethos, ἀφέλεια und ἐπιείκεια; die βαρύτης tritt zurück; die Grösse liegt in der Ausführlichkeit der Gedanken. Im eigentlichen Panegyricus tritt die Grösse mit Ausschluss der Schroffheit und Heftigkeit in den Vordergrund, überall durchwebt von Naivetät und Lieblichkeit. Er ist fast ganz Erzählung, daher fällt die Lebhaftigkeit der Darstellung fast ganz weg.

Es ist hier nicht der Ort, die Theorie des Hermogenes im einzelnen einer Kritik zu unterwerfen. Allein es ist klar, dass sie durch Berücksichtigung auch der nicht oratorischen Arten prosaischer Darstellung an Klarheit gewonnen haben würde, ferner leuchtet sofort ein, dass die δεινότης gleichsam das Substrat des λόγος πολιτικός, als aus der richtigen Vermischung sämmtlicher Ideen hervorgegangen, nicht selbst wieder Idee sein kann. Beiden Uebelständen ist einigermassen abgeholfen in der Umbildung, oder richtiger Vereinfachung, welche die Lehre des Hermogenes in den beiden τεχναὶ ῥητορικαὶ περὶ πολιτικοῦ καὶ ἀφελοῦς λόγου erfahren hat. Sie tragen den Namen des Aristides an der Spitze, dass aber dabei nicht an den berühmten Aelius Aristides zu denken ist, dem sie fälschlich beigelegt werden, muss als. ausgemachte Thatsache betrachtet werden. Denn die Schrift setzt in der Terminologie und der ganzen Anlage die Bücher des Hermogenes περὶ ἰδεῶν als bekannt und anerkannt voraus, ja sie polemisirt gegen den von Hermogenes aufgestellten Begriff der δεινότης, vgl. Spengel Rhet. Gr. T. II praef. p. XIX. Hermogenes kann aber höchstens als jüngerer Zeitgenosse des Aelius Aristides betrachtet werden. Dieser stand unter Marc Aurel bereits in hohem Alter, als Hermogenes ein Jüngling war. Dazu kömmt, dass Hermog. p. 375 die Sicilischen Reden des Aristides citirt. In dieser Schrift nun wird der λόγος πολιτικός des Demosthenes dem λόγος ἀφελής des Xeno-

phon, als bewusste Kunstmässigkeit der Darstellung der be-
wussten Einfachheit und Naivetät gegenübergestellt. Beide Arten
prosaischer Darstellungsweise gewinnen ihre Mannigfaltigkeit aus
dem richtigen Gebrauch der Ideen. Der Ideen des πολιτικὸς
λόγος giebt es zwölf: σεμνότης, βαρύτης, περιβολή, ἀξιοπιστία,
σφοδρότης, ἔμφασις, δεινότης, ἐπιμέλεια, γλυκύτης, σαφήνεια καὶ
καθαρότης, βραχύτης καὶ συντομία, κόλασις. Sie kommen zu
Stande κατὰ γνώμην, κατὰ σχῆμα, κατὰ ἀπαγγελίαν. Das σχῆμα
verleiht der Rede das eigentliche Leben. Von der Methode ist
weiter keine Rede, dass der Verfasser jedoch ihren Begriff
kannte, bezeugt der Ausdruck μεταχείρισις, der beiläufig p. 513
vorkömmt. Auch die Composition, über welche Hermogenes so
bedeutendes zu sagen weiss, wird durchweg ignorirt (wunderlich
unklar p. 460, 29), höchstens beiläufig als παρεπόμενον der
λέξις erwähnt, wie p. 502. 521. Die dem Verfasser eigenthümliche ἔμφασις (p. 495) ist von der σφοδρότης nicht recht klar
zu unterscheiden. Die τραχύτης als Nebenart der σφοδρότης
wird vom Verfasser gekannt, aber nicht besonders behandelt.
Die δεινότης besteht nur im Gedanken, sie tritt hervor in der
klugen und sorgfältigen Vorbereitung dessen, was der Redner
zu zeigen sich vorgenommen hat (p. 497), ebenso in der vorher-
gängigen Vermeidung dessen, was man ihm etwa als Einwand
entgegen halten könnte, also in der προκατασκευή und προκατάληψις. Die ἐπιμέλεια (p. 499) ist schon bei Hermog. p. 330
synonym mit κάλλος. Die κόλασις ist im Grunde das, was Hermogenes εὐκρίνεια nennt.

Eine genauere Darlegung der Stillehre des Aristides und
ihres Verhältnisses zu der des Hermogenes mag jedoch einer
monographischen Untersuchung vorbehalten bleiben. Sie würde
die Grenzen, innerhalb deren vorliegendes Buch sich zu bewegen
hat, überschreiten. Wenn sich auch die Arbeit des Aristides
weder von Seiten der Selbständigkeit noch des inneren Werthes
mit der Leistung des Hermogenes vergleichen lässt, so konnte
doch eben nur Jemand, der sie entweder nicht gelesen hatte,
oder von Rhetorik nichts verstand, von ihr als einer *scriptio
vilissima* sprechen*).

---

*) Höchst sonderbar nimmt es sich ferner aus, wenn einer der neusten
Interpreten des Demosthenes, der die rhetorisch-ästhetische
Erklärung dieses Autors besonders betont, also billigerweise

Vierter Theil.

Das Gedächtniss und der Vortrag.

§. 56.

Ueber das Memoriren der Rede.

Mit der Lehre von der Darstellung ist das eigentlich technische der Rhetorik beendet. Die beiden noch übrigen Theile vom Gedächtniss und dem Vortrag bilden nicht viel mehr als einen praktischen Anhang, und mögen deshalb auch im folgenden gleich zusammen ihre Erledigung finden.

Da die Reden im Alterthum, soweit sie nicht blos für das Lesen bestimmte Kunsterzeugnisse waren, wenn auch nicht ausnahmslos, so doch überwiegend frei gehalten wurden, so musste ein sorgfältiges Memoriren der vorher ausgearbeiteten Rede stattfinden. So war es auch abgesehen von allem sonstigen Nutzen, den dies für den Redner haben mochte (Quint. XI, 2, 1—3), schon deshalb wichtig, die Gedächtnisskraft zu stärken und in fortwährender Uebung zu erhalten, und es wäre wunderbar, wenn nicht auch die Rhetoren ihren Schülern nebst praktischen Rathschlägen allerlei künstliche Regeln zu diesem Zwecke mitgetheilt hätten. Das Alterthum hatte ja so gut seine Gedächtnisskunst wie die Gegenwart, und wenn auch, soviel mir bekannt, kein Beispiel einer Anwendung dieser Kunst auf das memoriren von Zahlen aus demselben überliefert ist, so setzten doch auch damals schon einzelne Mnemoniker durch wunderbare Leistungen ihr Publicum in Erstaunen. Bekannt ist, was der Rhetor Seneca praef. controv. §. 2. in dieser Hinsicht von sich selbst erzählt. Er hatte noch im höchsten Alter eine bedeutende Gedächtnisskraft, von welcher seine, wie er selbst sagt, meist aus der Erinnerung niedergeschriebenen Bücher Zeugniss ablegen, in jüngeren Jahren aber hatte er darin ausserordentliches geleistet: „Memoriam aliquando in me floruisse, ut non tantum ad usum sufficeret,

---

auch die rhetorischen Schriften des Alterthums, die er anführt, gelesen haben sollte, die Schrift des Aelius Aristides περὶ πολιτικοῦ λόγου eine Abhandlung „über den Charakter der Staatsrede" nennt.

sed in miraculum usque procederet, non nego. Nam duo milia
nominum recitata, quo ordine erant dicta, referebam: et ab iis
qui ad audiendum praeceptorem nostrum convenerant, singulos
versus a singulis datos, cum plures quam ducenti efficerentur,
ab ultimo incipiens usque ad primum recitabam. Nec ad com-
plectenda tantum quae vellem, velox erat mihi memoria, sed etiam
ad continenda, quae acceperat." Vgl. Muret. Var. Lect. III, 1.
Als Erfinder der Gedächtnisskunst wird von einer unbestimmten
Tradition des Alterthums der Dichter Simonides von Ceos bezeichnet, Cic. de orat. II, 86, 351. 357 (sive Simonides, sive
alius quis invenit) Quint. XI, 2, 11. Marm. Par. ep. 55, vielleicht blos weil er in einem Distichon (Bergk Poet. Lyr. p. 917)
von sich gesagt hatte:

μνήμη δ'οὔτινά φημι Σιμωνίδῃ ἰσοφαρίζειν
ὀγδωκονταέτει παιδὶ Λεωπρέπεος.

Denn die Anknüpfung dieser Erfindung an das bekannte Er-
eigniss beim Gastmahl des Skopas in Kranon gehört wie dieses
selbst in das Reich der Fabeln. Ziemlich anekdotenhaft klingt
es auch, wenn derselbe Cic. de or. II, 74, 299 erzählt, ein
„quidam doctus homo atque inprimis eruditus" habe dem Themistokles versprochen, ihn die damals neu erfundene Gedächtnisskunst zu lehren, mit Hülfe deren man alles behalten könne,
Themistokles aber habe geantwortet, eine Kunst beliebig zu vergessen würde ihm lieber sein. Erst im Zeitalter der Sophistik
finden wir sichere Spuren der Mnemonik. So rühmt der Sophist
Hippias im gleichnamigen Dialog des Plato p. 97 E es als einen
besonderen Vorzug an sich, dass er fuufzig Worte, die er blos
einmal gehört habe, wieder aufsagen könne. Dies mag denn
vielleicht Morgenstern Comment. de arte veterum mnemonica
Dorp. 1835 zu der mir aus Pauly's Realenc. VI S. 1202 bekannt gewordenen Ansicht bewogen haben, die Mnemonik sei
von einem Sophisten im Zeitalter des Sokrates ersonnen und,
um ihr besser Eingang zu verschaffen, auf den berühmten lyri-
schen Sänger zurückgeführt worden.

Auffallender Weise haben die Rhetoren von der Mnemonik
lange Zeit keine Notiz genommen. Anaximenes berührt sie so
wenig wie Aristoteles, s. Spengel Art. Script. p. 10. Indes
hatte Antiphon wenigstens über das Gedächtniss gesprochen.
Longin. p. 318: Ἀντιφῶν ἐν ταῖς ῥητορικαῖς τέχναις τὸ μὲν τὰ

παρόντα ἔφη καὶ ὑπάρχοντα καὶ παρακείμενα αἰσθάνεσθαι κατὰ
φύσιν εἶναι ἡμῖν, παρὰ φύσιν δὲ τὸ φυλάττειν αὐτῶν ἐκποδὼν
γενομένων ἐναργῆ τὸν τύπον. ὅθεν ἐπειδὴ παρὰ φύσιν ἐστὶν τὸ
μνημονεύειν, ἡ φροντὶς καὶ ἡ ἄσκησις κράτιστον. Von der τέχνη
scheint er nichts gewusst, wenigstens nichts gesagt zu haben.
Des Aristoteles Freund Theodektes war selbst ein grosser Mnemoniker, „semel auditos quamlibet multos versus protinus dicitur reddidisse“, Quint. §. 51. vgl. Cic. Tusc. I, 24, 59. Ael. V.
H. VI, 10. Poll. VI, 108. Ob er es war, der die Mnemonik
in der rhetorischen Technik einbürgerte, wird uns nicht gesagt.
So viel aber wissen wir, dass Cornificius über diesen Punkt
allerlei zum Theil detaillirte Schriften vorfand.

Was die Mnemonik übrigens dem Redner an die Hand
geben kann, ist der Natur der Sache nach sehr wenig und beschränkt sich im Grunde auf zwei Regeln, die, um wirklich zu
nützen, eine unablässige Uebung erfordern. Zunächst hat der
lernende für Gedächtnissörter zu sorgen. Er merkt sich
also Beispiels halber ein Haus mit den darin befindlichen Zim-
mern und Räumen, oder einen Saal mit den einzelnen darin
befindlichen Gegenständen, oder eine Strasse mit allerlei hervor-
ragenden Häusern, auch wohl die verschiedenen Gegenden und
Oertlichkeiten, die er auf einer Reise berührt. Er kann sich das
alles auch blos erdenken, muss es aber seinem Vorstellungsver-
mögen so fest einprägen, dass er über Lage, Gestalt und Reihenfolge der Theile keinen Augenblick im Zweifel ist, und ihr
vollkommen treues Bild sich zu jeder beliebigen Zeit vergegenwärtigen kann. Es ist gut, wenn die einzelnen Theile in gleich-
mässigen, oder doch nicht allzu verschiedenen Entfernungen von
einander abliegen; wenn sie ferner selbst von einander deutlich
zu unterscheiden sind (nicht lauter Säulen oder Bäume). Auf
diese Oerter wird nun der zu memorirende Stoff vertheilt und
zwar so, dass er durch irgend ein mit dem Stoffe selbst in Verbindung stehendes Gedächtnissbild mit dem Orte verbunden
wird. Dann wird memorirt, den geistigen Blick dabei fest auf
den Ort und das Bild gerichtet. Beim Hersagen des Gelernten
giebt nun die Reihenfolge der Oerter mit unfehlbarer Sicherheit
die Reihenfolge des gelernten Stoffes an die Hand. Die Erfahrung lehrt, dass je öfter man sich ein und derselben Gedächtnissörter bedient, man sich um so sicherer auf ihre mnemonische
Hülfe verlassen kann. Die Gedächtnissbilder sind gleichsam

hieroglyphische Zeichen. Ein Anker bezeichnet eine Stelle, die von der Schifffahrt handelt, ein Schwert eine andere, in welcher von einem Kampf die Rede ist. Man kann aber auch das Bild als Zeichen für das Anfangswort (erste Haupt- oder Zeitwort) eines Satzes anwenden, die Sonne also für einen Satz, der mit *solet* anfängt. Wie viel Stoff aber man den einzelnen Gedächtnissörtern anvertrauen will, wie viel Worte oder Sätze ferner durch ein Gedächtnissbild symbolisirt werden sollen, muss im Belieben des Einzelnen je nach Bedürfniss seines natürlichen Gedächtnisses stehen. Ein gutes natürliches Gedächtniss wird auch wohl ohne alle mnemonischen Hülfsmittel fertig, will es dennoch welche anwenden, so wird es sich häufig mit den blossen Gedächtnissörtern begnügen können. Indessen auch für ein noch so gutes Gedächtniss haben die Hülfsmittel immer den Vortheil, dass sie ihm das Gefühl unbedingter Sicherheit verleihen. Auch ohne Gedächtnissörter kann man blos mittelst der Gedächtnissbilder memoriren, die aber in diesem Falle durch irgend welche Ideen-oder Vorstellungs-Association zu einer zusammenhängenden Kette verbunden werden müssen. Die Belege für das gesagte geben Cornif. III, 16—24, in der Kürze Quint. XI, 2, 17—22. Cic. de or II, 86 sagt: „Locis est utendum multis, illustribus, explicatis, modicis intervallis: imaginibus autem agentibus, acribus, insignitis, quae occurrere celeriterque animum percutere possint." Metrodor der Skepsier freilich hatte es fertig bekommen, sich 360 Oerter im Thierkreise zu merken. Das psychologische Princip, auf welchem die Mnemonik beruht, giebt Longin. p. 316 an: ἤδη δὲ καὶ Σιμωνίδης καὶ πλείους μετ᾽ ἐκεῖνον μνήμης ὁδοὺς προὐδίδαξαν, εἰδώλων παράϑεσιν καὶ τόπων εἰσηγούμενοι πρὸς τὸ μνημονεύειν ἔχειν (?) ὀνομάτων τε καὶ ῥημάτων. τὸ δέ ἐστιν οὐδὲν ἕτερον ἢ τῶν ὁμοίων πρὸς τὸ δοκοῦν καινὸν παραϑεώρησις καὶ συζυγία πρὸς ἄλλο. τὸ γὰρ γνώριμον τοῦ γνωστοῦ τύπος τις καὶ ἴχνος καὶ λαβαὶ καὶ ἀφορμαί. ὁ δὲ τόπος τῆς μνήμης ἀφορμὴν ἔδωκεν, ὅτι μηδὲν ἄνευ τόπου, καὶ τὸ μέρος τοῦ λείποντος καὶ ὅλου.

Aber auch für solche, die von der eigentlichen Mnemonik als einem zu umständlichen Verfahren, beim memoriren keinen Gebrauch machen wollen, giebt Quintilian allerlei beachtenswerthe praktische Rathschläge. Eine längere Rede muss zunächst nach kleineren Theilen gelernt werden. Dabei kann man immerhin einzelne besonders schwierig zu behaltende Stellen am Rande mit mnemonischen Zeichen versehen, oder sich ihr Behalten durch concrete Gegenstände erleichtern, an die man dabei denkt. Man wird gut thun nach dem Concept zu lernen; sich Seiten und Zeilen zu merken, auf denen das einzelne steht, um dann beim Hersagen das Ganze gleichsam abzulesen. Stellen, an denen etwas eingeschaltet oder ausgestrichen ist, werden sich nur um so fester dem Gedächtniss einprägen. Man muss mit halblauter Stimme auswendig lernen. Eine Hauptsache ist, dass das, was memorirt werden soll, gut disponirt, und in der Composition sorgfältig ausgearbeitet sei. Denn wie man Verse leichter lernt als Prosa, so auch componirte Prosa leichter als Compositions-lose. Durch angestrengte Uebung wird das natürliche Gedächtniss am meisten vervollkommnet. Man muss möglichst viel auswendig lernen, erst Stücke von mässigem Umfang, allmälig immer grössere, zuerst poetisches, dann rednerische Prosa, weiterhin auch kunstlosere und von der gewöhnlichen Ausdrucksweise abweichende, wie etwa juristische Prosa. Je schwerer das ist, was man zur Uebung erlernt, desto leichter wird das, wozu die Uebung verwandt wird. Dem frischen Gedächtniss muss man nicht allzuviel trauen. Viel fester sitzt das, was man Abends zuvor, als erst im Laufe des Tages gelernt hat. Was man vortragen will, muss man, soweit es die Zeit erlaubt, vollkommen wörtlich auswendig lernen, nicht blos nach ungefährem Sinn und Ordnung. Namentlich bei Kindern muss streng darauf gehalten werden, dass sie nicht gegen sich selbst zu nachsichtig werden. Sich einhelfen lassen und ins Concept blicken ist unstatthaft. Je besser man memorirt hat, desto eher wird man im Stande sein, seiner Rede den Anstrich des unstudirten zu geben. Wer aber von Hause aus ein schweres Gedächtniss hat, oder wem es zum vollständigen Memoriren an Zeit gebricht, der kann sich mit einem allgemeinen Ueberblick begnügen und sich die Freiheit vorbehalten, im Augenblick der Verwendung den Ausdruck des einzelnen frei zu gestalten, vorausgesetzt natürlich, dass er eine gewisse Fertigkeit besitzt, aus dem Stegreif zu sprechen. Quint. XI, 2, 27—49.

Was sich sonst bei den Rhetoren über das Gedächtniss findet, ist von keinem Belang. Longin giebt nur unbrauchbare Gemeinplätze. Fortunat. p. 128 ff. schöpfte aus Quintilian. Ebenso, und nicht wie Halm behauptet aus Fortunatian, Mart. Cap. p. 483. Was Jul. Victor p. 440 schreibt: „exercenda est

22

memoria ediscendis ad verbum quam plurimis et tuis scriptis et alienis, licet Quintiliano vehementer displiceat exercitationis causa sua scripta ediscere, qui scribere quidem plurimum praecipit, ediscere autem lectos ex orationibus vel historiis aliove quo genere dignorum locos" — bezieht sich auf Quint. II, 7.

§. 57.

Der Vortrag.

Der Vortrag heisst bei den Griechen offenbar von seiner Aehnlichkeit oder doch Verwandschaft mit der Darstellungsweise der Schauspieler ὑπόκρισις und wird von Longin. p. 310 definirt als μίμησις τῶν κατ' ἀλήθειαν ἑκάστῳ παρισταμένων ἠθῶν καὶ παθῶν καὶ διάθεσις σώματός τε καὶ τόνου φωνῆς πρόσφορος τοῖς ὑποκειμένοις πράγμασι (es ist wohl zu lesen κατὰ διάθεσιν — πρόσφορον; die Handschriften haben· καὶ διαθέσεων — προσφόρου). Damit stimmt die von Ernesti Lex. techn. rhet. Gr. p. 365 angeführte Stelle aus Eustathius zur Od. δ p. 1496: ἔστι κατὰ τοὺς παλαιοὺς ὑπόκρισις διάθεσις φωνῆς καὶ σχήματος πιθανή, πρέπουσα τῷ ὑποκειμένῳ προσώπῳ ἢ πράγματι. So lässt auch Dionys von Halikarnas de adm. vi dic. in Dem. 53 T. VI p. 241 die ὑπόκρισις doppelter Natur sein und in zwei Theile zerfallen, in πάθη τῆς φωνῆς und σχήματα τοῦ σώματος. Aber noch zu Aristoteles Zeiten war die ὑπόκρισις kein Gegenstand der rhetorischen Technik, wie er dies Rhet. III, 1 p. 121 ausdrücklich bemerkt, und auch Cornif. III, 11, 19 erklärt, es habe noch Niemand sorgfältig darüber geschrieben „nam omnes vix posse putarunt de voce et vultu et gestu dilucide scribi, cum hae res ad sensus nostros pertinerent". Vgl. Spengel Art. Script. p. 10. Von den Römern wurde der Vortrag ursprünglich actio, daneben aber schon frühzeitig und späterhin allgemein (Mart. Cap. p. 484) pronuntiatio genannt. Sie ist nach Cic. orat. 17, 55 gleichsam eine gewisse Beredsamkeit des Körpers und besteht aus vox und motus, oder wie Cornificius sich ausdrückt, sie wird eingetheilt in vocis figura und corporis motus, motus aber definirt er III, 15, 26 als „corporis gestus et vultus moderatio quaedam, quae pronuntianti convenit et probabiliora reddit ea, quae pronuntiantur". Für motus sagt Quintilian, aber

auch schon Cic. Brut. 38, 141, *gestus.* Ganz unerheblich ist es,
wenn andre wie Fortunat. p. 130), Mart. Cap. p. 484, die pronuntiatio in drei Theile zerfallen liessen, nämlich *vox, vultus, gestus* und dann, wie auch Quintilian, anhangsweise noch den *cultus* oder *habitus,* also die äussere Haltung des Redenden betrachteten. Wenn wir aber bei Mart. Capella lesen: „(actionis) partes
sunt tres : vox, vultus, gestus: his, ut plerique putant, cultus vel
habitus oris accedit,“ so muss es offenbar *habitus* c o r p o r i s heissen, denn *habitus oris* ist dasselbe wie *vultus.* Der Vortrag ist
also die äussere Beredsamkeit, die auf Ohr und Auge der Zuhörer wirkt, die nicht minder wie die innere, durch kunstmässige Gestaltung den Zuhörer gewinnen, überzeugen und bewegen
will. Sie ist deshalb auch von der grössten Wichtigkeit „nam
ita quisque, ut audit, movetur“ sagt Quint. XI, 3, 2. Vermag
doch auf dem verwandten Gebiete der scenischen Darstellung
ein guter Vortrag selbst höchst mittelmässigen Theaterstücken,
die man sonst wohl schwerlich lesen würde, eine gewisse Anzie-
hungskraft zu verleihen, und es lässt sich behaupten, dass selbst
eine mittelmässige Rede, wenn sie durch einen kräftigen Vortrag
empfohlen wird, mehr Gewicht ausübt, als die beste ohne diese
Hülfe. Daher hatte Demosthenes Recht, wenn er nach einer im
Alterthum vielfach bezeugten Anekdote (s. Spalding zu Quint. T.
IV S. 333) auf die Frage, was bei der ganzen Aufgabe des
Redners die Hauptsache sei, antwortete „der Vortrag,“ und auf
weitere Fragen nach dem zweiten und dritten dieselbe Antwort
wiederholte. Auch Cicero sagt de or. III, 56, 213: „actio in
dicendo una dominatur. sine hac summus orator esse in numero
nullo potest, mediocris hac instructus summos saepe superare“,
und Sulp. Victor p. 321: „pronuntiatio artis quidem quodammodo
non est, verum tamen magnam ac nimirum maximam vim ob-
tinet. nam cum omnia fecerimus, nisi illa, quae recte disposita
sunt, apte et cum decore fuerint pronuntiata, omnis labor pror-
sus peribit. itaque etsi magnam istius partem vel negat natura
vel tribuit, danda tamen opera est, ut in pronuntiando et vox
et vultus et gestus et cetera adhibeantur eiusmodi, quare labor
in commentanda oratione adhibitus non pereat“. Vgl. Dion.
Halic. l. l.

Das Einzelne anlangend — nur Cornificius und noch mehr
Quintilian behandeln die Lehre vom Vortrag mit eingehender
Sorgfalt —, so kömmt es bei der S t i m m e zuerst auf ihre

natürliche Beschaffenheit, dann auf die Art ihrer Anwendung an. Nach der natürlichen Beschaffenheit unterscheidet man bei der Stimme ihre Quantität und Qualität, d. h. ihren Umfang, den Grad ihrer Stärke und Ausdauer, dann ihre Biegsamkeit und Klangfarbe, die eine ausserordentlich verschiedene sein kann. Die natürlichen Vorzüge einer Stimme werden durch sorgfältige Uebung gesteigert, durch Nachlässigkeit vermindert. Man übe die Stimme durch häufiges, lautes, womöglich tägliches Vortragen von memorirten Stücken. Auch muss man die Stimme schonen, ganz besonders in der Periode der Mutation, *in illo a pueritia in adulescentiam transitu.* Vor allem ist die Aussprache zu beachten. Sie muss fehlerfrei sein, besonders deutlich. Die Worte müssen in ihrem vollen Umfange hervorkommen, ohne irgendwelche Beeinträchtigung der Endsilben. Doch darf man darin auch wieder nicht übertreiben, so dass man dem Hörer gleichsam die einzelnen Buchstaben zuzählt. Die Elision der Vocale und gewisser Endconsonanten, sowie die Assimilation der Consonanten bei der Aussprache zusammengesetzter Wörter muss beachtet werden. Zweitens muss die Aussprache, um deutlich zu sein, innerlich nach der Interpunction gegliedert werden, mit grösseren Pausen und einem Sinken der Stimme am Schluss der Perioden.

Die gute Aussprache muss unterstützt werden durch eine gute Stimme, d. h. ein klangreiches Organ, das gleichweit entfernt von zu grosser Höhe und zu grosser Tiefe über die Mitteltöne gebietet und gleichmässig ertönt, ohne überzuspringen aus der Höhe in die Tiefe und umgekehrt*). In die Gleichmässigkeit des Klanges ist nun eben durch die Art der Aussprache die

---

*) Die alten Musiker unterscheiden bekanntlich eine doppelte Bewegung der Stimme, eine fortlaufende ($\sigma\upsilon\nu\varepsilon\chi\dot{\eta}\varsigma$) und eine sich in Intervallen bewegende ($\delta\iota\alpha\sigma\tau\eta\mu\alpha\tau\iota\kappa\dot{\eta}$). Erstere ist der Rede eigen, letztere dem Gesange. Aristox. El. Harm. I p. 8. Nicom. Geras. Harm. Man. I p. 3 ed. Meib. Eine aus beiden gemischte Art kennen Arist. Quint. de Mus. I p. 7. Mart. Cap. de Mus. p. 182 für die Recitation von Gedichten. Man vgl. die Zusammenstellung von C. Steiner de vocis motu oratorio sonorumque consonantiis a Graecis in dicendo adhibitis etc. im Oster-Programm des Marien-Gymnasiums zu Posen, 1864.

nöthige Abwechslung zu bringen, um den Fehler der Monotonie zu vermeiden. Man darf die Stimme beim Sprechen nicht über Gebühr anstrengen, damit sie nicht bald heiser werde, oder dem unreifen Krähen der Hähne gleiche. Besonders ist beim Anfang der Rede darauf zu achten, dass man mit der Stimme nicht zu laut einsetzt (Cornif. III, 12, 21. Cic. de or III, 61, 227), ferner muss ihr durch längere oder kürzere Pausen im Verlauf der Rede Gelegenheit gegeben werden, sich immer wieder etwas zu erholen. Derartige Pausen machen auch die Rede selbst verständlicher, indem sie dem Zuhörer einigermassen Zeit zum Nachdenken gewähren. Auch darf man weder zu rasch sprechen, hierunter leidet die Deutlichkeit der Aussprache am meisten, noch auch zu langsam, wodurch die Zuhörer ermüdet werden, der Redner selbst aber unnöthige Zeit verliert. „Promptum sit os, non praeceps: moderatum, non lentum." Von Wichtigkeit ist ferner die richtige Vertheilung des Athems. Man sorge durch Uebung dafür, dass er möglichst lange ausreicht. Namentlich am Schlusse der Rede muss man fortlaufend in einem Athem viel sagen können, Cornif. l. l. Alles räuspern, husten, keuchen muss vermieden werden. Nie darf die Stimme einen singenden Ton annehmen, in welchen Fehler jedoch die affectirte Manier der Redner zu Quintilians Zeit fast allgemein verfallen war. Noch schlimmer wurde dieses Unwesen bei den Griechen im sophistischen Zeitalter, in welchem ein weichlich schmelzender Redeton förmlich Mode wurde, s. Cresoll. Theatr. Rhet. III, 18 p. 129 ff. Höchstens im Epilog, wo es gilt durch Klagen Mitleid zu erwecken, kann die Stimme *flebilis* werden, d. h. eine gewisse Mitte zwischen Rede und Gesang einnehmen, Longin. p. 312, 14. Einfach und naturgemäss muss sich der Vortrag den jedesmaligen Affecten der Rede anpassen, was man am besten erreicht, wenn man sich lebendig in das, was man sagt, vertieft. Auch Cornif. III, 15, 27 sagt: „scire oportet pronuntiationem bonam id perficere, ut res ex animo agi videatur", und Dionys von Halikarnas giebt a. a. O. die goldene Regel: πάνυ γὰρ εὔηθες ἄλλο τι ζητεῖν ὑποκρίσεως διδασκάλιον ἀφέντας τὴν ἀλήθειαν.

Der Vortrag muss durch passende Gesten und eine richtige Körperhaltung unterstützt werden. Zunächst ist eine ungezwungene, aufrechte Haltung des Kopfes erforderlich. „Decoris illa sunt, ut sit primo rectum caput et secundum naturam.

nam et deiecto humilitas et supino arrogantia et in latus incli-
nato languor et praeduro ac rigente barbaria quaedam mentis
ostenditur*)", Quint. XI, 3, 69. Seine Richtung, insbesondere
die Richtung des Auges muss zu den Gesten und der übrigen
Haltung des Körpers stimmen. Beim Beweis wird Kopf und
Oberkörper etwas vorgebeugt und den Zuhörern näher gebracht,
Cornif. III, 15, 26. Eine weitere Grundregel ist es, dass Gesten
nie zu Pantomimen werden dürfen, d. h. dass man das, was
man sagt, nicht auch in lebendiger Plastik veranschaulichen
wolle. Es ist natürlich eine missliche Sache, die einzelnen
Gesten und deren Verwendung, die sich am besten und mit
Leichtigkeit aus dem Anschauen guter Vorbilder erlernen lässt,
genau in Worten beschreiben zu wollen. Quintilian, obwohl
dieser Schwierigkeit sich wohl bewusst, hat es im dritten Capitel
des elften Buchs von §. 92 an in einer Weise gethan, die für
seine ursprünglichen Leser ausreichend klar und bestimmt sein
mochte, die aber für unser Verständniss von nicht unerheblichen
Uebelständen begleitet ist. Versuchen wir es, wenigstens das
hauptsächlichste seiner Auseinandersetzung wiederzugeben, so
wird als der gewöhnliche Gestus von ihm derjenige bezeichnet,
bei welchem der Mittelfinger der rechten Hand an den Daumen
geschlossen wird, während die drei andern Finger frei bleiben.
Denn dies dürfte doch wohl der Sinn von Quintilians Worten
sein: „est autem gestus ille maxime communis, quo medius digitus in pollicem contrahitur explicitis tribus". Wenn Spalding
dazu bemerkt: „cave eum animo concipias gestum, ubi medius
digitus apprehendat pollicem, qui non iniuria improbatur a
Gottschedio et est sane fatuae nescio cuius elegantiae. *Contrahitur* digitus, cum in suos articulos compressus alteri supponitur",
so will er nicht, dass der Mittelfinger blos an den Daumen an-
gelehnt werde, so dass dieser die innere Seite vom obersten
Gliede des Mittelfingers berührt, sondern es soll der Mittelfinger
eckig gekrümmt werden, in welchem Falle der Daumen auf die

---

*) Der Kaiser Constantius, der bei seinem öffentlichen Auftreten,
wie Ammianus Marcellinus sich ausdrückt, den Cothurn des kaiserlichen Ansehens sorgfältig in Acht nahm, bewegte nie den
Kopf nach einer Seite, sondern trug ihn stets steif, gerade vor
sich hin blickend, so dass er dadurch den Anschein einer Bildsäule gewann. Amm. Marc. XVI, 10, 9. XXI, 16, 7.

äussere Seite vom obersten Gliede des Mittelfingers zu liegen
kommt. Ob diese Auffassung aber die richtige ist, lasse ich
dahingestellt. Muss doch Spalding selbst gestehen: „quamquam
vel is, qui hic demonstratur gestus, paullo insolentior nobis videri potest" — und es ist gewiss eine richtige Regel, die der
Holländische Philolog Petr. Fran cius (1645—1704) in seinem
auf sorgfältiges Studium der Alten gegründeten und sehr em-
pfehlenswerthen Eloquentiae exterioris specimen ad orat. Cic.
pro Archia accomodatum (ed. Levezow, Berl. 1823) p. 73 auf-
stellt: „digiti intenti esse debent, · non contracti, ne chiragra
laborare videamur. loquuntur autem digiti et omnis eorum de-
perit fides, nisi intendantur".

Mit einer sanften Bewegung nach beiden Seiten (doch wohl
im Bogen von links nach rechts) mässig vorgebracht, indem zugleich Kopf und Schultern sich allmälig der Richtung der Hand
anschliessen, ist dieser Gestus für das Proömium geeignet.
Bestimmter ausgeführt, indem die Hand einen etwas grösseren
Bogen beschreibt, eignet er sich für die Erzählung, heftig und
drängend für Vorwürfe und Ueberführungen. Fehlerhaft ist es,
ihn seitwärts auszuführen, nach der linken Schulter zu, noch
schlechter ist es, den Arm quer vorzustrecken, und mit dem
Ellenbogen zu sprechen. Der Gestus, bei welchem die beiden
Mittelfinger unter den Daumen kommen, ist noch drängen-
der als der vorige und daher für das Proömium und die
Erzählung nicht geeignet. Bei Vorwürfen und Hindeutungen
auf etwas wird der Zeigefinger ausgestreckt, während der Daumen sich an die übrigen drei geschlossenen Finger andrückt.
Auch hier ist es nicht nöthig, an eckig gekrümmte Finger zu
denken. Bei erhobener nach der Schulter zu gekehrter Hand
ein wenig nach vorn gebeugt bejaht der Zeigefinger, nach der
Erde gesenkt drängt er, bisweilen kann er auch die Angabe
einer Zahl begleiten. Sanft an das oberste Glied des Daumens
und Mittelfingers gelegt, während die beiden andern mässig gekrümmt sind, und zwar der kleine Finger weniger als der vierte,
giebt er einen für Beweisführung und Auseinandersetzungen
geeigneten Gestus. Nachdrücklicher wird der Gestus bei der
Beweisführung, wenn der Zeigefinger das Mittelglied der beiden
genannten Finger hält „tanto contractioribus ultimis digitis,
quanto priores descenderunt". Ich gestehe, dass diese letzteren
Worte mir nicht klar sind. Für eine bescheidene Rede passt

am besten der Gestus, bei welchem, die Spitzen der vier ersten
Finger sanft aneinander gelegt, die Hand nicht weit von Gesicht
oder Brust nach uns zu bewegt wird, und dann gesenkt und
allmälig vorgestreckt sich öffnet. Dieses Gestus, meint Quintilian, möge sich Demosthenes beim schüchternen Eingang der
Rede für Ktesiphon, oder Cicero beim Beginn der Rede pro
Archia poeta bedient haben. Doch waren für diesen Zweck
auch noch andre Gesten üblich. Eine mässig zurückgebogene
Hand mit aneinander geschlossenen Fingern, die sich dann wieder nach vorn bewegt, sich dabei ausbreitet und umkehrt, giebt
einen passenden Gestus für Verwunderung. Die Frage wird
meistentheils von einer beliebigen Umkehrung der Hand begleitet. Bei Reue und Zorn wird die zusammengedrückte Hand an
die Brust gelegt; dabei kann die Stimme etwas zwischen den
Zähnen hervorgepresst werden. Mit abgewandtem Daumen auf
etwas hinzuzeigen, hält Quintilian für unschön. Kein Gestus
darf nach hintenzu gerichtet sein, wenn auch die Hand sich ab
und zu etwas zurückziehen lässt. Am besten fängt die Hand ihre
Bewegung an der linken Seite an und kömmt auf der rechten
zur Ruhe, ohne dass ihr Sinken ein gewaltsames sein dürfte.
Die Handbewegung erstreckt sich allemal über den ganzen Satz,
den sie begleitet. Nie darf der Gestus auf der linken Seite
schliessen. Ferner darf die Hand nicht über die Augen hinaus
erhoben, und nicht unter die Brust herabgesenkt werden. Bei
einer Bewegung nach links darf die Hand nicht über die Schulter hinausgehen. Wenn wir, um unsern Abscheu, oder auch
blos unsre Abneigung auszudrücken, die Hand rasch nach der
linken Seite vorstrecken, so muss die linke Schulter vortreten,
um mit dem nach rechts sich neigenden Kopfe zu stimmen.
Die linke Hand darf nie allein einen Gestus machen, sie hat
lediglich den Gestus der rechten Hand zu unterstützen. Bei der
affectvollen Rede wird der Gestus in der Regel mit beiden Händen ausgeführt. Im übrigen sind alle auffallenden, heftigen,
eckigen Bewegungen der Arme tehlerhaft. Die seitliche Biegung
des Oberkörpers muss mit den Gesten in gewisser Uebereinstimmung stehen. Sich auf die Hüfte schlagen, zum Zeichen
des Unwillens und um die Aufmerksamkeit des Zuhörers zu erregen, hält Quintilian für erlaubt. Weniger will er vom Schlagen vor die Stirn wissen, einem Gestus, den Cicero nicht minder
als das Aufstampfen mit dem Fusse bei leidenschaftlich erregter

Rede zuliess, ja verlangte, Brut. 80, 278. de or. III, 59, 220
(supplosio pedis in contentionibus aut incipiendis aut finiendis).
Cornif. III, 15, 27: „si utemur amplificatione per conquestionem,
feminis plangore et capitis ictu nonnunquam sedato et constanti,
gestu maesto et conturbato voltu uti oportebit".

Eine weitere Aufmerksamkeit erforderte die Stellung und
Bewegung der Füsse, da die alten Redner beim Sprechen vor
ihren Zuhörern ganz frei dastanden. Es ist unschön, den rechten Fuss zugleich mit der rechten Hand vorzustrecken. Steht
man auf dem linken Fusse, so darf man den rechten nicht aufheben, oder auf die Fussspitze stellen. Unschön ist es, die
Füsse zu spreizen. Nur selten darf man gegen die Zuhörer vortreten, oder auf der Rednerbühne auf- und abgehen (Cic. orat.
18, 59), letzteres etwa, wenn der Redner durch anhaltendes
Beifallrufen der Zuhörer unterbrochen wird. Mitunter darf man
etwas zurücktreten, aber nie zurückspringen. Das ist lächerlich.
Unschön ist ein Schwanken des Körpers nach rechts oder links,
indem man abwechselnd auf dem einen, oder dem anderen
Fusse steht, oder ein häufiges und heftiges Neigen des
Körpers nach beiden Seiten. Hässlich ist es, mit den Schultern zu zucken, und es ist bekannt, wie Demosthenes sich
diesen Fehler abgewöhnt hat. Während der Rede auf und
ab zu gehen ist nur etwa dann erlaubt, wenn man bei
Staatsprocessen zu mehreren Richtern spricht und gleichsam
jedem einzelnen, das, was man sagt, einschärfen will. Auch
von dem Anzug des Redners spricht Quintilian (§. 137 ff.) und
von der Art, wie er die Toga zu tragen habe. Zuletzt bemerkt
er, dass der Vortrag ein verschiedener sein müsse, je nach der
Person des Redners, den Zuhörern und der Sache, und zwar bei
letzterer hinsichtlich des genus causae, der einzelnen Theile der
Rede, des Inhalts der einzelnen Sätze, endlich der einzelnen
Worte, die einen verschiedenen Ausdruck verlangen. Auch habe
jeder Redner genau zuzusehen, welcher Vortrag für seine Individualität der passende sei, denn was sich bei einem gut aus-
nehme, sei oft bei einem andern minder gut, ja geradezu unschön
und verkehrt.

Auch hier zeigen uns Quintilians Andeutungen im einzelnen, wie überall, nicht blos den kenntnissreichen Theoretiker,
sondern auch den vielerfahrenen, geschmackvollen Praktiker, .
eine glückliche Vereinigung, welche die Lectüre seiner iusti-

tutio oratoria zu einer so angenehmen macht, und geben uns den klaren Beweis, bis zu welchem Grade die Alten von dem Bewusstsein durchdrungen waren, dass die Beredsamkeit eine Kunst, der Redner ein Künstler, jede gute Rede endlich ein Kunstwerk sei, und als solches von uns müsse betrachtet und gewürdigt werden.

Inhalt.

Zweiter Theil.
Die Lehre von der Anordnung.

Dritter Theil.
Die Lehre vom Ausdruck, oder von der Darstellung.

Vierter Theil.
Das Gedächtniss und der Vortrag.

Wort- und Sach-Register*).

[handwritten Greek annotation line]

*) Was im Deutsch-Lateinischen Theile des Registers nicht zu finden ist, suche man im Griechischen, und umgekehrt.

[handwritten annotations at top of page]

[handwritten annotations at bottom of page]

θέσις	13	μεταχείρισις		332
ἰδιότης	213	μίμησις		277
ἰσόκωλον	284	μονῳδία		192
ἰσχνόν	320	μόριον δικαίου		231
		μυκτηρισμός		265
καθαρότης	322			
κακέμφατον	243. 298	νόμιμον		157
κακόζηλον	245. 320			
κακοσύνθετον	246	ὄγκος		323
κάλλος	326	οἰκονομία		194
καταπλοκή	328	ὁμοιοτρόφορον		300
κατάστασις	46	ὁμοιόπτωτον		284
κατευναστικὸς λόγος	189	ὁμοιοτέλευτον		284
κεφάλαιον γενικώτατον	16	ὀξύτης		329
κλητικὸς λόγος	178	ὀρθότης		322
κλῖμαξ	282	ὁρισμός		19
κοινὴ ποιότης	212	ὅρος	216.	231
κοινὸς τόπος	129	„ βίαιος		233
κοινότης	281	„ διπλοῦς κατὰ σύλληψιν	21.	218
κοινωνία	275	οὐσία		202
κρινόμενον	26			
κύκλος	281			
		πάθος		135
λαλιά	192	παλιλλογία	129. 280.	282
λαμπρότης	325	πανηγυρικὸς λόγος		177
λέξις	235	παραβολαί		113
„ εἰρομένη, κατεστραμμένη	206	παραγραφή	25. 62.	234
λόγοι ἐρωτικοί	166	παραγραφικόν		212
„ προτρεπτικοί	174	παραγωγή		140
„ χαριστήριοι	176	παράδειγμα	68. 87.	111
λόγος ἐνδιάθετος	330	παραδιήγησις		47
„ ἐσχηματισμένος	288	παράδοξον	40.	275
„ πολιτικός	330	παράλειψις		287
„ Σμινθιακός	166	παραμυθητικὸς λόγος	190	ff.
„ ὡραῖος	328	παρασιώπησις		287
		παρασκευή		194
μεγαλοπρέπεια	54. 319	παρέκβασις	48. 59.	131
μέγεθος	323	παρεπόμενα der Erzählung		50
μείωσις	244	παρηχήματα, παρηχήσεις		301
μελέται	194	πάρισον		284
μερικοὶ ἐπίλογοι	141	παροιμία		265
μερισμός	39	παρόμοια		286
μεσότης	326	παρομοίωσις		285
μετάβασις	62	παρρησία		275
μετάθεσις αἰτίας	.212	πάτριος λόγος		183
μετάνοια	278	περιβολή		325
μετάστασις	224. 276	περιεργία		245
		περιοχή		130

Berichtigung.